Das persönliche Gespräch: Fundraising durch Überzeugung

Andreas Schiemenz

Das persönliche Gespräch: Fundraising durch Überzeugung

Großspender und Unternehmer erfolgreich ansprechen

Andreas Schiemenz
Hamburg
Deutschland

ISBN 978-3-658-01425-4   ISBN 978-3-658-01426-1 (eBook)
DOI 10.1007/978-3-658-01426-1

Die Deutsche Nationalbibliothek verzeichnet diese Publikation in der Deutschen Nationalbibliografie; detaillierte bibliografische Daten sind im Internet über http://dnb.d-nb.de abrufbar.

Springer Gabler
© Springer Fachmedien Wiesbaden 2015
Das Werk einschließlich aller seiner Teile ist urheberrechtlich geschützt. Jede Verwertung, die nicht ausdrücklich vom Urheberrechtsgesetz zugelassen ist, bedarf der vorherigen Zustimmung des Verlags. Das gilt insbesondere für Vervielfältigungen, Bearbeitungen, Übersetzungen, Mikroverfilmungen und die Einspeicherung und Verarbeitung in elektronischen Systemen.
Die Wiedergabe von Gebrauchsnamen, Handelsnamen, Warenbezeichnungen usw. in diesem Werk berechtigt auch ohne besondere Kennzeichnung nicht zu der Annahme, dass solche Namen im Sinne der Warenzeichen- und Markenschutz-Gesetzgebung als frei zu betrachten wären und daher von jedermann benutzt werden dürften.
Der Verlag, die Autoren und die Herausgeber gehen davon aus, dass die Angaben und Informationen in diesem Werk zum Zeitpunkt der Veröffentlichung vollständig und korrekt sind. Weder der Verlag noch die Autoren oder die Herausgeber übernehmen, ausdrücklich oder implizit, Gewähr für den Inhalt des Werkes, etwaige Fehler oder Äußerungen.

Gedruckt auf säurefreiem und chlorfrei gebleichtem Papier

Lektorat: Margit Schlomski/Merle Kammann

Springer Fachmedien Wiesbaden ist Teil der Fachverlagsgruppe Springer Science+Business Media
(www.springer.com)

Vorwort

Es ist schon mehr als 20 Jahre her, dass ich zum ersten Mal mit Fundraising in Verbindung gekommen bin. Damals hieß das Einsammeln von Spenden auch noch gar nicht Fundraising, sondern stand unter dem Stichwort „Sozialmarketing". Ich fand das Wort „Sozialmarketing" schöner, denn es beinhaltete sowohl die Komponenten „sozial" als auch „Marketing". Das Wort „sozial" umfasst für mich die wichtigen gesellschaftlichen Aufgaben, die gemeinnützige Organisationen übernommen haben. Mit dem Wort „Marketing" verbinde ich den Dialog zwischen Anbietern und Nachfragern. Dabei stehen die Erwartungen und Bedürfnisse von Käufern den Angeboten von Verkäufern gegenüber. Diese Verknüpfung in dem alten Begriff des „Sozialmarketing" war für mich immer das wirkliche Wesen des Fundraising: der Dialog von Spendern und Spendensammlern mit dem Ziel, gesellschaftliche Herausforderungen zu lösen.

Mein beruflicher Werdegang begann im klassischen Vertrieb. Seit 1974 arbeite ich im Verkauf und habe auch während meines Studiums auf Messen, als Telefonverkäufer und im Handel meine Brötchen verdient. Den Weg zum Spendensammeln schlug ich eher zufällig ein. Als ich Ende der achtziger Jahre mit ein paar Mitstreitern in Hamburg-Bahrenfeld ein Jugendzentrum gegründet habe, stand eher die soziale Aufgabe im Mittelpunkt. Doch recht bald war klar, dass sich ein Jugendzentrum nicht nur durch die Zuwendungen der Kommune tragen lässt. Für besondere Anschaffungen war es notwendig, Spenden in der Umgebung zu sammeln. Diese Aufgabe gehörte zu den ehrenamtlichen Arbeiten im Vorstand eines gemeinnützigen Vereins.

Erst als ich in den neunziger Jahren meinen Beruf als Unternehmensberater an den Nagel gehängt habe, stieg ich hauptberuflich ins Fundraising ein. Der Verein für Berliner Stadtmission schrieb die Stelle eines Leiters Fundraising und Marketing aus. Ich bewarb mich und bekam die Stelle. Dieser Schritt war für mich der Startschuss in ein spannendes Fundraising-Leben.

Von Anfang an halfen mir meine Ausbildung zum Kaufmann und meine Erfahrungen aus dem klassischen Vertrieb. Bereits in der Ausbildung habe ich gelernt, dass ein wichtiger Erfolg im Verkauf das Gespräch mit dem Kunden war. Dieses Gespräch hatte sowohl fachliche als auch eher private Elemente. Im Einzelhandel erzählten die Kunden, wofür sie beispielsweise gerade den Fisch einkauften (die Schwiegereltern haben sich zum Besuch angemeldet) oder wie sie den Blumenkohl am liebsten zubereiten. Diese Mischung aus dem fachlichen Know-how eines Verkäufers und dem persönlichen Miteinander im Verkaufsgespräch, hat mich von jeher sehr begeistert.

Im Fundraising wiederum war es natürlich von großem Vorteil, bereits über umfangreiche Erfahrungen im Verkauf und im Marketing zu verfügen. So waren mir die Grundsätze für den Vertriebserfolg geläufig und ich konnte von Anfang an mit der gleichen Arbeitsweise in das Fundraising gehen, wie ich es aus der Profitbranche bereits kannte. Es gibt viele Parallelen zwischen den Non-Profit-Organisationen und den Profitunternehmen. Nur werden häufig unterschiedliche Begriffe für die gleichen Aufgaben benutzt. Der Vertrieb heißt in den gemeinnützigen Organisationen oft Fundraising und Marketing wird mit dem Wort Öffentlichkeitsarbeit beschrieben. Doch die Zielsetzungen sind die gleichen. Es geht darum, die Gesellschaft auf die Organisation aufmerksam zu machen und Menschen im Dialog zu ermutigen, finanzielle Mittel zu investieren.

Das nötige Rüstzeug für das Sozialmarketing in den achtziger Jahren habe ich mir angelesen und in den ehrenamtlichen Aufgaben Stück für Stück im Alltag erlernt. Dabei habe ich das Fundraising immer als eine klare Vertriebsaufgabe gesehen und konnte damit sehr viel – aus meinem Verkäuferleben übernehmen. Dieses „Vorleben" war für mich immer ein großer Vorteil gegenüber vielen Fundraisingkolleginnen und -kollegen, die oft über die Pressearbeit in dieses Aufgabengebiet gestoßen sind. Die Vorstände waren damals häufig der Meinung, dass jemand, der gut reden kann (also die Mitarbeiter in der Öffentlichkeitsarbeit) und einen besonderen Draht zu den Menschen hat, auch gut um Spenden bitten kann. Das ist auch der Grund, warum damals viele Pastoren neben der Öffentlichkeitsarbeit im Fundraising unterwegs waren.

Für mich persönlich war der Wechsel ins Fundraising ein absoluter Traum, was ich jedoch erst im Nachhinein begriffen habe. Natürlich war schon die Umstellung spannend, doch erst später begriff ich, was dieser Beruf wirklich beinhaltet:

„Fundraising macht Menschen glücklich."

Ich merkte, wie glücklich die Menschen waren, wenn das Geld für ein Projekt eingesetzt wurde. Diejenigen, die an dem Projekt partizipierten, waren unendlich dankbar für die Unterstützung. Immer haben sich die persönlichen Lebensverhältnisse der Betroffenen, für die ein Projekt ins Leben gerufen wurde, nachhaltig verändert. Diese Menschen, die ich zum Beispiel bei meiner Arbeit für die Berliner Stadtmission erlebt habe, waren glücklich, dass sich andere für sie einsetzen.

Doch auch die Mitarbeiter einer Organisation freuen sich über die Spendeneingänge. Damit werden Projekte finanziert, die ohne Spender nicht hätten realisiert werden können. Den Mitarbeitern in den Organisationen geht es dabei nicht um ihre Gehälter, sondern um die Projektarbeit selbst: Ein Mitarbeiter in der Obdachlosenarbeit möchte Menschen ohne Dach über dem Kopf helfen, eine Mitarbeiterin in einem Denkmalschutzprojekt möchte dauerhaft etwas für künftige Generationen erhalten...

Doch was mich am meisten am Beruf des Fundraisers fasziniert, ist die Freude und das Glück des Gebers. Spenden macht glücklich. Das erlebe ich immer wieder. Wenn sich ein Spender für ein Projekt einsetzt und sein Geld zur Verfügung stellt, dann erlebt er ein unendlich großes Gefühl der Zufriedenheit, des Glücks. Dieses Gefühl können Großspenderfundraiser fast täglich erleben, doch auch die Spender mit kleineren Beiträgen äußern ihr Glück per Telefon, Brief oder E-Mail.

Viele Jahre habe ich hauptberuflich im Fundraising gearbeitet und dabei sehr viel gelernt. Auf Kongressen und Fortbildungen lerne ich heute noch immer neue Feinheiten und Aspekte für ein erfolgreiches Fundraising. Doch konnte ich auch sehr viel durch meine Kolleginnen und Kollegen im Alltag lernen. Besonders dankbar bin ich dafür, dass sich erfahrene Fundraiser gern in die Karten schauen lassen und auf Fundraisingtagen oder beim Deutschen Fundraisingkongress über ihre Arbeit offen und anschaulich berichten. Auch ich selbst nutze diese Möglichkeit gern und berichte über meine Erfahrungen im Spendensammeln.

Doch auf den vielen Veranstaltungen und bei den zahlreichen Begegnungen stellte ich irgendwann fest, wie unterschiedlich die einzelnen Fundraiser im Alltag agieren. Es sind recht viele „Sammler" und nur sehr wenig „Jäger" im Spendenmarkt unterwegs. Als Verkäufer habe mich immer als ein „Jäger" im Vertrieb betrachtet. Daher war es natürlich naheliegend, dass ich auch im Fundraising weiter als „Jäger" unterwegs war. Dabei wurde ich glücklicherweise in den Teams, die mich begleitet haben, unterstützt. In diesen Teams waren, so ist es übrigens im Vertrieb auch, die meisten Mitarbeiter Sammler. Die Mischung aus beidem ist wichtig. Der Jäger wird benötigt, um neue Spender aufzutreiben und anzusprechen. Der Sammler ist für die Bindung zuständig, für die Hege und Pflege der Geber. Dabei brauchen die Spender beides: Jäger und Sammler. Nur in der Zusammenarbeit dieser beiden Spezies kann das Beste für den Geber und somit auch für die sammelnde Organisation erreicht werden

Aber nicht nur der „Jäger" in mir war der Auslöser für den Fundraising-Stil, den ich auch heute noch unterrichte und selbst lebe. Ich habe mich schon recht früh mit dem Hardselling im Vertrieb beschäftigt. Dabei geht es im Kern darum, den Kunden so schnell wie möglich zum Kauf zu bewegen. Mein Glück war es jedoch, dass ich zum Hardselling kam, als das „neue" Hardselling entstand, denn dort wird der Fokus sowohl auf den Verkaufsabschluss als auch auf den Aufbau einer langfristigen Kundenbeziehung gelegt. Der „neue Hardseller" wurde unter anderem von Martin Limbeck geprägt, der aus meiner Sicht ein genialer Verkaufstrainer ist. Seine Vorträge, seine Bücher und seine Videos haben mich von Anfang an fasziniert und inspiriert. Besonders fasziniert war ich von seinem Bonmot „Nicht gekauft hat er schon." Damit beschreibt Martin Limbeck die klassische Situation eines Verkäufers. Der Kunde hat ein Produkt noch nicht gekauft und durch den Verkäufer erhält er erst die Möglichkeit, in den Genuss eines Produktes zu kommen. Dabei kann der Verkäufer nicht verlieren. Geht das Verkaufsgespräch „in die Hose", dann wird der Kunde nicht kaufen. An der Ausgangssituation hat sich also nichts verändert. Der Kunde ist weiterhin ein Nichtkunde. Doch wenn der Kunde sich vom Verkäufer überzeugen lässt, dann kauft er auch. Damit hat der Verkäufer seine Situation verbessert, denn er hat einen neuen Käufer gewonnen. Sie sehen: der neue Hardseller kann nicht verlieren.

In der Zeit nach dem alten Hardselling gab es eine Phase des „Softselling", welches noch heute in vielen Branchen an der Bezeichnung des Verkäufers zu erkennen ist: Im Softselling heißt ein Verkäufer „Kundenbetreuer", „Berater", „Kontakter", „Consultant",

„Relationship Manager", „Shop Assistant", „Account Manager" oder vieles mehr. Der neue Hardseller nennt sich einfach nur „Verkäufer", denn seine Aufgabe ist es, etwas zu verkaufen. Für mich war es nie ein Bedürfnis, diesen Beruf zu verleugnen, da es mir unendlich viel Freude macht, mit der „Tür ins Haus zu fallen". Ein Verkäufer sollte stets das machen, was die Welt von ihm erwartet: etwas verkaufen.

Diese Art der Verkaufsphilosophie habe ich in das Fundraising mitgenommen. Heute bezeichne ich mich gern als „Hardseller im Fundraising", denn für mich ist es wichtig, dass ein Fundraiser für ein einziges Ziel auf die Startbahn geht. Das Ziel heißt: so viel Spenden wie möglich für seine Organisation zu akquirieren. Und dieses Ziel ist, davon bin ich überzeugt, am schnellsten zu erreichen, wenn der Fundraiser das tut, was der Titel auch bedeutet, nämlich „Fund raisen".

Auch bei mir gilt dabei der nach Limbeck abgewandelte Grundsatz: „Nicht gespendet hat er schon." Der Fundraiser wird durch ein Spendengespräch seine Situation nur verbessern können – aber auf keinen Fall verschlechtern, denn weniger als nicht-spenden geht nicht. Der potenzielle Spender wird auch im ungünstigsten Fall ein Nichtspender bleiben. Aber die Chance, die ein Fundraiser hat, ist immer die Umwandlung in einen Spender.

In den letzten Jahren wurde darüber hinaus für die Organisationen das Fundraising bei Großspendern immer wichtiger. Durch den hohen Wettbewerbsdruck innerhalb des Spendenmarktes flossen die Gelder aus dem Fundraising nicht mehr so einfach, es gab einen immer härteren Verdrängungswettbewerb, insbesondere bei den Klein- und Normalspendern. In diesem Kundensegment wurde es immer schwieriger, neue Spender zu gewinnen und die bestehenden zu behalten. Anders jedoch war und ist die Situation bei den Großspendern. Die meisten Organisationen nutzen ihre Möglichkeiten im Großspender-Fundraising nicht wirklich aus. Der Anteil der Großspender ist innerhalb des Gesamtspenderbestandes gering und die Spendenvolumen aus diesem Segment meist noch recht klein und unregelmäßig. Das dürfte auch der Grund sein, warum meine Vorträge zum Großspender-Fundraising immer gut besucht sind.

Ich versuche, meine Vorträge sehr anschaulich zu halten. Als Verkäufer geht es mir immer um die Motivation der Zuhörer. Ich möchte, dass die Menschen, die sich für meine Workshops, Seminare oder Keynotes entscheiden, motiviert werden, das Vorgetragene selbst einmal auszuprobieren. Am besten lassen sich die Zuhörer, so meine Erfahrungen, durch Lachen und bunte Bilder motivieren. Die bunten Bilder versuche ich durch eine bildhafte Sprache mit zahlreichen Beispielen zu zeichnen. Das Lachen kommt meist ganz automatisch – durch meine Art des Vortrages.

Am Ende der Vorträge bzw. Seminare wurde ich oft gefragt, ob es weitere Informationen zu meiner Art des Fundraising gibt beziehungsweise, ob ich Buchempfehlungen aussprechen könne. Das habe ich gern getan und eine Mischung aus Fundraising- und Verkaufsbüchern empfohlen. Doch dann fand ich es schließlich an der Zeit, diese beiden Bereiche miteinander zu verbinden: Ich beschloss, ein Buch zu schreiben, in dem das „neue Hardselling" für Fundraiser beschrieben wird. Dabei geht es mir jedoch nicht um eine fachliche-theoretische Übertragung ins Fundraising, sondern um die praktische Seite. Ich lade Sie daher ein, meine Welt des Fundraising in diesem Buch zu entdecken. Sie werden an verschiedenen Stellen die Grundlagen des Fundraising wiederfinden, denn diese Grundlagen benötigen Sie im Großspender-Fundraising genauso wie in jedem anderen Fundraisingbereich. Doch der Schwerpunkt liegt auf der effektiven Ansprache von großzügigen und finanzstarken Unterstützern. Meine Kernbotschaft auf den folgenden Seiten wiederholt sich immer wieder: Fundraising heißt *machen*, bedeutet, die Menschen anzusprechen und direkt einzuladen. Es ist ungewohnt und lässt sich trainieren. Es ist gewöhnungsbedürftig und dabei hoch erfolgreich. Daher mein Ratschlag an Sie: Testen Sie einfach aus, wie sich das Hardselling für Sie anfühlt und genießen Sie die neuen Erfahrungen.

Hamburg Andreas Schiemenz
April 2015

Inhaltsverzeichnis

1	**Fundraising – eine kleine Einführung**	1
1.1	Die drei Säulen des Fundraising	3
	1.1.1 Die erst Säule: Die Marke	5
	1.1.2 Die zweite Säule: Die Spender	13
	1.1.3 Die dritte Säule: Die Projekte	15
1.2	Die Kommunikationsstrategie	17
1.3	Die Fundraisingstrategie	19
2	**Fundraiser – ein Beruf mit Aussicht auf Anerkennung**	21
2.1	Aufgaben und Fähigkeiten	21
2.2	Fund-Raiser oder Friend-Raiser?	23
2.3	Der Stellenmarkt für Fundraiser	24
2.4	Fundraising lernen	25
3	**Was Fundraiser von Verkäufern lernen können**	27
3.1	Meine „Lehrmeister" im Verkauf	28
	3.1.1 Was ich von Zig Ziglar gelernt habe	29
	3.1.2 Warum mich Martin Limbeck begeistert	30
	3.1.3 Was mich an Neuro-Linguistischer Programmierung überzeugt	32
3.2	Meine Faktoren für einen guten Verkauf	33
3.3	Die Kennzahlen im Vertrieb	36
	3.3.1 Kennzahlen aus dem Verkauf	37
	3.3.2 Kennzahlen zur Schlagkraft des Verkäufers	37
3.4	Woran sich Fundraiser messen lassen	39
4	**Kennen Sie Ihre Spender und ihr Spenderpotenzial?**	43
4.1	Milliarden werden jedes Jahr in Deutschland gespendet	45
4.2	Spender oder Nichtspender? – Nichtspender spenden nicht	47
4.3	Ältere Menschen geben mehr – Spendertypologien	49
4.4	Spendenmotive – Warum Menschen spenden	52
4.5	Fundrainsing-Instrumente – Den Spender ansprechen	55

4.6	Einteilung von Spendern nach der ABC-Analyse	57
4.7	Was Großspender ausmacht	60
4.7.1	1 Mio. Millionäre in Deutschland	62
4.7.2	Intensität der Betreuung von Großspendern	65
4.7.3	Unternehmen als Geber	66

5 Akquise – So erstellen Sie eine Liste für den Erfolg ... 69
- 5.1 Wertschätzung – den Spender richtig einschätzen ... 71
- 5.2 Time is money ... 72
- 5.3 Potenziale der Akquiseliste nutzen ... 73

6 Netzwerke – Wie Sie Kontakte aufbauen und halten ... 75
- 6.1 Digitale Netzwerke (be)nutzen ... 75
- 6.2 Persönliche Netzwerke in der realen Welt ... 79
- 6.3 Veranstaltungen und Orte zum Netzwerken für Fundraiserinnen und Fundraiser ... 81
- 6.4 Veranstaltungen zur Ansprache von Großspendern ... 83
- 6.5 Neue Kontakte knüpfen ... 86

7 Mit potenziellen Spendern ins Gespräch kommen – Smalltalk als Einstieg ... 89
- 7.1 Aller Anfang ist schwer – Ergreifen Sie die Initiative ... 91
- 7.2 In eine Gruppe dazukommen ... 92
- 7.3 Was Sie im Smalltalk vermeiden sollten ... 94
- 7.4 Orte und Anlässe für Kennenlerngespräche ... 96
- 7.5 Vorbereitung auf Begegnungen ... 100
- 7.6 Mit der Ansprache einen Impuls setzen ... 101
- 7.7 Nach der Begegnung ist vor der Begegnung ... 102

8 Die telefonische Kontaktaufnahme ... 105
- 8.1 Eine kurze Einführung in das Telefonmarketing ... 106
- 8.2 Vorbereitung auf ein gutes Telefonat ... 110
- 8.3 Vom Umgang mit dem Vorzimmer – Burggraben oder Zugbrücke? ... 113
- 8.4 Die Telefonakquise im Fundraisingalltag ... 117
- 8.5 Der erste Eindruck zählt – der letzte Eindruck bleibt ... 122
- 8.6 Nach dem Telefonat ist vor dem Termin ... 123
- 8.7 Im Team erfolgreicher telefonieren ... 124

9 Das persönliche Gebergespräch ... 127
- 9.1 Die richtige Gesprächsführung ... 129
- 9.2 Frageformen für die Gesprächsführung ... 132
  - 9.2.1 Geschlossene Fragen ... 133
  - 9.2.2 Rhetorische Fragen oder Suggestivfragen ... 134

	9.2.3	Alternativfragen	135
	9.2.4	Offene Fragen	136
9.3	Der Aufbau eines Spendengespräches		137
	9.3.1	Das klassische Verkaufsgespräch	138
	9.3.2	Das Verkaufsgespräch auf den Kopf gestellt	141
9.4	Einwand oder Vorwand – woran wir wirklich sind		144
9.5	Von Angesicht zu Angesicht – so gewinnen Sie Großspender		146
	9.5.1	Die richtige Gesprächsvorbereitung	147
	9.5.2	Kleider machen Leute	150
	9.5.3	Von Präsentationen, Give-Aways und Broschüren	153
	9.5.4	Pünktlichkeit ist die Höflichkeit der Könige	158
	9.5.5	Im Termin auf den Punkt kommen	160
	9.5.6	Nach dem Gespräch ist vor dem Gespräch	166

10 Spenden über Empfehlung – „Türöffner" gewinnen und motivieren 167
    10.1 So gewinnen Sie „Türöffner" 169
    10.2 „Türöffner" und Fundraiser als Dream-Team 173

11 Spenderbindung – Kommunikation fördert die Freundschaft 177
    11.1 Alle Kommunikationskanäle zum Großspender öffnen 180
    11.2 Weniger ist mehr – die richtige Information zählt 183
    11.3 Kommunizieren in der Krise 185
    11.4 Reaktivierung ehemaliger Spender vor Neuspendergewinnung 187
    11.5 Spezielle Events für spezielle Spender 190

12 Zur Dramaturgie des Fundraising 195
    12.1 Sind initiative Menschen die geborenen Verkäufer? – Das DISG-Modell 195
    12.2 Ausbildung und Erfahrung 198
    12.3 Struktur im Vertrieb 199
    12.4 Die Akquisepyramide 199
    12.5 Nicht mit Kanonen auf Spatzen schießen 203

13 Wünsche werden wahr – Ziele, Motivation und Selbstmotivation 211
    13.1 Von der Kraft der Ziele 212
    13.2 Was bedeutet Motivation? 215
    13.3 Selbstvertrauen – „Glaub an Dich!" 218
    13.4 Sich auf „Erfolg" programmieren 221
    13.5 Selbstmotivation 223
    13.6 Zufriedene Spender sind die besten Motivatoren 230
    13.7 Fundraiser motivieren eine ganze Organisation 233

Schlusswort: Machen Sie es einfach! 237

Literatur 239

Sachverzeichnis 241

Fundraising – eine kleine Einführung

In Deutschland wird seit vielen Jahren das Wort „Fundraising" benutzt, wenn es um das Einwerben von Spenden geht. Dieser Begriff hat sich mittlerweile eingebürgert und den alten Begriff des „Sozialmarketing" komplett abgelöst.

Natürlich hat dieser englische Begriff außerhalb des deutschen Sprachraumes eine weitergehende Bedeutung. Laut dem englischsprachigen Wikipedia definiert sich der Begriff Fundraising wie folgt:

> **Fundraising** or **fund raising** (also **development**) is the process of soliciting and gathering voluntary contributions as money or other *resources*, by requesting donations from individuals, businesses, charitable foundations, or governmental agencies (see also *crowd funding*). Although fundraising typically refers to efforts to gather money for *non-profit organizations*, it is sometimes used to refer to the identification and solicitation of investors or other sources of capital for for-profit enterprises. Traditionally, fundraising consisted mostly of asking for donations on the street or at people's doors, and this is experiencing very strong growth in the form of face-to-face fundraising, but new forms of fundraising such as online fundraising have emerged in recent years, though these are often based on older methods such as grassroots fundraising.[1]

Die generelle Gewinnung (*raising*) von Finanzmitteln (*fund*) ist im angelsächsischen Sprachgebrauch die Ausgangsbedeutung. Hierbei geht es insbesondere um die Geldbeschaffung von Banken und Finanzdienstleistern für bestimmte Produkte. Jeder, der schon einmal den Begriff Fundraising in Suchmaschinen eingegeben hat, wird entsprechende Seiten gesehen haben. Diese englische Variante des *fund raising*, also die Geldbeschaffung, ist bei uns weitestgehend ungenutzt. Glücklicherweise ist das „Fundraising" in unserem Sprachgebrauch nur auf den gemeinnützigen Sektor reduziert.

---

[1] Siehe: http://en.wikipedia.org/wiki/Fundraising.

Daher ist die Definition von Fundraising im deutschen Wikipedia eingeschränkt. Es werden hier die von mir sehr geschätzten Kollegen Dr. Marita Haibach – die Grand Dame des deutschen Fundraising – und Prof. Dr. Michael Urselmann, der an der Fachhochschule Köln lehrt, wie folgt zitiert:

> **Fundraising** (engl.), Mittelakquisition bzw. Mittelbeschaffung ist die systematische Analyse, Planung, Durchführung und Kontrolle sämtlicher Aktivitäten einer steuerbegünstigten Organisation, die darauf abzielen, alle für die Erfüllung des Satzungszwecks benötigten Ressourcen (Geld-, Sach- und Dienstleistungen) durch eine konsequente Ausrichtung an den Bedürfnissen der Ressourcenbereitsteller (Privatpersonen, Unternehmen, Stiftungen und öffentliche Institutionen) zu möglichst geringen Kosten zu beschaffen.[Prof. Dr. Urselmann] Marita Haibach betont, dass neben Sachmitteln, Rechten, Informationen, Arbeits- und Dienstleistungen der Schwerpunkt vor allem auf der Beschaffung finanzieller Mittel für gemeinnützige Organisationen liegt.[2]

Michael Urselmann macht deutlich, wie strukturiert und zielgerichtet das Fundraising erfolgen muss. Dr. Marita Haibach bringt es auf den Punkt: in der deutschen Sprache heißt Fundraising im Wesentlichen, Geld zu spenden.

Geldspende, Sachspende und Ehrenamt Dieser Auslegung von Dr. Marita Haibach werde ich im Wesentlichen folgen und mich auf die Beschaffung von finanziellen Mitteln beschränken. Das tue ich deshalb, weil aus meiner Sicht Geld gegenüber Sachspenden viele Vorteile hat: Mit finanziellen Mitteln sind die Organisationen unabhängiger, sie können selbst entscheiden, wie diese Mittel eingesetzt werden, was davon gekauft werden soll, finanzielle Mittel müssen nicht verladen, per Schiff, Lastwagen, Zug oder Flugzeug transportiert werden. Darüber hinaus können vor Ort, zum Beispiel in der Entwicklungshilfe, mit Geld regionale Produkte gekauft und regionale Märkte gestärkt werden. Auch ist es viel unkomplizierter, für die Geldspende eine Zuwendungsbestätigung (umgangssprachlich: Spendenbescheinigung) auszustellen. Bei Sachspenden muss der aktuelle Wert ermittelt und von dem Geber dokumentiert werden.

Auch nehme ich ganz bewusst den Bereich der Zeitspende, also das ehrenamtliche Engagement, aus meinen Überlegungen heraus. Ehrenamtliche Mitarbeiter sind aus dem Sozialwesen nicht mehr wegzudenken. Die Ansprache, Gewinnung und Bindung von Ehrenamtlichen ist es wert, in einem eigenen Buch beleuchtet zu werden.

Wie lässt sich nun also dieser strukturierte Prozess in Gang setzten, wie funktioniert ein erfolgreiches Fundraising in der Praxis?

Die Formen des Gebens: Sponsoring und Spende Bei der finanziellen Unterstützung für gemeinnützige Organisationen unterscheiden wir zwischen „Spende" und „Sponsoring". Eine Spende, so ist es im Einkommenssteuergesetz definiert, findet freiwillig und ohne Gegenleistung statt. Beim Sponsoring ist das anders, hier erhält der Geber eine

---

[2] Siehe: http://de.wikipedia.org/wiki/Fundraising.

Gegenleistung, die meist eine werbliche Form hat. Doch so unterschiedlich diese beiden Formen der Unterstützung sind, so viele Gemeinsamkeiten gibt es auch.

Der wichtigste gemeinsame Punkt dieser beiden Formen der Unterstützung liegt für mich ganz eindeutig in der Motivation des Gebers. Unabhängig davon, ob es sich um eine einzelne Person oder ein Unternehmen handelt, so sind die entscheidenden Auslöser für die Unterstützung die Emotionen des Gebers. Denn auch in Unternehmen sind es Menschen mit emotionalen Beweggründen, die sich für oder gegen eine Unterstützung aussprechen.

Bei den zahlreichen Gesprächen mit Sponsoren habe ich deutlich festgestellt, dass sich deren Emotionen von denen der Privatspender nicht unterscheiden. Es sind nicht die Gegenleistungen, die einen Unterstützer überzeugen, sondern auch ein Geschäftsführer eines Unternehmens und der Vorstand eines Konzerns lassen sich von ihren Gefühlen leiten.

Und seien wir einmal ehrlich: die tatsächliche Gegenleistung entspricht oft nicht den geleisteten Zahlungen. Nehmen Sie doch einfach mal den Werbeeffekt eines Sponsorings. Als Anhaltspunkt eignet sich der sogenannte Tausender-Kontakt-Preis, der bei Anzeigenschaltungen zugrunde gelegt wird. Ein solcher Tausender-Kontakt-Preis bei einer ganzseitigen Anzeige in der BILD Deutschland liegt bei etwa 175 €, beim Hamburger Abendblatt als regionale Zeitung bei etwa 240 €. Soviel kostet es also, 1000 Menschen mit einer Botschaft zu erreichen.

Nun betrachten Sie doch einmal alternativ dazu den Tausender-Kontakt-Preis, den ein Sponsor zahlt, wenn er als Gegenleistung im Programmheft einer Benefizveranstaltung erscheint. Wenn Sie also dem Sponsor einen vergleichbaren Gegenwert bieten möchten, müssen Sie in Hamburg für 1000 € etwa 4000 Menschen erreichen. Wenn Sie in ganz Deutschland aktiv sind und einen Sponsor für 10.000 € gewinnen, dann liegt hier ein vergleichbarer Gegenwert bei fast 60.000 erreichten Menschen.

Mit diesem Beispiel will ich Sie natürlich nicht entmutigen, sondern deutlich machen, welche Rolle die rationale Berechnung einer realen Gegenleistung im Sponsoring im Alltag des Fundraisers wirklich spielt.

Aber auch einen anderen Punkt will ich an dieser Stelle deutlich machen: Jeder Impuls, für etwas Geld auszugeben, sei es für ein fassbares Produkt, eine Dienstleistung oder eine Spende, ist durch Emotionen geleitet. Je größer diese Investition aus Sicht des Gebers ist, desto stärker werden der Emotion rationale Erwägungen nachgelagert – aber eben nur nachgelagert und nicht vorgelagert.

1.1 Die drei Säulen des Fundraising

Als ich mit der Fundraisingberatung vor einigen Jahren begonnen habe, stellte ich mir die Frage, nach welchen Prinzipien ein erfolgreiches Spendensammeln denn aufgebaut werden muss.

Aus Fachbüchern, meinen Teilnahmen an Fortbildungen und den zahlreichen Kongressen wie dem Deutschen Fundraisingkongress, dem Norddeutschen Fundraisingtag oder den regionalen Fundraisingtagenn des „Fundraiser-Magazin" war mir das theoretische Know-how klar, doch mit was für einem Modell kann dieses umfangreiche Wissen einfach und unkompliziert dargestellt werden? Also habe ich, mit der Unterstützung meines damaligen Teams unter der Leitung von Katharina Beyer, ein Modell entwickelt, dass sich mit dem Titel „Die drei Säulen des Fundraising" beschreiben lässt.

Es sind drei Faktoren, die beim Fundraising eine Rolle spielen, drei entscheidende Merkmale, auf denen der Erfolg einer Organisation beruht, die Spenden sammelt. Diese drei Faktoren sind:

- die Marke der spendensammelnden Organisation,
- die Spendergruppen und
- die Projekte, für die Unterstützung notwendig ist.

Ganz offensichtlich stehen diese drei Faktoren in einer wechselseitigen Beziehung zueinander. Es ist für eine bekannte Organisation mit tollen und wirkungsvollen Projekten nicht möglich, Spenden zu gewinnen, wenn keine Spender angesprochen werden. Es ist für die Spender, die ein Projekt toll und innovativ finden, schwierig, eine Organisation zu unterstützen, die vollkommen unbekannt ist. Und einer bekannten Organisation nutzen die Spender nichts, wenn es keine Projekte zur Unterstützung gibt.

Diese wechselseitige Beziehung habe ich in der Abb. 1.1 dargestellt.

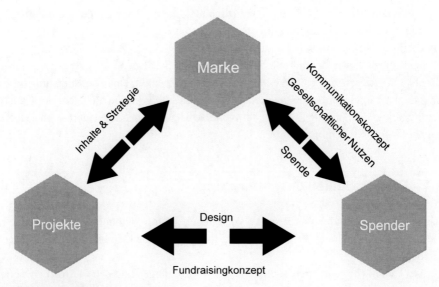

Abb. 1.1 Drei Säulen im Fundraising

1.1.1 Die erst Säule: Die Marke

Beginnen wir mit dem Faktor Marke. Hierbei geht es um die Organisation, die um Unterstützung bittet. Die entscheidende Frage ist, was sie ausmacht, was sie von anderen Organisationen unterscheidet. Was verbirgt sich hinter ihrem Namen, warum wurde sie gegründet und welches sind die Motive ihrer Arbeit? Die Antworten auf all diese Fragen machen den Markenkern der Organisation aus.

Doch bevor wir zur praktischen Betrachtung kommen, lassen Sie uns einen Blick auf die grundsätzlichen Anforderungen an Marken werfen. Das Wirtschaftslexikon von Gabler hat folgende Erklärung zum Begriff Marketing: „Der Grundgedanke des Marketings ist die konsequente Ausrichtung des gesamten Unternehmens an den Bedürfnissen des Marktes. Heutzutage ist es unumstritten, dass auf wettbewerbsintensiven Märkten die Bedürfnisse der Nachfrager im Zentrum der Unternehmensführen stehen müssen. Marketing stellt somit eine unternehmerische Denkweise dar. Darüber hinaus ist Marketing eine unternehmerische Aufgabe, zu deren wichtigsten Herausforderungen das Erkennen von Marktveränderungen und Bedürfnisverschiebungen gehört, um rechtzeitig Wettbewerbsvorteile aufzubauen.[3]

Der Begriff „Marke" im Sinne des Marketings geht über das klassische, juristische Verständnis von Marke als rechtlich geschütztem Herkunftszeichen („Markenzeichen") (siehe Marke (Recht)) hinaus. Nach dem klassischen Markenverständnis genügte es, wenn die Interessenten und Käufer eines Produkts in der Lage waren, den Hersteller anhand von *Markenzeichen* zu identifizieren. Im modernen Markenverständnis gilt eine Marke erst dann als erfolgreich, wenn die Zielgruppen imstande sind, den Hersteller auch *ohne* Markenzeichen – etwa anhand von Eigenschaften seiner Produkte – zweifelsfrei zu identifizieren.

Im Mittelpunkt steht also die Frage: Wodurch unterscheiden sich die Objekte, die einen Markennamen, also Unternehmen, repräsentieren, von konkurrierenden Objekten anderer Unternehmen respektive Markennamen? Um den Zielgruppen diese Unterscheidung zu ermöglichen, beschränkt sich der im Marketing verwendete Marken-Begriff nicht auf die Markenzeichen, sondern erstreckt sich auch auf alle Ergebnisse des Marketing-Mix, die der Inhaber und die Zielgruppen der Marke als charakteristisch für den Markennamen (d. h. als markenprägend) ansehen."[4]

Als alter Freund von Wild-West-Filmen gefällt mir das Bild des Brandzeichen zur Kennzeichnung, wohin ein Tier gehört, besonders gut. John Wayne hat im Klassiker „Rio Bravo" als erstes die Kuh seines Partners mit seinem Brandzeichen versehen. Damit war allen Beteiligten klar: Dieses Tier gehört ab sofort ihm. Auch wenn heutzutage das Brandzeichen nicht mehr erlaubt ist, so bleibt doch eines bei uns hängen: Ein Zeichen zeigt deutlich, wohin etwas gehört.

---

[3] www.wirtschaftslexikon.gabler.de/Definition/marketing.html#/definition.

[4] Siehe: http://de.wikipedia.org/wiki/Marke_%28Marketing%29.

So sehe ich auch die Marke. Sie ist vergleichbar mit einem Brandzeichen, das allen zeigt, aus welchem Stall das Produkt kommt. Und dieses Brandzeichen markiert damit das Image der Marke auf dem Produkt. Für eine Organisation, die Spenden sammelt, ist eine richtige Markierung sehr wichtig. Die Geber entscheiden aufgrund der Markenprägung, ob eine Organisation vertrauenswürdig ist und ihren Vorstellungen entspricht.

Eine Spenden-sammelnde Organisation hat daher die Aufgabe, sich mit der eigenen Marke auseinanderzusetzen und sie am Spendenmarkt zu positionieren. Die Marke besteht hierbei aus verschiedenen Elementen:

Die Markengeschichte als Teil der Botschaft Hinter jedem Träger, hinter jeder Organisation und jeder Stiftung steht eine Geschichte, die zur Gründung geführt hat. Viele dieser Geschichten sind aber der Öffentlichkeit gar nicht bekannt, was oft sehr zu bedauern ist, denn über die Gründungsgeschichte können Menschen mit ihren Gefühlen angesprochen und abgeholt werden. Es gibt viele beeindruckende Geschichten von Organisationsgründungen.

Nehmen Sie zum Beispiel den Schauspieler Karl-Heinz Böhm, der durch die „Sissi"-Filme in den 50er-Jahren zu Ruhm und Ansehen gekommen ist. Die Rolle des Kaisers Franz Josef in der Sissi-Trilogie war eine seiner berühmtesten. Im Jahr 1976 wurde Karl-Heinz Böhm das erste Mal mit der Armut in Afrika konfrontiert. Um eine Krankheit auszukurieren, wurde dem Schauspieler ein Aufenthalt in Kenia empfohlen. Dort ließ er sich von einem der einheimischen Hotelangestellten deren Hütten zeigen und erfuhr, dass sich die Einheimischen nur den Kopf eines Fisches leisten konnten. Karl-Heinz Böhm war erschüttert und beschloss, in Afrika zu helfen. Als der Schauspieler 1981 in die Fernsehsendung „Wetten, dass …" eingeladen wurde, wettete er, dass nicht einmal jeder dritte Zuschauer eine Mark (bzw. einen Franken oder sieben Schilling) für die Menschen in der Sahelzone spenden würde. Er versprach, dass er selbst nach Afrika gehen und helfen würde, wenn er die Wette verliere. Das Spendenziel wurde nicht erreicht, aber insgesamt kamen durch diese Wette 1,2 Mio. DM zusammen. Nach der Wette flog Böhm erstmals nach Äthiopien und gründete Ende 1981 die Hilfsorganisation „Menschen für Menschen".

Oder nehmen Sie die Geschichte der Johanniter und Malteser. Beide großen Hilfsorganisationen entstammen einem Ritterorden, der im Jahre 1099 gegründet wurde und dem Lehrsatz von Meister Gerhard, dem Gründer des Johanniterordens, folgt: „Unsere Bruderschaft wird unvergänglich sein, weil der Boden, auf dem diese Pflanze wurzelt, das Elend der Welt ist und weil es, so Gott es will, immer Menschen geben wird, die daran arbeiten wollen, dieses Leid geringer, dieses Elend erträglicher zu machen."[5]

Als 1099 die Kreuzfahrer Jerusalem eroberten, fanden sie dort ein Hospital, das Johannes dem Täufer (daher der Name „Johanniter") gewidmet war. In diesem Hospital verrichteten Laienbrüder barmherzige Dienste an armen und kranken Pilgern. Diesen Brüdern schlossen sich die Kreuzritter an.

---

[5] Siehe: http://www.johanniter.de/die-johanniter/johanniterorden/ueber-den-johanniterorden/geschichte/.

1.1 Die drei Säulen des Fundraising

Das Rote Kreuz hat eine Geschichte zu erzählen, die eng mit dem Schweizer Geschäftsmann Henry Dunant verbunden ist. Dunant wurde während einer Geschäftsreise im Jahre 1859 in der Nähe der italienischen Stadt Solferino Zeuge erschreckender Zustände unter den Verwundeten nach einer Schlacht. Diese Erlebnisse schrieb er in einem Buch auf, das er in ganz Europa verteilte. In der Folge wurde ein Jahr später in Genf das „Internationale Komitee der Hilfsgesellschaften für die Verwundetenpflege" gegründet, das seit 1876 den Namen „Internationales Komitee vom Roten Kreuz" trägt.

Ich selbst habe in den 80er-Jahren des letzten Jahrhunderts mit einer Hand voll Weggefährten ein Jugendzentrum in Hamburg gegründet. Was hat mich zu diesem Schritt veranlasst? Als Arbeiterkind habe ich über den zweiten Bildungsweg die Reise durch das bundesdeutsche Bildungssystem angetreten. Nach neun Jahren Hauptschule bin ich auf die zweijährige Handelsschule gegangen, um die mittlere Reife zu machen. Danach folgte eine zweijährige Berufsausbildung zum Industriekaufmann in einer mittelständischen Kokosweberei mit der dazugehörigen Berufsschule. Statt anschließend in den Beruf zu gehen, habe ich zum Leidwesen meiner Eltern die Fachhochschulreife nachgeholt und damit die Voraussetzung für ein Studium geschaffen. An der Hamburger Hochschule für Wirtschaft und Politik habe ich als Volkswirt mein Studium beendet, als ich 26 Jahre alt war.

Dieser Weg war nicht selbstverständlich, eigentlich sollte nach den neun Jahren Hauptschule Schluss sein. Doch in dieser Schule gab es eine Lehrerin, die in mir mehr als einen Hauptschüler gesehen hat. Diese Frau hat mich motiviert und meine Eltern überzeugt, mich den Realschulabschluss machen zu lassen. Sie war meine erste Mentorin, meine erste Motivatorin und hat in mir Potenziale geweckt, von denen ich keine Ahnung hatte.

Auch in der Realschule hatte ich Lehrer, die mich motiviert und angespornt haben. Dadurch erreichte ich gute Noten und konnte mich frei entfalten. In meinem Ausbildungsbetrieb war es ein junger, dynamischer Marketingleiter, der zu mir sagte: „Schiemenz, sei schlau und hau hier nach der Lehre ab." Er zeigte mir Alternativen außerhalb des etablierten Lebens in einer norddeutschen Kleinstadt und gab mir den Mut, die Folgeanstellung auszuschlagen und den Weg in die weite Welt zu gehen. Dieser Marketingleiter war ein cooler Typ und genauso cool wollte ich auch einmal werden. Und Marketingleiter wird man eben nicht mit Realschulabschluss und der Ausbildung zum Industriekaufmann. Also musste ich studieren, und dafür brauchte ich die Fachhochschulreife.

Im Studium habe ich dann festgestellt, wie extrem wichtig die Herkunft, also das soziale Umfeld, ist. Denn es sind in der Regel eben nicht die Arbeiterkinder, die an den Hochschulen eingeschrieben sind. Somit war auch mir dieser Weg nicht in die Wiege gelegt, sondern ich verdankte ihn Menschen, die einen weiteren Horizont hatten, als ich damals sehen konnte. Und genau diese Erkenntnis war der Grund, warum ich mit einigen Mitstreitern ein Jugendzentrum gründete: um jungen Menschen aus sogenannten einfachen Verhältnissen eine Perspektive aufzeigen zu können.

Sie sehen also: Egal, ob es das riesige Rote Kreuz oder ein kleines Jugendzentrum in Hamburg ist – jede Organisation hat eine ganz eigene, berührende Geschichte zu erzählen.

Es ist die Aufgabe, im Aufbau und in der konsequenten Führung der Marke genau diese Geschichte zu erzählen.

Mit diesen Beispielen will ich Ihnen deutlich machen, wie wichtig die Geschichte im Verständnis und in der Prägung einer Marke ist. Geschichten prägen uns Menschen von Kindheit an. Wie eine Organisation ihre Geschichte erzählt und positioniert, erfahren Sie im Abschnitt „Kommunikationsstrategie".

Aus der Markengeschichte lässt sich in der Regel bereits die Identität, der Geist einer Stiftung ableiten. Viele gemeinnützige Akteure haben darüber auch eine klare Vision entwickelt, ein sogenanntes *Mission Statement*. Dieses Leitbild ist üblicherweise die Formulierung des Selbstverständnisses und der Grundprinzipien einer Organisation. Darüber hinaus formuliert das *Mission Statement* einen Zielzustand, beschreibt also ein realistisches Idealbild. Ein solches Bild soll den Mitarbeitern Orientierung geben und der Öffentlichkeit, insbesondere den Spendern, verdeutlichen, wofür diese Organisation steht.

Der gesellschaftliche Mehrwert einer gemeinnützigen Marke
Eine gemeinnützige Marke ist im Hinblick auf die von ihr ausgelösten Emotionen in einem großen Vorteil gegenüber einer Wirtschaftsmarke. Nur wenigen Wirtschaftsakteuren gelingt es, unabhängig von den Produkten eine emotionale Beziehung zu den Zielgruppen herzustellen. Es gibt natürlich auch im Wirtschaftsalltag starke emotionale Bindungen von Menschen zu bestimmten Marken. Eindrucksvoll ist für mich die Marke „Harley Davidson". Die Fans dieser Marke fahren stolz und selbstbewusst ihr Bike, tragen Shirts, Jacken und zahlreiche Accessoires mit dem Harley-Davidson-Emblem. Ja, Fans von anderen Marken wie Porsche, BMW oder Mercedes machen das auch. Aber können Sie sich einen BMW-Fan vorstellen, der das Logo der Bayerischen Motoren Werke in den Oberarm eintätowiert hat? Bei Harley-Fans ist eine solche Tätowierung nicht ungewöhnlich.

Klar, Automarken sind insbesondere in Deutschland bei Autofans sehr emotional behaftet. Auch das Unternehmen „Apple" repräsentiert für mich eine emotionale Marke. Der angebissene Apfel als Symbol zeigt eine ganz besondere Haltung des Nutzers. Aber sonst? Welche anderen Marken geben mir ein positives Gefühl, erzählen mir eine gute Geschichte, in der ich mich wiederfinde? Jeder von uns wird die eine oder andere Marke emotional schätzen. Doch wenn wir ehrlich sind, registrieren wir für die meisten Marken keinen starken Ausschlag auf unserer Skala der Emotionen.

Gemeinnützige Marken haben es im Vergleich doch deutlich einfacher. Die Geschichte einer gemeinnützigen Marke berührt die Menschen und sie erzählt von einem Mehrwert. Egal, was für Projekte durchgeführt werden, es gibt immer einen Mehrwert für unsere Gesellschaft, den jeder nachvollziehen kann. Von dieser hohen gesellschaftlichen Akzeptanz leben ganz besonders die Fundraiser. Deshalb ist es wichtig, dass die gemeinnützige Marke diesen gesellschaftlichen Mehrwert auch klar und eindeutig transportiert.

Nur über diesen Mehrwert kann eine Marke sich als gemeinnützig positionieren, denn sie nutzt der Gemeinschaft, unserer Gesellschaft. Und alles, was uns allen nützlich ist, das wollen wir natürlich auch erhalten wissen und unterstützen.

Der gesellschaftliche Mehrwert ist für eine spendensammelnde Marke natürlich auch spendenrechtlich wichtig. Wir wollen im Fundraising Menschen zur Hilfe motivieren, ohne dass sie selbst dafür eine Gegenleistung erhalten. Also müssen wir mit dem gesellschaftlichen Nutzen argumentieren und nicht mit direkten Vorteilen.

Für die reine Spende gibt es eben keinen persönlichen Vorteil. Eine Spende erfolgt daher in der Regel, weil die gebenden Personen etwas grundsätzlich unterstützen möchten. Und dieses Grundsätzliche hat darüber hinaus noch eine gesellschaftliche Relevanz. Die Abgabenordnung definiert ab dem § 51 genau, welche Projekte gemeinnützig sind und damit eine gesellschaftliche Relevanz haben. Nur, wenn Ihre Organisation diese gemeinnützigen Projekte unterstützt oder selbst durchführt, erhalten die spendenden Personen die Zuwendungsbescheinigung und damit einen steuerlichen Vorteil.

Aber natürlich wissen wir Fundraiser, dass die so erzielte Steuerersparnis nicht der wichtigste Spendenauslöser ist. Es handelt sich vielmehr um einen sogenannten Mitnahmeeffekt. Viele Spenderinnen und Spender spenden nicht, um Steuern zu sparen, sondern weil die Arbeit einer Organisation oder ein bestimmtes Projekt den Anstoß gegeben hat.

Also meine direkte Frage an Sie: Könnten Sie mir mit einem Satz sagen, welchen gesellschaftlichen Nutzen die Organisation hat, für die Sie Spenden sammeln? Warum ist diese Marke für mich relevant? Was würden Sie einem potenziellen Großspender sagen, wenn Sie ihn im Fahrstuhl treffen? Sie steigen gemeinsam im Erdgeschoss ein und der Großspender drückt den Knopf für die achte Etage. Ihnen bleiben nur ganz wenige Sätze, um zu verdeutlichen, warum die von Ihnen vertretene Organisation wichtig ist. Bringen Sie es also auf den Punkt und trainieren Sie vor dem Spiegel, wie Sie eine solche Situation für sich nutzen können. Den *Elevator Pitch* müssen Sie als Fundraiser „draufhaben", denn Sie können jederzeit in eine solche Situation kommen.

Für das Rote Kreuz geht die gesellschaftliche Relevanz eng einher mit der medizinischen Versorgung von Menschen, von Verwundeten im Krieg, mit der schnellen Hilfe für Verkehrsopfer und Verletztenversorgung bei großen und kleinen Veranstaltungen. Der gesellschaftliche Mehrwert dieser Organisation ist auf den ersten Blick mit dem roten Balkenkreuz verbunden.

In meinem Jugendzentrum war dieser gesellschaftliche Mehrwert auf den ersten Blick nicht so deutlich zu erkennen. Erst einmal stellt eine Jugendeinrichtung für die Menschen ganz unterschiedliche Dinge dar. Die kritischen Bemerkungen hatten mit der Angst vor den jungen Besuchern zu tun. „Wenn die jungen Wilden sich jetzt alle in diesem Haus treffen, dann sind wir als Nachbarn ja nicht mehr sicher. Dann müssen wir unsere Haustüren und Fenster sichern und die Autos um die Ecke parken", sagten einige Menschen. Die Angst war für mich nachvollziehbar, ich konnte also einordnen, woher diese Vorurteile kamen. Man hatte sich eben schon sein Urteil über diese Jugendlichen gebildet, weil diese sich vorher auf den Spielplätzen, an Bushaltestellen oder anderen Plätzen in der Nachbarschaft getroffen und dabei nicht besonders vertrauenserweckend ausgesehen hatten. Also bedeutete das Jugendzentrum für diese Nachbarn erst einmal keinen Mehrwert, sondern genau das Gegenteil. „Warum ausgerechnet vor unserer Tür?" war die freundlichste Hinterfragung, als ich mit den Nachbarn sprach.

Für die Bewohner im Stadtteil, die nicht direkt in der Nachbarschaft des Hauses lebten, war der Mehrwert natürlich klar erkennbar. Endlich waren die Spielplätze frei von den Jugendlichen, auch an den Bushaltestellen wurde es deutlich ruhiger. Gerade wegen dieser persönlichen Betroffenheit war es besonders wichtig, den Vorteil einer Jugendeinrichtung für alle Menschen im Stadtteil, ja sogar in ganz Hamburg, deutlich zu machen. Denn ich wollte natürlich, dass alle Menschen von diesem tollen Projekt begeistert waren.

Für mich war meine Motivation, jungen Menschen einen Raum zur eigenen Entfaltung zu geben, ihnen Perspektiven und Vorbilder zu zeigen, auch das Kernargument für den gesellschaftlichen Mehrwert der Einrichtung. Jugendliche, die einen Anlaufpunkt haben, stören die anderen Menschen nicht. Sie haben eine Motivation, ihr Leben zu gestalten, und sie haben Vorbilder. Sie übernehmen für sich und andere Menschen, ja sogar für den Stadtteil, Verantwortung. Sie entwickeln ein Selbstwertgefühl, indem sie herausfinden, dass sie wertvoll sind. Und wer sich selbst wertschätzt, kann auch andere Menschen wertschätzen. Und hier liegt der gesellschaftliche Mehrwert.

Markenattribut Fundraising Während eine gute Automarke schreit: „Fahr mich, fühl mich!", so muss eine gute gemeinnützige Marke in den Markt hineinrufen: „Spende, unterstütze, hilf uns!" Und tatsächlich ist dieses Attribut mehr als nur ein Aufruf, denn es ist auch die Antwort auf eine ganz einfache Frage: „Was kann ich tun, damit der gesellschaftliche Nutzen der Marke erhalten bleibt?"

Sie sehen, der gesellschaftliche Mehrwert und die Frage nach der richtigen Unterstützung ist ein Dialog zwischen der Marke und der Öffentlichkeit. Wenn Sie mir also sagen, welchen Nutzen Sie für mich haben, dann frage ich zurück, was ich tun muss, um diesen Nutzen zu erhalten.

Für eine spendensammelnde Marke ist das Fundraising daher wie der Milchschaum auf dem Cappuccino. Erst durch diesen cremigen Schaum wird aus einem guten Espresso und heißer Milch ein guter Cappuccino. Daher gehört das Thema Fundraising in der Markenkommunikation an die zentrale Stelle. Und hier liegt umgangssprachlich der Hund im Fundraisingalltag begraben: Auf den Webseiten findet sich bei vielen Organisationen nur ein kleiner Hinweis auf das Thema „Spenden". Die Imageunterlagen verweisen zart auf ein Spendenkonto, der vortragende Vorstand informiert die Zuhörer am Rande seines Vortrages freundlich mit dem Hinweis: „Natürlich würden wir uns sehr über Ihre Spende freuen."

Doch so wird keine Fundraisingmarke geboren. Ich kann hier nur eins empfehlen: Jede gemeinnützige Marke, die auf Spenden nicht verzichten will oder kann, muss das Fundraisingbanner stolz und selbstbewusst vor sich hertragen. Zum Selbstbewusstsein gehört, dass sich die Organisation darüber bewusst ist, dass die Vision der Marke, die Erreichung der Satzungsziele und somit der Ausgang der Markengeschichte in der Zukunft von der Existenz von Unterstützern abhängig ist. Diese Geber sind nicht nur Fans einer Marke, sondern sie fühlen sich der Geschichte, dem Geist, verbunden und bringen das mit der Gabe, der Spende, zum Ausdruck.

Erfolgreiche Fundraisingmarken machen das eindrucksvoll vor. In jeder Markenkommunikation, in jedem Auftritt der Marke wird deutlich die Einladung zur Teilhabe durch die finanzielle Unterstützung artikuliert. Schauen Sie sich die Webseiten dieser erfolgreichen Wettbewerber an, dann sehen Sie, wie prominent das Spendenthema dort positioniert ist. Auf keiner Seite ist der Spendenbutton zu übersehen, es gibt Geschichten von und über Geber, es werden Beispiele für effektive Unterstützungen aufgezeigt und es können konkrete Gegenstände, Lebensmittel, Tiere, Schulhefte, Ziegelsteine und vieles mehr finanziert werden.

Wenn Sie diese Erkenntnis auf die Drucksachen übertragen, dann darf keine Information über Ihre Marke gedruckt werden, in der nicht auch deutlich das Markenattribut Fundraising gesendet wird. Dieses Attribut müssen Sie sehr deutlich senden. Und aus meiner Sicht gehört auf jeden Fall ein Zahlschein in jedes Druckprodukt. Nicht beigelegt, sondern als fester Bestandteil, denn ein solcher Zahlschein ist ein wichtiges Bild, ein Symbol für die finanzielle Unterstützung.

Vielleicht denken Sie jetzt: „Wer nutzt den heutzutage noch einen Zahlschein? Die meisten Menschen überweisen doch online!" Diese Aussage höre ich in jedem meiner Seminare und daher gebe ich Ihnen auch hier meine klare Antwort: Ein Zahlschein ist ein symbolischer Anker, er wirkt deutlich stärker als jeder Text. Wenn Sie wollen, dass die Menschen mit Ihrer Marke das Thema „Spende" verbinden, dann müssen Sie ein klares und starkes Bild in die Unterlagen integrieren, ein eindeutiges Bild, das jeder kennt und für sich deuten kann. Und bestimmt stimmen Sie mir zu, wenn ich behaupte, dass der Zahlschein ein eindeutiges und jeder Person bekanntes Bild für Geldtransfer ist. Daher verzichten Sie nicht auf dieses Bild, denn es sagt mehr, und in deutlich kürzerer Zeit, aus als jeder Text.

Grundsätzlich muss ich Sie an dieser Stelle auf die Kraft von Bildern hinweisen. Wir Menschen können Botschaften viel besser über Bilder aufnehmen als über Texte. Das liegt in unserer Natur. Als wir vor vielen Tausend Jahren noch in Höhlen lebten, waren wir auf unseren Blick angewiesen. Wir mussten auf der Jagd erkennen, wo das Wild ist und aus welcher Ecke Gefahr drohte. Unsere Augen waren ständig auf der Hut und scannten das Umfeld. Nur die Menschen, die Chancen und Risiken auf einen Blick erkennen und unterscheiden konnten, hatten die Option aufs Überleben. Und diese Menschen konnten sich fortpflanzen, ihre Fähigkeiten an die nachfolgenden Generationen vererben und noch stärker ausprägen.

Aus Sicht der Evolution war diese Zeit quasi gerade eben, menschheitsgeschichtlich beinahe wie gestern. Und daher sind wir, trotz aller Zivilisation, noch immer mit diesem Erbgut ausgestattet. Wir betrachten auch heute in Unterlagen als erstes die Bilder und erst dann die Überschriften und Zwischenüberschriften. Und mit diesem oberflächlichen Blick bewerten wir auch die Aussagen der Information und prägen uns darüber die Bilder ein. Erst dann wird von uns entschieden, ob wir den Text teilweise oder ganz lesen wollen.

Diese Erkenntnisse finden Sie tagtäglich in den Medien. Die Nachrichten im Fernsehen bestehen aus bewegten Bildern und ausdrucksstarken Grafiken, die mit gesprochenen Worten unterlegt sind. Die auflagenstärksten Tageszeitungen arbeiten mit großformatigen, ausdrucksvollen Bildern auf den Titelseiten. Und selbst die Frankfurter Allgemeine Zeitung hat vor einigen Jahren ein Foto auf der Titelseite eingeführt.

Also kommen auch die Unterlagen Ihrer Organisation um diese ausdrucksstarken Bilder nicht herum und das ausdrucksstarke Bild für „Spenden Sie!" ist eben der Zahlschein. Daher der Grundsatz: „Jede gedruckte Spendeninformation braucht einen Spendenzahlschein."

Das Logo Da wir gerade bei den Bildern sind, sollten wir das zentrale Bild für Ihre Marke näher betrachten. Mit einem Logo soll aus Kommunikationssicht ein Bild geschaffen werden, das bei den Menschen das Markenbranding abruft. Dazu muss das Logo natürlich erkennbar und somit der Marke auch eindeutig zuordenbar sein.

Das weltweit wohl bekannteste Logo aus der Gemeinnützigkeit ist das rote Balkenkreuz vom Roten Kreuz. Fast jeder Mensch kann dieses Rote Kreuz eindeutig zuordnen und verbindet damit mindestens medizinische Hilfe.

Doch es gibt nicht nur sogenannte Bildmarken, also grafische Logos. Sehr häufig kommen auch die Wortmarken vor, die als Logo für eine Marke wirken sollen. Eine bekannte gemeinnützige Wortmarke im Fundraisingumfeld ist beispielsweise UNICEF. Dieses Wort steht für eine international agierende Kinderschutzorganisation und ist die Abkürzung für „United Nations International Children's Emergency Fund". Und wenn diese Wortmarke mit einem Symbol verknüpft wird, dann haben wir eine klassische Wort-Bild-Marke. UNICEF nutzt zur Verbildlichung der Marke eine Weltkugel, in der eine Frau ein Kind hochhebt. Das verstärkt die Emotionalisierung und der Kern der Arbeit wird verdeutlicht.

Gerade am Beispiel von UNICEF sehen wir die Macht der Bilder. Denn uns kann nur deutlich vor Augen geführt werden, was wir auch eindeutig erkennen können. Und das Symbol einer Frau mit einem Kind vor der Weltkugel lenkt unsere Gedanken in genau die Richtung, die uns zum Markenkern von UNICEF bringt.

Das Corporate Design Das Corporate Design sorgt dafür, dass in der Kommunikation einer Marke für einen einheitlichen Auftritt gesorgt ist. Denn ein Logo ist nur wirkungsvoll, wenn es immer gleich aussieht. Dazu gehören Farbe und Abmessung, Schriftart und die Verhältnisse von Schriftengrößen. Doch auch, welche Bildsprache gewählt wird und wie hoch der Bildanteil in Unterlagen ist, wird im Corporate Design festgelegt.

Nur durch die konsequente Umsetzung solcher Vorgaben auf allen Kommunikationswegen hat Ihre Organisation die Chance, erkannt zu werden. Und nur durch dieses Erkennen kann der Empfänger der Nachrichten auch die richtigen Markeninhalte zuordnen.

„Ein wichtiger Grundsatz des Corporate Designs – wie des industriellen Designs allgemein – ist die Regel Form folgt Funktion. Neben der Wiedererkennbarkeit muss der praktische Nutzen gewährleistet sein. Eine Hausschrift etwa sollte nicht nur wiedererkennbar, sondern auch gut lesbar sein. Zudem sollte sie keine zusätzlichen Probleme schaffen – etwa im Layout oder Übersetzungsworkflow oder bei der Weitergabe an Kunden. Das Corporate Design stellt eine Leitlinie dar, mit der im Rahmen der Unternehmenskommunikation ein einheitliches Auftreten gewährleistet werden soll. Hier muss wie bei allen Unternehmensentscheidungen die Bedeutung und Gewichtung sorgfältig abgewogen werden".[6]

1.1.2 Die zweite Säule: Die Spender

Die Spender sind in Deutschland keine unbekannten Wesen. Dank TNS Infratest und GfK (Gesellschaft für Konsumgüterforschung) wissen wir recht viel über das Verhalten von Gebern. TNS Infratest gibt seit 1995 den „Deutschen Spendenmonitor" heraus und die GfK veröffentlicht gemeinsam mit dem „Deutschen Spendenrat e. V." die „Bilanz des Helfens". Auch wenn die Erhebungsmethoden der Marktforscher unterschiedlich sind, lassen sich aus dem Ergebnis der jährlichen Befragungen Gemeinsamkeiten ableiten. Die aktuellen Informationen finden Sie unter www.infratest.com und www.spendenrat.de.

Grundsätzlich können wir davon ausgehen, dass gut jeder dritte Bundesbürger über 16 Jahre in Deutschland spendet. Diese Spendenquote ist von Jahr zu Jahr rückläufig. Laut der „Bilanz des Helfens 2012" hat sich die Spenderquote von 42,6 % im Jahr 2006 auf 32,4 % im Jahr 2012 reduziert.

Historisch hoch war die Spenderquote im Jahr 2005. In diesem Jahr haben 50,9 % der Menschen gespendet. Ausschlaggebend für diese ungewöhnlich hohe Spendenquote war die Tsunami-Katastrophe am 26. Dezember 2004 im Indischen Ozean. Diese Katastrophe mobilisierte auf der ganzen Welt eine große Hilfsbereitschaft mit vorher nie da gewesenen Spendenflüssen.

Auslöser war neben der Katastrophe eine große mediale Berichterstattung. Eine solche Berichterstattung ist für die Katastrophenspender sehr wichtig, denn die öffentliche Relevanz wirkt sich direkt auf die finanzielle Unterstützung der Menschen aus. Der Umkehrschluss lautet aber leider auch: Je geringer die mediale Präsenz, desto geringer ist die Unterstützung von Spenderinnen und Spendern.

Wenn Sie die Spendenquote außerhalb der großen und medial präsenten Katastrophen betrachten, so können Sie feststellen, dass die Differenz durch sogenannte „Katastrophenspender" aufgefüllt wird. Diese Menschen scheinen nur bei entsprechender medialer Berichterstattung zum Spenden bereit zu sein. Außerhalb von Katastrophenhilfe lässt sich diese Gruppe nur schwer oder gar nicht motivieren.

In meiner Zielgruppenbetrachtung lasse ich daher diese Spendergruppe außen vor, denn glücklicherweise sind Katastrophen nicht planbar und es ist auch nicht absehbar, welche Katastrophen von den Medien aufgenommen werden.

Die „normalen" Spender finden wir in allen gesellschaftlichen Gruppen, in allen Altersklassen und in jeder Region. Doch ist das Spendenverhalten nicht überall gleich. Die

---

[6] Siehe: http://de.wikipedia.org/wiki/Corporate_Design.

wichtigsten Kriterien sind das Alter der Geber und der Grad der Bildung. In der bereits zitierten „Bilanz des Helfens" wird darüber hinaus festgestellt (vgl. Bilanz des Helfens 2013), dass Menschen, die sich einer Religionsgemeinschaft zugehörig fühlen, spendenbereiter sind als die anderen. Auf der anderen Seite sind Menschen, die ehrenamtlich aktiv sind, etwas weniger bereit, zusätzlich zur Zeitspende noch Geld zu geben. Auch ist der Unterschied der Geschlechter bei den Spenden marginal. Der Anteil der Frauen liegt nur leicht unter dem Bundesschnitt.

Menschen können nur dann Geld spenden, wenn sie einen Betrag erübrigen können. Daher ist es natürlich verständlich, dass jüngere Menschen durch ihr geringeres Einkommen und die höheren Ausgaben weniger spenden können. Gerade junge Eltern haben heute hohe Ausgaben, müssen vielleicht eine Immobilie finanzieren, kümmern sich um die Kinder und stehen, sowohl was die Karriereleiter als auch das Einkommen betrifft, noch in der Startphase.

Wenn die Kinder aus dem Haus sind, die Finanzierungen abgeschlossen sind und das Einkommen gestiegen ist, lässt sich ein deutlich höherer Betrag zum Spenden zur Verfügung stellen. Das ist ein wichtiger Grund, warum der größte Anteil der jährlichen Spendenerlöse durch ältere Menschen beigetragen wird.

Laut der „Bilanz des Helfens" stellen die Menschen über 70 Jahre ein Drittel der Spenden zur Verfügung. Über die Hälfte, genau 52 % der Spenden in Deutschland werden von Spenderinnen und Spendern ab 60 Jahren gegeben. Wenn Sie berücksichtigen, dass diese Altersgruppe etwa 31 % der Bevölkerung stellt, sehen Sie, wie überdurchschnittlich groß die finanzielle Unterstützung der älteren Menschen ist.

Natürlich spenden Menschen aus allen gesellschaftlichen Schichten. Und natürlich können Menschen mit einem überdurchschnittlichen Einkommen mehr Geld zur Verfügung stellen, als Menschen mit unterdurchschnittlichen Einkommen.

Im Fundraising finden sich alle gesellschaftlichen Gruppen, alle Altersklassen und Berufe, Einkommens- und Bildungsschichten, Männer und Frauen, Landmenschen und Großstädter, Insel- und Almbewohner wieder. Doch es gibt, wie die oben beschriebenen Beispiele zeigen, aus der Fundraisingperspektive eben doch Gruppen, die sich anders verhalten als der Durchschnitt.

Bekanntlich passt nicht jeder Deckel auf alle Töpfe. So ist es auch im Fundraising. Jede Organisation hat ihre idealen Zielgruppen, ihre idealen Spender. Es gibt sogenannte Markenaffinitäten, also individuelle Vorlieben von Gebern.

Nicht jeder Geber kann sich mit allen Projekten gleich gut anfreunden. Hier gibt es persönliche Präferenzen, die aus ganz unterschiedlichen Gründen entstanden sind: Die eigene Lebenssituation fließt mit ein, Erfahrungen aus der Vergangenheit, Hobbys, politische Einstellungen sowie das eigene soziale Umfeld.

Für mich ist es an dieser Stelle wichtig, Ihnen zu verdeutlichen: Jede Organisation spricht immer nur einen Teil der Geber an, kaum einer Organisation wird es gelingen, alle Menschen zu begeistern. Und wenn doch, dann geht das meist zu Lasten der durchschnittlichen Spende.

1.1.3 Die dritte Säule: Die Projekte

Jedes Unternehmen hat Produkte, für die es steht, die an den Mann oder die Frau gebracht werden sollen. Normalerweise hat sich ein Unternehmen aus einer Produktidee entwickelt. Steve Jobs hat in der Garage seiner Stiefeltern an den ersten Computern herumgetüftelt. Gottfried Daimler hat ein Automobil entwickelt.

Auch im Fundraising haben wir solche Produkte, jedoch nennen wir sie in der Regel Projekte. Die meisten mir bekannten Organisationen haben mit einem ganz konkreten Projekt angefangen und versucht, Not zu lindern, Gebäude zu erhalten, Museen zu fördern und vieles mehr. Genauso wie bei einem traditionellen Wirtschaftsunternehmen stand eine Idee im Vordergrund und daraus resultierte eine Gesellschaftsform. Das Projekt ist sozusagen die Ausgangslage, die Kernidee, aus der dann später eine Marke entstanden ist.

Natürlich haben sich die meisten Organisationen in den Jahren weiterentwickelt und die Projekte verfeinert, optimiert oder vielleicht sogar ausgeweitet. Wenn es ursprünglich beispielsweise darum ging, Kindern in Entwicklungsländern Essen zur Verfügung zu stellen, haben sich heute daraus der Bau von Schulen, die Unterstützung von Krankenhäusern bin hin zu Mikrokrediten für die Eltern der betroffenen Kinder entwickelt. Aus einer absoluten Notlage, nämlich dem drohenden Hungertod von Kindern, ist ein Netzwerk von ganzheitlicher und nachhaltiger Hilfe geworden.

Diese Projekte haben im Kern zwar einen Ursprung, sind aber für die verschiedenen Spendergruppen unterschiedlich attraktiv. Es gibt eben Geber, die sich eher für Nahrungsversorgung interessieren und nicht für den Bau von Schulen. Andere Spender finden aber genau diesen Schulbau interessanter als Mikrokredite. Sie sehen also, auf jeden Topf passt ein Deckel, aber nicht jeder Deckel passt auf jeden Topf.

Für viele Fundraiser ist das Projekt der Schlüssel zur Spende. Je attraktiver ein solches Projekt ist, desto leichter lassen sich die Spenderinnen und Spender überzeugen. Dabei ist ein attraktives Projekt aus meiner Sicht jenes, welches sowohl die Emotionen des Gebers anspricht als auch leicht zu verstehen ist. Je emotionaler und je leichter verständlich, desto einfacher ist das Fundraising.

Doch was macht ein emotionales Projekt aus? Das Wort „Emotion" beinhaltet „motio", was auch im Wort „Motivation" enthalten ist. „Motio" bedeutet „bewegen". Ein emotionales Projekt ist also ein Projekt, das die angesprochenen Personen bewegen soll.

Es gibt für uns Menschen Themen, die uns besonders berühren und bewegen. Dazu gehören sicherlich immer die Schicksale anderer Menschen, ganz besonders natürlich Kinder. Die menschliche Natur ist darauf ausgelegt, eine emotionale Nähe zu Kindern zu empfinden. Dadurch stellt Mutter Natur sicher, dass wir uns des Nachwuchses annehmen, ihn schützen und behüten. Denn wenn unsere Vorfahren in der Steinzeit sich um die Kleinen nicht gekümmert hätten, wären diese verhungert oder vom Säbelzahntiger gefressen worden, und damit wäre die menschliche Rasse ausgestorben und wir müssten uns keinen Kopf mehr über das Fundraising machen.

Doch müssen wir aufpassen, dass wir den emotionalen Bogen nicht überspannen. Wenn unser Gegenüber zu emotional angesprochen wird, dann hat er so viel mit seinen Emotionen zu tun, dass er gar nicht mehr zum Spenden kommt.

Ich beispielsweise empfinde bei dem Thema Kinderhospiz starke Emotionen. Allein der Gedanken, dass Kinder sterben können, ruft bei mir als Familienvater einen elektroschockartigen Emotionsimpuls hervor. Soweit es geht, versuche ich sofort, dieses Thema so weit zu verdrängen, dass keine Bilder in meinem Kopf entstehen. Denn jedes dieser Bilder, die allein das Wort „Kinderhospiz" auslöst, aktiviert meinen Vaterinstinkt, der schreit: „Das darf nicht sein!" Die Angst, dass meinen Kindern etwas passieren könnte, ist so dominant, dass ich auf jeden Fall alles tun werde, um dieses Thema sofort aus meinen Gedanken zu verbannen. Und damit ist mit mir auch als potentiellem Spender über diese Thema nicht zu sprechen.

Grundsätzlich bin ich auch der festen Überzeugung, dass wir im Fundraising verantwortungsvoll mit den Emotionen unserer Geber umgehen müssen. Wir dürfen keinen Gefühlsdruck aufbauen, aber natürlich müssen wir die legalen Marketingmittel nutzen, um unsere Projekte richtig zu präsentieren. Zugegeben: manchmal ist der Grat zwischen angemessenem Marketing und Druck schmal. Eine verbindliche Skala wird es hier nie geben. Denn im Fundraising haben wir es immer mit Menschen zu tun, auf der Geberseite und auf der Nehmerseite, und wir Menschen haben ganz unterschiedliche Empfindlichkeiten. So ist das oben genannte Beispiel mit dem Kinderhospiz für mich außerhalb meines verarbeitbaren emotionalen Rahmens. Das kann für Sie, liebe Leserin, lieber Leser, aber ganz anders sein. Als Fundraiser starten wir auch von unterschiedlichen Ausgangssituationen. Ich beispielsweise traue mich sehr viel, da ich schon über viele Jahre Erfahrungen gesammelt habe. Meine Erfahrung hat mir gezeigt, dass der Mutige belohnt wird und ich immer einen Schritt weitergehen kann, als ich mich selbst traue. Durch diese vielen kleinen Schritte bin ich vielleicht um einiges weiter als andere, die weniger mutig sind oder weniger Erfahrungen gemacht haben.

Leicht verständliche Projekte sollten natürlich immer auch emotionale Projekte sein. Doch nicht jedes emotionale Projekt ist leicht zu verstehen. Nehmen wir als Beispiel das Thema Mikrofinanzierung. Es ist nachzuvollziehen, dass wir es Menschen ermöglichen wollen, ihr Leben selbst in die Hand zu nehmen. Unter dem Schlagwort "Hilfe zur Selbsthilfe" wird dieser Punkt immer wieder angesprochen. Dahinter steht der Gedanke, dass wir nicht nur in der Not helfend zur Seite stehen, sondern dass jeder Mensch die Chance erhalten sollte, sich aktiv an der Beseitigung seiner Not zu beteiligen. Daher ist es natürlich eine gute und nachvollziehbare Idee, diesen Menschen auch die Möglichkeit zu geben, sich so rasch wie möglich selbst zu ernähren.

Es gibt Projekte, in denen Gelder zur Verfügung gestellt werden, damit sich Familien eine Ziege anschaffen können. Mit der Milch können die Kinder ernährt und später kann das Fleisch gegessen werden. Oder es wird ein Fahrrad angeschafft, mit dem Kurierfahrten oder gar Taxifahrten angeboten werden können, damit die Familie ein Einkommen realisieren kann.

All diese Beispiele können wir nachvollziehen, jedoch stellt sich die Frage, warum diese Menschen einen Kredit erhalten, der mit Zinsen wieder zurückgezahlt werden muss. Hier erleben wir immer wieder, dass die Organisationen, die mit Mikrokrediten Not leidende Menschen unterstützen, derartige Fragen von Gebern beantworten müssen. Offensichtlich ist die Hilfe zur Selbsthilfe emotional positiv besetzt, jedoch die Rückzahlung eines Kredites nicht sofort einsichtig.

Ähnlich geht es auch vielen Projekten im Gesundheitsdienst. Natürlich ist es emotional nachzuempfinden, dass wir Menschen in Krankenhäusern eine besondere persönliche Zuwendung zukommen lassen wollen. Doch für viele Menschen ist es nicht nachvollziehbar, warum diese Zuwendung nicht über die Krankenkassen finanziert werden kann.

Leider ist die Projektabteilung in einer Organisation nicht darauf aus, nur die leichten und emotional verständlichen Projekte herauszusuchen und durchzuführen. Es gibt häufig Projekte, die dringend notwendig sind, aber nicht so emotional und verständlich daherkommen. Und hier ist ein gutes Fundraising nötig, nämlich die vorhandenen Projekte zu nehmen, wie sie sind, und einen emotionalen Aufhänger zu finden sowie das Projekt dem Geber so zu erklären, dass er sofort sagt: „Ja, ist doch ganz logisch."

Sehen Sie sich daher nicht nur als Geldbeschaffer, sondern auch als Brückenbauer zwischen dem Projekt und den Geldgebern. Sie übersetzen ein gutes inhaltliches Konzept so für Ihre Spenderinnen und Spender, dass diese es verstehen und nachempfinden können. Dazu müssen Sie sich in die Position des Gebers versetzen und seine Gefühlswelt verstehen können. Daher dürfen Sie selbst von den Projekten nicht zu sehr betroffen sein, denn das verbaut den Blick auf die Gefühlswelt des Gegenübers.

Ich persönlich habe diesen Konflikt immer wieder erlebt. Wenn ich in einem Projekt, vor Ort bei der täglichen Arbeit war, dann hat mich die Not der Menschen sehr mitgenommen. Der Einblick in eine andere Welt, die so weit entfernt von meiner privaten Welt ist, hat mich ganz häufig massiv erschüttert. Meine eigenen Probleme des Alltags waren auf einmal keine Probleme mehr, nicht einmal mehr „Problemchen". Sie waren plötzlich, gemessen an der Not, die ich gesehen und erlebt habe, im wahrsten Sinnes des Wortes „Luxusprobleme".

Doch wie soll ich dieses Empfinden dem Spender nahebringen? Er selbst war bei dem Projekt nicht dabei, er selbst hat diese Situation, die mich so getroffen hat, ja nicht erlebt. Er kann sie nicht nachempfinden und schon gar nicht nacherleben. Also muss ich doch ganz behutsam mit meinen Emotionen umgehen und meine Erfahrungen nicht meinem Gegenüber überstülpen.

Ich muss mich im Fundraising ganz behutsam dem Spender nähern und ihm die notwendigen Informationen so anbieten, dass er selbst genügend Raum erhält, um seine eigenen Emotionen zu entwickeln.

1.2 Die Kommunikationsstrategie

Nachdem ich einen Blick auf die drei entscheidenden Faktoren Marke, Projekte und Zielgruppen, das heißt Spender geworfen habe, geht es jetzt um die Verbindung dieser drei Säulen des Fundraising.

Die Kommunikationsstrategie lässt sich aus der Beziehung zwischen der Marke und den Zielgruppen ableiten. Nachdem wir oben die Marke definiert haben und die Geschichte hinter der Organisation fokussiert haben, geht es jetzt um zwei entscheidende Dinge. Zum einen müssen effektive Wege zu den Zielgruppen gefunden werden, damit die Marke kommuniziert werden kann. Zum anderen muss die Geschichte der Marke so erzählt werden, dass die Zielpersonen diese Geschichte auch verstehen und nachempfinden können.

Fangen wir einfach einmal mit der Frage an, wie die Zielgruppen erreicht werden können. Eine Antwort darauf fällt uns deutlich leichter, wenn wir die Zielgruppe ausführlich beschreiben und wir uns vielleicht sogar in sie hineinversetzen können. Für mich persönlich beginnt die Beantwortung dieser Frage immer damit, dass ich versuche, mir einen typischen Vertreter, eine typische Vertreterin dieser Zielgruppen vorzustellen. Damit enge ich zwar die Zielgruppe sehr ein, jedoch nehme ich diesen Nachteil gern in Kauf, da ich auf der anderen Seite ein sehr konkretes Bild von diesen Personen habe.

Nehmen wir ein älteres Ehepaar, er ist Anfang 70, sie Ende 60. Gemeinsam haben sie drei erwachsene Kinder. Sie ist Ärztin im Ruhestand, er war Fachanwalt für Wirtschaftsrecht. Sie leben in einem Einfamilienhaus am Rand einer deutschen Metropole und liebäugeln mit einer Eigentumswohnung in Berlin-Mitte. Die drei Kinder sind verheiratet und erfolgreiche Akademiker, die Enkelkinder genießen die Urlaube gemeinsam mit den Großeltern.

Diese noch nicht sehr detaillierte Beschreibung ermöglicht uns auf jeden Fall ein paar Grundannahmen. Lassen Sie uns erst einmal die Spendenmerkmale abarbeiten. Von Alter und vom Einkommen her gehört unser Musterehepaar zu den Menschen, die deutlich höhere Spendenbeträge geben als der Durchschnitt. Wir können aufgrund der anderen Angaben vermuten, dass sich eine Affinität für Kinderthemen ableiten lässt. Immerhin haben die beiden drei Kinder und mehrere Enkelkinder. Natürlich können sie auch für Umweltprojekte oder Denkmalpflege, für Tierschutz oder Politik empfänglich sein. Jedoch sind für solche Vermutungen die bekannten Informationen für mich nicht ausreichend.

An welchen Orten können wir diese Menschen antreffen, über welche Medien sind sie ansprechbar? Geht das Ehepaar regelmäßig auf den Golfplatz (nein), gehen sie in Jazzkonzerte (manchmal), auf Städtereisen (regelmäßig)? Kaufen sie auf dem regionalen Wochenmarkt ein (ja), beziehen sie den Wein über einen Versand oder direkt vom Winzer (Winzer)? Welche Zeitungen lesen die beiden (FAZ und Zeit) und welche Hobbys haben sie (er: Tennis, sie: Literatur des 20. Jahrhunderts)? Die pensionierte Ärztin ist bei Facebook und beide nutzen Skype, um mit den Enkelkindern zu sprechen.

Es gibt zahlreiche weitere Fragen, mit denen wir mehr über diese Zielpersonen erfahren können. Und je mehr Sie wissen, desto sorgfältiger können Sie planen. Wir wissen, welche Zeitungen die beiden potenziellen Spender lesen. Wir wissen, dass beide das Internet nutzen. Wir kennen die Orte (Wochenmärkte, Stadthotels, Tennisclub), wo wir ihnen begegnen können.

Nun gilt es, diese Kenntnisse so einzusetzen, dass die richtigen Zielgruppen die richtigen Botschaften über die relevanten Kommunikationskanäle erhalten. Einige Organisationen arbeiten über Straßenwerbung. In diesem Fall ist klar, wo unsere Zielpersonen anzutreffen sind, nämlich auf den Wochenmärkten. Doch diese Art der Spendergewinnung wird nicht von allen Fundraisingorganisationen genutzt. Dann bleiben natürlich noch andere Kommunikationswege, vor allem die Medien. Eine Organisation, die unsere beiden Zielpersonen im Blick hat, sollte natürlich vorrangig die relevanten Zeitschriften, hier FAZ und Zeit, für die Öffentlichkeitsarbeit nutzen, aber auch ein Tennismagazin kann hilfreich sein.

Vielleicht verkaufen die Weinversender Adressen? Dann haben Sie eine zielgruppengerechte Quelle für die direkte Ansprache der Zielpersonen. Digital können Sie mit den Menschen über Facebook oder Städtereise-Portale in Kontakt treten. Sie sehen: Der Kreativität der Öffentlichkeitsarbeit sind kaum Grenzen gesetzt.

1.3 Die Fundraisingstrategie

Wenn Sie die Beziehung zwischen den Gebern und dem Spendenprojekt definieren, dann kommen Sie zur Fundraisingstrategie. Auch hier ist es wichtig, welche Zielpersonen Sie ansprechen. Unser Ehepaar gehört ganz eindeutig zu den höheren Einkommensklassen, da beide Akademiker sind. Das Paar wird wahrscheinlich einen größeren Spendenbetrag zur Verfügung stellen können. Die Kinder sind aus dem Haus, die genutzte Immobilie abgezahlt und auf der hohen Kante liegt sicherlich auch mehr als ein Notgroschen.

In der Fundraisingstrategie gilt es herauszuarbeiten, welcher Anspracheweg, welche Spendenhöhe und welche emotionalen Elemente eingesetzt werden können. Betrachten wir erst einmal die Anspracheweg im Fundraising. Hierzu gehört traditionell der Spendenbrief, der noch immer ein starkes Akquiseinstrument für die Branche ist. Darüber hinaus werden Neuspender über Beileger in Zeitschriften und Zeitungen gewonnen. Im Internet kann ein attraktives Spendenportal den Geber ansprechen. Persönliche Gespräche können auf Veranstaltungen und im privaten Rahmen geführt werden. In der Bestandsspenderbetreuung spielt das Telefon eine wichtige Rolle. Diese und andere Wege führen zum Spender.

Doch welches ist der richtige Weg? Wir wissen, dass die Onlinespenden in der Regel deutlich höher ausfallen als die Spenden aufgrund eines Spendenbriefes. Und die höchste Spende erfolgt noch immer auf Grundlage eines persönlichen Gespräches, denn je intensiver die Kommunikation mit den Zielpersonen ist, desto höher ist zum einen der Erfolg (response) und zum anderen die Spende (return of invest). Hohe Spendenbeträge lassen sich durch persönliche Gespräche eher gewinnen als durch eine Onlinekampagne. Deshalb sollten die avisierte Spendenhöhe und der Anspracheweg zueinander passen.

Die Höhe der durchschnittlichen Spende je Zielgruppe lässt sich von etablierten Organisationen anhand der vorhandenen Spenderdaten auswerten. Die Einteilung der Spender in Top-Spender, Großspender, Normal- und Kleinspender gibt eine erste Orientierung. Die Daten werden zeigen, in welchen soziodemografischen Welten die jeweiligen Gruppen zu Hause sind.

Wohnen die Großspender überwiegend in Einfamilienhäusern an der Peripherie von größeren Städten oder bevorzugen Ihre Geber eine Eigentumswohnung in zentraler Lage? Wie hoch ist bei dieser Gruppe die durchschnittliche Spende und wie oft spenden diese

Personen im Jahr an Ihre Organisation? Mit der Durchschnittsspende haben Sie eine erste Orientierung, zu welchem Betrag Sie neue Großspender motivieren können. Gerade für die Erstansprache ist es aus meiner Sicht extrem wichtig, dass Sie eine richtige Einschätzung der möglichen Spendenhöhe treffen, denn kaum ein Spender gibt Ihnen mehr als den Betrag, um den Sie bitten. Deshalb sollten Sie diesen Betrag so optimal ansetzen, dass der Spender Ihre Organisation seinen Möglichkeiten entsprechend unterstützt. Sie stimmen mir doch sicherlich zu, dass es ärgerlich ist, einen 5000 Euro-Spender um 500 € zu bitten. Der Geber wäre bereit, Sie tatsächlich mit 5000 € zu unterstützen, dem Projekt tut dieser Betrag sicherlich auch gut. Doch wenn Sie erst einmal über 500 € gesprochen haben, dann steht dieser Betrag im Raum – und eben nicht die 5000 €.

Nun müssen Sie noch die richtigen Emotionen ansprechen und herausarbeiten, auf welche Argumente die Zielpersonen am besten reagieren. Auch hier hilft es, die zurückliegenden Spendenaktionen auszuwerten und die Spenderdatenbank auszuwerten.

Wenn Sie jedoch keine aussagenkräftigen Spenderdaten vorliegen haben, dann müssen Sie mit dem gesunden Menschenverstand arbeiten. Das hilft manchmal enorm weiter. Versetzen Sie sich in die Zielgruppe hinein, noch besser, Sie sprechen mit Menschen aus dem soziodemografischen Umfeld. Gibt es zentrale Aussagen, die immer wiederkehren (z. B. Bildung für alle, Erhalt der Natur etc.) und die Sie für die Ansprache nutzen können? Gibt es Trends in bestimmten Altersgruppen, von denen Sie zentrale Argumente ableiten können? Welche Erfahrungen haben die Kolleginnen und Kollegen gemacht, gibt es vielleicht Studien zu den Zielgruppen?

Natürlich können hier auch die erwähnten Marktforschungsspezialisten weiterhelfen und Sie unterstützen. Auch wenn nicht immer die relevanten Zahlen für das Fundraising vorliegen, so lassen sich bestimmte Konsumtrends ableiten und auf Ihre Arbeit anpassen. Und natürlich ersetzt meine kurze Einführung in das Fundraising nicht die ausführliche Beschäftigung mit dem Thema. Die Einführung hat nicht den Umfang und die tiefe der Fachbücher (vgl. z. B. Marita Haibach, Prof. Dr. Michael Urselmann) und sie ersetzt schon gar nicht die Ausbildung, wie sie z. B. an der Fundraising Akademie angeboten wird.

Doch ich bin sicher, dass Sie mit dem Drei-Säulen-Modell des Fundraisings eine wichtige Orientierung für den Arbeitsalltag haben und sich durch dieses einfache Modell immer wieder die entscheidenden Fragen nach der richtigen Kommunikation und der gezielten Ansprache von Gebern stellen.

Als Fundraiserin und Fundraiser sind Sie sehr stark davon abhängig, welches Markenimage die Organisation hat, für die Sie arbeiten. Nicht jede Organisation spricht jeden Geber an. Daher ist es wichtig, dass ein klares Bild von den Zielgruppen besteht.

Je konkreter Sie die Zielpersonen einschätzen können, desto klarer wird auch, wie diese Personen von Ihnen angesprochen werden können. Hierbei spielt der potenzielle Spendenbetrag eine wichtige Rolle. Für eine Spende in Höhe von 500 € ist eine Dienstreise nicht wirtschaftlich. Für eine mögliche Spende in Höhe von 50.000 € hingegen muss ein persönliches Gespräch mit dem Geber geführt werden.

Überprüfen Sie immer wieder anhand des Modells, ob Sie und Ihre Organisation auf dem richtigen Weg sind.

Fundraiser – ein Beruf mit Aussicht auf Anerkennung

Für mich gehört der Beruf des Fundraisers zu einem der schönsten Berufe, die unsere Welt uns bieten kann. Wir haben mit Menschen zu tun. Wir sorgen dafür, dass sinnvolle Projekte durchgeführt werden können. Wir machen Menschen glücklich: Die Menschen, die von den Projekten etwas haben. Die Menschen, die in den Projekten arbeiten, denn wir sichern ihre Arbeitsstelle. Und wir machen die Geber glücklich, da diese ihr Geld sinnvoll einsetzen können. Wir bringen Menschen durch unsere Arbeit zusammen, die sonst wahrscheinlich nie etwas miteinander zu tun gehabt hätten.

Wunderbar – oder?

Natürlich laufen nicht alle Fundraiserinnen und Fundraiser so beseelt durch die Welt, denn im Arbeitsalltag – wie sollte es auch anders sein – verliert sich manchmal der Blick auf das Große und Ganze. Umso wichtiger ist es mir hier, Sie daran zu erinnern, wie wundervoll und einzigartig dieser Beruf ist. Es gibt keinen anderen Beruf, der diese vielen Aspekte miteinander verbindet. Kein klassischer Verkäuferberuf ist so sinnstiftend, kein Trainerjob so motivierend wie der Beruf des Fundraisers.

2.1 Aufgaben und Fähigkeiten

Doch was macht einen erfolgreichen Fundraiser in seinem Arbeitsalltag aus? Für mich lässt sich diese Frage ganz einfach und ganz schlicht beantworten: Erfolgreich im Fundraising ist jede Person, die aktiv viele Spenden sammelt! Die Aufgabe einer Fundraiserin oder eines Fundraisers ist es, Geld zu sammeln, Sponsoren zu gewinnen, ehrenamtlich Aktive zu motivieren und Sachmittel zu akquirieren. Je mehr finanzielle Mittel von den Gebern zur Verfügung gestellt werden, umso erfolgreicher ist die Arbeit. Aus diesem Arbeitskern lassen sich zahlreiche Ansätze für Erfolg ableiten:

Fundraising heißt, Menschen um Geld zu bitten.

Diese einfache Formel macht deutlich, was ein Fundraiser zu tun hat. Seine Aufgabe ist im letzten Wort der Formel auf den Punkt gebracht: Bitten. Eine Bitte ist die höfliche Ausdrucksform eines Wunsches, einer Aufforderung, eines Ersuchens. Dabei liegt die Betonung auf dem Wort „höflich". Mit Höflichkeit ist eine rücksichtsvolle Verhaltensweise gemeint, die dem Gegenüber Respekt zollt. Diesen Respekt sollte ein Fundraiser in zweierlei Hinsicht haben:

- *Respekt in der Art und Weise des Bittens:*
  Der Ton macht die Musik, so lautet eine alte Weisheit. Ein Fundraiser sollte also den Ton treffen können, damit der Gesprächspartner die Musik auch genießen kann. Doch da jeder Mensch anders ist, werden auch die Töne sehr unterschiedlich wahrgenommen. Es gibt sehr sensible Menschen, die vor den lauten Tönen zurückzucken, während andere, weniger sensible Menschen die leisen Töne gar nicht hören.
- *Respekt vor der dem Gegenüber:*
  Ein Fundraiser sollte seinen Gesprächspartner nicht entmündigen. Wie komme ich darauf, dass so etwas überhaupt passieren könnte? Ich erlebe es Tag für Tag, wie Spender – und ganz besonders Großspender – entmündigt werden. Nicht nur von den Fundraisern, auch von den Kollegen, den Vorgesetzten, den Aufsichtsgremien und den Multiplikatoren. Dieses respektlose Verhalten findet jedoch passiv statt, so ganz nebenbei. Ich möchte Ihnen an einem Beispiel zeigen, wie die Entmündigung eines Gebers im Organisationsalltag geschehen kann.
  Fundraiser: „Wir sollten einmal Herrn Reich ansprechen und ihn um Unterstützung für unser Projekt bitten."
  Vorstand: „Herr Fundraiser, das können Sie sich sparen. Der Herr Reich spendet sowieso nicht für ein solches Projekt, der unterstützt nur den Sport. Das können Sie doch jeden Tag in der Zeitung lesen."
  Der Vorstand trifft hier die Entscheidung für den Spender. Er hat entschieden, dass Herr Reich nicht gefragt werden muss, da der ohnehin „nein" sagen wird. Einer Person die Möglichkeit zu nehmen, sich für einen bestimmten Sachverhalt zu entscheiden, das nenne ich Entmündigung. Wir dürfen keinen Geber entmündigen. Und das tun wir, wenn wir eine Person aus unserem Projekt ausschließen, weil wir sagen: „Der gibt doch ohnehin nicht."

Die oben genannte Formel bedeutet auch, dass ein Fundraiser die Menschen gezielt ansprechen muss, denn eine Bitte entsteht ja erst durch ihre Äußerung. Daher darf ein Fundraiser keine Angst vor Menschen haben. Er muss in der Lage sein, mit fremden Menschen in Kontakt zu treten und er muss aktiv Gespräche führen können. Diese Ansprache von Fremden ist ein sehr wichtiges Aufgabengebiet eines Großspenderfundraisers und das wichtigste Instrument bei der Gewinnung von Großspendern und Top-Gebern. Doch eine solche Ansprache allein genügt nicht, der Spendenakquisiteur muss auch die Frage nach dem Geld stellen können. Er darf sich nicht um die Abschlussfrage herumdrücken, sondern muss dem Gegenüber klar sagen, was sein Ziel ist, nämlich die finanzielle Unterstützung für ein sehr wichtiges Projekt durch einen konkreten Betrag, den der angesprochene Spender für das wichtige Projekt geben soll. Denn wir wissen aus dem Fundraising, dass jede Spendenbitte einen Betrag beinhaltet. Das ist beim Spendenbrief so und das muss auch bei der Ansprache von Großspendern so sein. Ein Fundraiser, der sich nicht traut, einen konkreten Betrag zu nennen, hat den Kern seiner Aufgabe noch nicht richtig verstanden. Für jeden Großspender-Fundraiser muss es selbstverständlich sein, zu sagen: „Herr Geber, wir benötigen für unser Projekt 10.000 € von Ihnen."

Und wenn Sie als Fundraiser Geber ansprechen, die zu den sehr reichen Personen gehören, dann müssen Sie sich auch trauen, zu sagen: „Herr Geber, ich spreche mit Ihnen, weil unsere Organisation von Ihnen 1 Mio. € als Spende benötigt."

Wir wissen, dass die erste Spende den meisten Aufwand benötigt. Deshalb sind Fundraiserinnen und Fundraiser gut beraten, in bestehende Kontakte zu investieren. Die Bindung zwischen dem Geber und dem Fundraiser spielt hierbei eine wichtige Rolle, daher gehört die Beziehungspflege zum Arbeitsalltag jedes Fundraisers. Durch eine gute Beziehung zum Geber ist eine Folgespende und darauf aufbauend auch eine langfristige Unterstützung möglich. Damit sichert der Fundraiser auf eine längere Zeit die finanzielle Unterstützung und macht seine Arbeit erfolgreicher. Ein Fundraiser ist also auch eine Person, die in der Lage ist, Bindungen zwischen den Gebern und den Projekten, der Organisation und letztendlich auch sich selbst aufzubauen. Denn mit jedem Vertrauensbonus, den ein Geber dem Fundraiser gibt, steigt die Chance auf die Folgespende.

2.2 Fund-Raiser oder Friend-Raiser?

Spendengewinnung ist Beziehungsmanagement. Darin stimmen alle Fundraisingexperten überein. Einige gehen sogar so weit, dass sie Fundraising als Friend-Raising bezeichnen. So weit gehe ich nicht. Natürlich ist es hilfreich, wenn mein Gegenüber mich mag. Sympathie ist ein wichtiger Motivationsmotor. Doch im Fundraising trennt sich die Spreu vom Weizen genau an diesem Punkt. Auch wenn der Geber und der Fundraiser nicht auf einer Wellenlänge liegen, kommt es zur finanziellen Unterstützung, denn wichtiger als Freundschaft ist für einen Großspender das Vertrauen in die Kompetenz des Fundraisers.

Noch ein Punkt spricht aus meiner Sicht gegen das Friend-Raising. Wir leben in einer Kultur, in der es schwer ist, über Geld zu sprechen. Ich kenne viele Menschen, die noch nicht einmal in der eigenen Familie über Gehälter, Guthabenkonten und andere Vermögenswerte sprechen. Und mit Freunden sprechen diese Menschen schon gar nicht über Geld. Das geht sogar so weit, dass wichtige Anschaffungen, die nicht aus eigener Kasse gezahlt werden können, von Banken finanziert werden – statt von Freunden. Realistisch betrachtet hätte die Finanzierung durch Freunde erhebliche Vorteile. Zum einen bekommen Sie das Geld wahrscheinlich preiswerter als über einen Bankkredit. Sie sparen also Zinsen. Und der Freund bekommt von Ihnen wahrscheinlich mehr Geld als bei einer Anlage auf einem Bankkonto. Er erhält also mehr Zinsen. In diesem Beispiel gewinnen beide und es verliert nur die Bank.

Wenn es also so schwer ist, mit Freunden über Geld zu sprechen, warum sollte es dann im Fundraising anders sein? Stellen wir uns doch einmal vor, wie dieses Friend-Raising funktionieren sollte. Sie haben einen potenziellen Geber lokalisiert und lernen ihn kennen. Dann werden Friend-Raiser erst einmal eine positive, eine freundschaftliche Beziehung aufbauen. Sie tauschen sich über persönliche Dinge aus, sprechen über Hobbies und über die Familie. Teilen vielleicht die eine oder andere Vorliebe, zum Beispiel im künstlerischen oder kulinarischen Bereich. Kurzum: Sie werden sich sympathisch. Nun frage ich mich, wann lassen die Friend-Raiser die Spendenkatze aus dem Sack? Dann, wenn der Zenit der Freundschaft erreicht ist? Wahrscheinlich eher nicht, denn je freundschaftlicher ich meinem Gegenüber verbunden bin, desto schwerer fällt mir schließlich die Frage nach dem Geld – siehe oben.

2.3 Der Stellenmarkt für Fundraiser

Ein Fundraiser sollte also eine Persönlichkeit sein, die sich respektvoll und höflich an Spender wenden kann und dabei sei Ziel nicht aus den Augen verliert: die Spende für die Finanzierung der Organisation. Doch in einer Organisation gibt es vielfältige Einsatzmöglichkeiten für Spendensammler. Dort werden Spezialisten für das Onlinefundraising gesucht, Verantwortliche für Erbschaftsmarketing oder Geldauflagenfundraising. Es gibt Mitarbeiter, die in der Spenderbetreuung arbeiten und solche, die für die Spender-IT verantwortlich sind. Es gibt Fachleute für die Spenderbriefe, für Unternehmenskooperationen und für Großspender. Neben den unterschiedlichen Aufgabenbereichen gibt es Verwaltungsbereiche und Backoffice-Aufgaben, aber auch klassische Vertriebsaufgaben wie Verkauf und Key-Account-Management. Es ist also für jeden Typus, für jedes Talent etwas Passendes dabei.

Auch kann es verschiedene Hierarchieebenen in einer Organisation geben. Es gibt kleinere Organisationen, die suchen einen Mitarbeiter für alle Aufgaben. Doch schon bei wenigen Mitarbeitern im Fundraisingteam ist eine Leitungsposition zu besetzen und große Organisationen setzen Teamleiter zwischen die einzelnen Bereiche. Die Fundraiser mit Personalverantwortung sollten also neben dem fachlichen Knowhow auch eine entsprechende Führungsqualifikation mitbringen.

Die Stellenausschreibungen für Fundraiser lassen sich in den regionalen und überregionalen Tageszeitungen finden. Selbstverständlich gibt es beim Deutschen Fundraising Verband eine Stellenbörse, die einen guten Überblick über den Stellenmarkt bietet.[1] Weitere

---

[1] http://www.fundraisingverband.de/service/stellenboerse/stellenangebote.html.

Stellenangebote finden sich auch auf den Seiten von Sozialmarketing.de[2], Online-Fundraising.de[3] und auf der Webseite des Fundraising-Magazin.[4]

2.4 Fundraising lernen

Als Fundraiserin oder Fundraiser wird man nicht geboren. Obwohl Kinder eine sehr ungezwungene Art haben, wenn sie um etwas bitten, so verliert sich doch im Laufe der Zeit diese Gabe bei den meisten Mitmenschen.

Da Fundraising kein Lehrberuf ist, haben sich in den letzten Jahren Ausbildungseinrichtungen etabliert. An erster Stelle ist dabei die Fundraising Akademie zu nennen, die in Deutschland die meisten Menschen für diesen Beruf qualifiziert. An der Akademie lassen sich verschiedene Ausbildungsmodelle wählen, eine gute Übersicht gibt hier die Webseite.[5] Das Einsteigermodul ist die zwölftägige Kompaktausbildung zum „Regionalfundraiser", in der die wichtigsten Instrumente des Fundraising vermittelt werden. Deutlich umfangreicher ist der zweijährige, nebenberufliche Studiengang zum „Fundraising-Manager".

In Österreich bietet das WIFI Fundraising College Lehrgänge für die Fundraising-Ausbildung an,[6] in der Schweiz steht die „Zürcher Hochschule für Angewandte Wissenschaften" für die Ausbildung „Fundraising Management" zur Verfügung.[7]

Darüber hinaus gibt es viele Möglichkeiten, Fortbildungen zu besuchen, die die Fundraising-Verbände in Österreich, der Schweiz und Deutschland anbieten. Ergänzt werden diese Angebote von dem Bundesverband Deutscher Stiftungen sowie der NPO-Akademie.

---

[2] http://sozialmarketing.de/jobs/.
[3] http://www.online-fundraising.org/index.php?/stellenangebote/jobs.
[4] http://www.fundraiser-magazin.de/index.php/fundraising-jobs.html.
[5] http://www.fundraisingakademie.de/bilden/ausbildungen/.
[6] http://www.fundraising.at/AUSWEITERBILDUNG/WIFIFUNDRAISINGCOLLEGE/tabid/84/language/de-DE/Default.aspx#1.
[7] http://sml.zhaw.ch/de/management/institute-und-zentren/zkm/weiterbildung/das-fundraising-management.html.

Was Fundraiser von Verkäufern lernen können 3

Ich selbst gehöre im Fundraising, wie die meisten von uns, zu den Seiteneinsteigern. Das heißt, dass wir ursprünglich etwas ganz anderes gelernt haben und eher über Umwege zu diesem Beruf gekommen sind. Vielleicht war es mein Glück, dass ich erst einmal im Verkauf mein berufliches Zuhause gefunden habe, bevor ich meinen ersten Fundraising-Job angetreten habe.

Bei mir hat es mit dem Verkaufen bereits vor über 40 Jahren angefangen. Als Schüler wollte ich mir unbedingt etwas zum Taschengeld dazu verdienen. Daher habe ich beim benachbarten Tante-Emma-Laden als Packhilfe und Auszeichner angefangen. Der kleine Markt, der alles für den täglichen Gebrauch führte, ist mit den Supermärkten von heute nicht zu vergleichen. Er war deutlich kleiner, hatte jedoch eine Fleischtheke und einen Obst- und Gemüsebereich. Beides bot natürlich keine Selbstbedienung, sondern die Mitarbeiter bedienten in diesen Bereichen die Kundschaft.

Da ich mich offensichtlich beim Auffüllen der Regale gut angestellt hatte und auch die Preisauszeichnung zur Zufriedenheit des Marktbesitzers ausgefallen war, wurde ich recht bald befördert. Diese Beförderung hatte zwei Vorteile. Zum einem durfte ich auch während der Öffnungszeiten im Laden sein und die Kundschaft sogar bedienen. Und zum anderen stieg mein Stundenlohn von 1,75 auf 2,50 DM. Die Lehre daraus war für mich: „Im Verkauf verdienst du mehr als im Lager".

Meine Aufgabe im Laden bestand darin, die Regale regelmäßig aufzufüllen, neue Lieferungen einzusortieren, die Fragen von Kunden zu beantworten und am Obst- und Gemüsestand zu bedienen und abzuwiegen. Schnell merkte ich, was das Besondere an diesen Aufgaben war. Es war der Kontakt mit der Kundschaft, die Beziehung zwischen Aktion und Reaktion, das Gespräch zwischen den Akteuren. Bald spürte ich, dass meine Reaktion auf die Frage „Junger Mann, wo finde ich das Heftpflaster?" dafür verantwortlich war, ob sich der Kunde im Laden wohlfühlte und wie groß mein Spaß an der Arbeit wurde. Eine knappe Handbewegung auf das richtige Regal und ein hingemurmeltes „Da hinten neben den Scheren!" hatten eine komplett andere Wirkung als „Ich hoffe, Sie haben keine ernste Verletzung. In welcher Größe benötigen Sie denn das Pflaster?"

Auch merkte ich schnell, dass die meisten Kunden beim Einkauf von Obst und Gemüse die Kommunikation nicht auf „ein Kilo festkochende Kartoffeln" oder „vier Äpfel und zwei Birnen bitte" beschränkten. Die eine Kundin erzählte ausführlich, was sie zum Mittagessen plante, die andere Kundin erzählte von den Apfelbäumen im Garten ihrer Großmutter, die sie als Kind abgeerntet hatte. Es gab also ganz offensichtlich den Wunsch, sich zu unterhalten, den Einkauf kurzweilig und interessant zu gestalten.

Dabei kam dem Personal in dem Geschäft eine ganz besondere Rolle zu, die nicht nur daraus bestand, zuzuhören. Es gehörte ein interessiertes Gesicht dazu, Zustimmungen und Nachfragen an den richtigen Stellen, und letztendlich auch ein eigenes Statement. Das ganze funktionierte nur, wenn ich mich ganz auf das Gespräch mit der Kundschaft konzentrierte, und am allerbesten, wenn mich die Geschichten und die Kunden auch tatsächlich interessierten. Ich musste also die Menschen und ihr Leben lieben lernen, mich auf sie einstellen und alle so akzeptieren, wie sie sind.

Weil mir dieser ganz besondere Kontakt zu den Menschen so viel Spaß gemacht hat – und ich im Übrigen technisch vollkommen unbegabt bin – folgte ich nicht dem Wunsch meines Vaters, eine Automechanikerlehre anzutreten, sondern ging auf die Handelsschule, um einen Realschulabschluss zu erlangen. In der Handelsschule, wie auch später in der Berufsschule, hatte ich viele spannende Fächer. Wir lernten Rechnungswesen und Buchhaltung, den Unterschied zwischen Umsatz und Ertrag, die Preiskalkulation und die Zollvorschriften, sogar Stenografie und Schreibmaschine standen auf dem Lehrplan. Doch ein wichtiger Inhalt des Verkäuferalltags fehlte: der zwischenmenschliche Akt des Kaufens und Verkaufens.

3.1 Meine „Lehrmeister" im Verkauf

Im Laufe meines weiteren Lebens habe ich mich daher sehr mit der Frage beschäftigt, was zwischen dem Käufer und dem Verkäufer passiert. Was macht einen guten Verkaufsprozess aus, wie wird das Interesse eines Kunden auf ein bestimmtes Produkt gelenkt, welches sind die relevanten Botschaften, um aus einem Interessenten einen Käufer zu machen?

Natürlich ging ich auf Fortbildungen und Fachseminare und hörte mir die Verkaufstrainer an. Dabei lernte ich viel über die Phasen eines Verkaufsgespräches, über Themen wie Einwandbehandlung und die richtige Präsentation der Ware. Ich lernte viel über die Theorie von Angebot und Nachfrage. Doch ich lernte immer noch nichts über die zwischenmenschliche Beziehung, nichts über die Psychologie des Verkaufens.

Zufällig stieß ich irgendwann auf die Bücher amerikanischer Autoren, die eher versteckt in den Regalen der Fachabteilungen standen. Dabei fiel mir „Der totale Verkaufserfolg"[1]

---

[1] Zig Ziglar, Der totale Verkaufserfolg, Mvg Verlag, 2002

von Zig Ziglar [2] in die Hände. Der Titel war sehr reißerisch und in dem Buch wurden Geschichten erzählt, wie der Autor als Verkäufer von Häusern, Schnellkochtöpfen, Schreibwaren und vielem mehr erfolgreich durch die Staaten tingelte. Das Buch war komplett anders als die trockenen deutschen Fachbücher, die ich bis dato gelesen hatte. Kurzum: Die Art und Weise, wie Zig Ziglar den Verkauf beschrieb, faszinierte mich sofort, ich fand mich in vielen Geschichten sogar wieder. Sie waren lebendig geschrieben, lehrreich und kurzweilig.

Im Laufe der Jahre kamen viele andere Bücher hinzu, die sich mit dem direkten Verkaufsprozess auseinandersetzten. In Fachzeitschriften erschienen Artikel zu diesem Thema und auch die Seminare und Fortbildungen veränderten sich, wurden moderner, wurden amerikanischer.

Neben Zig Ziglar beschäftigte ich mich mit Neurolinguistischer Programmierung (NLP), Gehirnforschung, Kommunikation, Psychologie und Motivation. Ich ließ mich von Verkaufsprofis wie Martin Limbeck und Klaus Fink inspirieren, las Vera F. Birkenbihl, Friedemann Schulz von Thun und Dale Carnegie. Ich saugte diesen Input auf wie ein Schwamm, nahm alles auf, was sich in irgendeiner Form mit dem Verkauf und der Interaktion zwischen Menschen beschäftigte. Aus diesen sehr unterschiedlichen Steinchen entstand im Laufe der letzten 40 Jahre ein buntes Bild, mein Mosaik des Verkaufens.

3.1.1 Was ich von Zig Ziglar gelernt habe

Das Buch „Der totale Verkaufserfolg" von Zig Ziglar habe ich in den 90er-Jahren gelesen. Es ist mir heute noch immer sehr präsent, ganz offensichtlich hatte der Autor für mich ein paar spannende und relevante Informationen. Zig Ziglar ist ein amerikanischer Verkäufer, Motivationstrainer und Autor. Er arbeitete als Verkäufer in verschiedenen Unternehmen, war Ausbildungsleiter und reiste als Referent um die ganze Welt.

Im Wesentlichen verbinde ich das Buch mit einer zentralen Aussage:

> Wenn du ein Steak verkaufen willst, dann musst du beschreiben, wie es schmeckt.

Er beschreibt diese Aussage unter anderem am Beispiel eines Immobilienverkaufes. Dabei geht es darum, wie ein Makler den Interessenten ein Haus präsentiert. Wir alle haben sicherlich schon selbst unsere Erfahrungen mit Maklern gemacht, wenn wir uns für eine neue Wohnung, ein neues Haus oder vielleicht für neue Büroräume interessierten. Normalerweise bekommen wir zum Termin den Grundriss der Wohnung und der Makler führt uns durch die Räume. Er macht uns auf verschiedene Besonderheiten aufmerksam, zum Beispiel auf eine Fußbodenheizung, die sonnige Südlage oder besonders abriebfeste Fliesen in Küche und Badezimmer. Am Ende der Führung werden uns die Konditionen

---

[2] vgl. http://www.ziglar.com

genannt. Es geht entweder um die Kaltmiete und die zu veranschlagenden Nebenkosten oder um den Kaufpreis, außerdem natürlich auch um die Provision für den Makler.

Nach Zig Ziglar geht es aber bei der Auswahl einer Immobilie um deutlich mehr als nur um die Fragen nach den Quadratmetern, den Kosten und dem Zuschnitt der Räume. Ziglar hat mich davon überzeugt, dass es für den Interessenten vor allem um ein Heim, um das Zuhause für eine Familie geht. Der Grundriss, der Abrieb der Fliesen und die Himmelsrichtung sind zwar wichtige, aber letztendlich nur technische Rahmendaten. Das Zuhause für eine Familie ist jedoch etwas ganz anderes als eine technische Komponente. Ein guter Makler – den ich allerdings bei meinen zahlreichen Umzügen noch nie erlebt habe -, wird daher den Rundgang durch die Immobilie deutlich emotionaler gestalten. Er wird beispielsweise beschreiben, wie sich das morgendliche Frühstück der Familie am Esstisch in der großzügigen Wohnküche anfühlen würde. Er wird beschreiben, wie sich die Familie am Abend auf der Couch im Wohnzimmer entspannt, wie Bücher vor dem flackernden Kamin gelesen werden oder am Wohnzimmertisch die ganze Familie Karten spielt. Er verkauft keinen Grundriss, sondern ein Lebensgefühl, das sich mit der Wohnung verbindet.

Verkaufen hat also mit dem Ansprechen oder Wecken von Emotionen zu tun. Ein ganz wichtiger Aspekt, der auch und gerade im Fundraising eine große Rolle spielt.

3.1.2 Warum mich Martin Limbeck begeistert

Martin Limbeck gehört zu den besten Verkaufstrainern in Deutschland. Er wurde als Trainer des Jahres 2011, als International Speaker of the Year 2012 und mit zahlreichen anderen Preisen ausgezeichnet.[3] Sich selbst bezeichnet er als den Hardselling-Experten und genau dieser Ansatz, das neue Hardselling, macht mich zu seinem Fan.

In seinem Buch „Das neue Hardselling" beschreibt er die Entwicklung vom klassischen Verkäufer zum Verkaufsberater:[4]

> Das herkömmliche, „alte" Hardselling, das in den 1960er- und 1970er-Jahren aus den USA zu uns herüberschwappte, versuchte, Produkte mit aggressiven Verkaufstechniken in den Markt hineinzupressen, vernachlässigte dabei aber völlig die Wünsche und Erwartungen der überrumpelten Kunden, die sich häufig zu Recht über den Tisch gezogen fühlten. Anfang der 1990er-Jahre wurde der Begriff des „Verkaufsberaters" eingeführt, um das Image des Verkäufers insgesamt aufzupolieren und damit den „klassischen" Verkäufer ad acta zu legen. Aufgabe des Verkaufsberaters war/ist es, neben dem Absatz und Ertrag vor allem die Zufriedenheit seiner Kunden im Auge zu behalten. Viele Unternehmen reagierten darauf mit Verkaufstrainings, in denen die neue, „weiche" Verkaufsphilosophie beigebracht wurde: Beratung in der Partnerschaft mit dem Kunden. Die Gefühle des Kunden wurden in den Mittelpunkt verkäuferischen Handelns gestellt. Klangvolle und kreative Konzepte wie Soft Selling, Emotional Selling, Partner Selling etc. machten die Qualität des Beziehungsmanagements zum alleinigen Gradmesser des Verkaufserfolges. Leitgedanke war, dass eine intensive Fachberatung

---

[3] vgl. http://www.martinlimbeck.de

[4] Martin Limbeck: Das neue Hardselling, Seite 19, Gabler Verlag, Wiesbaden, 1. Neuauflage 2009

über die Präsentation des Produkts hinaus und eine fast freundschaftliche Beziehung zum Kunden den Kaufimpuls bei diesem quasi automatisch auslösen würde. Motto: Mein Kunde ist mündig und kann selbst entscheiden. Mit dem Prototyp des Verkaufsberaters jedoch wurde das, woran der Verkäufer in erster Linie gemessen wird, fast zur Nebensache: der Abschluss. Er vergaß, die entscheidende Abschlussfrage zu stellen: „Herr Kunde, habe ich Sie hier und jetzt als neuen Kunden gewonnen?" Aber in unserer Zeit harten Wettbewerbs ist es für den Verkäufer unabdingbar, konsequent den optimalen Abschluss zu suchen – für seine eigene Provision und für den Erfolg seines Unternehmens.

Auch ich bin als Verkaufsberater in die Welt des Vertriebes gestartet. Doch bei all meinen Jobs, die ich während und nach meinem Studium hatte, wurde ich nicht an der Art und Weise meiner Verkaufsgespräche, sondern ausschließlich an den Ergebnissen gemessen. Ganz offensichtlich kannten meine Chefs die Konzepte des Soft Selling nicht oder ignorierten sie einfach. Daher musste ich mich auf die Umsätze, auf meinen Deckungsbeitrag konzentrieren. Das funktionierte jedoch nicht mit der Konzentration auf das Beziehungsmanagement.

Bei Limbeck fand ich schließlich den Ansatz, der wie für mich gemacht ist:

Das neue Hardsellling verknüpft die Verkaufsmethodik mit der inneren Einstellung des Verkäufers: Es gibt dem Verkäufer das wichtige Handwerkszeug und vermittelt den notwendigen positiven Egoismus, verkaufen zu wollen. Hier geht es keineswegs um eine Rückkehr zum aggressiven und rücksichtslosen Hardselling vergangener Tage. Vielmehr werden die positiven Ansätze früherer Verkaufsphilosophien in ein neues Konzept eingebracht, das den Blick des Verkäufers (wieder) auf den Abschluss lenkt, ohne dass er allerdings das nachhaltige Beziehungsmanagement aus den Augen verliert. Unsere Kunden brauchen heute Verkäufer, die ihnen helfen, die richtige Entscheidung zu treffen! „Verkaufen heißt verkaufen" bedeutet deshalb: den Kunden positiv zu beeinflussen, ihn zu motivieren, den Auftrag zu unterzeichnen. Insofern heißt neues Hardselling für den Verkäufer selbst nichts anderes, als den Lohn seiner optimalen Angebotspräsentation und Verkaufsberatung zu ernten![5]

Durch die Vorträge und Bücher von Martin Limbeck habe ich einen Punkt deutlich erkannt und für mich als entscheidend formuliert: den Abschluss als Höhepunkt eines Verkaufsgespräches. Darum drehen sich letztendlich die gesamten Aktivitäten eines Verkäufers: Der Aufbau der Kundenbeziehungen, das Herausfinden der wichtigsten Kaufemotionen des Kunden, die dauerhafte Bindung eines Kunden, das alles ist nur dann sinnvoll und erfolgreich, wenn der Kunde auch tatsächlich kauft.

Das zweite Buch von Martin Limbeck, das mich begeistert, heißt „Nicht gekauft hat er schon."[6] In diesem Buch geht es um die richtige innere Einstellung im Verkauf und um das richtige Denken im Vertrieb. Auch der Titel ist für mich ein entscheidender Lehrsatz, denn er macht deutlich, dass wir beim Kunden nur gewinnen können: Vor dem Gespräch hat er nichts gekauft, die Situation kann sich also nur verbessern.

---

[5] Martin Limbeck: Das neue Hardselling, Seite 21, ebenda

[6] Martin Limbeck: Nicht gekauft hat er schon – So denken Top-Verkäufer, Redline Verlag München

Ich selbst habe zahlreiche Ansätze von Limbeck in meinen Vertriebsalltag übernommen und sie ins Fundraising übertragen. Ich habe gelernt, meine Produkte und Dienstleistungen mit Leidenschaft zu verkaufen – aber nicht meine Seele.

3.1.3 Was mich an Neuro-Linguistischer Programmierung überzeugt

Neuro-Linguistische Programmierung, oder kurz NLP genannt, ist ein polarisierender Ansatz der Selbst- und Fremdmotivation. NLP ist eine Sammlung von Kommunikationstechniken und Methoden zur Veränderung psychischer Abläufe im Menschen und wurde in den 1970er-Jahren von den Amerikanern Richard Bandler und John Grinde entwickelt.[7]

Ich selbst hatte Anfang der 1990er Jahre meine erste Begegnung mit NLP, als mich ein Bekannter zu einem Tagesseminar überredete. Das Seminar – im Detail kann ich mich gar nicht mehr an die Inhalte erinnern – machte mich neugierig auf diese seltsame Methode. Also habe ich angefangen, mich intensiv mit NLP zu beschäftigen, zahlreiche Bücher über Neuro-Linguistische Programmierung und Gehirnforschung gelesen und war auf Seminaren und Workshops von NLP-Trainern. Noch heute gehört NLP in meinen Alltag, fast täglich höre ich zum Beispiel auf dem Weg ins Büro Podcasts, die sich mit dem Thema beschäftigen. Besonders empfehlen kann ich die Podcasts von Nicole Engelhardt-Credo und Lars Credo (www.bewegen24.de) und von Wiebke Lüth und Marc A. Pletzer (www.fresh-up-academy.de), die im wöchentlichen Rhythmus erscheinen.

Für mich sind mehrere Aspekte des NLP besonders spannend. Zunächst die Art und Weise, wie einfach ich meine Einstellung zu Menschen, Situationen und allem möglichen verändern kann. NLP macht deutlich, dass unsere Gedanken grundsätzlich auditiv, also in Worten, erfolgen. Die Auswahl der Worte, die wir nutzen, wenn wir an eine bestimmte Situation denken, entscheidet darüber, wie wir uns dieser Situation stellen. Ich möchte das an einem kleinen Beispiel deutlich machen: Ihr Chef ruft Sie kurzfristig zu sich in sein Büro, Sie haben keine Ahnung, um was es in diesem Gespräch gehen wird. Wenn Sie jetzt denken „Was will der Chef schon wieder von mir, ich sitze doch gerade an einer wichtigen Arbeit!", gehen Sie mit einem anderen Gefühl in das Gespräch, als wenn Sie zum Beispiel denken: „Schön, dass mich der Chef sehen möchte."

Der zweite wichtige Aspekt ist für mich der Umgang mit anderen Menschen. Das NLP macht deutlich, dass unser Auftreten und unser Handeln beim Gegenüber immer eine Reaktion auslöst. Daher ist es naheliegend, beides so zu gestalten, dass das Gegenüber auf uns reagiert, wie wir es möchten. Auch hier ein Beispiel aus dem Alltag: Ihr Kollege hat wieder einmal nicht die Spülmaschine in der Abteilungsküche ausgeräumt. Sie gehen wütend in sein Büro und wedeln mit dem Küchenplan, der monatlich aktualisiert wird. Die Reaktion von Ihrem Kollegen wird anders ausfallen, als wenn Sie ihn freundlich daran erinnern, dass er heute für diese Aufgabe zuständig ist. Im ersten Fall wird der Kollege

---

[7] http://de.wikipedia.org/wiki/Neuro-Linguistisches_Programmieren

ebenso lautstark wie Sie auf Ihre Anschuldigungen reagieren und sich verteidigen. Im zweiten Fall wird er sich bei Ihnen für die Erinnerung bedanken.

Durch NLP habe ich auch gelernt, Emotionen abzurufen und zu speichern. Hierbei geht es darum, dass wir unsere Umwelt über verschiedene Sinneskanäle wahrnehmen. Die fünf Sinneskanäle sind der Hörsinn, der Geschmackssinn, der Geruchssinn, der Sehsinn und der Tastsinn, also die haptische Wahrnehmung. Jeder Mensch bevorzugt hierbei andere Sinne, es gibt welche, die stärker über die Augen die Umwelt wahrnehmen, andere stärker über die Ohren oder über die Nase. Mit einem kleinen Scherz wird die unterschiedliche Wahrnehmung von zwei Menschen bei einem Spaziergang beschrieben: „Hör mal, die Grillen", sagt der Hörsinn-Mensch. Die Antwort des Geruchssinn-Menschen lautet: „Ich riech gar nichts."

Jeder von uns nimmt also die Umwelt anders war und erinnert sich auch an vergangene Ereignisse anders. Der Sehsinn-Mensch hat vom letzten Weihnachtsfest ein klares Bild vor Augen, der Geruchssinn-Mensch den Duft der Weihnachtsbäckerei und der Tastsinn-Mensch spürt die weichen Nadeln des Tannenbaumes.

Natürlich gibt es noch unzählige andere Ansätze von NLP, die uns im Alltag helfen können, uns und unsere Mitmenschen zu motivieren. Einige dieser Ansätze werden Sie im Verlauf des Buches finden, andere in den oben erwähnten Podcasts.

3.2 Meine Faktoren für einen guten Verkauf

Was macht einen guten Verkäufer, eine gute Verkäuferin aus? Natürlich in erster Linie seine Verkaufsergebnisse. Ein guter Verkäufer ist, wer einen guten Umsatz erzielt. Doch der Blick allein auf die Verkaufszahlen genügt nicht, denn damit diese Zahlen erreicht werden können, müssen einige Voraussetzungen erfüllt werden. Leider sind diese Voraussetzungen im Kaufalltag nicht immer präsent oder fehlen sogar gänzlich.

Immer wieder fällt mir auf, wie wenig gute Verkäufer es im Alltag gibt, wenn ich mir beispielsweise mal wieder einen neuen Anzug kaufen möchte. Ich betrete also ein entsprechendes Geschäft und verschaffe mir einen Überblick. Wenn ich Glück habe, spricht mich eine Mitarbeiterin oder ein Mitarbeiter des Hauses an und fragt „Kann ich Ihnen helfen?". Diese Frage fand ich schon immer sehr komisch, denn ich sehe bei meinen Einkäufen eher normal und wenig hilfsbedürftig aus. Auch werde ich mich zwecks Hilfe nicht in der Herrenoberbekleidung umsehen. Aber natürlich habe ich im Laufe der Jahre verstanden, dass die Mitarbeiter des Hauses damit ein sehr softes Angebot der Verkaufsunterstützung anbieten möchten. Die Standartantwort auf „Kann ich Ihnen helfen?" lautet daher: „Nein, ich schaue mich erst einmal um." Damit gehen Verkäufer und Käufer erst einmal getrennte Wege. Der Kunde schlängelt sich durch die rund ist ob der Vielzahl der Anzüge erst einmal überfordert.

Mein Lieblingsverkäufer ist da etwas anders gestrickt. Er möchte offensichtlich keine orientierungslosen Menschen in seinem Verkaufsgebiet haben, sondern glückliche Kunden, und daher ist seine Einstiegsfrage etwas konkreter: „Guten Tag. Mein Name ist Max

Müller, ich arbeite hier in der Herrenabteilung. Sie suchen sicherlich einen Anzug? Darf ich fragen, wofür Sie den Anzug benötigen?"

Natürlich suche ich einen Anzug, denn sonst wäre ich nicht in seiner Abteilung gelandet, Krawatten und Hemden gibt es nämlich im Erdgeschoss. Also richtig kombiniert. Und ich liebe die Frage: „Wofür benötigen Sie den Anzug?" Sie fordert mich auf, zu offenbaren, welche Anforderungen ich an das Gesuchte stelle und die Antwort „Ich suche etwas bequemes für eine Hochzeit" deutet auf ein anderes Käuferprofil hin als meine Antwort „etwas strapazierfähiges, das auch nach langen Reisen noch gut sitzt." Mein Verkäufer interessiert sich offensichtlich für mich und meine Bedürfnisse und ist deutlich weniger an Hilfeleistungen interessiert. Ein guter Gesprächseinstieg für ein gutes Geschäft.

Auf dem Weg zu den Anzügen in meiner Größe stellt der Verkäufer mir die Frage nach dem gewünschten Muster des Stoffes. Gestreift oder einfarbig? Dunkle oder helle Farben, moderner oder klassischer Schnitt? Der erste Anzug, den er mir zeigt, entspricht den bereits genannten Anforderungen an Schnitt und Farbe: ein Klassiker in dunkelgrau, Einreiher mit zwei Seitenschlitzen hinten. Genauso stelle ich mir einen Anzug vor. Doch der Verkäufer hält ihn mir nicht nur vor die Nase, sondern fordert mich direkt auf, das Sakko einmal anzuprobieren, damit er die Passform überprüfen kann. Das Sakko sitzt gut, das Material fühlt sich toll an. Jetzt erklärt mir der Verkäufer die Beschaffenheit des Anzuges, weist auf den Schnitt hin, erklärt die Zusammensetzung des Stoffes. Insbesondere die Hinweise auf die besondere Strapazierfähigkeit und die geringe Faltenbildung auch nach langen Reisen lässt er nicht unerwähnt. Er zeigt, dass er nicht nur gut zugehört hat, sondern auch die Anforderungen des Kunden nicht vergessen hat. Natürlich wird er mich später zur Kasse begleiten und mir bestätigen, dass ich einen guten Anzug gekauft habe. Und er vergisst auch nicht, mir anzubieten, jederzeit wieder vorbeizukommen. „Ich bin jede Woche von Montag bis Samstag für Sie da."

Es sind also verschiedene Faktoren, die für einen guten Verkäufer ausschlaggebend sind. Die wichtigsten habe ich im Folgenden zusammengetragen.

Ein guter Verkäufer liebt die Menschen
Die Menschen zu mögen ist im Verkauf immer hilfreich. Doch „mögen" allein reicht für einen guten Verkäufer nicht aus. Es muss schon mehr sein, ein aufrichtiges Interesse an den Mitmenschen, Achtsamkeit und Toleranz, Zuneigung und Verständnis. Für mich ist es eine Form der Liebe – natürlich nicht wie die Liebe zu meiner Frau, meinen Kindern oder Eltern, sondern wie jene zu meinem Leben, der Natur und anderen wichtigen Dingen. Nur mit dem richtigen Quantum an Liebe können wir uns auf den nächsten Kunden freuen. Nur mit dem richtigen Quantum an Liebe nehmen wir einem schlechtgelaunten Kunden seine schlechte Laune nicht übel. Kurzum: Ein Verkäufer braucht Leidenschaft und ein aufrichtiges Interesse an dieser seltsamen Spezies Mensch.

Darum verkauft ein guter Verkäufer auch nichts, was der Kunde nicht gebrauchen kann. Ein unzufriedener Kunde ist nicht vereinbar mit einem respektvollen und anständigen Umgang. Wenn der Anzug nicht sitzt, dann wird ein guter Verkäufer uns das charmant sagen und eine Alternative anbieten: „An der Taille ist dieses Modell besonders eng geschnitten, ich bin sicher, dass Sie mit diesem Anzug (er zeigt dabei auf ein anderes Modell) mehr Freude haben werden."

Ein guter Verkäufer ist selbstbewusst

Nur, wer mit sich selbst im Reinen ist, kann entspannt mit anderen Menschen umgehen. Wir können ruhig stolz auf uns und unsere Leistungen sein, uns selbst loben und motivieren. Natürlich kennen wir auch unsere Schwächen und wir haben uns mit ihnen arrangiert. Wir arbeiten diszipliniert an diesen Schwächen. Wir sind nicht überheblich, aber durchaus selbstbewusst. So können wir selbstsicher mit anderen Menschen kommunizieren und werden von allen akzeptiert.

Zur Selbsteinschätzung gibt es unterschiedliche Modelle und Methoden. Ich persönlich schätze das DISG-Modell[8] sehr, auf das ich an anderer Stelle noch etwas näher eingehen werde. Das Modell unterteilt, ähnlich dem Riemann-Thomann-Modell[9], unterschiedliche Persönlichkeitsprofilemit ihren verschiedenen Merkmalen in vier Quadrate. Ein solches Modell macht es einfacher, sich selbst und andere Personen einzuordnen und ermöglicht es, uns auch im Umgang mit anderen Personen auf diese einzustellen.

Selbstbewusstsein ist ein starkes Wort, denn es beinhaltet, dass wir uns unserer selbst bewusst sein sollten. Dieses Bewusstsein setzt voraus, dass wir uns kennen, dass wir mit uns zurechtkommen. Und nur so kommen wir auch mit anderen Menschen zurecht.

Ein guter Verkäufer liebt seinen Beruf

Es gibt für mich nichts Schöneres, als Menschen etwas zu verkaufen. Achten Sie einmal darauf, wie Sie sich fühlen, wenn Sie an einen guten Verkäufer geraten sind. Es fühlt sich doch herrlich an, wenn es ein gutes Gespräch war, der Verkäufer sich für Sie und Ihre Wünsche aufrichtig interessiert hat. Und wie gut fühlt es sich an, mit genau dem richtigen Produkt den Laden verlassen zu haben? Es ist ein großartiges Gefühl! Der richtige Einkauf macht den Kunden glücklich.

Deshalb sollte ein Verkäufer seinen Beruf lieben. Es gibt wenige Berufe, in denen Menschen wirklich glücklich gemacht werden – Ärzte diagnostizieren beispielsweise Krankheiten und Anwälte müssen Streitigkeiten schlichten.

Ein guter Verkäufer stellt den Kundenwunsch ins Zentrum

Doch dieses Glück kommt natürlich nicht von allein. Es ist das Ergebnis eines guten Kaufes. Und einem guten Kauf geht ein gutes Verkaufsgespräch voraus. Dieses Verkaufsgespräch hat für den Kunden eine wichtige Bedeutung: Meiner Erfahrung nach wertet ein solches Gespräch auch das Produkt auf, denn aus dem Gespräch heraus lassen sich die Vorteile des Produktes mit den Erwartungen des Kunden in Einklang bringen, lässt sich der Fokus auf die wirklich relevanten Produkteigenschaften lenken. Jeder Käufer schätzt andere Eigenarten an einem Produkt. Einem ist das Design wichtig, andere legen Wert auf

---

[8] http://de.wikipedia.org/wiki/DISG
[9] http://de.wikipedia.org/wiki/Riemann-Thomann-Modell

technische Komponenten und wieder andere wollen eine optimale Beziehung zwischen Leistung und Preis.

Ein guter Verkäufer fragt daher den Kunden, was er wirklich benötigt. Auf die Antwort dieser Frage baut sich das weitere Gespräch auf, denn es macht ja keinen Sinn, etwas zu verkaufen, was der andere gar nicht haben möchte.

Ein guter Verkäufer will den Abschluss
„Ein Verkaufsgespräch ohne Abschluss ist wie ein Einseifen ohne anschließende Rasur."

So zitiert Zig Ziglar einen ungenannten Verkaufsberater[10]. Da die größte Zufriedenheit eines Verkäufers in einem glücklichen Käufer liegt, muss ein Verkäufer natürlich auch das Ziel haben, etwas zu verkaufen. Morgen für Morgen wird er es sich zur Aufgabe machen, den Menschen etwas zu verkaufen. Er stellt sich genau vor, wie hoch heute sein Umsatz sein wird. Er freut sich bereits beim Betreten des Kaufhauses auf die Abschlussgespräche mit seinen Kunden an der Kasse. Er ist also ganz und gar auf den Verkauf eingestellt.

Diese Erwartungen hat nicht nur der Verkäufer selbst an sich, sondern auch sein gesamtes Umfeld. Das Unternehmen hat ihn eingestellt, damit er etwas verkauft. Seine Kollegen kennen seine Aufgabe und werden seine Erfolge honorieren. Selbst die Kunden, die zum ersten Mal das Geschäft betreten, wissen, warum der Verkäufer da ist, nämlich um ihnen etwas zu verkaufen. Eine eindeutigere Rollenzuteilung als die eines Verkäufers gibt es also nicht. Alle haben die gleichen Erwartungen an ihn: verkaufen, verkaufen, verkaufen.

Ein guter Verkäufer will Folgegeschäfte
Ein Kunde kauft nicht nur einen Anzug. Er benötigt Hosen, Hemden, Pullover, Socken, Wäsche, Hemden und vieles mehr. Warum sollte dieses Geschäft an dem Verkäufer des Anzugs vorbeigehen? Ein zufriedener Kunde kommt wieder, besonders dann, wenn wir ihn immer wieder dazu einladen. Mein Lieblingsverkäufer hat erst einmal meine Visitenkarte eingesteckt und sich einige Tage nach dem Einkauf nach meiner Zufriedenheit erkundigt. Großartig! Ich hatte sofort die Gewissheit, dass er sich auch nach dem Kauf noch für mich interessiert. Und meinen Impuls, die Hose sei doch etwas zu lang, hat er gleich aufgenommen und mich in den nächsten Tagen in seine Anzugabteilung gebeten. Zum Nachmessen. Und natürlich, weil er mir ein neues „Geschäft" anbieten wollte.

3.3 Die Kennzahlen im Vertrieb

Selbstverständlich lassen sich Verkäufer auch an harten Fakten messen. Es gibt im Vertrieb verschiedene Kennzahlen, an denen die Leistungsfähigkeit und Effektivität eines Verkäufers und einer Verkaufsabteilung gemessen werden können. Für mich sind zwei Arten der Kennzahlen immer besonders wichtig gewesen. Zum einen alle reinen Kennzahlen rund um den Verkauf, zum anderen die Kenngrößen um den Verkäufer und Kunden herum.

---

[10] Zig Ziglar, Der totale Verkaufserfolg, Seite 59

3.3.1 Kennzahlen aus dem Verkauf

An den Kennzahlen aus dem Verkauf lässt sich messen, wie wirtschaftlich, wie effektiv der Verkäufer tatsächlich ist.

Umsatz
Der absolute Umsatz, den ein Verkäufer bringt, sollte immer im Zusammenhang mit dem Gesamtumsatz des Unternehmens und in einem direkten Vergleich zu den anderen Verkäufern gesehen werden.

Deckungsbeitrag
Der Deckungsbeitrag ermittelt die Differenz zwischen den Erlösen und den variablen Kosten. Je höher der Deckungsbeitrag, umso höher sind die Refinanzierung der Fixkosten und der Gewinnanteil aus dem Verkauf. Diese Kennzahl ist wichtig, da nicht immer der höchste Umsatz auch den größten Kostendeckungsgrad und Gewinn erzielt.

Auftragshöhe
Die durchschnittliche Auftragshöhe zeigt an, wie viel Geschäft ein Verkäufer im Schnitt mit seinen Kunden macht. Wenn diese durchschnittliche Auftragshöhe im Zeitablauf betrachtet wird, zeigt sich ein Entwicklungspotenzial für den Verkäufer. Auch lassen sich diese Zahlen mit denen anderer Verkäufer aus dem Unternehmen und der Branche gut vergleichen.

3.3.2 Kennzahlen zur Schlagkraft des Verkäufers

Mit den nachfolgenden Kennzahlen wird der Verkäufer hinsichtlich seiner Kontakte bewertet:

Anzahl der betreuten Kunden
Die Anzahl der betreuten Kunden vermittelt ein Bild davon, wie groß der Kundenbestand eines Verkäufers ist. Dieser Bestand ist die Basis für das Geschäft eines Verkäufers, denn er repräsentiert einen bestimmten Umsatz (Diese Kunden haben bereits beim Verkäufer gekauft und sind mit den Produkten vertraut).

Anzahl der aktiven Kundenkontakte
Doch nicht nur die Anzahl der bestehenden Kundenkontakte ist aussagefähig. Vielmehr ist interessant, wie viele der Kunden zu den aktiven Käufern gehören. In aller Regel werden die Kundenkontakte hinsichtlich der durchschnittlichen Kauffrequenz bewertet. Kauft ein großer Teil der Kunden zum Beispiel nur einmal im Jahr, so werden die letzten 12 Monate betrachtet, kaufen die Kunden jedoch mindestens einmal im Monat, werden die letzten 4 Wochen herangezogen.

Der absolute Kundenbestand sagt zwar aus, zu wie vielen Käufern ein Verkäufer Kontakt hat. Jedoch erst der aktive Kundenbestand zeigt, wie intensiv diese Kontakte genutzt werden.

Anzahl der Neukunden
Im Vertrieb können wir davon ausgehen, dass etwa 10% bis 20% der Kunden im Laufe eines Jahres wegfallen. Das kann verschiedene Gründe haben: Eventuell sind die Käufer mit dem Produkt nicht mehr zufrieden oder sie identifizieren sich nicht mehr mit der Marke. Vielleicht fühlen die Kunden sich auch vom betreuenden Verkäufer nicht mehr ausreichend beraten.

Daher ist es notwendig, den Kundenbestand durch neue Kontakte anzureichern. Die Neukundengewinnung ist für einen Verkäufer die größte Herausforderung, denn es müssen Menschen gefunden und motiviert werden, die bisher noch keine Geschäftsbeziehung zum Verkäufer hatten. Die Neukundenquote gibt also an, wie stark die Akquisetätigkeit eines Verkäufers ist.

Verkaufsgespräche pro Tag
Mit dieser Zahl wird die sogenannte Schlagkraft eines Verkäufers gemessen. Je mehr Gespräche am Tag, so die Logik dahinter, desto mehr Umsatz kann ein Verkäufer machen. Hierbei ist es erst einmal unerheblich, ob die Verkaufsgespräche im persönlichen oder telefonischen Kontakt erfolgt sind. Es geht allein darum, wie fleißig ein Verkäufer ist.

Abschlussquote
Die Abschlussquote bewertet nicht den Fleiß, sondern den Erfolg eines Verkäufers. Sein Ziel ist es natürlich, einen Verkaufsabschluss zu realisieren. Die Abschlussquote kann bei Verkäufern sehr unterschiedlich ausfallen. Die Quote liegt, aus meiner Sicht, hauptsächlich im Wesen des Verkäufers begründet. Es gibt eben abschlussstarke und es gibt abschlussschwächere Menschen.

Anzahl Kontakte bis zum Abschluss
Nicht jedes Gespräch führt sofort zum Erfolg. Insbesondere bei Neukunden ist eine höhere Kontaktintensität notwendig als bei Bestandskunden. Auch hier unterscheiden sich die Verkäufer deutlich voneinander: Es gibt jene, die sich langsam auf einen Kunden zubewegen und es gibt solche, die sofort ein Verkaufsgespräch führen.

Jede einzelne Kennzahl sagt für sich erst einmal wenig aus. Es ist jedoch spannend, diese Kennzahlen sowohl im Zusammenhang zu sehen als auch mit denen anderer Verkäufer zu vergleichen.

Sicherlich scheint es auf den ersten Blick effektiver, wenn ein Verkäufer nur wenige Kontakte bis zum Abschluss benötigt. Wenn wir jedoch andere Zahlen, wie z. B. den Gesamtumsatz eines Kunden, betrachten, dann ist dieser Wert schon deutlich aussagefähiger. Vielleicht gelingt es dem Verkäufer mit der höheren Kontaktzahl, den Kunden optimal zu verstehen und seine Bedürfnisse besser zu erkennen. Durch diese Erkenntnis kann dann beispielsweise der Jahresumsatz eines betreuten Kunden wesentlich höher ausfallen.

Auch ist zum Beispiel die Neukundenquote allein nicht sehr aussagekräftig. Hier ist es spannend zu betrachten, wie viele der Neukunden ein zweites, ein drittes Mal gekauft haben und wie hoch ihre Umsätze sind.

Der Umsatz wiederum ist viel aussagefähiger, wenn wir uns auch den erwirtschafteten Deckungsbeitrag eines Verkäufers anschauen. Vielleicht schafft er die hohen Umsätze im Wesentlichen durch hohe Preisnachlässe. Dann ist der Umsatz zwar hoch, aber es bleibt weniger Geld in der Kasse des Verkäufers. Und wir arbeiten nicht für den Umsatz, sondern für den Gewinn.

3.4 Woran sich Fundraiser messen lassen

Die meisten Großspenderfundraiser haben es wesentlich einfacher als die klassischen Verkäufer. Denn all die oben genannten Kennzahlen werden in kaum einer Organisation wirklich eingesetzt. Das hat sicherlich seinen Grund darin, dass für die meisten Akteure das Thema Fundraising erst einmal nichts mit dem Vertrieb zu tun hat. Dass ich diese Auffassung nicht teile, habe ich an verschiedenen Stellen in diesem Buch bereits sehr deutlich gemacht. Fundraising hat sehr viel mit dem herkömmlichen Vertrieb gemeinsam und das Großspenderfundraising ist idealerweise eine Key-Account-Maßnahme.

Als Mitarbeiter in einer Organisation muss sich jeder die Frage stellen, ob er seine Aufgabe ordentlich durchführt und ob er – ganz einfach ausgedrückt – „sein Geld wert ist", das er jeden Monat als Gehalt überwiesen bekommt. In vielen Bereichen einer gemeinnützigen Organisation lässt sich diese Frage nur sehr schwer beantworten. Recht einfach ist es jedoch für die Mitarbeiter, durch die die Groß- und Topspender betreut werden. Deshalb stelle ich Ihnen hier die aus meiner Sicht aufschlussreichsten Kennzahlen für das Fundrainsinggeschäft vor:

Jahresgehalt im Verhältnis zum betreuten Spendenvolumen
Das jährliche Gehalt eines Fundraiser kann sich direkt mit dem betreuten Spendenvolumen in Verhältnis setzen lassen. Wenn der Fundraiser ein Jahresgehalt von 60.000 € erhält und im Jahr ein Spendenvolumen von 300.000 € betreut, dann wird der Faktor 5 erzielt. Der Fundraiser hat also das 5-fache seines Gehaltes eingeworben. Oder andersherum betrachtet: 1/5 der Spenden, also 20 %, werden für das Gehalt des Fundraisers benötigt.

Aus meiner Erfahrung heraus sollte ein Großspenderfundraiser mindestens den Faktor 8 erzielen, in dem oben genannten Beispiel also 480.000 € an jährlichen Spendeneinnahmen verantworten. Durch diesen Faktor reduziert sich das Gehalt auf 12,5 % des Volumens. In diesem Fall bleibt noch genügend Spielraum für weitere Verwaltungskosten der Organisation übrig.

Anzahl der betreuten Spender

Die Bindung von Großspendern erfolgt im Wesentlichen über die Kontaktintensität der Organisation. Je individueller und persönlicher die Kontakte sind, desto besser fühlt sich der Geber betreut und desto höher wird das Vertrauen in die Organisation sein. Daher ist es wichtig, dass der Betreuer von Großspendern eine optimale Beziehung zu den Gebern aufbauen kann. Eine solche individuelle Betreuung ist jedoch nur möglich, wenn eine überschaubare Zahl an Spendern betreut wird.

Die Abwägung zwischen der Qualität der Betreuung und der Quantität der betreuten Geber ist ein ständiger Spagat im Fundraising. Wenn zu viele Großspender durch einen Fundraiser betreut werden, dann leidet darunter die Qualität der Beziehung und der Geber fühlt sich vielleicht nicht optimal betreut. Ist die Anzahl der betreuten Großspender jedoch zu klein, dann kann der Fundraiser nicht seine optimale Wirkung für die Organisation erbringen.

Anzahl der Neuspender

Neue Spender zu gewinnen, gehört zum Aufgabenfeld eines jeden Fundraisers. Immer wieder werden Geber aus dem Bestand ihre Aktivitäten einstellen und es ist notwendig, diese Verluste zu kompensieren. Ähnlich wie im herkömmlichen Vertrieb habe ich auch im Großspenderfundraising die Erfahrung gemacht, dass etwa 10 % bis 20 % der Geber im Laufe eines Jahres ersetzt werden müssen. Die Aufgabe eines Großspenderfundraiser ist es, neue Geber zu lokalisieren und zur Spende für die Organisation zu motivieren.

Spendergespräche pro Tag

Dass ein Verkäufer jeden Tag mit seinen Kunden im Kontakt ist, scheint selbstverständlich. Doch ist es für einen Großspenderfundraiser nicht zu viel, wenn auch er jeden Tag mit den Gebern im Kontakt ist? Meine Antwort hierauf ist ein definitives NEIN. Gerade im Großspenderfundraising ist es wichtig, jeden Tag mit den Gebern im Kontakt zu sein. Ein Tag ohne eine Spenderkommunikation ist für mich ein verlorener Tag.

Damit wir uns an dieser Stelle richtig verstehen: Großspenderfundraising ist kein Telefonmarketing, bei dem pro Stunde acht oder sogar zehn Kunden angerufen werden. Es geht mir hier nicht um eine hohe Anzahl von Kontakten, sondern darum, dass es jeden Arbeitstag eine bestimmte Anzahl an Gesprächen mit den Gebern gibt. Hierzu zählen natürlich erst einmal alle Spenderbesuche. Doch auch die Telefonate mit den Gebern gehören zu der Gesprächsanzahl eines Tages. Aus meiner Sicht sollte ein Großspenderfundraiser mindestens vier Gespräche mit Großspendern pro Tag führen. Dabei wird es nicht immer direkt um die Spende gehen. Es werden in solchen Gesprächen die Termine für ein Treffen vereinbart, wichtige Informationen zu einem Projekt weitergegeben, aber auch die persönlichen Geburtstagsglückwünsche oder eine Einladung zum Großspenderevent gehören dazu.

Spendenquote
Ob jemand ein guter oder ein ganz besonders guter Fundraiser ist, lässt sich an verschiedenen Merkmalen festlegen. Doch keine Kennzahl ist so prägnant, wie jene, durch die ewird, wie erfolgreich die Spendergespräche geführt werden: die Abschlussquote.

Natürlich gibt es unterschiedliche Strategien, die Spendergespräche zu führen. Viele Fundraiser sind davon überzeugt, dass mehrere Gespräche notwendig sind, um einen Geber erfolgreich zur Spende einzuladen. Andere wiederum möchten bereits im ersten Gespräch eine Spende generieren.

Die Spendenquote stellt die Anzahl der geführten Gespräche in Beziehung zu den Spendenzusagen. Hat also ein Fundraiser bei drei von fünf Gesprächen eine Zusage erhalten, so ist die Spendenquote bei seinen Gesprächen 60 %. Sind jedoch fünf Gespräche notwendig, um eine Spende zu erhalten, dann liegt die Quote bei 20 %.

Es kommt auf den Mix an
Aus meiner Sicht ist eine einzelne Kennzahl nicht geeignet, einen Großspenderfundraiser hinsichtlich seiner Wirksamkeit zu betrachten. Es ist vielmehr ein Mix aus den oben aufgeführten Kennzahlen. Denn jeder der Großspenderfundraiser ist anders, jeder hat seine eigene Persönlichkeit und seinen eigenen Stil.

Während ein Fundraiser sehr stark in der Neuspendergewinnung ist, hat eine Kollegin ein sehr hohes Spendenvolumen in der Betreuung und eine weitere Kollegin zeichnet sich durch eine hohe Abschlussquote aus. Unter dem Strich haben diese Kennzahlen ihre Berechtigungen aus zwei Betrachtungswinkeln. Zum einen liefern diese Kennzahlen eine Übersicht wie effektiv ein Fundraiser arbeitet und kann gegenüber den Gebern offengelegt werden. Auf der anderen Seite lassen sich durch die unterschiedlichen Kennzahlen auch Benchmarks erstellen, mit denen sich die einzelnen Fundraiser untereinander vergleichen lassen. Solche Benchmarks sind insbesondere in der Betrachtung der Fundraiser untereinander spannend. Warum betreut Fundraiser A ein höheres Spendenvolumeln als C und was lässt sich daraus ableiten? Was macht Fundraiser B mit seiner hohen Abschlussquote anders als die anderen Kollegen und lässt sich diese Vorgehensweise für alle anderen nutzbar machen?

Je effektiver die Fundraiser agieren, desto sorgfältiger wird mit den Spendenmitteln umgegangen. Der Anteil von eingesetzten Ressourcen zu dem Spendenerlösen sollte so gering wie möglich sein. Daher ist die kontinuierliche Auswertung der Aktivitäten im Fundraising für alle Beteiligten wichtig: für die Spender, für die Organisation und schließlich auch für die Fundraiser selbst.

Übersicht über die üblichen Kennzahlen im Fundraising
Der Fundraiser Maik Meid hat in seinem Blog auf der Webseite www.sozialmarketing.de eine umfassende Übersicht über die Kennzahlen, die im traditionellen Fundraising eine Rolle spielen, erstellt.[11] Diese Kennzahlen sind in verschiedene Bereiche eingeteilt:

---

[11] http://sozialmarketing.de/notwendig-und-spannend-kennzahlen-im-fundraising/

1. *Kennzahlen, die auf die Spender bezogen sind*
   Zu diesen Kennzahlen gehören unter anderem die durchschnittliche Höhe pro Spende, die Anzahl der Neuspender in einem definierten Zeitraum, die Spenderbindungsquote als Verhältnis der Neuspender zu den Bestandsspender oder die Pareto-Analyse in der Betrachtung der Spenderverteilung.
2. *Kennzahlen, die auf Maßnahmen bezogen sind*
   Hierzu gehören der Return of Investment (ROI), die Responsequote, die Anzahl der Spender, die Reaktivierungsquote.
3. *Kennzahlen, die auf Organisationen bezogen sind*
   Die Gesamtspendensumme, die Anzahl der Spendenbuchungen in einem Betrachtungszeitraum, Verteilung zwischen freien Spenden und Projektspenden, Anteil Onlinespenden am Gesamteingang, Verteilung der unterschiedlichen Zahlungsarten bei Onlinespenden (Kreditkarte, Lastschrift, Paypal etc.) oder der Anteil an Spenden von Privatpersonen an den Gesamteinnahmen gehören zu diesen Kennzahlen.

Kennen Sie Ihre Spender und ihr Spenderpotenzial? 4

Es ist erstaunlich, wie viel über die Spender in Deutschland bekannt ist. Durch die Marktforschungsinstitute Gesellschaft für Konsumgüterforschung (GfK) in Nürnberg mit dem „GfK CharityScope" und TNS Infratest in Bielefeld mit dem „Deutschen Spendenmonitor" werden regelmäßig Entwicklungen auf dem deutschen Spendenmarkt erfasst, ausgewertet und dem Markt zur Verfügung gestellt. Auch das „Deutsche Zentralinstitut für Soziale Fragen (DZI)" in Berlin veröffentlicht seit 2003 jährlich den „DZI Spenden-Almanach", der Deutsche Fundraisingverband, ebenfalls in Berlin ansässig, eine Spendenbilanz. Ergänzt werden diese Informationen von einer Studie, die Prof. Michael Urselmann gemeinsam mit dem Statistischen Bundesamt zum Spendenverhalten der Deutschen erstellt hat.[1]

TNS Infratest ermittelt seit 1995 aktuelle Zahlen über den deutschen Spendenmarkt. Zur Erfassung der Daten führt das Institut eine Befragung im Auftrag von gemeinnützigen Organisationen in Deutschland durch. Nach einer repräsentativen Auswahl werden pro Jahr 4000 Bundesbürger im Alter ab 14 Jahren in einem persönlichen Interview befragt. Der Spendenmonitor teilt sich in die Module „Classics" und „Image". Im Modul „Classics" werden die Basisdaten zum Fundraising gesammelt, in denen Fragen nach den Spendern, der Spendenhöhe, dem Spendenzweck und der generellen Einstellung zum Spenden beantwortet werden. Das Modul „Image" betrachtet die Bekanntheit und das Image der teilnehmenden Organisationen, eine hypothetische Spendenbereitschaft, aber auch Kritik an den Organisationen. (vgl. http://www.tns-infratest.com/A_Z/social-marketing.asp).

Die GfK befragt monatlich 10.000 Bundesbürger ab 10 Jahren in einer repräsentativen Auswahl. Etwa 60 % der Teilnehmer beantworten die Fragen online, ca. 40 % offline in Form eines selbstständig geführten Tagebuches. Die Ergebnisse werden auf die Gesamtheit der deutschen Bevölkerung hochgerechnet. Bei der GfK sind Erbschaften, Unter-

---

[1] http://www.ksta.de/panorama/-hilfsbereitschaft-deutsche-spenden-so-viel-wienie,15189504,25008758.html.

nehmensspenden, Spenden an politische Parteien und Organisationen sowie Geldauflagen (Bußgelder), Stiftungsneugründungen und Großspenden ab 2500 € nicht erfasst. Im Auftrag des Deutschen Spendenrat e.V. erstellt die GfK jedes Jahr die „Bilanz des Helfens" als Teilergebnis des GfK CharityScore. Die „Bilanz des Helfen" wird im Frühjahr jeden Jahres der Öffentlichkeit vorgestellt, im Herbst erscheint eine Prognose für das aktuelle Spendenjahr.

Die Marktforscher betrachten den deutschen Spendenmarkt auf Grundlage einer ausgewählten repräsentativen Teilmenge des Marktes, da die Datenerhebung aller Bundesbürger auf Grund der hohen Menge scheitern würde und wirtschaftlich nicht darstellbar ist. Diese Teilmenge wird befragt und die Ergebnisse werden auf die Gesamtheit hochgerechnet. Die Auswahl der Teilmengen, die Anzahl der befragten Personen und die Auswertung erfolgen durch statistische Verfahren. Für zahlreiche Unternehmen bildet diese Marktforschung eine wichtige Entscheidungsgrundlage. Selbstverständlich nutzen auch die spendensammelnden Organisationen die Erkenntnisse der Marktforschung.

Das DZI wurde bereits 1893 gegründet. Das Institut sammelt und dokumentiert Informationen über die soziale Arbeit in Deutschland und ist eine der größten Fachbibliotheken im deutschsprachigen Raum. Mit einer umfangreichen Literaturdatenbank gehört das DZI zu den wichtigsten Dokumentations- und Auskunftsstellen für soziale Fragen[2]. Der jährlich erscheinende „Spenden-Almanach" ist ein Jahrbuch, das die aktuellen Informationen zum Spendenmarkt dokumentiert. Die Basis des Spenden-Almanachs bildet die Auswertung der Geschäftsunterlagen von etwa 230 Organisationen, die das DZI Spenden-Siegel tragen. Das DZI erfasst mit den Siegel-Organisationen etwa 90% der Spenden sammelnden Großorganisationen und eine Vielzahl von kleinen und mittelgroßen Organisationen. Im Jahr 2011 repräsentierten diese Organisationen Geldspenden in Höhe von insgesamt 1,4 Mrd. €.[3]

Der Deutsche Fundraising Verband ist ein 1993 gegründeter Fachverband haupt- und ehrenamtlicher Spendensammler, Spendenorganisationen, Dienstleister sowie Vertretern aus Wissenschaft und Forschung[4] und hat mehr als 1300 Mitglieder. Der Fachverband wertet die Spendeneinnahmen von 60 ausgewählten Organisationen aus. Die Auswertung beinhaltet die Einnahmen der Spenden sowie die Einnahmen aus Erbschaften und Geldauflagen (Bußgelder). Für die Spendenbilanz 2012 wurden die Fragebögen an alle Mitglieder des Verbandes versandt und auch Nichtmitgliedern zugänglich gemacht.

Gemeinsam mit dem Statistischen Bundesamt hat Prof. Michael Urselmann Ende 2013 die Spendendaten aus dem Jahr 2009 vorgestellt. Die Auswertung basiert auf den Daten der deutschen Finanzbehörden für das Steuerjahr 2009. Betrachtet werden die Spenden, die nach §§ 10 und 34g des Einkommensteuergesetz (EStG) geltend gemacht wurden. Die Spendendaten von Prof. Urselmann stellen die umfassende Auswertung für den deutschen Markt durch die Berücksichtigung aller steuerlich geltend gemachten Spenden dar.

---

[2] vgl. www.dzi.de.

[3] vgl. http://www.dzi.de/dzi-institut/verlag/spenden-almanach/.

[4] vgl. http://www.fundraisingverband.de/verband/ueber-uns/portrait.html.

4.1 Milliarden werden jedes Jahr in Deutschland gespendet

Durch die unterschiedlichen Ansätze der Datenauswertung ergeben sich hinsichtlich des jährlichen Spendenvolumens sehr unterschiedliche Zahlen auf Grundlage der unterschiedlichen Erhebungsmethoden und verschiedenen Aktualitäten. So stehen beispielsweise die Auswertung aus dem Statistischen Bundesamt erst seit 2013 verfügbar und ausgewertet worden, TNS Infratest betrachtet nicht ein Kalenderjahr sondern die 12 Monate vor dem Befragungszeitraum:

- Bilanz des Helfens, GfK: 4,7 Mrd. € (2013)
- Spendenmonitor, TNS Infratest: 2,9 Mrd. € (2011/2012)
- Prof. Urselmann, Statistisches Bundesamt: 6,14 Mrd. € (2009)

Die Zahlen des Statistischen Bundesamtes geben sicherlich den größten Aufschluss über das tatsächliche Spendenvolumen in Deutschland, auch wenn diese Informationen nicht so aktuell sind wie die Zahlen der Marktforscher. Diese Zeitverzögerung kommt zustande, weil die Zahlen aus der Lohn- und Einkommensteuerstatistik dem Statistischen Bundesamt mit einer Verzögerung von vier Jahren zur Verfügung gestellt werden.

Meiner Einschätzung nach sind jedoch nicht alle Spendenvorgänge in der Steuerauswertung enthalten. Nicht jede Spende in Deutschland wird steuerlich geltend gemacht, zahlreiche Spendenvorgänge werden daher nicht an einer zentralen Stelle dokumentiert. Das jährliche Spendenvolumen in Deutschland liegt also vermutlich über 6,14 Mrd. €.

Christian Gahrmann hat in seiner Dissertation „Strategisches Fundraising"[5] das Marktvolumen berechnet und dabei die Spenden, die Mitgliedsbeiträge, Erbschaften, Unternehmensspenden und Sponsoring hochgerechnet. Dabei stellt er ein Spendenvolumen in Höhe von 9,6 Mrd. € fest, eine doch beträchtliche Summe, die den spendensammelnden Organisationen zur Verfügung gestellt wird.

Schauen wir uns die Entwicklung der Spenden in Deutschland einmal näher an, dann stellen wir fest, dass sich kein Trend über die letzten Jahre ablesen lässt. In der „Bilanz des Helfen" der GfK CharityScope werden die Spendenzahlen über einen längeren Zeitraum abgebildet (vgl. Tab. 4.1).

Die hohen Ausschläge in den Ergebnissen wurden durch zusätzliche Katastrophenspenden realisiert. Im Jahr 2005 wütete ein Tsunami im Indischen Ozean, dem mehr als 231.000 Menschen in acht Ländern zum Opfer fielen. Im Folgejahr fielen die Spenden auf 3,852 Mrd. € und stiegen dann kontinuierlich wieder. Im Jahr 2010 wirkten sich eine Überschwemmungs-Katastrophe in Pakistan und ein Erdbeben in Haiti auf das Spendenvolumen aus, welches auf 4,525 Mrd. € (Vorjahr 4,204 Mrd. €) stieg. Die Katastrophen im Jahr 2011 in Japan mit dem stärksten bis heute gemessenen Erdbeben und einer unmittelbar folgenden Tsunami-Flutwelle, über 20.000 Toten und der Reaktorkatastrophe in Fukushima sowie der Hungerkatastrophe in Somalia hatten hingegen keine so starke Wirkung auf den deutschen Spender, der in diesem Jahr 4,252 Mrd. € spendete. Ein deutlicher

---

[5] Gahrmann (2011).

Tab. 4.1 Spendenvolumen in den Jahren 2005 bis 2013, basierend auf den Zahlen von GfK CharityScope

Jahr	Volumen (Mrd. Euro)	Spendenquote in Prozent	Spende je Spendenakt (Euro)	Spenden-häufigkeit pro Spender
2005	4,590	50,9	31,0	4,3
2006	3,852	42,6	27,0	5,0
2007	3,904	40,6	28,0	5,1
2008	4,054	40,1	28,0	5,4
2009	4,204	34,3	29,0	6,3
2010	4,525	36,1	29,0	6,3
2011	4,253	32,4	29,0	6,7
2012	4,160	33,2	29,0	6,5
2013	4,705	34,3	33,0	6,2

Anstieg erfolgte 2013 durch die Hochwasserflut in Deutschland und den Taifun Haiyan auf den Philippinen. Insgesamt wurden in diesem Jahr 4,705 Mrd. € gespendet.

Der Einfluss von Katastrophen auf das Spendenverhalten lässt sich an den Spendenzahlen sehr gut ablesen. Jedoch werden nicht alle tatsächlichen Katastrophen, die sich auf diesem Planeten ereignen, auf die Spendenstatisktik auswirken. Ein wichtiger Faktor für die Spendenrelevanz ist die mediale Präsenz von Katastrophen in der Öffentlichkeit. Je intensiver über eine Katastrophe in den Medien berichtet wird, desto größer ist die Spendenbereitschaft der Menschen. Dadurch lassen sich auch Menschen zur Spende motivieren, die normalerweise nicht spenden, was erklärt, dass sich die Spendenquote verändert. Mit der Spendenquote wird angegeben, wie viel Prozent der Bevölkerung spendet. Im Tsunami-Spendenjahr 2005 lag die Spendenquote bei 50,9 %, in den folgenden Jahren reduzierte sich der Anteil der Spender auf 34,3 % im Jahr 2009. Die Katastrophen im Jahr 2010 ließen die Spendenbereitschaft dann auf 36,1 % ansteigen. Laut TNS Infratest stellte die Spendenquote 2011 die niedrigste Spendenbereitschaft in Deutschland seit 1995 dar.

Die Durchschnittsspende war 2005 mit 31 € je Spendenakt höher als in den folgenden Jahren. Jedoch steigt dieser Betrag von Jahr zu Jahr und hat im Jahr 2013 mit 33 € den Durchschnittswert von 2005 übertroffen.

Die Anzahl der Spendenakte gibt an, wie oft ein Spender im Durchschnitt eines Jahres einen Betrag spendet. Dieser Wert ist von 2005 mit 4,3 Spendenakten bis zum Jahr 2011 mit 6,7 Spendenakten kontinuierlich gestiegen, ist aber in den Jahren 2012 und 2013 wieder rückläufig gewesen.

Einen weiteren interessanten Wert liefert TNS Infratest mit den durchschnittlichen Spenden im Jahr. In der Übersicht, die das Bielefelder Marktforschungsinstitut für die Jahre bis 2011 veröffentlicht hat, hat sich dieser Wert, wie Abb. 4.1 zeigt, wie folgt entwickelt:

Die steigende Durchschnittsspende und die Erhöhung der Spendenakte konnten glücklicherweise einen großen Anteil der wegfallenden Spender (siehe Spendenquote) kompensieren. Das heißt im Klartext:

> Immer weniger Geber in Deutschland geben häufiger und mehr.

4.2 Spender oder Nichtspender? – Nichtspender spenden nicht

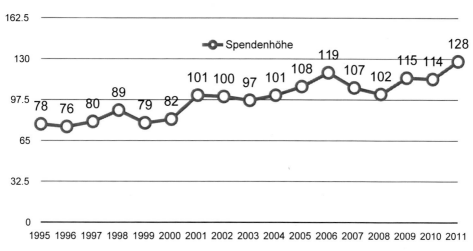

Abb. 4.1 Jährliche Durchschnittsspende lt. Infratest (Quelle: TNS Infratest)

4.2 Spender oder Nichtspender? – Nichtspender spenden nicht

Laut dem CharityScope spendete im Jahr 2013 ziemlich genau jeder 3. Bundesbürger. Die Nürnberger Marktforscher ermittelten eine Spendenquote von 33 % und liegen damit traditionell wie immer etwas unter den Ergebnissen der Bielefelder Kollegen, welche für diesen Zeitruam 47 % ermittelt haben. Im Umkehrschluss bedeutet dieser Wert, dass auf jeden Spender mehr als 3 Nichtspender kommen (Abb. 4.2).

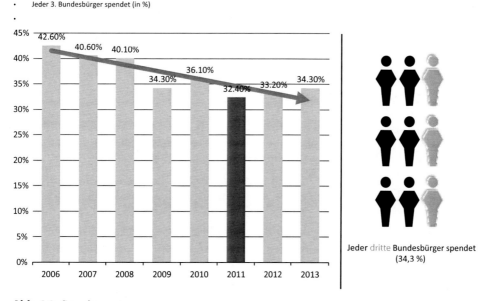

Abb. 4.2 Spendenquote

Dies ist ein Phänomen, das wir im Fundraisingalltag allerdings sehr häufig vergessen, denn als Fundraiser haben wir es bei unserem Spenderbestand mit dem einen Drittel der Bevölkerung zu tun, die als Spender die wichtige Arbeit der vielen Organisationen unterstützt – der Alltag ist also sehr stark geprägt vom „guten Drittel" der Bevölkerung. Doch ganz anders ist es bei der Akquise von neuen Spendern. Wenn wir auf der Suche nach neuen Unterstützern unterwegs sind, dann treffen wir mit einer hohen Wahrscheinlichkeit auf einen repräsentativen Querschnitt der Bevölkerung. Dieser Querschnitt wird uns also auf mehr „Nichtspender" stoßen lassen als auf Spender. In einer Gruppe von zehn Menschen befinden sich rein statistisch gesehen nur drei Spender. Das heißt, dass Sie bei der Neuakquise bei 7 Menschen ohnehin keine Chance haben. Die Herausforderung liegt darin, diese Menschen zu separieren und das Augenmerk auf die verbleibenden drei Spender zu legen.

Doch die Trennung der Nichtspender von den Spendern ist im Alltag recht mühselig. Die Nichtspender laufen nicht mit ihrer Ablehnung durch die Welt. Denn das Thema „Spenden" hat in unserer Gesellschaft einen hohen Stellenwert und wird als eine moralische Verpflichtung verstanden, der sich ein guter Bürger nicht entziehen darf – obwohl es zwei Drittel tatsächlich tun. Damit sich diese Menschen nicht als „weniger anständig" outen müssen, reagieren sie auf Spendenanfragen zurückhaltend und führen erst einmal Vorwände ins Feld.

Ein paar dieser Vorwände kennen Sie aus Ihrem Spendenalltag vermutlich nur zu gut:
„Ich spende nicht, da ich nicht weiß, ob das Geld auch tatsächlich ankommt."
„Eine Spende ist doch nur ein Tropfen auf den heißen Stein."
„Ich zahle regelmäßig meine Steuern, damit der Staat die Probleme löst."
„Man hört so viel Schlechtes über die Organisationen."
„Die Verwaltungskosten sind viel zu hoch."
„Ich spende lieber für das Ausland, da ist die Not viel größer als in Deutschland."
„In Deutschland gibt es auch viel Elend, daher soll mein Geld im Land bleiben."

Sicherlich können Sie diese Liste noch um viele Aussagen verlängern. Doch wir wissen, in der Regel handelt es sich bei solchen Äußerungen nicht um ernstgemeinte Einwände, sondern um vorgeschobene Vorwände und da der Anteil der Nichtspender deutlich höher ist, werden wir mit solchen Aussagen deutlich häufiger konfrontiert als mit den zufriedenen Bestätigungen der Spender.

Ich persönlich finde es immer wieder sehr erstaunlich, mit wie viel Energie sich die Spendenorganisationen und einige Fundraiser mit den Aussagen der Nichtspender beschäftigen. Es wird viel Zeit und Geld investiert, um sich argumentativ für diese Gruppe zu wappnen. Doch der Erfolg bleibt gering.

Stellen Sie sich einmal einen Automobilhersteller vor. Dieser Automobilhersteller möchte in Deutschland mehr Autos verkaufen und sucht sich eine neue Zielgruppe, die bisher noch keine Autos gekauft hat. Diese neue Zielgruppe besteht aus allen Menschen, die über 18 Jahre alt sind und keinen Führerschein besitzen. Die neue Käufergruppe wird umfangreich über ihre Anforderungen befragt, über die ein gutes Auto verfügen müsste. Die Ergebnisse dieser Befragung bilden dann die Grundlage für ein neues, zielgruppenoptimales Auto. Doch wahrscheinlich wird sich keins dieser Autos verkaufen – denn die Zielgruppe besitzt keinen Führerschein.

Meine Empfehlung lautet daher: „Konzentrieren Sie sich auf die Spender."

Suchen Sie nach den Argumenten, die den Spender zum Spenden motivieren, so wie die Automobilhersteller die Autofahrer befragen. Mit diesen Argumenten werden Sie sich an die Akquise von neuen Gebern machen und sich dabei auf das Drittel der Menschen konzentrieren, die auch bereit sind zu spenden.

4.3 Ältere Menschen geben mehr – Spendertypologien

Wenn Sie die Auswertungen über das Spendenwesen betrachten, werden Sie feststellen, dass die Menschen mit zunehmendem Alter bereit sind, mehr zu spenden. Bei den Menschen, die älter als 65 Jahre sind, lag die Spendenquote laut TNS Infratest im Jahr 2011 bei 53 %. Die Gruppe der 50- bis 64-Jährigen lag bei 37 %, die der 30- bis 49-Jährigen bei 30 % und der 14- bis 29-Jährigen bei 19 %. Für das Jahr 2013 hat die GfK ähnliche Werte ermittelt. Die Altersgruppe 60+ hat 59 % der Spenden realisiert, die Gruppe der 40- bis 59-Jährigen 32 % und die bis 39-jährigen Spender 9 %.

Diese Erkenntnis lässt sich relativ einfach nachvollziehen. Die Menschen haben mit zunehmendem Alter ein stetig steigendes Einkommen, welches die Kaufkraft und damit auch das verfügbare Spendenvolumen steigen lässt. Auf der anderen Seite sind die Menschen im höheren Alter aus dem Gröbsten heraus. Die Kinder sind aus dem Haus und verdienen ihren eigenen Lebensunterhalt. Das gekaufte Haus ist abbezahlt, das Auto muss nicht mehr so groß sein und die meisten Investitionen sind bereits getätigt. Die dadurch gesunkenen Kosten stehen als Kaufkraft zusätzlich zur Verfügung. Ein dritter Faktor ist das hohe Erbschaftsvolumen, das in Deutschland ausgeschüttet wird. Mehr als 200 Mrd. € werden derzeit Jahr für Jahr auf die Erben übertragen. Das durchschnittliche Alter der Erben liegt bei 55 Jahren. Ein weiterer Grund, warum die Gruppe der Menschen ab 50 Jahre über ein hohes Spendenvolumen verfügt.

Jüngere Menschen hingegen haben es deutlich schwerer. Sie verdienen zu Anfang der beruflichen Karriere weniger als am Ende der Lebensarbeitszeit. Auch sind die Kosten durch den Aufbau der privaten Existenz deutlich höher. Die Gründung einer Familie, die Betreuung der Kinder und die Finanzierung ihrer Ausbildung binden hohe Teile des verfügbaren Einkommens. Kommt noch die Investition in eine Immobilie hinzu, werden hier zusätzliche Mittel bis zur Zahlung der letzten Hypothek gebunden.

Doch nicht nur die Spendenbereitschaft und das Spendenvolumen steigt mit dem Alter. Je älter die Menschen werden, desto treuer stehen sie auch zu ihren Spendenorganisationen. Die Gruppe der Menschen ab 60 Jahre machte im Jahr 2013 laut der GfK 53 % der treuen Spender aus, während die Gruppe der Neuspender in der Altersklasse von 40 Jahren bis 59 Jahren mit 38 % am stärksten vertreten war.

Wenn wir die Spender nicht nur nach dem Alter einteilen, sondern auch nach den Generationen zusammenfassen, dann werden in der Soziologie folgende Jahrgänge zusammengefasst:

- 1933 bis 1945, die sogenannten „Matures"
- 1946 bis 1964, die sogenannten „Boomers"
- 1965 bis 1976, die Generation X
- 1977 bis 1998, die Generation Y
- ab 1999, die Generation Z.

Ich selbst habe in meiner Zielgruppenbetrachtung der relevanten Spendergenerationen eigene Gruppen gebildet, die sich besser auf den deutschen Spendenmarkt übertragen lassen. In meiner Marketingpraxis hat es mir immer sehr geholfen, für jede Zielgruppe ein plakatives Bild zu haben. Diese Einteilung umfasst alle Spendergruppen, die zurzeit für das Fundraising interessant sind:

- *Generation „Trümmerfrauen"*
 In dieser Gruppe sind alle Spender zusammengefasst, die vor 1940 geboren sind. Die Bezeichnung der Trümmerfrauen habe ich aus Respekt für diese Generation gewählt, die unter dem Krieg gelitten und im Wiederaufbau eine enorme Leistung gezeigt hat.
- *Generation „Achtundsechziger"*
 Hier sind die Menschen eingeordnet, die sich in den späten 60er-Jahren in einer prägenden Phase befanden, also zwischen 1940 und 1950 geboren sind. Die späten 60er-Jahre gelten als ein zeitlicher Wendepunkt in der Deutschen Gesellschaft. Das Wirtschaftswunder nach dem 2. Weltkrieg stockte und es konnten immer mehr Menschen an Bildung teilhaben. Die 68er-Bewegung hat sich gegen die starren Strukturen des Nachkriegsdeutschlands, gegen den Vietnamkrieg, die rigide Sexualmoral und die Nichtaufarbeitung des Nationalsozialismus gerichtet. Diese Zeit hat diese und die nachfolgenden Generationen in Deutschland stark beeinflusst.
- *Generation X*
 Diese Generation umfasst die Menschen, die in den 60er-Jahren geboren sind und in den 70er- und 80er-Jahren in das Berufsleben eingestiegen sind. Diese Generation ist die erste Generation, die ohne Krieg in Deutschland aufgewachsen ist, anders als die Generation davor jedoch nach dem Ende des Wirtschaftswunders. Die ökonomische Sicherung der 60er-Jahre war dahin. Diese Generation hatte mit den ökonomischen und ökologischen Bedingungen der vorherigen Generationen zu kämpfen.
- *Generation Golf*
 Diese Generation umfasst die Menschen, die in den 80er Jahren in der Bundesrepublik Deutschland aufgewachsen sind. Der Titel entstammt einem Buch von Florian Illies, in dem die typischen Merkmale dieser Generation skizziert wurden. „Im Gegensatz zur Generation X möchte die Generation Golf nicht mit den ökologischen Folgen des Wirtschaftsbooms kämpfen, sondern den Wohlstand, den ihre Elterngeneration erarbeitet hat, lediglich genießen."[6]

---

[6] vgl. http://de.wikipedia.org/wiki/Generation_Golf.

- *Generation Facebook*
  Diese Generation, auch Generation Y genannt, ist in den 80er und 90er Jahren geboren. „Sie zeichnet sich durch eine technologieaffine Lebensweise aus, da es sich um die erste Generation handelt, die größtenteils in einem Umfeld von Internet und mobiler Kommunikation aufgewachsen ist. Sie arbeitet lieber in virtuellen Teams als in tiefen Hierarchien. Anstelle von Status und Prestige rücken die Freude an der Arbeit sowie die Sinnsuche ins Zentrum. Mehr Freiräume, die Möglichkeit zur Selbstverwirklichung, sowie mehr Zeit für Familie und Freizeit sind zentrale Forderungen der Generation Y: Sie will nicht mehr dem Beruf alles unterordnen, sondern fordert eine Balance zwischen Beruf und Freizeit. Nicht erst nach der Arbeit beginnt für die Generation Y der Spaß, sondern sie möchte schon während der Arbeit glücklich sein – durch einen Job, der ihnen einen Sinn bietet. Sie verkörpert einen Wertewandel, der auf gesellschaftlicher Ebene bereits stattfindet, den die jungen Beschäftigten nun aber auch in die Berufswelt tragen."[7]

Ich bin davon überzeugt, dass sich ein effektives Fundraising nur umsetzen lässt, wenn sich die Spendengeneration entsprechend ihrer soziologischen Merkmale ansprechen lässt. Bei der genauen Betrachtung der einzelnen Gruppen lassen sich deren Spendenvorlieben sehr gut ableiten. Mein Tipp dazu: Betrachten Sie einmal die prägenden Phasen der einzelnen Generationen, dann haben Sie auch einen Blick darauf, wie diese Gruppen „ticken".

Eine weitere spannende Betrachtungsweise ist der Blick auf die soziodemografischen und sozioökonomischen Merkmale. Das Verhältnis zwischen dem wirtschaftlichen Einkommen und dem Spendenvolumen habe ich bereits weiter oben erwähnt. Doch darüber hinaus wirken sich auch das Bildungsniveau und der Wohnort auf die Spendenfreudigkeit aus. Je höher das Bildungsniveau ist, desto höher ist auch das Einkommen. In unserem Land gibt es zwischen diesen Faktoren einen sehr hohen Zusammenhang, der deutlich macht, dass Menschen, die von höherer Bildung ausgeschlossen werden, auch von einem höheren Einkommen ausgeschlossen werden. Mit der Größe des Wohnorts wächst auch die Spendenfreude. In kleinen, ländlichen Gemeinden ist die Spendenfreude geringer als in großen Städten. Zu den soziodemografischen Merkmalen gehören neben dem ebenfalls schon erwähnten Alter, die Anzahl der Haushaltsmitglieder, das Geschlecht, die Religion sowie die Vorbildfunktion der Eltern. Mit der Größe des Haushalts steigt ganz offensichtlich auch die Spendenfreude und Frauen sind aktiver als Männer, ebenso die Menschen, die einer Religionsgemeinschaft angehören. Ein „Spender-Gen" scheint auch erblich zu sein, denn wenn die eigenen Eltern spenden, steigt auch die eigene Freude am Geben.[8]

---

[7] vgl. http://de.wikipedia.org/wiki/Generation_Y.
[8] vgl. Gahrmann (2011).

4.4 Spendenmotive – Warum Menschen spenden

Das menschliche Handeln ist motivationsgetrieben. Es gibt für jedes Tun, Dulden oder Unterlassen ein Motiv. Der Soziologe, Jurist und Nationalökonom Max Weber hat diese Motive in vier Kategorien unterteilt.[9]

- *Zweckrationale Motive*
  Hierbei handelt es sich um das Abwägen hinsichtlich des Zwecks, der Ziele, den Mitteln und den Folgen. Die sorgfältige Abwägung dient dazu, sich für die bestmögliche Lösung zu entscheiden.
- *Wertrationale Motive*
  Ein bewusster Glaube an ethische, ästhetische, religiöse oder andere Werte bestimmt das Handeln. Hier steht das Handeln aus eigener Überzeugung im Zentrum.
- *Affektuelle Motive*
  Dieses Handeln wird durch eine momentane Gefühlslage und Emotionen ausgelöst. Sie wird nicht bewusst oder sinnhaft beeinflusst, sondern ist die unmittelbare Reaktion auf einen außenalltäglichen Reiz.
- *Traditionelle Motive*
  Gewohnheiten entscheiden hier über ein Handeln. Dabei wird die Sinnhaftigkeit des Handelns nicht berücksichtigt, sondern an Regeln festgehalten.

All diese Motive finden sich auch im Spendenakt wieder. Wir finden sehr viele wertorientierte Motive, was sich unter anderem in der Spendenfreudigkeit von religiösen Menschen zeigt. Auch kann ein zweckrationales Handeln stattfinden, wenn sich Spender aus einer klaren Abwägung für ein bestimmtes Projekt entscheiden. Wir erleben beispielsweise Unternehmen, die für Organisationen spenden, die sich regional für Bildung einsetzen. Das Unternehmen hat aus diesem Engagement heraus die Möglichkeit, Mitarbeiternachwuchs zu rekrutieren, der sonst nicht zur Verfügung stände. Das affektuelle Handeln erleben wir bei Spendern, die sich emotional sehr stark mit einem Projekt verbinden. Gerade im Gespräch mit Großspendern erleben wir sehr häufig eine affektuelle Spendenfreudigkeit. Die traditionellen Motive entstehen entweder aus dem Vorbild der Eltern, können aber auch durch ein regionales Verständnis geprägt sein. In Hamburg und Bremen beispielsweise gehört das gesellschaftliche Engagement seit Jahrhunderten zum bürgerschaftlichen Selbstverständnis.

Christian Gahrmann hat in seinem Buch „Strategisches Fundraising" die Spendenmotive in die Kategorien „altruistisch" und „egoistisch" unterteilt (vgl. Tab. 4.2).

Es gibt also eine Vielzahl von Möglichkeiten, warum ein Spender gemeinnützige Projekte unterstützt. Diese Gründe im Einzelnen herauszubekommen und in der Spendenansprache zu bedienen ist die Aufgabe eines Fundraisers. Der Großspenderfundraiser hat hier einen enormen Vorteil gegenüber den Kollegen, die den Normalspender ansprechen. Letzterer muss eine große Menge ansprechen und wird dabei Gruppen (wie im Beispiel

---

[9] vgl. http://de.wikipedia.org/wiki/Soziales_Handeln.

Tab. 4.2 Spendenmotive nach Gahrmann

Altruistische Motive	Egoistische Motive
Anderen Menschen helfen	Glücksgefühl
Gesellschaftliche Änderungen bewirken	Zugehörigkeitsgefühl
Gestaltung bzw. Mitgestaltung der Umwelt	Steigerung des Selbstwertgefühls
Dankbarkeit	Abbau von Schuldgefühlen
Persönliche Sympathie	Erfüllung religiöser Pflichten
Christliche Nächstenliebe	Prestigegewinn
Verbesserung der Weltgerechtigkeit	Erfüllung sozialer Normen
	Sinngebung
	Spende als „Versicherungsprämie" bei möglicher eigener Betroffenheit in der Zukunft
	Materielle Anreize wie z. B. Steuerersparnis oder Gewinnchancen
	Gewinnung von Kontakten
	Eigene Nutzungsmöglichkeiten wie z. B. Kindergarten, Krankenhaus oder Konzerthaus
	Fortführung einer Spendentradition
	Einflussnahme

der aufgeführten Generationen) zusammenfassen und so ansprechen, dass die vermuteten Motive ausgelöst werden. Der Großspender hingegen kann von seinem Fundraiser direkt auf seine Motive angesprochen werden.

Fundraiser: „Herr Geber, warum spenden Sie persönlich?"

Fundraiser: „Herr Geber, was sind aus Ihrer Sicht die Hauptgründe, warum die Menschen spenden?"

Die Antworten auf diese Fragen werden dem aufmerksamen Fundraiser eine Vielzahl von individuellen Motiven aufzeigen, die sein Gegenüber zum Spenden motivieren. Einfacher kann die „Marktforschung" gar nicht sein.

Menschen berühren die Menschen am stärksten

Die Menschen lassen sich für verschiedene Themen begeistern und spenden für Obdachlose und Kunstausstellungen, für seltene Obstbäume und Kirchenglocken, für Krankenhäuser und Brunnen, für einen Schulbau und für Nutztiere, für Lebensmittel und Toiletten, für Missionare und Sportgeräte, für streunende Hunde und für Forschung und vieles mehr. Die Mittelverwendung der Spenden spielt für viele der Geber eine große Rolle.

Im Spendenmarkt wird auch ausgewertet, für welche Projekte die Menschen ihr Geld spenden. Bei der Auswertung der Spendenanlässe wird vielleicht das eine oder andere Vorurteil aus dem Weg geräumt. Ein beliebtes Vorurteil, das ich in meiner Fundraisingpraxis oft höre, lautet: „Die Menschen spenden lieber für Tiere als für Kinder."

Das möchte ich mit folgenden Daten gern widerlegen. An erster Stelle der Spendenzwecke steht in Deutschland die humanitäre Hilfe, die laut dem CharityScope von der GfK mit 79 % weit vor den anderen Zwecken liegt Vgl. Abb. 4.3).

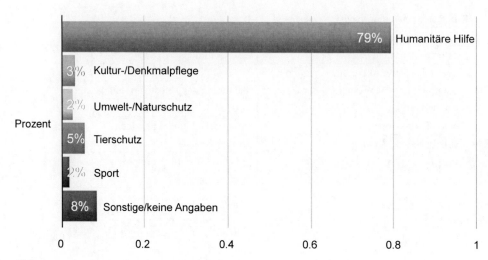

Abb. 4.3 Spendenzwecke nach GfK. (Quelle: GfK Charity Scope 2013)

Tab. 4.3 Spendenzwecke in Deutschland im Zeitverlauf. (Quelle: Deutscher Spendenmonitor 2011)

	2007	2008	2009	2010	2011	
Sofort-, Nothilfe	25	22	22	33	31	in %
Kinder-, Jugendhilfe	25	27	26	24	27	in %
Behindertenhilfe	35	29	29	23	25	in %
Kirche	22	20	24	20	23	in %
Tierschutz	18	14	14	14	18	in %
Wohlfahrt, Soziales	19	21	19	16	16	in %
Entwicklungshilfe	19	18	22	24	16	in %
Umweltschutz	11	9	11	9	12	in %
Bildung	3	4	4	3	2	in %
Politik	3	2	2	2	2	in %
Kunst	3	2	1	1	1	in %

Tabelle 4.3 zeigt die vom statistischen Bundesamt ermittelte Verteilung für das Jahr 2011 und bezieht sich dabei als Quelle auf TNS Infratest.[10]

Es ist ein gutes Zeichen der humanitären Gesellschaft, dass wir uns so stark für die Verbesserung der Lebenssituation von anderen Menschen einsetzen. Ich bin sicher, dass sich dieser Schwerpunkt so auch in der Zukunft fortsetzt, sich aber innerhalb der Themen verschiebt. In den letzten Jahren beispielsweise erleben wir eine rückläufige Entwicklung beim Thema „Kirche", während sich gerade in der Zukunft Themen wie „Inklusion" als Spendenziel stärker entwickeln werden.

---

[10] vgl. http://de.statista.com/statistik/daten/studie/2684/umfrage/spendenzwecke-in-deutschland-im-zeitverlauf/.

4.5 Fundrainsing-Instrumente – Den Spender ansprechen

Die Menschen spenden immer dann, wenn sie auch angesprochen werden. Die verschiedenen Instrumente im Fundraising richten sich danach, wie die jeweiligen Spendergruppen effektiv erreicht werden können, so dass der Aufwand – also die Kosten – und der Spendenertrag in einem optimalen Verhältnis zueinander stehen. Die einzelnen Instrumente haben sich in der Vergangenheit sowohl in ihrer Zusammensetzung als auch im praktischen Einsatz sehr verändert.

In der „Bilanz des Helfens" werden die wichtigsten Spendenanstöße aufgelistet. Während vor einigen Jahren der Spendenbrief den wichtigsten Impuls für einen Spender darstellte, hat sich das in den letzten Jahren laut CharityScope verändert. Der Anteil der Spenden, die durch einen persönlich adressierten Brief ausgelöst wurden, hat sich nach Angaben der Spender auf 24,5 % reduziert. Den größten Anteil stellt mittlerweile die Gruppe dar, die angibt, keinen direkten Anstoß benötigt zu haben bzw. regelmäßiger Spender (Dauerspender) oder Mitglied einer Organisation zu sein (Abb. 4.4).

Aus meiner Sicht ist die Gruppe „kein direkter Anstoß" besonders spannend, da es sich hier um eine Selbsteinschätzung der Spender handelt. Wenn wir einmal die Pers-

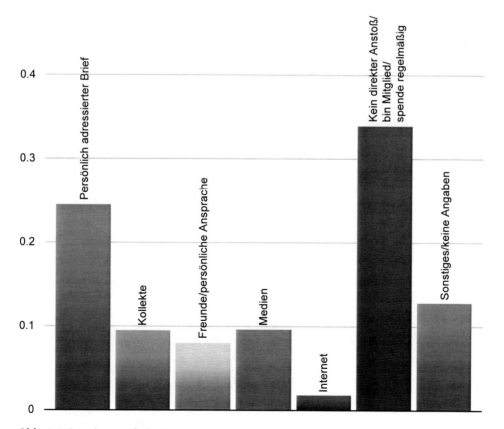

Abb. 4.4 Spendenanstöße lt. Bilanz des Helfens 2013

pektive vom Spender zur Organisation wechseln, dann erleben wir diesen Effekt bei den Dauerspendern sehr deutlich. Diese Gruppe spendet regelmäßig, die Beträge werden über einen Dauerauftrag oder einen Lastschrifteinzug zur Verfügung gestellt. Doch ohne eine regelmäßige Ansprache erhöhen sich die Kündigungen. Daher informieren die meisten Spendenorganisationen diese Dauerspender regelmäßig über persönlich adressierte Anschreiben. Den gleichen Effekt stellen wir auch bei Mitgliedern fest. Ein Mitglied zahlt seinen Mitgliedsbeitrag und ist darüber hinaus auch bereit, für seine Organisation zu spenden. Hierzu braucht das Mitglied jedoch auch eine Spendeneinladung, die in den meisten Fällen wieder über ein Anschreiben ausgesprochen wird. Es wäre also fatal, bei dieser Gruppe auf das Spendenmailing zu verzichten.

Lassen Sie uns noch auf eine weitere spannende Auswertung des CharityScope kommen: die Art und Weise, wie das Geld vom Spender auf die Konten der Spendenorganisationen kommt. In der „Bilanz des Helfens" für das Jahr 2013 werden die Zahlungsarten nach ihren Anteil gewichtet. Dabei hat der Überweisungsträger als praktisches Instrument immer noch einen Anteil von 35,1 %. Doch die Online-Überweisungen legen deutlich zu und liegt bereits bei 19,1 % (vgl. Abb. 4.5).

Doch auch langfristig wird der Zahlungsträger nicht außer Dienst gestellt werden. Der Überweisungsträger erfüllt in seiner ursprünglichen Version den praktischen Zweck eines Formulars, in dem der Überweisende seiner Bank mitteilt, welcher Betrag von welchen Konto an welchen Empfänger, an welche Bank und auf welches Konto zu überweisen ist. Dieses Formular für den bargeldlosen Zahlungsverkehr ist seit Generationen ein treuer

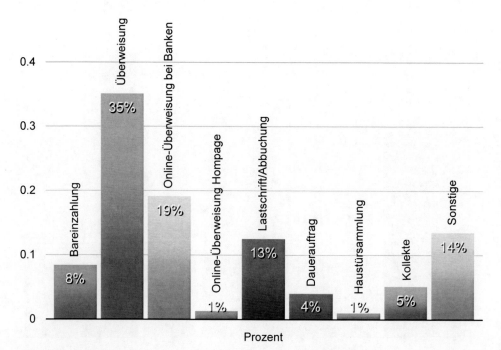

Abb. 4.5 Zahlungswege für Spenden. (Quelle:Bilanz des Helfens 2013)

Begleiter des privaten und geschäftlichen Alltages. Überall, wo dieses Formular beiliegt, registrieren wir sofort, dass ein Betrag überwiesen werden soll. Bei den Bestellungen auf Rechnung liegt der Zahlschein genauso bei wie beim klassischen Spendenmailing. Dieses Symbol für den Zahlungsverkehr wird uns also noch einige Zeit begleiten. Und wenn er am Ende nur noch ein visuelles Symbol für die Spende ist, so wird er doch immer dort eingesetzt werden, wo der Spender noch Papier in der Hand hält.

4.6 Einteilung von Spendern nach der ABC-Analyse

In den meisten Organisationen gibt es bereits eine gewisse Anzahl von Spendern, die regelmäßig oder unregelmäßig die Arbeit unterstützen. Mit einer steigendenden Zahl von Spendern wird es jedoch immer schwieriger, jede einzelne Person individuell zu behandeln. Daher werden die Spender in Gruppen eingeteilt, wenn sich ähnliches Spendenverhalten feststellen lässt oder sich aufgrund von weiteren vorhandenen Informationen, wie beispielsweise der Adresse oder der Bankverbindung, Gemeinsamkeiten zeigen. In Anlehnung an die RFM-Analyse können sich die Geber nach folgenden Aspekten einteilen lassen:

Recency = Zeitpunkt der letzten Spende
Frequency = Häufigkeit der Spenden
Monetary Value = jährliches Spendenvolumen des Gebers

So unterteilen Organisationen die Spender nach dem Zeitpunkt der letzten Spende in aktive und passive Spender. Dabei gelten aktive Spender als solche Akteure, die innerhalb der letzten 12 Monate gespendet haben. Das Spendenvolumen wiederum lässt eine Einteilung in Gruppen wie Kleinspender, Normalspender und Großspender zu.

Doch auch Informationen aus der Adresse und der Bankverbindung lassen sinnvolle Gruppenbildungen zu. Eine Bankverbindung, von der die Spende auf das Konto der Organisation überwiesen wurde, kann Rückschlüsse auf die wirtschaftlichen Verhältnisse des Gebers ermöglichen. Wenn sich das Konto bei einer Privatbank befindet, dann wird der Spender deren Private Banking nutzen, was nur vermögenden Privatkunden zur Verfügung gestellt wird; Bankhäuser, die sich auf das Wealth Management spezialisiert haben, betreuen hochvermögende Privatkunden.

Die Wohnadresse des Gebers kann ebenfalls für sinnvolle Gruppenbildungen genutzt werden. So werden zum Beispiel für eine Veranstaltung die Spender aus der Umgebung des Veranstaltungsortes eingeladen. Zudem lässt die Wohnanschrift auch einen Eindruck über die wirtschaftlichen Verhältnisse des Spenders zu. Die Menschen leben in der Regel in Nachbarschaften, die ähnliche Lebenssituationen widerspiegeln. So wohnen beispielsweise in Einzelhäusern einer Großstadt Menschen mit einem anderen Bildungs- und Einkommensprofil als Menschen in einem Mehrfamilienhaus auf dem Lande.

Damit eine Organisation sinnvolle Spendergruppen bilden kann, ist es hilfreich, Informationen der Spender zu sammeln. Informationen wie Spendenhöhe, Zeitpunkt der Spende und Adresse des Gebers sind in dem meisten Fällen vorhanden, da sich sonst keine Zuwendungsbescheinigung ausstellen lässt. Doch schon bei der sonntäglichen Kollekte in der Kirche oder einer Spende in eine Spendenbox sind diese Informationen nicht mehr verfügbar. Daher sind Fundraiser immer bemüht, die wichtigsten Informationen der Geber auch in solchen Situationen zu sammeln. Dazu gehört u. a. die Möglichkeit in vielen Kirchen, die Kollekte in einen Briefumschlag zu stecken, auf dem die Anschrift des Gebers vermerkt werden kann. Solche Umschläge werden mittlerweile auch für Spendenaufrufe bei Veranstaltungen angeboten und in einer Spendenbox gesammelt.

Zur Verwaltung der Spendendaten ist es für viele Organisationen sinnvoll, eine entsprechende Software anzuschaffen. Einen Überblick über die Fundraising-Software-Landschaft hat der IT-Ausschuss des Deutschen Fundraising Verband erstellt.[11]

Ziel der Gruppenbildung ist es, die Kommunikation mit den Spendern zu verbessern, sie enger an die Spendenorganisation zu binden, mit ihnen regelmäßig im Dialog zu stehen und dadurch die Spendeneinnahmen dauerhaft zu steigern.

Neben der RFM-Analyse wird auch eine ABC-Analyse in Organisationen durchgeführt. In der klassischen Wirtschaft werden dabei die Kunden nach Umsatz und/oder Deckungsbeiträgen eingeteilt. Während die Umsatzbetrachtung ausschließlich auf die Einnahmenreihe blickt, betrachtet der Deckungsbeitrag darüber hinaus auch die Kosten. Die Unternehmen bilden diese Aufrechnung von Erlösen und Kosten in einer Kundendeckungsbeitragsrechnung ab.

Die ABC-Analyse geht vom Pareto-Prinzip des französischen Ingenieurs, Ökonomen und Soziologen Vilfredo Federico Pareto aus, der die 80-zu-20-Regel als statistisches Phänomen beschreibt. Diese Regel in der ABC-Analyse sagt aus, dass die 20 % der besten Kunden 80 % des Umsatzes liefern. Standardgemäß sind daher die 20 % der besten Kunden die A-Kunden und die zwanzig Prozent der schlechtesten Kunden die C-Kunden. Den Mittelbau der verbleibenden 60 % bilden die B-Kunden eines Unternehmens.

In der Übersetzung ins Fundraising wird die ABC-Analyse auf die klassischen Spendergruppen entsprechend der zur Verfügung gestellten Spendensummen in Form der nachfolgenden drei Kategorien angewandt:

- Großspender als A-Kunden
- Normalspender als B-Kunden
- Kleinspender als C-Kunden

Die Zuordnung von Spendern ist von Organisation zu Organisation sehr unterschiedlich. Das hängt unter anderem von dem Spendenvolumen ab, das eine Organisation zur Verfügung gestellt bekommt, aber auch von den Förderzwecken. Eine Organisation, die im Jahr 20.000 € an Spenden sammelt, wird daher eine andere Definition für eine Großspende habe als eine kulturelle Einrichtung mit hohem nationalen und internationalen Renommee. Daher gibt es zahlreiche Organisationen, bei denen Großspenden ab 500 € Spendenvolumen anfangen, andere Organisationen definieren die Großspende ab 50.000 € oder sogar erst ab 5 Mio. € Spendenvolumen.

---

[11] vgl. www.fundraisingverband.de/service/software-guide/software-katalog.html.

Wenn die Auswertungen der Marktforscher zugrunde gelegt werden, dann spendet der durchschnittliche Spender je Spendenakt 33 € und überweist laut dem CharityScope der GFK im Jahr 2013 diesen Betrag 6,2-mal pro Jahr. Das macht ein jährliches Spendenvolumen pro Spender in Höhe von 204,60 €. TNS Infratest hat für das Jahr 2011 eine Pro-Kopf-Spende von jährlich 128 € ermittelt.

Für eine beispielhafte Spendenorganisation könnte die Einteilung nach Spendenhöhe folgendes Bild ergeben (Tab. 4.4):

Tab. 4.4 Einteilung von Spendern nach Spendenhöhe

Einteilung	Organisation 1 (€)	Organisation 2 (€)
Großspender	Ab 1000	Ab 10.000
Normalspender	100 bis 1000	500 bis 10.000
Kleinspender	Bis 100	Bis 500

In den Einteilungen sehen Sie in den einzelnen Gruppen recht hohe Bandbreiten. Ein Spender, der der Organisation bisher 99 € gegeben hat, wird noch als Kleinspender betrachtet, der Spender mit 100 € bereits als Normalspender. Daher ist es sinnvoll, diese Einteilung weiter zu verfeinern (Tab. 4.5):

Tab. 4.5 Einteilung von Spendern nach Spendenpotenzialen

Einteilung	Organisation 1 (€)	Organisation 2 (€)
Top-Spender	Ab 10.000	Ab 100.000
potenzieller Top-Spender	5000 bis 9999	50.000 bis 100.000
Großspender	1000 bis 5000	10.000 bis 50.000
potenzieller Großspender	500 bis 999	5000 bis 9999
Normalspender	100 bis 500	500 bis 5000
potenzieller Normalspender	50 bis 99	300 bis 500
Kleinspender	Bis 50	Bis 300

Diese sieben Einteilungen berücksichtigen auch das Wachstumspotenzial eines Gebers. Bei der Organisation 1 werden die Normalspender aufgeteilt in die beiden Gruppen „Normalspender" und „potenzieller Großspender". Die Annahme, die hinter dieser Aufteilung liegt, besteht darin, dass eine Person, die mehr als 500 € gegeben hat, das Potenzial für einen Großspender mit 1000 € und mehr an Spenden hat.

„Behandle eine Neukunden wie einen Stammkunden, dann wird er sich auch wie ein Stammkunde verhalten und regelmäßig kaufen." – Diese Erkenntnis aus dem klassischen Vertrieb lässt sich auch in das Fundraising übertragen: „Behandle einen potenziellen Großspender wie einen Großspender und er wird auch wie ein Großspender spenden."

In der praktischen Umsetzung erhalten die potenziellen Großspender die gleichen Anschreiben wie die Großspender und werden mit höheren Spendenbeispielen motiviert als die Normalspender. Die Analyse der Spendendaten gibt dem Fundraiser einen Überblick, wie viele Spender das Potenzial zu einem Großspender haben, obwohl sich diese Geber durch ihre Spende bisher noch nicht in diesem Segment positioniert haben.

Jedoch gehören nicht nur die Spender in die potenzielle Großspendergruppe, die wie in Organisation 1 bisher zwischen 500 und 999 € gespendet haben. Auch die Normal- oder sogar Kleinspender, die auf Grund ihrer wirtschaftlichen Situation (beispielsweise durch die Bankverbindung oder Wohnadresse lokalisiert) Großspenden leisten könnten, gehören in die Gruppe der potenziellen Großspender.

Wenn Sie als verantwortlicher Fundraiser für die Großspender die vorhandenen Spender auf ihr Upgrading-Potenzial hin analysieren, sollten also neben der bisherigen Spendenhöhe auch die wirtschaftlichen Möglichkeiten der Spender berücksichtigt werden. Für regional agierende Organisationen mit einem überschaubaren Spenderbestand ist diese Zuordnung einfacher, da sich die „stadtbekannten" Vermögenden aufgrund des Namens identifizieren lassen. Die national agierenden Organisationen mit einem großen Spenderbestand müssen diese Auswertung über die Spendendaten in der Spendersoftware umsetzen. Solche Auswertungen lassen sich darüber hinaus auch für die Merkmale Erbschaftsfundraising, also die Gewinnung von Vermächtnissen und Legaten aus dem Spenderbestand, und Zustiftung in das Stiftungsvermögen bilden.

4.7 Was Großspender ausmacht

Weiter oben wurde bereits auf die Auswertung der Informationen des Statistischen Bundesamtes von Prof. Michael Urselmann hingewiesen, der für das Steuerjahr 2009 ein neues Rekordergebnis mit 6,14 Mrd. € Spendenvolumen ermittelt hat. Dieses Wachstum liegt deutlich über dem Wachstum des Bruttosozialproduktes im gleichen Zeitraum. In seinem Beitrag für das „Fundraiser-Magazin" erläutert Prof. Urselmann die Faktoren für diesen Zuwachs.

> Eine erste wichtige Erklärung liegt darin, dass immer mehr Wohlhabende immer größere Beträge spenden. Aus der Lohn- und Einkommensteuerstatistik ergibt sich, dass die kleine Gruppe der Steuerpflichtigen mit einem Gesamtbetrag der Einkünfte von 100.000 € und mehr (dies sind 2008 die obersten 5 % aller Steuerpflichtigen) ihre steuerlich geltend gemachten Spenden von 1,14 Mrd. € im Jahr 2001 auf 2,37 Mrd. € im Jahr 2008 mehr als verdoppelt haben.[12]

> Die 5 % der Reichsten geben 44 % der Spenden.

Dieser Zuwachs hat, so Prof. Urselmann, zwei Gründe. Zum einen wächst die Zahl der Steuerpflichtigen, deren Einkünfte 100.000 € oder mehr betragen und die ihre Spende steuerlich geltend machen von 598.651 Spendern im Jahr 2002 auf 924.747 Spender im Jahr 2009. Diese Zunahme der Spendenfreudigkeit lässt sich auf eine Verbesserung in der Ansprache dieser Zielgruppe zurückführen. „Die Gründe für das starke Wachstum der

---

[12] http://fundraiser-magazin.de/index.php/szene-news-archiv/deutscher-spendenmarkt-waechst-auf-rekordergebnis-699.html.

4.7 Was Großspender ausmacht

Spenden von Wohlhabenden liegen zum einen darin, dass in den letzten Jahren im Rahmen des sich professionalisierenden Großspender-Fundraisings systematischer um höhere Spenden gebeten wurde", so Prof. Urselmann in dem Beitrag. „Zum anderen hat ab 2007 auch die stärkere steuerliche Förderung im Rahmen des Gesetzes zur weiteren Stärkung des bürgerschaftlichen Engagements einen großen Beitrag beigesteuert. Fasst man in der Lohn- und Einkommensteuerstatistik die beiden Positionen ‚Spenden an Stiftungsneugründungen' und ‚Vortrag für Spenden an Stiftungsneugründungen' zusammen, so belaufen sich die steuerlich geltend gemachten Spenden im Jahr 2001 noch auf insgesamt 83 Mio. €. Im Jahr 2008 hat sich dieser Betrag auf 367 Mio. € mehr als vervierfacht."

Zur Professionalisierung hat sicherlich auch Dr. Marita Haibach beigetragen. Im September 2010 hat sie eine Studie mit dem Titel „Großspenden in Deutschland: Wege zu mehr Philanthropie" veröffentlicht, in der das Potenzial für Großspender in Deutschland untersucht wurde. Dabei stellt die Buchautorin und Expertin für Großspender-Fundraising fest, dass in Deutschland trotz Finanz- und Wirtschaftskrise eine beachtliche Zahl an Vermögenden und Privatvermögenden leben.

Die Frankfurter Allgemeine Zeitung (FAZ) gab am 3. Juni 2014 einen Einblick in die deutsche Vermögensverteilung[13] und bezieht sich dabei auf eine Berechnung des „Instituts der deutschen Wirtschaft". Reich ist, wer nach Abzug aller Verbindlichkeiten über Sach- und Finanzwerte von mindestens 261.000 € verfügt. Wer diesen Wert erreicht, gehört zu den 10 % der reichsten Menschen in Deutschland. Dieses Vermögen wurde dabei im überwiegenden Teil selbst erwirtschaftet und steckt zu einem großen Teil in Betriebsvermögen oder Eigenheimen. Jedoch ist die Bandbreite nach oben sehr groß, denn im Durchschnitt verfügt diese Gruppe über ein Vermögen von 639.000 €.

Wenn sich die Definition jedoch nicht über das Vermögen ableitet, sondern über das Nettoeinkommen, dann können sich alle Privathaushalte als reich fühlen, die im Monat über mehr als 9000 € verfügen, schreibt die Süddeutsche Zeitung im Juni 2013.[14]

Die Millionäre können auch regional zugeordnet werden. So hat die Zeitung „Die WELT" festgestellt, dass die meisten der 17.000 Einkommensmillionäre in Düsseldorf, München, Frankfurt, Stuttgart und Hamburg wohnen.[15] In Düsseldorf haben im Jahr 2007 tatsächlich 378 Menschen Jahreseinkünfte von über einer Millionen Euro angegeben, wie das statistische Landesamt berichtet hat. Hier eine Gesamtübersicht der beliebtesten Standorte für Hochvermögende in Deutschland (von Nord nach Süd), die sich an den regionalen Märkten des Private Banking orientieren:[16]

---

[13] vgl. http://www.faz.net/aktuell/wirtschaft/verteilung-der-vermoegen-bei-261-000-euro-beginnt-der-reichtum-12970862.html.

[14] vgl. http://www.sueddeutsche.de/geld/vermoegen-in-deutschland-bin-ich-reich-1.1698974.

[15] vgl. http://www.welt.de/regionales/duesseldorf/article13893171/Diese-deutschen-Staedte-haben-die-meisten-Millionaere.html.

[16] vgl. www.private-banking-magazin.de/welche-private-banker-in-welcher-region-die-nase-vorn-haben-1385025060/.

- Hamburg/Bremen/Hannover
- Berlin
- Bielefeld/Münster/Osnabrück
- Düsseldorf
- Ruhrgebiet
- Köln
- Frankfurt/Rhein-Main
- Würzburg/Nürnberg/Franken
- Baden-Württemberg
- München-Stadt/Region

Beide Beiträge untermauern die Studie von Dr. Haibach. Es gibt genügend Vermögen in Deutschland, das sich für Spenden mobilisieren lässt. Jedoch wird der größte Teil dieses Potenzials noch nicht gehoben. In der Studie werden dafür verschiedene Gründe angegeben. Die Fundraiser, die im Rahmen der Studie befragt wurden, waren selbstkritisch genug, um sich auch an die eigene Nase zu fassen: Die Organisationen nutzen die verfügbaren Potenziale nicht aus, so sehen es 90 % der Befragten. Die meisten der Personen haben keine Erfahrung mit Spenden von über 100.000 €.

Die Studie stellt fest, dass die Motive der Großspender breit gefächert sind und sich ihre Interessen von denen der Normal- und Kleinspender unterscheiden. Neben dem Alter und dem Geschlecht spielt auch die Herkunft des Vermögens eine große Rolle für das Engagement dieser Geber. Männer treten häufiger als Großspender auf als Frauen es tun. Je älter ein Großspender, desto mehr gibt er, zwei Drittel aller Großspender bei den befragten Organisationen waren über 60 Jahre alt. Menschen, die ihr Vermögen selbst erarbeitet haben, zeigen sich in ihrem Spendenverhalten deutlich selbstbewusster als der durchschnittliche Spender. Da dieses Vermögen durch unternehmerisches Handeln zustande gekommen ist, zeigen diese Spender auch ein unternehmerisches Engagement in der Philanthropie. Besonders stark sind Spenden in den Bereichen Hochschule, Wissenschaft und Kultur. Da dort das Großspender-Fundrasing seit einigen Jahren schon sehr erfolgreich umgesetzt wird, verwundert dieses Ergebnis allerdings nicht.

Die Gruppe der Großspender in Deutschland ist also groß und vermögend genug, um als Wachstumszielgruppe für eine spendensammelnde Organisation zu gelten. Bisher standen sich jedoch die gemeinnützigen Organisationen selbst im Weg, in dem sie dieses Potenzial zur Finanzierung ihrer Projekte nicht genutzt haben. Die Einführung eines gezielten Fundraising mit fachlich qualifizierten Fundraisern und den notwendigen Rahmenbedingungen ist die Voraussetzung, die in den Organisationen erfüllt werden muss.

4.7.1 1 Mio. Millionäre in Deutschland

Die Schweizer Großbank UBS AG veröffentlicht jährlich einen Report über die Superreichen der Welt. Im „Ultra Wealth Report" werden die Vermögen betrachtet, die mehr als $ 30 Mio. betragen. Weltweit waren das im Jahr 2013 211.275 Personen. Die meisten

4.7 Was Großspender ausmacht

dieser Mehrfachmillionäre leben in den USA, doch auf Rang 2 folgt bereits Deutschland. Hier leben 19095 dieser Ultrareichen, wie das Handelsblatt am 24.11.2014 berichten konnte.[17] Die meisten dieser Menschen sind sogenannte Selfmade-Vermögende, die das Vermögen selbst erarbeitet haben.

Die 500 Reichsten in Deutschland werden jedes Jahr vom „Manager Magazin" und vom Wirtschaftsmagazin „Bilanz" namentlich veröffentlicht. Das amerikanische Magazin „Forbes" ermittelt ebenfalls jedes Jahr eine Liste der reichsten Menschen der Welt und damit auch die reichsten Deutschen. Auf Wikipedia lässt sich die Liste dieser Personen einsehen.[18] Im Oktober 2014 verfügten die 500 Reichsten über ein Vermögen von 611,75 Mrd. €, wobei die TOP 100 allein schon mehr als die Hälfte, nämlich 399,8 Mrd. €, auf sich vereinte. Dieses Vermögen ist höher als der Bundeshaushalt des gleichen Jahres, der sich auf 302 Mrd. € belief.

Zu den Milliardären, die über ein Vermögen von mindestens 1 Mrd. € verfügen, gehören 135 Personen oder Familien. Allein in Hamburg leben 18 dieser Milliardäre. Die Namen der Top 10 werden Sie sicherlich kennen. Dazu gehören die Erben der Discountmärke Aldi, die Familie Albrecht, Dieter Schwarz, der Gründer von Lidl, die Familie Otto aus Hamburg, Susanne Klatten sowie ihr Bruder Stefan Quandt und ihre Mutter Johanna Quandt, die Familie Würth, die ihr Vermögen über einen Schrauben- und Werkzeughandel aufbaute, die Oetker-Familie, die SAP-Gründer Hasso Plattner, Dietmar Hopp und Klaus Tschira, die Familie Herz und zahlreiche andere klangvolle Namen. Platz 500 hält in dieser Liste übrigens die Fußballlegende Franz Beckenbauer mit einem Vermögen von 150 Mio. €.

Möchten Sie wissen, wo Sie diesen Milliardären begegnen können? Ausgerechnet die BILD hat hierzu drei Tipps veröffentlicht:

- Weltwirtschaftsgipfel in Davos
- Filmfestival in Cannes
- Grand-Slam-Turniere

An mindestens einem dieser Events nehmen 23 % der Superreichen teil.[19] Die normalen Millionäre können Sie auch auf weniger spektakulären Veranstaltungen in den bereits erwähnten Hochburgen treffen. Doch dazu lesen Sie mehr im Kap. 7: „Smalltalk".

Auch die Milliardäre werden in Deutschland noch nicht optimal als Spender gewonnen. Diese Top-Spender tauchen immer wieder einmal in der Öffentlichkeit durch ihr philanthropisches Engagement auf. Doch in aller Regel sind diese Unterstützungen auf die Bereiche Kultur, Hochschule und Wissenschaft begrenzt. Die Elbphilharmonie in Hamburg, die Internationale Universität Bremen und die Universitäten in Hamburg, Frankfurt/

---

[17] vgl. http://www.handelsblatt.com/unternehmen/banken/privatebanking/world-ultra-wealth-report-wo-leben-die-meisten-superreichen/11006610.html.
[18] vgl. http://de.wikipedia.org/wiki/Liste_der_500_reichsten_Deutschen.
[19] vgl. www.bild.de/geld/wirtschaft/milliardaer/milliardaere-report-37703798.bild.html.

Main, Potsdam, Mannheim und Düsseldorf sind nur einige Beispiele für Ziele von diesem Engagement. Doch woran liegt das zurückhaltende Engagement der Top-Geber in Deutschland? Aus meiner Sicht lassen sich hier zwei wesentliche Aspekte benennen, die für diese Situation mitverantwortlich sind:

Der *erste Aspekt* liegt im Fundraising der Organisationen. Genauso wie beim Großspender-Fundraising nutzen viele Organisationen das Top-Spender-Fundraising noch nicht optimal. Die Potenziale werden gesehen und der Wunsch nach hochvermögenden Unterstützern ist sicherlich in fast allen Organisationen vorhanden. Doch es fehlt an einem konsequenten Bekenntnis, dieses Geschäftsfeld nachhaltig voranzutreiben. Dazu gehört erst einmal die selbstkritische Einschätzung, ob die Organisation überhaupt geeignet ist, diese Zielgruppe anzusprechen. Dazu gehört das interne Verständnis, ob diese Spendergruppe zur Organisation und den Satzungszwecken passt. Es gibt gute Gründe, sich für die Millionäre und Milliardäre als Spender zu entscheiden, es gibt aber auch viele gute Gründe, sich dagegen zu entscheiden. Neben dem eigenen Selbstverständnis spielt auch die Wahrnehmung, das Image in der Öffentlichkeit eine wichtige Rolle. Wenn sich eine Organisation nicht so präsentiert, dass sich auch hochvermögende Personen angesprochen fühlen, dann ist ein Groß- und Top-Spender-Fundraising kaum möglich. Das Image der Spendenorganisation muss den Erwartungen der Zielgruppe auch in diesem Segment entsprechen.

Wenn die grundsätzliche Frage Pro oder Contra Groß- oder gar Top-Spender-Fundraising beantwortet wurde, dann müssen die notwendigen Rahmenbedingungen in der Organisation für das Großspender-Fundraising geschaffen werden. Dazu gehört selbstverständlich die fachliche Kompetenz eines Fundraisers, der mit ausreichender zeitlicher Kapazität und finanziellem Budget für diese Aufgabe ausgestattet wird. Die fachliche Qualität kann durch die Einstellung eines geeigneten Mitarbeiters oder durch Weiterbildung erreicht werden. Zwischenzeitlich gibt es recht gute Fortbildungen für Großspender-Fundraising.

Doch die nächste Hürde stellt sich in der Ansprache der Reichen ein. Während der normale Großspender noch recht unkompliziert erscheint, erschauern doch viele Akquisiteure bei dem Gedanken, Menschen wie die Ottos, Quandts, Kühnes oder Oetkers direkt anzusprechen. Aus meiner Sicht ist auch das einer der entscheidenden Gründe, warum in Deutschland die Reichen noch ein so großes Spendenpotenzial darstellen, das nicht gehoben wird. Ich selbst erlebe es auf Veranstaltungen immer wieder, das Fundraiser, die sich eine der oben genannten Personen als Geber wünschen, diese nicht ansprechen, obwohl dieser Milliardär im gleichen Raum steht, nur wenige Schritte vom Fundraiser entfernt. Aus meiner Sicht fehlt vielen Fundraisern in Deutschland das Selbstbewusstsein, diese Menschen einfach und direkt anzusprechen. Doch zum Trost muss ich feststellen, dass dieser Mut auch bei einigen Private-Bankern nicht vorhanden ist, die – anders als ein Fundraiser – täglich beruflich mit dieser Zielgruppe zu tun haben.

Es gibt einen *weiteren Aspekt*, warum das Top-Spender-Fundraising in Deutschland noch im Argen liegt. Das liegt daran, dass sich für die Top-Geber relativ wenige Spendenprojekte anbieten, die ihren finanziellen Möglichkeiten entsprechen. Ich spreche in diesem

Zusammenhang gern von der Relevanz einer Spende. Eine Spende ist für einen Spender dann relevant, wenn der Betrag, der gegeben wird, eine Bedeutung hat.

> Je geringer die Spende und je höher das Einkommen, desto geringer ist die Bedeutung der Spende für den Geber.

Ein Millionär, und erst recht ein Milliardär, ist es gewohnt, mit anderen Beträgen zu hantieren als ein normaler Spender. Daher sind für diese Hochvermögenden Spenden auch erst ab einem bestimmten Betrag von Bedeutung. So kann es sein, dass sich der Top-Spender erst wirklich für ein Projekt interessiert, wenn er zu einer Spende eingeladen wird, deren Höhe mit seinen üblichen Investitionen übereinstimmt. Wenn ein Großspender sich beispielsweise regelmäßig mit 500.000 € an Unternehmen beteiligt, dann ist dieser Betrag für ihn als Spende auch eine Investition, über die er nachdenken wird. Eine Spende in Höhe von 5000 € hat dann noch nicht einmal den Gegenwert einer Tankfüllung seines Motorschiffes und wird daher auch für ihn keine hohe Bedeutung haben.

Es gibt eindeutig zu wenig Projekte für die Spitzenliga der deutschen Geber. Es werden zu wenig Museen renoviert und Konzerthäuser gebaut, nicht jede Universität und nicht jedes Klinikum benötigt zwei- oder gar dreistellige Millionenspenden. Doch ich bin sicher, dass sich genügend gemeinnützige Projekte finden lassen, die Millionenspenden verdienen und verarbeiten können. Dazu gehört eine große Vision der Organisation und ein mutiges, engagiertes und konsequentes Großspender-Fundraising.

4.7.2 Intensität der Betreuung von Großspendern

Fundraiser und Private-Banker haben zwei Gemeinsamkeiten: Beide kümmern sich um vermögende Personen und beide haben die Aufgabe, von den Kunden große Beträge anvertraut zu bekommen und diese gemäß Auftrag zu verwalten. Daher ist auch die Philosophie der Tätigkeit für beide Berufsgruppen sehr ähnlich. Der Private Banker, und noch mehr das Wealth Management, sind kein Retail Banking, sondern es handelt sich um die individuelle Betreuung der Kunden. Retail Banking ist ein Begriff für ein standardisiertes Privatkundengeschäft, in dem es keine individuellen Lösungen gibt, sondern einen produktorientierten Vertrieb. Die standardisierte Ansprache zu konkreten Projekten über das Direktmarketing ist dann sozusagen das „Retail Fundraising" einer Organisation. Das Private Banking ist mit dem Großspender-Fundraising zu vergleichen und die Betreuung von Top-Gebern mit dem Wealth Management.

Auch für die Kunden bzw. die Spender ist die Wahrnehmung der beiden Geschäftspartner ziemlich identisch. Der Private Banker und der Fundraiser wollen beide das Geld mit einem Renditeversprechen anlegen. Für das Bankgeschäft ist die finanzielle Rendite der Kapitalertrag in Form des Zinssatzes. Für das Fundraising ist es die emotionale Rendite durch die Investition in ein bestimmtes gesellschaftliches Projekt.

Da sich beide Aufgabenfelder so ähnlich sind, sollten wir Fundraiser uns an den Erfahrungen der Kollegen im Private Banking orientieren. Ein entscheidender Aspekt ist die Intensität der Betreuung, das heißt: Wie oft sollte ein Fundraiser mit seinem Großspender sprechen? Im Normalspendersegment wissen wir, dass der Spender im Durchschnitt mindestens 6 Mal spendet und daher mindestens 6 Mal angesprochen werden musste. Doch wie oft sollte idealerweise der Großspender angesprochen werden? Diese Frage beschäftigt auch die Privatbanken und daher gibt es hierzu aufschlussreiche Kundenbefragungen. Die Antwort lautet: Der Kunde im Private Banking erwartet von seinem Kundenbetreuer 7 bis 9 Gespräche im Jahr.

Wenn wir diese Erkenntnis auf die Großspender übertragen, dann lautet die Antwort im Fundraising:

> Die Großspender erwarten vom Fundraiser 7 bis 9 Gespräche im Jahr.

4.7.3 Unternehmen als Geber

Der Spendenmarkt wird hinsichtlich der finanziellen Unterstützung von Unternehmen nicht so umfangreich ausgewertet, wie es im Bereich der Privatspender seit Jahren üblich ist. Trotzdem gibt es einige spannende Informationen aus diesem Segment der Geber, unter anderem den „Engagementbericht der Bundesregierung" und die Untersuchung „Unternehmen als Spender" von PriceWaterhouseCoopers.

Der im August 2012 erschiene „Erste Engagementbericht der Bundesregierung" kommt auf ein unternehmerisches Engagement in Höhe von etwa 11,2 Mrd. €, wovon 8,5 Mrd. € finanzielle Unterstützung sind. Der Bericht stellt fest, dass sich größere Unternehmen häufiger engagieren als kleine und mittlere Unternehmen. Das Engagement der Unternehmen ist zu 90 % regional ausgerichtet. Als Motiv für die Unterstützung gaben die Unternehmen ihre gesellschaftliche Verantwortung (ca. 90 %) an und waren darüber hinaus der Überzeugung, dass dieses bürgerschaftliche Engagement die Unternehmenskultur stärkt (76 %). Außerdem hat der Bericht drei Probleme definiert, die Unternehmen von ihrem Engagement abhielten. Dazu gehört erstens die Erkenntnis, dass Unternehmen den Bedarf für ein Engagement in ihrem Umfeld nicht sehen, sie zweitens keine Informationen über Handlungsmöglichkeiten haben und drittens auch die Kenntnis über die möglichen Formen des Engagements fehlt.[20]

PriceWaterhouseCoopers hat in der Untersuchung „Unternehmen als Spender" bei den 500 größten Aktiengesellschaften festgestellt, dass diese Unternehmen im Jahr 2007 durchschnittlich 553.000 € gespendet haben und somit ein Spendenvolumen von 276,5 Mio. € repräsentieren. Fast alle Unternehmen, nämlich 98 %, vergeben Einzelspenden, wobei ein großer Teil regelmäßig für eine Organisation spendet.

---

[20] vgl. Drucksache 17/10850 des Deutschen Bundestages.

Dabei ist in diesen Unternehmen die Entscheidung über eine Spende Chefsache. In 90 % der befragen Unternehmen werden die Entscheidungen zentral getroffen, in 80 % fallen die Entscheidungen überwiegend oder ausschließlich auf der Vorstandsebene. Dabei ist das häufigste Motiv die regionale Image- und Beziehungspflege. 70 % der Unternehmen bevorzugen bei der Spendenvergabe Organisationen, die transparent über die Verwendung der Spendengelder berichten.

Das Spektrum der Spendenempfänger ist sehr breit. Von Spendenbündnissen wie „Aktion Deutschland Hilft" über „Ärzte ohne Grenzen" und „Malteser", dem „THW" und „UNICEF" bis hin zum „WWF" werden auch lokale Akteure wie Sportvereine und Kinderkliniken aufgeführt. Lediglich für fünf Prozent der Unternehmen ist es von Interesse, an große und bekannte Organisationen zu spenden. Bei den Spendenmotiven stehen in der Befragung „Bildung, Schulen, Kindergärten" vor „kulturelle Projekte", „lokale Veranstaltungen und Initiativen", „Breitensport, Jugend- oder Behindertensport", „humanitäre Inlandsprojekte", „Umwelt- und Klimaschatz" und „humanitäre Auslandsprojekte".

Wikipedia gibt eine gute Übersicht über die Spendenmotive der Unternehmen und nimmt eine Einteilung in unternehmensbezogene und gesellschaftsbezogene Motive vor (vgl. http://de.wikipedia.org/wiki/Unternehmensspende) (Vgl. Tab. 4.6).

Auch dieser kurze Überblick über das Spendenverhalten von Unternehmen macht Mut. Diese Zielgruppe stellt ein hohes Spendenbudget zur Verfügung, ist jedoch über weite Teile noch nicht ausreichend über die Möglichkeiten informiert.

Tab. 4.6 Motive für Unternehmensspenden. (Quelle: vgl. http://de.wikipedia.org/wiki/Unternehmensspende)

Unternehmensbezogene Motive	Gesellschaftsbezogene Motive
Mitarbeiterzufriedenheit erhöhen	Wenn es der Gesellschaft gut geht, geht es auch dem Unternehmen gut
Stärkung der Mitarbeiterbindung	Stärkung des gesellschaftlichen Zusammenhalts
Unterstützende Maßnahme zur Mitarbeiterentwicklung	Unternehmerische Verantwortung für Nachhaltigkeit wahrnehmen
Ausbau der Kundenbindung	Selbstverständnis als guter „Unternehmensbürger"
Verbesserte Kundengewinnung und Verkaufsförderung	Unternehmerischer Beitrag zur Lösung gesellschaftlicher Probleme
Steigerung der Bekanntheit und Verbesserung des Image	Finanzierung von Aufgaben, die sonst nicht finanziert würden
Differenzierung am Markt und Markenaufbau	Ausgleich von öffentlichen Defiziten
Leichtere Beziehungspflege mit Stakeholdern	Langfristiger Erhalt der Wettbewerbsfähigkeit einer Region oder eines Landes
Ein intaktes Unternehmensumfeld	
Erhöhte Standortattraktivität	

Die hohe regionale Affinität macht es gerade den kleineren regionalen Organisationen möglich, auch große Unternehmen erfolgreich anzusprechen. Dass die großen Marken einen größeren Anteil realisieren, liegt aus meiner Sicht an einem konsequenten Unternehmensspenden_Fundraising, das diese Organisationen durchführen. Die großen Organisationen verfügen alle über spezielle Ansprechpartner bis hin zu eigenen Abteilungen, die sich nur um Unternehmenskooperationen kümmern und neben dem Bereich Spenden auch das Sponsoring verantworten.

Doch Fundraiser sollten nicht nur die großen Aktiengesellschaften im Blick haben. Gerade der regional aktive Mittelstand stellt eine erhebliche Wirtschaftskraft in unserem Lande dar. Klein- und mittelständische Unternehmen repräsentieren 99,6 % aller Unternehmen in Deutschland und tragen einen erheblichen Anteil der Wertschöpfung.

Unternehmensspenden zu gewinnen unterscheidet sich nicht wesentlich von der Gewinnung von Groß- oder Top-Spendern. Der traditionelle Groß- und Top-Spender ist Unternehmer und damit auch der Entscheider in seinem Unternehmen. Dass der Inhaber in seinem mittelständischen Unternehmen auch beim Spenden den Ton angibt, ist sicherlich allen Fundraisern klar. Doch die Untersuchung „Unternehmer als Spender" hat zu Tage gefördert, dass es sich auch die meisten Vorstände von großen Aktienunternehmen nicht nehmen lassen, über die Spenden an eine Organisation selbst zu entscheiden. Damit bekommen auch Unternehmen ein Gesicht und einen Ansprechpartner, der auf die Akquiseliste eines Großspenden-Fundraisers gehört.

Auch wenn es in den großen Unternehmen eine eigene Abteilung für das gesellschaftliche Engagement geben sollte, so lautet meine Empfehlung in der Akquise:

Akquirieren Sie immer von oben nach unten.

Das heißt, auch bei einer eigenständigen Abteilung für „Corporate Social Responsibility" oder der Benennung des Marketing bei Fundraising-Anfragen sollten Sie immer beim Vorstand mit der Akquise beginnen. Der erste Grund für diese Strategie ist die Erkenntnis, dass in den meisten Gesellschaften die Spendenvergabe Chefsache ist. Ein Vorstand, der Sie bereits bei der Akquise kennengelernt hat, wird sich leichter entscheiden können, als wenn er Sie nicht kennt.

Doch auch in den Unternehmen, in denen die Entscheidungen in anderen Abteilungen getroffen werden, ist die Akquise „top down" klug. Wenn Sie also mit dem Vorstand über eine Spende für Ihre Organisation sprechen, wird dieser Sie an den entsprechenden Mitarbeiter verweisen. Nun können Sie diesen Mitarbeiter direkt auf Empfehlung seines Chefs ansprechen.

Fundraiser: Guten Tag Herr Entscheider. Ihr Vorstand hat mich gebeten, mit Ihnen direkt über eine Spende zugunsten unserer Spendenorganisation zu sprechen.

Eine solche Empfehlung sollte stärker wirken als die reine Kaltakquise an gleicher Stelle.

Akquise – So erstellen Sie eine Liste für den Erfolg 5

Der Erfolg bei der Ansprache von Gebern hängt davon ab, die richtigen Personen mit möglichst optimalen Beträgen um Unterstützung zu bitten. Die von mir bevorzugte Definition von Fundraising bedeutet, Menschen um Geld zu bitten. Daraus lassen sich folgende drei wichtige Faktoren im Fundraising ableiten:

Menschen: Hier geht es nicht um die anonyme Beschreibung von Spendern, sondern im Fundraising geht es immer um konkrete Personen.

Geld: Die optimale finanzielle Unterstützung durch einen Geber ist von dessen verfügbaren finanziellen Mitteln und der Bereitschaft zu geben abhängig.

Bitten heißt, potenzielle Spender aktiv anzusprechen.

Wenn wir diese Definition mit den drei Elementen auf die Arbeit im Fundraising beziehen, bedeutet das idealerweise, dass wir einen potenziellen Geber namentlich benennen und mit einem optimalen Spendenbetrag verknüpfen können. Also zum Beispiel Max Mustermann mit 5000 €. Der Erfolg unserer Arbeit ist dann optimal, wenn Herr Mustermann tatsächlich 5000 € für ein Spendenprojekt zur Verfügung stellt.

Daher ist es naheliegend, diese Erkenntnis in den Alltag eines Fundraisers zu integrieren und zu instrumentalisieren. Doch wie lässt sie sich im Alltag nutzbringend einsetzen? Die einfachste Lösung stellt eine Liste dar, die als Grundlage für die Spendergewinnung dient. Da es sich hierbei um die Gewinnung von Großspendern handelt, nenne ich diese Liste kurz und knapp „Akquiseliste".

Die Akquiseliste umfasst alle namentlich erfassten Personen, die als Spender für die Organisation oder für ein bestimmtes Projekt angesprochen werden sollen. Diese Liste kann beliebig lang sein, sollte aber mindestens 25 Namen umfassen. Ideal sind jedoch 100 Personen. Das hat aus meiner Sicht einen praktischen und einen taktischen Grund.

Der praktische Grund liegt auf der Hand: Die Chance, mit 100 Anfragen Unterstützung zu finden, ist natürlich deutlich höher als bei 25 Anfragen. Und mit 100 potenziellen Gebern lässt sich ein größeres Projektvolumen finanzieren als mit einem Viertel der Personen.

Aus taktischen Gründen plädiere ich sehr für eine „Top-100-Liste". Es ist nämlich deutlich einfacher, 25 Personen zu benennen. Diese 25 Personen fallen dem Fundraiser sogar relativ schnell und leicht ein. Es sind all jene Unterstützer, die bereits als Großspender aktiv gewesen sind, und jene 25 Personen in der Nachbarschaft, die auch jedem anderen Fundraiser einfallen. Bei 100 Namen auf einer Liste ist schon deutlich mehr Kreativität gefordert. Ich selbst mache jedenfalls diese Erfahrung.

Natürlich können auch externe Quellen hinzugezogen werden, wenn es darum geht, die Akquiseliste zu füllen. Die Wirtschaftszeitschrift „Manager Magazin" veröffentlicht jedes Jahr die Liste der 500 reichsten Deutschen, ordentlich sortiert nach Vermögen und mit Angabe des Wohnortes. Zu den Top-Adressen gibt es darüber hinaus ausführliche Informationen zum finanziellen Hintergrund und kurzweilige Beschreibungen der persönlichen Vorlieben.

Natürlich können Sie auch Informationen aus dem Internet auswerten. Als ich für ein Projekt in Niedersachsen eine Großspenderstrategie entwickeln sollte, habe ich in die Suchmaschine „die reichsten Niedersachsen" eingegeben und tatsächlich ein paar Namen gefunden. Wenn Sie die Begriffe „Spender, Hannover" eingegeben, kommen wieder ein paar interessante Namen zutage. Oder werten Sie einfach die Tageszeitungen aus, wenn Sie regionale Unterstützer lokalisieren wollen. Namhafte Unternehmer, engagierte Bürgerinnen, großzügige Spender finden immer wieder Erwähnung in den Medien.

Sie merken, für die Akquiseliste ist es erst einmal egal, ob Sie und die Organisation, für die Sie arbeiten, bereits Kontakt zu den Personen haben oder nicht. Ich bin zutiefst davon überzeugt, dass ein erfolgreiches Fundraising nicht nur auf Bestandsgeber aufbaut, sondern auch kontinuierlich Neuspender anspricht. Daher sollte jede Kampagne beides beinhalten: bestehende Spenderkontakte und neu aufzubauende Spenderkontakte.

Der wichtigste Bestandteil sind also die Namen, hinter denen sich die realen Personen verbergen, die Sie gezielt ansprechen werden. Zu jedem dieser Namen gehört jetzt das zweite Element, nämlich ein konkreter Betrag. Hierbei geht es mir nicht darum zu erfassen, welches Spendenbudget diese Person bisher zur Verfügung gestellt hat. Vielmehr geht es um das mögliche Spendenpotenzial, das sich hinter einer Person verbergen könnte. Als guter Fundraiser möchte ich den größtmöglichen Unterstützungsbetrag von meinen Gebern realisieren, denn dadurch wird meine Arbeit erfolgreich und effektiv. Das heißt, ich kann dafür sorgen, dass wichtige Projekte finanziert werden, und gleichzeitig den Aufwand auf ein Minimum reduzieren. Ob ich einen Geber um 5000 € oder 50.000 € bitte, der Aufwand ist fast immer der gleiche, sowohl was meinen Zeiteinsatz betrifft als auch die laufenden Verwaltungskosten in der Spendenbetreuung. Es bleibt also im letzteren Fall viel mehr Geld für das Projekt übrig.

An dieser Stelle will ich noch einmal deutlich machen, wofür ein erfolgreicher Fundraiser steht: Er steht dafür,

- dass er die richtigen Menschen anspricht.
- dass er bei der Finanzierung der Spendenprojekte unterstützt und
- dass er sehr effektiv, also kostenbewusst, arbeitet.

Auch bin ich davon überzeugt, dass es zur Aufgabe eines Fundraisers gehört, einen Geber von einem Projekt und einer Organisation zu überzeugen, und zwar in einer Art und Weise, dass der Geber keine andere Organisation mehr unterstützen möchte. Denn der Fundraiser sorgt dafür, dass die Beziehung zwischen Nehmer und Geber perfekt ist. Ferner bin ich fest davon überzeugt, dass der Fundraiser die bisher noch nicht genutzten Ressourcen eines Gebers entdeckt und für die gute Sache hebt. Wenn also eine vermögende Privatperson bisher pro Jahr 10.000 € gespendet hat, ist das hervorragend. Doch wenn die gleiche Person 50.000 € im Jahr spendet, ist das fünfmal so hervorragend. Aus meiner Erfahrung heraus beruht die Differenz in Höhe von 40.000 € pro Jahr nicht auf der Zurückhaltung des Gebers. Vielmehr liegt es in vielen Fällen einfach daran, dass der richtige Impuls bisher noch nicht ausgelöst wurde, und ein Impulsauslöser sollte ein Fundraiser auf jeden Fall sein.

Hier stellt sich natürlich die Frage: Welcher Betrag ist für welche Person angemessen? Das Schlimmste, was aus meiner Sicht passieren kann, ist ein zu niedriger Betrag. Das finde ich deutlich schlimmer, als wenn eine Person mit einem zu hohen Spendenbetrag versehen wird. In meinen Seminaren höre ich hingegen von einigen Kollegen, dass es ihnen umgekehrt geht, es für sie also schlimmer ist, einen zu hohen Betrag zu nennen statt einen zu niedrigen.

5.1 Wertschätzung – den Spender richtig einschätzen

Lassen Sie mich mein Herangehen mit dem Begriff der „Wertschätzung" erklären. Der klassische Sinn des Wortes liegt in der Schätzung eines Wertes. Bei einem potenziellen Großspender ist diese Wertschätzung mit dem Spendenpotenzial verbunden, das diese Person generell zur Verfügung stellen kann. Ein Großspender, dessen Spendenvolumen auf 5000 € geschätzt wird, wird mit einem geringeren finanziellen Betrag belegt als ein Großspender, dessen Spendenvolumen man auf 50.000 € schätzt.

Jetzt stellen wir uns also vor, Sie sprechen den ersten Großspender an, nennen wir ihn einfach Herrn Groß, und bitten ihn um 50.000 €. An dieser Stelle wird Herr Groß, der durchaus spendenbereit ist, jedoch nicht über diesen finanziellen Rahmen verfügt, deutlich machen, dass für ihn dieser Betrag zu hoch ist. Er wird aber auf keinen Fall beleidigt sein, dass Sie ihm die 50.000 € Spendenvolumen zugetraut haben.

Im anderen Fall, nennen wir den Spender Herrn Reich, passiert Folgendes: Sie bitten Herrn Reich um Unterstützung in Höhe von 5000 € statt um die möglichen 50.000 €. Hier wird Herr Reich im besten Falle zusagen und das Projekt mit dem Betrag unterstützen. Erfahrungsgemäß wird er aber nicht sagen: „Lieber Herr Fundraiser, gern gebe ich Dir 5.000 Euro, aber noch lieber unterstütze ich Dich mit 50.000 Euro."

Fazit: Herr Groß ist nicht beleidigt, wenn der vorgeschlagene Spendenbetrag über seinem möglichen Budget liegt. Und bei Herrn Reich schöpfen Sie das verfügbare Spendenbudget nicht annähernd aus und lassen damit wichtige 45.000 € für das Spendenprojekt liegen.

Natürlich dürfen wir nicht überreizen. Ein Spender, der jährlich 500 € geben kann, wird von einem Spendenvolumen von 500.000 € abgeschreckt sein, denn dieser Betrag liegt so hoch über seinem vorstellbaren Budget, dass er sich sofort zurückzieht. Doch auch umgekehrt ist eine so gravierende Abweichung irritierend. Ein Großspender, der jährlich 500.000 € für gemeinnützige Zwecke spendet, wird einer Anfrage über 500 € eine geringere Wertschätzung vermitteln.

Jetzt stellt sich natürlich die Frage nach der richtigen Wertschätzung. Wie so oft hilft hier der gesunde Menschenverstand. Eine Familie mit zwei schulpflichtigen Kindern und einem Haushaltseinkommen von 100.000 € wird weniger im Jahr spenden können als ein Ehepaar ohne Kinder. So weit, so gut. Doch um welchen Spendenbetrag kann man die Familie und um welchen Spendenbetrag das kinderlose Paar bitten? Sind im ersten Fall 20.000 € zu viel, könnte dieser Betrag im zweiten Fall angemessen sein. Aus meiner Sicht geben diese Beträge eine erste Orientierung an. Die genaue Antwort kann ohnehin nur der Geber selbst geben.

5.2 Time is money

Als ich selbst anfing, mich aktiv um Großspender zu kümmern, habe ich mich sehr gut auf diese Aufgabe vorbereiten wollen. Ich habe die Tageszeitungen, insbesondere die deutschlandweiten Medien, aufmerksam gelesen und jene Artikel ausgeschnitten, die Inhaber von erfolgreichen Unternehmen, gesellschaftlich aktive Persönlichkeiten und vermögende Personen erwähnten. Diese Artikel habe ich nach den Namen der Personen sortiert und in Ordnern archiviert. Nach einigen Wochen hatte ich bereits eine ansehnliche Sammlung von Artikeln, die bereits zwei Ordner füllten.

Die Artikel verschafften mir einen guten Überblick über die Personen und sobald ich mehr als zwei Artikel zu einem Namen hatte, entstand ein bestimmter Eindruck von diesen Menschen. Ich entwickelte Ideen, mit welchen Projektschwerpunkten ich diese potenziellen Geber ansprechen könnte. Auch erstellte ich eine Liste aus diesen Namen und prüfte, ob es bestehende Kontakte gab, auf die ich zurückgreifen konnte.

Was war das Ergebnis meiner Vorbereitungen? Ich hatte eine Liste von Namen, also eine Akquiseliste. Ich hatte Informationen zu diesen Personen gesammelt und Projekte für diese Personen ausgewählt. Und ich hatte geprüft, ob es bereits Kontakte in der Organisation zu Personen auf meiner Akquiseliste gab. Die mehrwöchige Arbeit hatte sich also gelohnt.

Doch heute sehe ich das Verhältnis zwischen Aufwand und Ergebnis bei dieser Vorgehensweise etwas anders. Die eingesetzte Zeit für die Recherche lässt sich aus meiner Sicht doch deutlich verkürzen. Ich behaupte sogar, dass sich ein Fundraiser nicht länger als 30 min mit der Person beschäftigen sollte, die auf der Akquiseliste steht. „Warum ausgerechnet 30 Minuten?", werden Sie sich fragen. Sie können natürlich auch 25 min oder 29 min investieren. Aber mehr Zeit ist nicht nötig. Die relevanten Informationen zu den Personen sind in aller Regel über Suchmaschinen schnell und kompakt gefunden. Dazu gehören auch die Kontaktdaten, insbesondere die Telefonnummer, die zur Kontaktaufnahme benötigt werden.

Die 30-Minuten-Begrenzung hat natürlich auch einen praktischen Nutzen. Meine Erfahrung hat gezeigt, dass nicht die Recherche den Erfolg bringt, sondern die Ansprache der Personen. Daher ist es klüger, Zeit in die Ansprache zu investieren und den Zeitaufwand für die Recherche zu reduzieren.

Die Frage nach dem idealen Projekt für einen potenziellen Geber ist für mich inzwischen nicht mehr so relevant. Denn in aller Regel wird der künftige Spender im Akquisegespräch eigene Präferenzen nennen, seine eigenen Vorstellungen über ein gutes Spendenprojekt haben. Großspender-Fundraising ist ein sehr stark individualisiertes Fundraising, in dem die Wünsche des Gebers im Mittelpunkt stehen. Und diese Wünsche können wir aus keinem Zeitungsartikel und keiner Suchermaschinenrecherche ableiten. Die Wünsche unserer künftigen Großspender können wir nur über das persönliche Gespräch erfahren.

5.3 Potenziale der Akquiseliste nutzen

Jetzt stehen auf der Akquiseliste also mindestens 25 Namen mit 25 möglichen Spendenbeträgen (idealerweise natürlich noch mehr). Wenn Sie jetzt die Beträge addieren, dann haben Sie das realisierbare Spendenvolumen der Akquiseliste ermittelt. Vielleicht steht als Summe auf der Top-25-Liste ein Betrag von 250.000 € oder auf der Top-100-Liste sogar 1 Mio. €? Ein großes Potenzial mit durchschnittlich 10.000 € Spende.

Mit diesen beiden Faktoren, Namen und Spendenbudget, haben Sie bereits zwei wichtige Erfolgsparameter definiert. Sie haben eine Liste mit mindestens 25 Namen. Sie haben diese Liste abgearbeitet, wenn Sie alle 25 Personen auf dieser Liste angesprochen haben. Diesen Teil nenne ich den Fleißparameter, denn allein die Ansprache von 25 Personen ist für den finanziellen Erfolg des Fundraisers nicht ausreichend. Es geht natürlich auch um die tatsächliche Unterstützung.

Wenn am Ende der Ansprache 250.000 € Spenden eingeholt werden konnten, dann war das Fundraising zu 100 % erfolgreich, bei 25.000 € jedoch nur zu 10 % und damit natürlich weniger erfolgreich. Doch was ist realistischerweise aus einer solchen Akquiseliste an Unterstützung herauszuholen? Denn nicht jede der angesprochenen Personen lässt sich von dem Spendenprojekt, der Organisation oder der Person des Fundraisers begeistern und nicht jede begeisterte Person gibt den prognostizierten Betrag. Nach meiner Einschätzung kann ein Fundraiser es schaffen, mehr als die Hälfte der Personen zu begeistern. Er kann eine durchschnittliche Spendenquote von 60 % (also 15 von 25) erreichen. Sicherlich wird auch nicht zu 100 % der prognostizierte Betrag gespendet. Wenn wir hier 80 % annehmen (also durchschnittlich 8000 €), sind (bei 15 Spendern mit einer durchschnittlichen Spende in Höhe von 8000 €) also 120.000 € aus der Top-25-Liste realisierbar.

Doch damit ist das Potenzial der Akquiseliste noch nicht ausgeschöpft. Es fehlen noch mindestens zwei weitere Spalten für eine erfolgreiche Ansprache. Die erste Spalte sollte die persönlichen Zugänge zu den Namen beinhalten. Wenn der Fundraiser eine Person bereits persönlich kennt, wird das in dieser Spalte eingetragen. Hat eine andere Person aus der Organisation, zum Beispiel ein Vorstandsmitglied, Zugang zu dem potenziellen Spender, wird es hier vermerkt. Gibt es hingegen keinen Zugang zu dem künftigen Geber, so handelt es sich um eine Kaltakquise, was entsprechend notiert wird.

Die zweite Spalte stellt eine Verbindung zwischen dem möglichen Geber und dem Spendenprojekt her. Hier werden mögliche Argumente eingetragen, die zur Spende einladen könnten. Bei einem regionalen Projekt könnte in dieser Spalte zum Beispiel stehen: „Setzt sich für die Region ein." Diese Argumente lassen sich aus dem bisherigen Spendenverhalten eines Bestandsspenders ableiten. Bei einem Potenzialspender gehört hier ein wenig Recherche dazu.

Eine Akquiseliste mit den gerade vorgestellten Punkten könnte also wie in Tab. 5.1 aussehen. Wenn diese Liste erstellt ist, sollten alle Beteiligten in der Organisation die Liste gegenlesen und gegebenenfalls auch ergänzen. Die Erfahrung zeigt, dass während der Erstellung einer Akquiseliste noch einige andere Zielnamen genannt werden. Sie kennen diesen Effekt sicherlich auch schon aus anderen Zusammenhängen. So bald eine Person erst einmal mit einer Liste angefangen hat, werden andere Personen inspiriert. Dadurch entwickelt eine solche Liste manchmal ganz ungeahnte Eigendynamiken mit Aussicht auf mehr Spendenvolumen.

Tab. 5.1 Beispiel für eine Akquiseliste

Name	Spendenbudget (€)	Zugang	Argumente
Max Mustermann	10.000	Persönlich	Identifikation mit der Organisation
Roland Reich	20.000	Vorstand	Regionale Verbundenheit
Gustav Groß	25.000	–	Keine Angaben
Helga Hallo	5000	Kollege Müller	Emotionale Nähe zum Projekt
Klaus Klever	1000	Kollegin Schulz	IIst immer hilfsbereit
Loni Lustig	7500	–	Keine Angaben
Andrea Anders	15.000	Persönlich	Kennt das Projekt bereits
Stephan Stetig	2500	Gemeinsamer Bekannter	Spendet bereits an andere Organisationen
Ludwig Langsam	4000	Vorstand	Möchte dabei sein
Norbert Nötig	10.000	–	Keine Angaben
Summe	100.000		

Netzwerke – Wie Sie Kontakte aufbauen und halten

6

Auch wenn Sie die Kaltakquise so lieben sollten, wie ich: Es ist auf jeden Fall einfacher, auf bestehende Kontakte zuzugehen, als neue Kontakte aufzubauen. Auf der anderen Seite sind wir als Fundraiser ständig mit Menschen in Kontakt. Wir tauschen uns mit den Kollegen in unserer Organisation aus, wir sprechen mit unseren Spendern, lernen auf Veranstaltungen neue Menschen kennen und treffen auf Fortbildungen Kolleginnen und Kollegen. Alle Menschen haben zahlreiche Kontakte, Verbindungen zu anderen Menschen. Ein Netzwerker jedoch pflegt und hegt seine Kontakte sorgsam und nachhaltig.

Der Aufbau und die Pflege von Kontakten gehören zu den wichtigsten Aufgaben im aktiven Fundraising. Daher widme ich diesem Bereich ein eigenes Kapitel, in dem ich auf diese Thematik näher eingehe.

6.1 Digitale Netzwerke (be)nutzen

Vor vielen Jahren lud mich ein Fundraisingkollege, Sascha Stolzenburg, in ein Onlinenetzwerk ein, das unter dem Namen Open-BC lief. Ich hatte mich bis zu diesem Zeitpunkt noch nie mit Netzwerken im Internet beschäftigt. Also fragte ich den Kollegen, was denn dieses Netzwerk für einen Mehrwert haben könnte. Der Kollege, er war für das Online-Fundraising der Organisation zuständig und hatte damit natürlich den Kompetenzvorteil auf seiner Seite, antwortete kurz und knapp: „Das ist die Zukunft." Also habe ich mich auf der Plattform angemeldet, die heute den Namen XING trägt und es mittlerweile zu einer, wie ich finde, stattlichen Zahl echter Kontakte geschafft.

Mit „echten" Kontakten meine ich die Kontakte zu Menschen, die mir tatsächlich begegnet sind. Warum betone ich an dieser Stelle die „echten" Kontakte? Weil ich gelernt habe, dass Menschen, die mir tatsächlich begegnet sind, die etwas mit mir verbinden, mir gegenüber verlässlicher und verbindlicher sind, als jene Menschen, mit denen ich bloß „verknüpft" bin.

Mittlerweile bin ich nicht nur bei XING, sondern auch bei LinkedIn, Google+, Facebook, Twitter und Tumblr aktiv. Diese Plattformen helfen mir enorm dabei, Kontakte aufzubauen und zu pflegen. Aber natürlich beruht ein gutes Netzwerk zu Menschen nicht ausschließlich auf digitaler Vernetzung, sondern muss auch in der realen Welt gelebt werden.

Ich investiere regelmäßig Zeit in meine digitalen Netzwerke. Ich schätze, dass ich pro Tag etwa 60 min im Netz auf diesen Plattformen aktiv bin. Diese Zeit nehme ich mir im Büro, aber auch, wenn ich mit der U-Bahn auf dem Weg ins Büro bin, im Zug sitze oder auf das Flugzeug warte. Durch mein Smartphone, beziehungsweise Tablet, sind die Netze immer dabei und auf Knopfdruck aufgerufen.

Der Aufbau der Kontakte erfolgt bei mir kontinuierlich und ist mittlerweile in den Berufsalltag integriert. Jede Person, mit der ich mich getroffen habe, suche ich in den digitalen Netzwerken und lade sie in mein Netzwerk ein. Natürlich wird auch jeder telefonische Kontakt ebenso wie jeder Mailkontakt auf den Plattformen gesucht und eingeladen. Jede Visitenkarte, die ich auf einer Veranstaltung gegen meine Visitenkarte eingetauscht habe, wird ebenfalls gesucht, angeschrieben und eingeladen. Dabei beziehe ich mich immer auf das geführte Gespräch und bedanke mich für das Kennenlernen. Und wenn ich sehr viele Menschen treffe, zum Beispiel auf einem Kongress, dann mache ich mir kurze Notizen auf den Rückseiten der Visitenkarten. So ist es mir möglich, immer individuell den Kontakt aufzunehmen.

Bei meinen Vorträgen und Seminaren lasse ich mir die Teilnehmerlisten geben oder notiere mir die Namen. Und während auf der Rückfahrt im ICE die Sitznachbarn vor sich hin dösen, gehe ich Namen für Namen auf den Plattformen durch. Jeder Treffer wird dann von mir angeschrieben. In diesem Anschreiben bedanke ich mich für die Teilnahme an der Veranstaltung und lade die Person in mein Netzwerk ein. Dabei ist – und dafür bin ich all meinen Kontakten sehr dankbar – die Quote der Ablehnungen gleich Null.

Doch warum betreibe ich diesen Aufwand und döse nicht vor mir hin, wie meine Sitznachbarn, lese kein spannendes Buch oder schaue mir auf meinem Tablet keinen Action-Thriller an? Weil ich mit den Menschen in Kontakt bleiben will. Weil mir meine Seminarteilnehmerinnen und Seminarteilnehmer, meine Gesprächspartner, wirklich wichtig sind und am Herzen liegen. Nach meiner Überzeugung benötigen Sie Fleiß, damit Sie ein gutes Netzwerk aufbauen können. Für ein sehr gutes Netzwerk benötigen Sie neben dem Fleiß auch noch einen wichtigen Charakterzug: Sie müssen die Menschen lieben! Von ganzem Herzen und aus tiefster Überzeugung heraus. Das Wunderbare daran ist, dass diese Liebe von den Netzwerkkontakten zurückgegeben wird.

Die Erfinder von XING, Google+, LinkedIn und den anderen Netzwerken haben sich offensichtlich sehr damit beschäftigt, was ein Netzwerker braucht. Daher gibt es auf all diesen Plattformen wunderbare Zusatzfunktionen, zum Beispiel jene, bei der einem Tag für Tag Menschen genannt werden, die man selbst eventuell kennen könnte. Und tatsächlich sind immer wieder Menschen dabei, die ich kenne und mit denen ich bisher noch nicht vernetzt war. Vielleicht kenne ich diese Personen schon länger als ich in den Netzwerken aktiv bin, vielleicht sind diese Menschen erst kürzlich in die Netzwelt eingetreten oder ich habe sie einfach übersehen. Aber dank dieser Funktion habe ich nun die Chance, auch diese Menschen in meine Netzwerke zu integrieren.

Eine ebenfalls sehr nützliche Zusatzfunktion ist jene, die aufzeigt, welche Menschen für mich interessant sein könnten. Bei XING zum Beispiel kann der Nutzer eingeben, was er zu bieten hat bzw. was ihn interessiert. Je konkreter und umfangreicher Sie diese Rubriken ausfüllen, desto mehr Vorschläge gibt es für Sie. Ich jedenfalls finde diese Vorschläge oft sehr spannend und nehme zu diesen Personen dann Kontakt auf, wenn ich das Profil interessant finde. Auch hier schreibe ich jede bzw. jeden ganz persönlich an und nehme einen herausragenden Aspekt aus dem Profil in mein Anschreiben auf. Und auch hier reagieren fast alle angeschriebenen Personen sehr positiv auf die Einladung in mein Netzwerk.

Auch sehr spannend zu beobachten ist, welche Personen sich meine Profile im Netz angeschaut haben. Manchmal waren es Gesprächspartner, die schneller waren als ich. Oder Teilnehmer von Seminaren, die sich vor dem Termin über den Referenten informieren wollten. Oder einfach nur Kollegen von anderen Organisationen, die sich ein Bild von mir machen möchten. Ich liebe diese Funktion, denn nichts ist einfacher, als die Personen persönlich anzusprechen und zu schreiben: „Schön, dass Sie auf meinem Profil waren." Und auch hier ist die Bestätigungsquote 100 %. Denn nichts ist für ein Netzwerk besser als Menschen, die sich füreinander interessieren.

Das Sammeln von Kontakten allein genügt selbstverständlich nicht, um ein aktives Netzwerk am Leben zu halten. Es ist wichtig, diese Kontakte zu pflegen. Bei der Kontaktpflege gibt es für mich eine wichtige Regel: Vergiss nicht die Geburtstage!

Der Geburtstag eines Menschen ist mir wichtig, denn es ist der Tag, an dem dieser Mensch das Licht der Welt erblickt hat. Ein Mensch, der auf seine Weise diese Welt verändert hat und verändern wird. Ein Mensch, mit dem mich etwas verbindet. Und diese Verbindung wäre ohne die Geburt dieser Person natürlich nicht möglich gewesen. Also gratuliere ich diesen Menschen zum Geburtstag. Meist rechtzeitig, manchmal etwas verspätet, da ich an den Wochenenden nicht auf den Onlineplattformen unterwegs bin und mein Smartphone ausgeschaltet ist.

Eine freundliche, individuelle Netzwerkeinladung und ein jährlicher Geburtstagsgruß sind die ersten wichtigen Schritte in ein gutes Netzwerk. Doch es braucht ein wenig mehr, um die Netzwerkplattformen zu beleben. Ein wichtiges Instrument hierfür ist die Rubrik der aktuellen Informationen, News, Mitteilungen, Tweets oder wie auch immer sie auf der jeweiligen Plattform heißt. Ich nutze diese Möglichkeit regelmäßig, wenn ich interessante Informationen habe, einen spannenden Artikel gelesen habe oder einfach nur ein kluges Zitat mit meinem Netzwerk teilen möchte.

Bei dieser Aufgabe helfen mir kluge Apps, die es ermöglichen, eine Nachricht auf allen meinen Plattformen gleichzeitig zu veröffentlichen. Das ist eine wunderbare Sache, denn einmal geschrieben, erscheinen diese Informationen in allen Netzwerken gleichzeitig.

Doch wie im normalen Leben auch, gilt hier Klasse vor Masse. Mir ist es nicht wichtig, jeden Tag „meinen Senf" in die Welt zu senden, sondern mir ist es wichtig, dass die Informationen für die Menschen in meinen Netzwerken einen Mehrwert haben. Und dieser

Mehrwert ist nicht vorhanden, wenn ich poste, dass ich gerade im Zug sitze. Wenn ich aber im Zug einen spannenden Artikel lese, dann teile ich den spannenden Artikel gern mit meiner Community. Ein Link zum Artikel, ein zentraler Gedanke daraus von mir zusammengefasst und die Empfehlung, warum der Artikel mich interessiert – das sind die Informationen, die ich meinen Netzwerken zumute.

Diese Informationen sende ich nicht täglich in die digitale Welt, doch mehrmals in der Woche stolpere ich über Interessantes, dass ich gern weitergebe. Sicherlich ist es am Anfang etwas gewöhnungsbedürftig, die zahlreichen Informationen, Impulse, Nachrichten, Ideen, lustigen Bilder und Cartoons auf ihre Netzwerktauglichkeit zu überprüfen. Doch mit der Zeit geht die Verwertung von relevanten News in Fleisch und Blut über und erfolgt fast automatisch – jedenfalls mit mehr Routine.

Natürlich werden nicht alle meine Netzwerkkontakte alle diese Informationen zur Kenntnis nehmen. Dafür sind es zu viele, dafür sind wir wahrscheinlich auch alle zu wenig im Netz. Aber einige Informationen bleiben doch hängen, werden von den anderen Personen im Netz wahrgenommen. Dadurch bleibt der Kontakt nicht nur als Adressbuch bestehen, sondern wird immer wieder, ab und zu, frisch belebt.

Warum sich der Aufwand lohnt Bei etwa 60 min pro Tag für die Arbeit in den digitalen Netzwerken komme ich auf fünf Stunden pro Woche oder 20 h im Monat. Ich investiere also mehr als zwei Arbeitstage pro Monat in diese Netzwerke. Dabei stellt sich natürlich die Frage, ob sich dieser Aufwand tatsächlich lohnt. Und meine Antwort auf diese Frage lautet: „Für mich lohnt sich der Aufwand auf jeden Fall."

Auch habe ich über die Plattformen immer aktuelle Informationen über meine Kontakte. Ich habe jeweils die Telefonnummer, die Postadresse, die Position im Unternehmen und eine gültige E-Mail-Adresse. Auf meinem Smartphone und meinem Tablet habe ich also immer alles griffbereit. Ein eigenes Adressbuch muss ich fast gar nicht mehr führen. Ich verwende es fast nur noch für die Menschen, die digitale Netze nicht nutzen, oder aber andere Netze als ich.

Im meinem täglichen Geschäft sind diese Plattformen selbstverständlich auch sehr nützlich und hilfreich. Bei bestehenden Kontakten, ich habe es im Absatz oben beschrieben, habe ich sofort Zugriff auf die aktuellen Informationen und Kontaktdaten des Gebers. Und der bestehende Kontakt hat mich seit unserer letzten Begegnung nicht aus den Augen verloren, denn er hat ja immer wieder etwas von mir oder über mich gelesen.

Auch bei der Kaltakquise nutze ich diese Plattformen. Wenn die Person, die für mich interessant ist, selbst auf einer der Plattformen aktiv ist, kann ich dort direkt oder auch indirekt den Kontakt aufnehmen. Die indirekte Kontaktaufnahme ist dann möglich, wenn einer meiner direkten Kontakte mit meiner Zielperson vernetzt ist. Hier kann ich den bestehenden Kontakt nutzen und bitten, eine Vernetzung mit mir herzustellen.

Wenn diese Vernetzung jedoch nicht möglich ist bzw. es keinen Kontakt zu dieser Person gibt, dann gehe ich direkt auf diese Person zu und schreibe sie an. Da ich nicht besonders kreativ bin, denke ich mir auch keine tollen Gründe aus, warum ich mich mit der

Zielperson vernetzen will, sondern ich schreibe schlicht und einfach den tatsächlichen Grund auf.

Natürlich sind nicht alle potenziellen Geber in den digitalen Netzwerken dieser Welt unterwegs. Zahlreiche interessante Unternehmer beispielsweise findet man nicht dort. Doch auch in diesem Fall können XING, LinkedIn und Co. hilfreich sein. Denn vielleicht ist der Assistent der Geschäftsführung auf einer dieser Plattformen zu finden. Oder der Vertriebsleiter, die Pressesprecherin, oder, oder, oder… Fast immer finde ich auf den Plattformen eine Person, die direkten Kontakt zum gewünschten Unternehmer hat, und zu dieser Person kann ich meinerseits Kontakt aufnehmen und sie um Unterstützung bitten.

Auch hier halte ich mit meinen Beweggründen nicht hinter dem Berg, denn Ehrlichkeit währt ja bekanntlich am längsten. Ich sage zum Beispiel dem Assistenten der Geschäftsführung, dass ich zur Kontaktaufnahme mit der Geschäftsführung seine Hilfe benötige. Und sehr häufig erhalte ich diese Hilfe.

6.2 Persönliche Netzwerke in der realen Welt

Bei all meiner Begeisterung für die digitalen Netzwerke möchte ich aber auf keinen Fall auf mein persönliches, reales und lebendiges Netzwerk verzichten. Selbstverständlich ist dieses nicht so umfangreich wie seine digitalen Gegenstücke. Es handelt sich hierbei um eine deutlich kleinere Zahl von persönlichen Kontakten.

Solche Beziehungen sind im Alltag sehr nützlich und sie bereichern unser Leben in ganz besonderer Weise. Sicherlich kennen Sie den Spruch: „Beziehungen schaden nur denjenigen, die keine haben." Das sehe ich ganz genau so, denn Beziehungen sind etwas sehr Demokratisches. Jeder kann sie aufbauen und jeder kann sie nutzen. Für mich gilt auch in meinem persönlichen Beziehungsnetzwerk eine wichtige Regel: „Man darf Beziehungen nutzen, aber niemals ausnutzen."

Eine weitere Erkenntnis aus meiner jahrzehntelanger Beziehungsarbeit lautet: „Investiere in deine Netzwerke, ohne an die Rendite zu denken." Diesen klugen Satz hat mir vor vielen Jahren ein Schweizer Bankier mit auf den Weg geben. Dieser Mann war ein persönliches Vorbild für mich und er hat mich in meinen Sichtweisen sehr positiv geprägt. Das ist auch ein Grund dafür, weshalb aus mir kein „Mister 10 %" geworden ist. Ein „Mister 10 %" ist eine Person, die aus jeder Kontaktvermittlung eine Provision von 10 % für sich herauszieht. Wenn also dieser „Mr. 10 %" zwei Menschen zusammenbringt, die ein Geschäft miteinander eingehen, dann hält er die Hand auf und kassiert 10 % des Betrags.

Für mich war dieser Geschäftsansatz nie besonders schlüssig. Zum einen bin ich davon überzeugt, dass meine Kontakte mehr als 10 % wert sind und ich mag es einfach nicht, mich unter Preis zu verkaufen. Und zum anderen ist der Ansatz auch nicht mit meinen Prinzipien eines guten Beziehungsnetzwerkes zu verbinden.

Für mich stehen die Menschen des Netzwerkes im Mittelpunkt und nicht die Geschäfte. Ich bin einfach an den Menschen persönlich interessiert und nicht an ihren Funktionen, ihrem Bankguthaben oder ihren Beziehungen. Dieses ehrliche und aufrichtige Interesse am anderen macht ein Netzwerk wertvoll. Das reine geschäftliche Interesse an einer Person ist kein solider Grundstock für ein gutes Beziehungsnetz. Auch gilt für mich das biblische Wort, in dem Geben seliger ist als Nehmen.

Trotzdem, oder gerade aus diesem Grund, habe ich festgestellt, dass Beziehungsnetzwerke im Leben oft eine wichtige, eine entscheidende Rolle spielen. Als ich vor einigen Jahren auf dem Weg zum Friseur war, traf ich kurz vor dem Friseur den Geschäftsführer des Private Banking der HSH Nordbank AG. Den Geschäftsführer kannte ich zum damaligen Zeitpunkt bereits etwa zwei Jahre, wir waren uns auf Anhieb sympathisch. Wir haben einige Veranstaltungen gemeinsam durchgeführt und uns hin und wieder einmal zum Mittagessen oder Kaffeetrinken getroffen. Als wir uns dann also vor dem Friseur trafen, hatte ich erst einige Tage vorher meine Geschäftsführertätigkeit bei der Fundraising Factory gekündigt und war nun dabei, mir zu überlegen, wie ich künftig meine Brötchen verdienen sollte. Als mich der Geschäftsführer fragte, wie es mir geht, habe ich ihm von meiner Kündigung erzählt. Bereits knapp drei Wochen später übernahm ich bei der HSH Nordbank AG den Bereich Philanthropie und Stiftungen. Irre, oder?

Ein persönliches Netzwerk aufzubauen bedeutet natürlich auch Arbeit. Hierbei geht es auch wieder um die Investitionen in die Beziehungspflege. Genauso wie im digitalen Netz müssen die Kontakte für das persönliche Netzwerk geknüpft und gehalten werden. Und genauso wie im digitalen Netzwerk spielen dabei die Geburtstage und die regelmäßigen News eine wichtige Rolle bei der Pflege des persönlichen Netzwerkes.

Meine persönlichen Kontakte übertrage ich in mein persönliches Adressbuch. Die Geburtstage, soweit mir bekannt, trage ich in meinen Kalender ein bzw. habe die entsprechende Funktion in meiner Software aktiviert. Besondere Einzelheiten aus Gesprächen notiere ich mir in der Notizfunktion meines digitalen Adressbuches. Für mich ist diese Funktion wichtig, da ich immer wieder Angst davor habe, wichtige Informationen zu vergessen. Ich weiß nicht, wie es Ihnen geht, aber sobald ich eine wichtige Information aufgeschrieben habe, vergesse ich sie auch nicht mehr. Die Notizfunktion ist damit bereits erfüllt.

Ich hatte ja bereits erwähnt, wie wichtig mir Geburtstage sind. Daher ist es sicherlich nicht verwunderlich, dass sie mir auch in Bezug auf mein persönliches Netzwerk besonders am Herzen liegen. Montags bereite ich mich in der Regel auf die Woche vor. Dazu gehört auch die Übersicht über die Geburtstage in der aktuellen und in der kommenden Woche. Ich entscheide bei der Erstellung, welche Person eine Geburtsmail, welche Person eine Geburtstagskarte und welche Person einen Geburtstagsanruf erhalten soll. Diese Entscheidung treffe ich eher intuitiv nach dem Grad der Bekanntschaft. Eine Intuition, die sehr konstant ist und mir auf ganz unkomplizierte Weise zeigt, wie nahe ich mich den Personen fühle, beziehungsweise wie deren Kommunikationsvorlieben sind.

Auf meinen zahlreichen Reisen versuche ich, soweit es der Kalender zulässt, ein persönliches Treffen zu organisieren. Auch wenn mein Kontakt an diesem Tag keine Zeit hat, so haben wir doch miteinander gesprochen und verlieren uns dadurch nicht aus den Augen. Und wenn ein Treffen tatsächlich stattfinden kann, dann ist es eine großartige Gelegenheit zum Austausch – fachlich und persönlich.

Wenn ich in meinem Alltag auf interessante Informationen stoße, die für einen meiner Kontakte relevant sein könnten, dann schneide ich den Artikel aus und sende ihn meinem Bekannten mit ein paar persönlichen Zeilen zu. Oder, wenn es ganz besonders eilig ist, sende ich einen Link per E-Mail, wenn einer vorhanden ist.

Sie sehen, Netzwerkarbeit ist intensiv, sie lohnt sich aber. Die persönlichen Beziehungen zwischen uns Menschen bereichern uns und können auch im beruflichen Alltag von Nutzen sein. Denken Sie daran: Beziehungen schaden nur denen, die keine haben.

6.3 Veranstaltungen und Orte zum Netzwerken für Fundraiserinnen und Fundraiser

Ein erfolgreicher Fundraiser ist kontaktstark. Er ist an den Orten anzutreffen, an dem seine Zielgruppe auch unterwegs ist. Eine erfolgreiche Fundraiserin ist mit den Menschen verbunden, die einen guten Leumund in der Zielgruppe haben, sie sind Türöffner und Multiplikatoren zugleich.

Nun stellt sich natürlich die Frage: Welches sind die Orte, an denen ein Fundraiser oder eine Fundraiserin mit den richtigen Menschen, nämlich den Zielpersonen, in Kontakt treten kann?

Lassen Sie mich diese Orte nach regionaler Nähe und nach bundesweiter Wirkung unterteilen. Natürlich sind die regionalen Plattformen zur Aufnahme von Kontakten von Ort zu Ort, von Stadt zu Stadt unterschiedlich. Daher möchte ich an dieser Stelle all jene Kontaktorte bzw. Organisationen nennen, die an fast jedem Ort vorhanden sind.

Fangen wir einmal mit den Kontakten zu Unternehmern an. Hier ist die örtliche Industrie- und Handelskammer natürlich ebenso perfekt geeignet wie die Handwerkskammer. Fast alle Unternehmen sind in diesen Kammern Mitglied, da es sich hierbei um eine Pflichtmitgliedschaft handelt. Nur wenige Unternehmen, wie zum Beispiel die Selbstständigen oder Non-Profit-Organisationen, sind nicht zur Kammermitgliedschaft verpflichtet.

In Deutschland gibt es 80 Industrie- und Handelskammern sowie 53 Handwerkskammern. Ich bin sicher, auch in Ihrer Nähe finden Sie einen Standort dieser Kammern. Auch wenn Sie bzw. Ihre Organisation nicht Mitglied einer solchen Kammer sind, so gibt es doch zahlreiche Möglichkeiten, diese Kammern für die Kontaktaufnahme zu nutzen.

Da sind auf der einen Seite die zahlreichen Veranstaltungen und Empfänge, die durch die Kammern angeboten werden. Diese sind oft auch für Externe, also Nichtmitglieder, zugänglich. Aber nicht nur die Kammern selbst, sondern auch andere Veranstalter nutzen die Räume der Kammern, um für Unternehmer oder Handwerker interessante Veranstaltungen anzubieten.

Ich selbst habe im Ludwig-Ehrhard-Haus, dem Sitz der Berliner Industrie- und Handelskammer, und in der Hamburger Handelskammer, direkt hinter dem Hamburger Rathaus, spannende Veranstaltungen erlebt und dort sehr interessante Menschen kennen gelernt.

Aber nicht nur die Teilnahme an Veranstaltungen und Empfängen der Kammern ist für Sie als Fundraiserin oder Fundraiser interessant, sondern auch ein Auftritt als Referentin oder Referent, denn natürlich ist es viel einfacher, sich bei zahlreichen Zuhörern durch einen spannenden Vortrag bekannt zu machen, als jeden einzelnen Teilnehmer direkt anzusprechen.

Es gibt viele Themen, die Sie als externer Fundraising-Spezialist für Unternehmer oder Handwerker anbieten können. Was halten Sie von Themen wie „Corporate Social Responsibility – die richtige Organisation für gesellschaftliches Engagement herausfinden" oder „Was können Unternehmen von Gemeinnützigen Organisationen lernen?" Wie wäre es mit „Kunden gewinnen und Kunden binden durch Unternehmensspenden"?

Aber nicht nur die Kammern sind vor Ort ideale Begegnungsorte für das Fundraising. Auch die Jahresempfänge der Bürgermeister und der politischen Parteien, der Bürgervereine und anderer Organisationen eignen sich für die Vernetzung mit den lokalen Akteuren.

In vielen Städten gibt es Business-Clubs, die ganz ausdrücklich mit dem Netzwerkgedanken werben. Natürlich kostet die Mitgliedschaft in einem solchen Club Geld. Und selbstverständlich muss sich diese Investition für Ihre Organisation lohnen. Daher ist sie nur dann sinnvoll, wenn Sie aktiv am Clubleben teilnehmen und die Chance zum Vernetzen ergreifen.

Auch sind die sogenannten „Service-Clubs", wie die „Lions" oder „Rotarier" in Amerika bezeichnet werden, eine ideale Kontaktbörse, die Zugang zu Persönlichkeiten in der Region und darüber hinaus bieten. Nutzen Sie diese Clubs, stellen Sie dort die Arbeit Ihrer Organisation vor oder präsentieren Sie ein ganz besonderes Projekt aus Ihrer Fundraising-Arbeit.

Natürlich können Sie auch mit dem Golfsport beginnen und Sport, Freizeit und Netzwerk miteinander verbinden. Gerade mit Golfclubs habe ich am Anfang meiner Karriere sehr gute Erfahrungen gemacht. Bei den clubeigenen Turnieren kam ich sehr schnell mit anderen Mitgliedern in Kontakt und konnte meine Expertise als Fachmann ins Spiel bringen. Auch heute, ich spiele aus zeitlichen Gründen aber fast nur noch auf Einladungsturnieren, genieße ich es sehr, beim Golfspiel neue Kontakte zu knüpfen.

Die nationalen Netzwerke spielen für Sie eine wichtige Rolle, wenn Sie Geber für überregionale, nationale oder internationale Projekte suchen. Denn ein Geber aus dem Allgäu wird sich eher nicht für ein regionales Projekt in Holstein interessieren. Das ist jedenfalls meine Erfahrung.

Es gibt unterschiedliche Möglichkeiten, sich national zu vernetzen. Da sind zum einen Verbände, wie der Bund Katholischer Unternehmer, der Arbeitskreis Evangelischer Unternehmer, der Bundesverband Junger Unternehmer, die Marketingclubs, der Verband Deutscher Unternehmerinnen, Junge Unternehmer, Bundesverband mittelständischer Wirtschaft, Bundesverband der Deutschen Industrie, Verein Deutscher Ingenieure, Markenverband, Bund Deutscher Architekten und so weiter, und so weiter… Sie sehen: Es gibt für jede Zielgruppe einen Verband, eine Vereinigung oder ein anderes interessantes Netzwerk. Die meisten Verbände habe regionale Gruppen, die sich regelmäßig zum Kennenlernen und Austauschen treffen. Mindestens einmal im Jahr finden nationale und internationale Tagungen, Mitgliederversammlungen oder Messen statt, auf denen Sie Ihr Netzwerk ausbauen können.

6.4 Veranstaltungen zur Ansprache von Großspendern

Wie ich bereits erwähnt habe, sind Veranstaltungen ideale Orte für das Kennenlernen von neuen Menschen und für die Festigung von bestehenden Kontakten. Darüber hinaus sind die meisten Veranstaltungen auch sehr interessant und lehrreich. Sie verbinden also das Nützliche mit dem Praktischen, eine ideale Synergie für Ihre Aufgabe der Beschaffung von finanziellen Mitteln.

Nun stellt sich die Frage, ob es Veranstaltungen gibt, die für Fundraiserinnen und Fundraiser die idealen Ansprachplattformen für die Gewinnung von Großspendern sind. Denn leider gibt es keine Messe oder Tagung, die alle Großspender in Deutschland gezielt anspricht – zumindest ist mir keine bekannt. Auch gibt es keinen Verein der Großspender in Deutschland e. V., der auf seiner Mitgliederversammlung die großzügigsten Geber zusammen bringt.

Daher ist es wichtig, dass Sie sich über die Profile Ihrer potenziellen Großspender im Klaren sind. Je mehr Sie über die Großspender wissen, die bereits Ihre Organisation unterstützen, desto konkreter wird das Bild, das Sie sich über diese Zielgruppe machen können. Und je konkreter das Bild ist, desto intensiver können Sie sich in die Zielgruppe hineinversetzen und herausfinden, auf welchen Veranstaltungen diese Menschen wahrscheinlich anzutreffen sind.

Wahrscheinlich stehen Sie nicht automatisch auf dem Einladungsverteiler dieser Veranstaltungen. Dann sorgen Sie dafür, dass sich das ändert. Melden Sie sich zum nächsten Event an und schon werden Sie regelmäßig über diese und ähnliche Veranstaltungen informiert. Oder abonnieren Sie einen Newsletter, der vom Veranstalter verschickt wird – mit hoher Wahrscheinlichkeit werden Sie dann auch zu den Terminen eingeladen. Rufen Sie einfach beim Veranstalter an, signalisieren Sie Ihr Interesse und lassen Ihre Kontaktdaten aufnehmen, und schon gehören Sie zu den Menschen, die zu vielen interessanten Zusammenkünften eingeladen werden.

Häufig kosten diese Veranstaltungen Geld, es muss Eintritt gezahlt werden, Sie haben evtl. Reise- und Übernachtungskosten. Dieses Budget müssen Sie natürlich von Ihrer Organisation zur Verfügung gestellt bekommen. Dabei ist es auch egal, wie hoch die Kosten sind – wichtig ist, dass sich dieser Aufwand für Sie und für Ihre Organisation lohnt, denn Sie verbringen natürlich einen Teil Ihrer Arbeits- und Freizeit auf der jeweiligen Veranstaltung.

Lassen Sie mich die Veranstaltungen in drei wichtige Bereiche einteilen. Da sind zum einen die Empfänge, die insbesondere zum Jahresanfang überall durchgeführt werden. Dann haben wir die Kongresse und Tagungen, die sich in der Regel an bestimmte Gruppen richten. Und die dritte wichtige Veranstaltungsform sind die zahlreichen Messen.

Unabhängig von der Form der Veranstaltung sind meine Vorbereitungen. Ich habe bereits erwähnt, nach welchen Kriterien ich die Veranstaltungen auswähle, die ich besuchen möchte. Erst einmal setze ich mir ein quantitatives Ziel. Schaffe ich es beispielsweise, 10 Personen von meiner Akquiseliste anzusprechen und darüber hinaus noch mindestens 10 neue Menschen kennenzulernen? Bei einer Tagesveranstaltung ist das gut zu erreichen, bei einem Empfang, der etwa zwei bis drei Stunden dauert, ist dieses Ziel hingegen sehr ambitioniert.

Die Menschen, die ich gezielt ansprechen möchte, sind mir natürlich namentlich bekannt, denn unter anderem dafür wurde ja die Top-100-Akquiseliste erstellt. Ein Foto dieser Person ist über die gängigen Suchmaschinen meist sehr leicht zu finden, selbst von mir gibt es ein gutes Dutzend Fotografien im World-Wide-Web. Diese Fotos sind für mich sehr wichtig, denn sie ermöglichen es mir, die Personen schon aus der Ferne zu lokalisieren. Beim Nähertreten noch ein kurzer Blick auf das Namensschild und schon kann die direkte Ansprache erfolgen:

„Guten Tag Herr Ansprechpartner, schön Sie hier zu treffen. Mein Name ist Andreas Schiemenz und ich habe gehofft, Sie heute hier kennen zu lernen."

Bei den neuen Menschen, die ich kennen lerne, verlasse ich mich ganz und gar auf den Zufall. Ich spreche in den Vorträgen mit meinen Sitznachbarn, stelle mich in den Pausen zu fremden Menschen an den Stehtisch und plaudere am Buffet mit den Leuten in der Schlange. Mache ich eine mir bekannte Person aus, die in einer Gruppe steht, so stelle ich mich dazu und lasse mich dort vorstellen bzw. stelle mich selbst vor. Natürlich verzichte ich darauf, wenn ich merke, dass sich diese Gruppe sehr intensiv mit vertraulichen Themen beschäftigt. Dann belasse ich es bei einen kurzen Gruß in die Runde, der es den anderen noch ermöglicht, mich in das Gespräch einzubeziehen.

Empfänge und Jubiläen Zum Jahresanfang hat die Vernetzungsarbeit einer Fundraiserin oder eines Fundraisers Hochkonjunktur: Ein Neujahrsempfang folgt dem nächsten. Es laden die politischen Parteien ein, die Verbände und Organisationen, die Kammern und die gemeinnützigen Vereine. Ein wahrer Marathon beginnt, kaum hat das neue Jahr angefangen, und er zieht sich fast über das gesamte erste Quartal eines Jahres.

Wenn Sie das Großspender-Fundraising für die Organisation neu aufbauen müssen und Sie noch keine Erfahrung mit Empfängen haben, sollten Sie jede Veranstaltung besuchen. Sie werden erstaunt sein, wie bunt die Welt der Empfänge ist. Auch wenn Sie nicht auf jeder Veranstaltung Ihre Top-5 treffen, so werden Sie mit vielen Menschen in Kontakt kommen, die Sie sonst nie getroffen hätten, und Sie werden immer wieder Menschen begegnen, die Sie bereits von anderen Empfängen kennen.

Doch seien Sie nicht nur auf den regionalen Empfängen präsent. Neben dem Neujahrsempfang im Rathaus und der Industrie- und Handelskammer in Ihrem Ort gibt es auch spannende Empfänge für bundesweit aktive Vereinigungen. Solche Empfänge erweitern

Ihr Netzwerk weit über die Region hinaus und vertiefen auch gleichzeitig die regionalen Kontakte.

Erstaunlicherweise ist es nämlich so, dass Menschen aus der Region, die Sie außerhalb der Region wiedersehen, einen engeren Kontakt zu Ihnen suchen werden. Sie kennen das aus dem Urlaub: Sie fahren über die Tauernautobahn in Österreich, sind gerade auf der Landstraße zwischen Lucca und Florenz oder fahren in ein Pariser Parkhaus. Sobald Sie ein Auto überholen oder sehen, das das gleiche Kennzeichenkürzel wie Ihres hat, winken Sie fröhlich, nicken sich freundlich zu oder freuen sich zumindest im Stillen. So ist es auch auf nationalen und internationalen Empfängen. Sobald Sie ein Gesicht aus Ihrer Region wiedererkennen oder ihre Muttersprache ein paar Tische weiter hören, fühlen Sie sich diesen Menschen durch diese besondere Gemeinsamkeit verbunden: Sie kommen aus dem gleichen Umfeld, aus der gleichen Region oder dem gleichen Land.

Jubiläen sind den Empfängen sehr ähnlich. Es sind auch Veranstaltungen, die entweder in der Region oder im nationalen Umfeld stattfinden. Ein Unternehmen, das Ihre Organisation unterstützt, lädt zum Betriebsjubiläum ein. Die örtliche Kirche feiert 175-jähriges Bestehen, der Sportverein ist 100 Jahre alt geworden oder ein Stadtteil feiert seinen 250. Geburtstag. Auf solchen Jubiläen werden Sie viele Menschen wiedersehen, die Sie bereits von den Neujahrsempfängen kennen.

Kongresse, Tagungen und Messen Ein riesige Anzahl von Kongressen und Tagungen werden Jahr für Jahr auf diesem Erdball abgehalten und durchgeführt. Zu fast jedem Thema gibt es einen Fachkongress oder mindestens eine Tagung. Jede Berufsgruppe trifft sich zum Austausch, für jedes Hobby gibt es spannende Zusammenkünfte.

Die Programme zu diesen Veranstaltungen sind in aller Regel schon Monate vor dem Termin online einsehbar. Sie können sich anschauen, welche Redner, welche Referenten auf dem Kongress oder der Tagung auftreten bzw. angefragt sind. Sie erhalten Informationen darüber, an welchen Personenkreis sich die Veranstaltung richtet. Wenn Sie die Presseberichte – die auch fast immer im Netz verfügbar sind – lesen, können Sie die Rahmenbedingungen wie zum Beispiel die jährlichen Teilnehmer und die Höhepunkte der Veranstaltung studieren und haben damit einen Eindruck, was auf der kommenden Tagung oder dem kommenden Kongress zu erwarten ist.

Ich selbst nutze natürlich auch meine Online-Netzwerke intensiv für die Vorbereitung auf diese Veranstaltungen. Ich frage nach, welcher Kontakt bereits Erfahrungen mit einem bestimmten Kongress hat oder wer plant, auf eine bestimmte Tagung zu fahren. Ich erhalte auf diesem Wege nicht nur interessante Informationen, sondern kann mich möglicherweise auch mit meinem virtuellen Kontakt real, live und „in Farbe" treffen.

Wenn Sie in der Onlinesuchmaschine die Worte „Kongresse" und „Übersicht" eingeben, erhalten Sie einen ersten Überblick über die Vielfalt der Angebote. Suchen Sie gezielt Kongresse und Messen in Deutschland, dann hilft der „Ausstellungs- und Messe-Ausschuss der Deutschen Wirtschaft" (www.auma.de) weiter.

Ein Besuch auf einer Messe ist natürlich auch klug zu planen und vorzubereiten. Jede Messe hat ein Ausstellerverzeichnis, das bereits im Vorwege verfügbar ist. Diese Übersicht dient dazu, den Messebesuch effektiv vorzubereiten und die Messe optimal zur Kontaktpflege nutzen zu können. Besonders für die Ansprache von Unternehmerinnen und Unternehmern sind Messen sehr wichtig. Fast jedes Unternehmen präsentiert sich dem Markt auf einer solchen Messe, stellt seine Produkte vor und spricht die Messebesucher gezielt an. Da die meisten Messen – zumindest jene, die ich kenne – dazu dienen, den Umsatz des Unternehmens zu steigern, sind die Aussteller natürlich überwiegend mit dem Vertrieb angereist. Nicht immer sind die Inhaber – also die Menschen, die Sie vielleicht als Großspender lokalisiert haben – die gesamte Messezeit über vor Ort. Doch viele der Inhaber sind zur Messeeröffnung da, so dass für Sie die ersten Messetage ideal sind, um mit ihnen Kontakt aufzunehmen.

Falls Sie ganz sicher gehen wollen, dass Ihr Ansprechpartner zur entsprechenden Zeit auf einer Messe sein wird, rufen Sie einfach in seinem Sekretariat an und fragen Sie nach. Sie werden auf jeden Fall eine verlässliche Antwort erhalten, ob und wann der gewünschte Kontakt vor Ort sein wird.

Auch hier gilt das gleiche wie auf den Empfängen: Haben Sie ein Foto von der Zielperson dabei, damit Sie den richtigen Menschen ansprechen können. Ist diese Person am Messestand nicht zu sehen oder vielleicht mit einer anderen Person im Gespräch, dann wenden Sie sich an das verfügbare Standpersonal. „Guten Tag, meine Name ist Andreas Schiemenz, ich möchte mit Herrn Ansprechpartner sprechen."

Sie sehen, es gibt unzählige Möglichkeiten, über Veranstaltungen mit Menschen in Kontakt zu kommen. Aus meiner Sicht ist es wichtig, dass Sie sich nicht verzetteln und von Event zu Event zu springen. Gehen Sie lieber auf wenige, aber dafür auf die richtigen Veranstaltungen. Gehen Sie auf die Menschen zu, mit denen Sie ins Gespräch kommen wollen. Nutzen Sie die Zeit und lernen Sie viele neue Menschen kennen. Ich zum Beispiel gehe am liebsten allein auf Veranstaltungen und nicht mit Kollegen. Dadurch umgehe ich die Gefahr, dass ich mich überwiegend mit den Kollegen unterhalte. Das ist zwar zweifelsfrei auch immer sehr spannend und kommt im beruflichen Alltag viel zu kurz, doch dafür gibt es andere Formen des Austausches, wie zum Beispiel ein gemeinsames Mittagessen in der Kantine oder auch mal ein Feierabendbier.

6.5 Neue Kontakte knüpfen

Kontakte knüpfen ist für mich mehr als nur eine Aufgabe. Es ist für mich eine Philosophie, und die hat mich vollständig ergriffen, ist mir in Mark und Bein, ins Blut übergegangen. Das bedeutet, dass ich mir die Aufgabe „Kontakte knüpfen" im Alltag gar nicht mehr stelle, sondern sie automatisch durchführe. Wo ich stehe, wo ich gehe und wo ich auf meinen Reisen sitze.

Der von mir sehr geschätzte Redner und Coach Martin Limbeck hat einmal gesagt, dass er im Flugzeug immer den Gangplatz nimmt. Dann kann nämlich der Gesprächspartner auf dem Mittelsitz oder auf dem Fensterplatz nicht flüchten. Das gilt für mich nicht nur in Flugzeugen, auch in der Bahn reserviere ich mir immer den Gangplatz.

Egal wo ich mich bewege – ich muss einfach mit den Menschen ins Gespräch kommen. Das gilt nicht nur im Flugzeug oder in der Bahn. Ich kann normalerweise noch nicht einmal Fahrstuhl fahren, ohne mich mit den Mitfahrerinnen und Mitfahrern zu unterhalten.

Finden Sie das zu aufdringlich? Wenn es Ihnen schwer fällt, mit Menschen auf diese Art und Weise in Kontakt zu treten, dann fehlt Ihnen sicherlich nur ein wenig Übung. Und die besten Übungsmöglichkeiten bietet uns der Alltag. Als Jugendlicher, ich war gerade in der Pubertät, war ich unendlich schüchtern. Ich traute mich nicht, irgendeine Person anzusprechen, und schon gar nicht die interessanten Mädchen. Damals, in den 70er-Jahren des letzten Jahrhundert, gab es jedoch für Jugendliche eine Fachzeitschrift, die sich mit Musik, Filmen, Stars und praktischen Alltagsanleitungen beschäftigte. In der „BRAVO" gab es sogar einen Fachmann mit dem Namen Dr. Sommer, der sich durch praktische und lebensnahe Ratschläge auszeichnete. Schüchternen Jungs empfahl er in einer Ausgabe des Jugendmagazins, wildfremde Menschen einfach nach der Uhrzeit zu fragen. Das war ein großartiger Ratschlag, den ich sofort in der Fußgängerzone meiner Heimatstadt umgesetzt habe. Ich habe mich mindestens 30 Männern und Frauen aus allen Altersgruppen in den Weg gestellt und die Frage „Können Sie mir bitte die Uhrzeit sagen?" in verschiedenen Varianten getestet. Und obwohl die Kirchturmuhr der Hamelner Marktkirche für alle Menschen gut sichtbar war, gab es nur freundliche Antworten. Selbst, als ich einen Passanten nach einer guten Stunden ein zweites Mal fragte, ich habe ihn nicht wiedererkannt, gab es sogar noch eine Lebensweisheit mit auf den Weg: „Du wartest wohl auf Deine Freundin? Tja, auf Frauen muss man immer warten."

Bis heute hat sich noch niemand einem Gespräch mit mir verweigert oder sich gar über mich beschwert. Weder die Menschen in den Fahrstühlen dieser Welt, noch die Flugzeugpassagiere oder die Zureisenden. Natürlich sind die Unterhaltungen sehr unterschiedlich, mal sehr intensiv, mal kurz und oberflächlich. Aber Die Gesprächspartnerinnen und Gesprächspartner waren immer sehr freundlich und die meisten haben sich mit einem Lächeln von mir verabschiedet und mir zum Abschied ihre Visitenkarten überreicht.

Sie merken sicherlich, wie sehr es mir Spaß macht, mit anderen Menschen ins Gespräch zu kommen. Und dabei ist es mir egal, ob mein Sitznachbar nach einem Großspender aussieht oder nicht. Für mich sind alle Menschen gleich und mir macht es Spaß, mit Vertretern jeder Generation, jedes Geschlechts, aus jeder Bildungsschicht und jeder Religion zu sprechen und sie kennen zu lernen. Ich gebe an dieser Stelle auch gerne zu, dass ich meine Kontaktanbahnung nicht sehr strategisch angehe. Es ist eher der Zufall, auf den ich mich verlasse und von dem ich mich gern überraschen lasse.

Falls Sie diesen Spaß für sich noch nicht entdeckt haben, so kann ich Sie nur ermutigen, ihn zukünftig zu suchen und zu genießen. Er ist quasi an jedem Ort zu haben, er kostet nichts – außer am Anfang etwas Überwindung – und Sie machen sich und Ihren Gesprächspartnerinnen und Gesprächspartnern eine große Freude. Sie werden sehen: Es lohnt sich wirklich.

Auch wenn ich im Alltag das Kontakteknüpfen nicht auf der täglichen To-do-Liste stehen habe, so ist die Kontaktaufnahme für mich ein klares Ziel bei Veranstaltungen. Ich prüfe regelmäßig, welche Veranstaltungen in meinem regionalen Umfeld und international angeboten werden und wähle sorgfältig aus, welche ich besuche.

Natürlich informiere ich mich grundsätzlich vorher, an welche Zielgruppen sich die Veranstaltung richtet. Ich frage ehemalige Teilnehmer nach ihren Eindrücken, informiere mich über meine digitalen Netzwerke, telefoniere mit dem Veranstalter und lasse mich über die Zielgruppen informieren und mir das Konzept der Veranstaltung erklären.

Sie sehen, wenn ich auf Veranstaltungen gehe, dann bereite ich mich gezielt darauf vor. Ich kläre im Vorfeld, welche Personen ich dort antreffen werde. Eventuell ist eine Teilnehmerliste wenige Tage vor der Veranstaltung verfügbar. Oder Menschen, die auf der Akquiseliste stehen, halten einen Vortrag, sitzen auf dem Podium oder moderieren eine Diskussion. Es gibt unzählige Informationsquellen, so dass Sie wirklich nichts dem Zufall überlassen müssen. Mit ein wenig Kreativität und gutem Willen kommen Sie an diese wichtigen Informationen und erhalten so einen Eindruck von der Veranstaltung.

Mit potenziellen Spendern ins Gespräch kommen – Smalltalk als Einstieg

7

Smalltalk wird als eine beiläufige Konversation ohne Tiefgang bezeichnet.[1] Ein Smalltalk ist also ein Alltagsgespräch, eine Plauderei, ein Geplänkel, ein Schwätzchen, ein Plauschen, eine Plauderei – ein Gespräch, das spontan, zufällig, locker und in einem umgangssprachlichen Ton geführt wird.

Somit ist ein Smalltalk etwas, das wir in unserem Alltag jeden Tag führen. Ein kleines Schwätzchen mit den Kolleginnen am Arbeitsplatz, ein Austausch mit den Nachbarn über das Wetter oder ein kurzes Gespräch mit dem fremden Sitznachbarn in der Bahn über die fröhliche Brezelverkäuferin. In einem solchen Austausch treten gesellschaftliche oder hierarchische Unterschiede in den Hintergrund und es wird eine freundliche Atmosphäre geschaffen.

Dieser Austausch über häufig unbedeutende und austauschbare Themen spielt jedoch für das Miteinander der Menschen eine wichtige Rolle und hat als gesellschaftliches Ritual eine hohe Bedeutung. Erst einmal vermeidet der Smalltalk das schweigende Nebeneinanderstehen. Er bringt Menschen ins Gespräch. Smalltalk zeigt das Interesse am Gegenüber und ist der Einstieg in ein gegenseitiges Kennenlernen. Aber Smalltalk dient auch der Pflege von bestehenden Kontakten. Gerade im Zeitalter der digitalen Kommunikation, der schnellen Kurzmitteilungen und umfangreichen E-Mails Tag für Tag, ist das persönliche Gespräch etwas ganz Besonderes.

Das schweigende Stehen in einer Ecke während Sie auf den Sitzungsstart warten, das Hantieren mit dem Smartphone auf einem Empfang signalisiert hingegen Unsicherheit oder gar Desinteresse an den Mitmenschen. Ein solcher Auftritt schafft keine Sympathie und kann darüber hinaus sogar zu Ablehnung führen.

Für die meisten Menschen ist es nicht schwer, ein Gespräch zu führen. Darin haben wir sogar eine tägliche Routine, denn wir führen sowohl in der Familie, mit Freunden

---

[1] vgl. www.wikipedia.org/wiki/Smalltalk.

und an den Arbeitsstätten regelmäßig Gespräche mit anderen Menschen. Sicherlich gibt es Menschen, die deutlich gesprächiger, eloquenter und mitteilsamer sind als andere, die eher ruhig, zurückhaltend und bedächtig sind. Doch Gespräche führen sie alle, unabhängig vom Temperament.

Natürlich fallen Gespräche mit Personen, die uns vertraut sind, wesentlich leichter als mit fremden Personen. Im Freundeskreis und am Arbeitsplatz kennt man sich untereinander, vertraut sich und weiß, was man voneinander zu halten hat. Daher lassen sich hier die Gespräche recht einfach starten:

Der Alltag ist voll mit guten Ansprachemöglichkeiten für Menschen aus unserem Umfeld. Doch deutlich schwerer fällt es uns, mit neuen Menschen in Kontakt zu treten. An vielen Orten können wir das feststellen: Die Mitarbeiterin setzt sich zu den bekannten Kollegen an den Besprechungstisch. Auf der Firmenfeier sitzen die Teammitglieder zusammen. Auf Empfängen stehen Bekannte zusammen. So ist es auch ganz normal, wenn wir uns zu den Menschen gesellen, die wir bereits kennen.

Doch ist es nicht auch aufregend, neuen Menschen zu begegnen, andere Perspektiven und Meinungen kennen zu lernen und neue Erfahrungen zu sammeln? Ich finde es wahnsinnig aufregend und ich bin unheimlich neugierig auf andere Menschen. Diese Einstellung macht es mir natürlich einfacher, auf andere Menschen zuzugehen. Und diese Einstellung ist auch notwendig, wenn Sie als Fundraiser neue Geber kennenlernen möchten.

Im Fundraising gibt es nur drei Ausgangslagen, um mit einem Geber ins Gespräch zu kommen:

- Die **Ausgangslage 1** ist die beste Situation. Sie kennen den Geber bereits. In diesem Fall haben Sie eine gemeinsame Geschichte und es ist deutlich einfacher, einen Gesprächstermin zu bekommen, als wenn Sie sich überhaupt noch nicht kennen.
- In einem solchen Fall können Sie, und das ist die **Ausgangslage 2**, auf eine Person zugreifen, die den gewünschten Gesprächspartner bereits kennt. Diese Person bezeichne ich als „Türöffner", denn sie kann den Fundraiser mit dem gewünschten Geber zusammen bringen, also die Tür zu seinem Büro oder Wohnzimmer öffnen.
- Die **Ausgangslage 3** ist die schwerste, denn hier gibt es weder einen persönlichen Kontakt zu dem Gesprächspartner noch gibt es einen Türöffner, der den Zugang herstellen kann. In diesem Fall bleibt uns nur noch die Kaltakquise. Wir müssen also den Termin mit einer Person machen, die uns noch nicht kennt.

Nicht immer lässt sich die Kaltakquise übergehen. Doch je mehr Menschen Sie kennen, desto mehr persönliche Kontakte haben Sie und umso mehr „Türöffner" können Sie für Ihre Fundraising-Ziele ansprechen. Daher ist es wichtig, dass ein erfolgreicher Fundraiser in der Lage ist, Menschen anzusprechen, sie kennenzulernen und sich selbst zu positionieren. Und hierfür bietet uns der Smalltalk natürlich ganz viele Möglichkeiten.

Eine wichtige Voraussetzung für einen guten Smalltalk ist das aufrichtige Interesse an Ihrem Gegenüber. Denn nur, wenn Sie wirklich an den Menschen interessiert sind und Sie ihnen mit Respekt begegnen, kann ein guter Austausch stattfinden. Interesse an Menschen lässt sich lernen, es muss nicht angeboren sein. Machen Sie sich doch einmal deutlich, wie viel wir von anderen Menschen lernen können, wie spannend es ist, andere Sichtweisen und Meinungen kennen zu lernen. Aus jedem Gespräch nehmen wir neue Erkenntnisse und spannende Eindrücke mit. Smalltalk ist also eine großartige Form, mit neuen Menschen in Kontakt zu treten und andere Eindrücke zu gewinnen.

Es gibt zahlreiche Bücher und Hörbücher zu diesem Thema, Tageszeitungen und Illustrierte nehmen es immer wieder auf, unzählige Internetseiten geben Ratschläge zum Thema Smalltalk. Ganz offensichtlich gibt es ein großes Bedürfnis der Menschen, zwanglos mit anderen ins Gespräch zu kommen. Ich möchte Ihnen im Folgenden die für mich wichtigsten Erkenntnisse über den Smalltalk zusammenfassen.

7.1 Aller Anfang ist schwer – Ergreifen Sie die Initiative

Häufig ist am Smalltalk der erste Schritt der schwierigste. Doch einer sollte den Anfang machen. Und da Sie nicht wissen, ob und wann der andere das Gespräch beginnt, sollten Sie die Initiative starten. Hier macht natürlich auch die Übung den Meister. Ich erinnere mich noch sehr gut, wie ich als Jugendlicher versucht habe, meine Schüchternheit zu überwinden. Es war für mich ganz furchtbar, wenn ich mit Fremden zusammenkam. Ich traute mich nicht, den Mund aufzumachen, sondern stand stumm und still daneben. Glücklicherweise fiel mir in dieser Zeit ein Ratschlag in einer Zeitschrift in die Hände. Der Autor, der diesen Artikel geschrieben hatte, gab einen Tipp zur Überwindung der Schüchternheit. Seine Empfehlung lautete, auf der Straße ganz willkürlich Menschen anzusprechen und diese nach der Uhrzeit zu fragen. Durch diese Aufgabe würde sich die Hemmung, auf fremde Menschen zuzugehen, deutlich reduzieren. Ich für meinen Teil fand den Ratschlag nachvollziehbar und setzte ihn auch unverzüglich um. Wie die Passanten auf mich regierten, habe ich Ihne ja bereits im Exkurs von Kap. 6 geschildert. Meine Erfahrungen in diesem Selbstversuch waren daher:

1. Üben macht sicher.
2. Die Menschen reden gern.

Zum Üben müsse Sie aber nicht in die Fußgängerzone gehen und die Menschen nach der Uhrzeit fragen. Es gibt viele andere Gelegenheiten, im Alltag die Fähigkeiten zum Smalltalk zu trainieren. Üben Sie mit dem Taxifahrer, auf dem Bahnhof, in der Schlange vor der Supermarktkasse, an der Tankstelle, in der Kantine, an der Garderobe und an vielen anderen Orten. Der Alltag ist einfach voll mit wunderbaren Smalltalk-Möglichkeiten, er bietet uns ein riesiges Übungsfeld.

Der beste Einstieg für ein Gespräch ist der Blickkontakt. Schauen Sie den Gesprächspartner freundlich an und lächeln Sie dabei. Das Lächeln wirkt sympathisch und zeigt dem Gegenüber, dass Sie sich gern unterhalten möchten. Sie kennen doch sicherlich die Redensart: „Der kürzeste Weg zwischen zwei Menschen ist ein Lächeln." Wenn das Gegenüber ebenfalls mit einem Lächeln reagiert, dann ist alles klar. Auch der andere ist an einer Unterhaltung interessiert.

Der erste Satz muss dabei nicht vor Genialität sprühen. Gerade im Smalltalk darf das Gespräch mit etwas Belanglosen, etwas Banalen starten. Deshalb dürfen Sie auch gern mit dem Thema „Wetter" beginnen, einem sehr beliebten Eisbrecher, denn jeder Gesprächspartner hat eine Meinung zu der aktuellen Wetterlage. Doch es gibt auch andere Einstiegsthemen. Es bieten sich natürlich thematische Einstiege rund um den Anlass der Begegnung an:

- Bei einer Betriebsfeier könnte die Einstiegsfrage lauten: *„In welchem Bereich sind Sie tätig?"* oder *„Seit wann sind Sie im Unternehmen?"*
- Bei einer Geburtstagsfeier: *„Woher kennen Sie das Geburtstagskind?"*
- Bei einer Konferenz: *„Wie fanden Sie den Vortrag?"*

Auch im Smalltalk bietet sich die Fragetechnik zur Gesprächsführung an. Mit offenen Fragen können Sie auch hier dem Gesprächspartner genügend Raum für seine Ausführung lassen und sich als guter Zuhörer zeigen. Auch haben Sie die Möglichkeit, in das Gespräch einzusteigen und es an bestimmten Stellen zu vertiefen.

Wenn Sie angesprochen werden, dann antworten Sie freundlich und ausführlich. Vermeiden Sie kurze Sätze und erzählen Sie etwas ausführlicher und bildhafter. Ein guter Smalltalk besteht im Austausch von bunten und positiven Erzählungen. Dabei ist es wichtig, dass Sie leicht verständliche Aussagen machen, denn so ermöglichen Sie es dem Gesprächspartner, spontan reagieren zu können.

Person 1: *„Ist das nicht ein wunderbares Wetter?"*
Person 2: *„Ja, ich finde, dieser Sommer verwöhnt uns wieder einmal."*

Oder bei schlechten Wetter:

Person 1: *„Dieser Regen ist ja besonders ausdauernd."*
Person 2: *„So ein Wetter hatten wir auch schon lange nicht mehr. Aber der Regen erspart es uns, die Blumen zu gießen."*

7.2 In eine Gruppe dazukommen

In den oben genannten Beispielen habe ich eine Situation gewählt, in der zwei Menschen aufeinander treffen. Sie treten zufällig neben einer anderen Person in den Aufzug oder Sie gesellen sich zu einer allein stehenden Person dazu. Doch es gibt natürlich auch die Situationen, in denen alle anderen Personen bereits in Gruppen zusammen stehen und miteinander im Gespräch sind. Stellen Sie sich zu einer Gruppe dazu und verfolgen Sie das Gespräch aufmerksam. Sobald Sie über das Gesprächsthema informiert sind, sollten Sie sich auch am Gespräch beteiligen.

„Sie sprechen gerade über den neuen Film ... Können Sie ihn empfehlen?"
„Ich höre gerade, dass Sie über den Vortrag sprechen. Wie sehen Sie den Aspekt...?"

Schauen Sie alle Gesprächspartner in der Gruppe an. Nehmen Sie abwechselnd zu den Teilnehmern Blickkontakt auf und lächeln Sie dabei freundlich. Sind Sie selbst schon in einer Gruppe, dann zeigen Sie sich gegenüber neu n Personen zuvorkommend. Beziehen Sie diese Person aktiv in das Gespräch ein.

„Wir sprechen gerade über den neuen Film ... Haben Sie ihn schon gesehen?"
„Wir sprechen gerade über den Vortrag. Was halten Sie von den Thesen des Referenten?"

Einfacher ist es, wenn Sie bereits eine Person in der Gruppe kennen. Dann nicken Sie dieser Person freundlich zu und begrüßen sie. Im Anschluss stellen Sie sich den anderen Gesprächsteilnehmern mit Vornamen und Nachnamen kurz vor: „Guten Tag, Vorname Nachname"

Bei der Begrüßung schauen Sie die Teilnehmer in der Gruppe kurz reihum an und lächeln selbstverständlich dabei. Dann hören Sie dem Gespräch aufmerksam zu und beteiligen sich, sobald Sie über das Thema informiert sind.

Wenn Sie bereits in der Gruppe stehen und eine Ihnen bekannte Person kommt hinzu, dann begrüßen Sie diese und stellen sie den anderen Gesprächsteilnehmern kurz vor: „Darf ich vorstellen: Vorname Nachname." Sind Ihnen die anderen Gesprächsteilnehmer auch namentlich bekannt, dann stellen Sie auch diese der hinzugekommenen Person vor. Aus meiner Sicht spricht nichts dagegen, die Herrschaften der Reihe nach vorzustellen, doch es ist natürlich formvollendeter, wenn Sie die Damen vor den Herren, die Älteren vor den Jüngeren und die Ranghöheren vor den Rangniedrigeren vorstellen. Nach der Vorstellung informieren Sie kurz über das derzeitige Thema.

Wichtig beim Smalltalk ist es, sich positiv und unverkrampft zu äußern. Der Smalltalk ist keine Fachdiskussion über Meteorologie, sondern ein entspannter Austausch über das Wetter. Es sollte nicht negativ über den Referent gesprochen werden, sondern allgemein über das Thema. Vergessen Sie nicht, welche Funktion der Smalltalk haben soll, nämlich den einfachen Einstieg in ein Kennenlernen, er soll die Basis für Sympathie legen und bei den Gesprächspartnern einen positiven Eindruck hinterlassen.

Wenn Sie merken, wie ein Gespräch ins Stocken gerät oder gar abzubrechen droht, dann wechseln Sie das Thema. Stellen Sie dem Gesprächspartner eine offene Frage zu einem anderen Punkt. Wechseln Sie zum Beispiel vom Wetter auf die Tagungsinhalte. Oder fragen Sie einfach nach dem Beruf des Gegenübers:

„Was hat Sie motiviert, an dieser Veranstaltung teilzunehmen?"
„Was machen Sie beruflich?"

Da die Menschen am liebsten über Dinge sprechen, in denen sie sich auskennen, eignen sich natürlich der Beruf oder die Hobbys besonders für einen zwanglosen Austausch. Wenn Sie Fragen zu den beruflichen Hintergründen stellen, sich für den Beruf und das Arbeitsfeld Ihres Gesprächspartners interessierten, wird dieser Sie mit einem spannenden Gespräch belohnen. Auch hier gilt natürlich aufrichtiges Interesse am Gesprächspartner und damit auch an dem Thema. Für mich sind der Gesprächspartner und das Thema nicht zu trennen, denn wenn ich wirklich an einer Person interessiert bin, dann interessieren mich auch die Themen, die diese Person bewegen.

Wenn sich ein angenehmes Gespräch dem Ende neigt, dann bedanken Sie sich bei Ihrem Gesprächspartner und wünschen einen schönen Tag oder Abend. Um den Kontakt zum Gegenüber zu halten, können Sie an dieser Stelle eine Fortsetzung des Gespräches zu einem anderen Zeitpunkt anbieten: „Das war eine wirklich sehr spannende Unterhaltung. Gern möchte ich das Gespräch mit Ihnen bei Gelegenheit fortführen."

Dieser Moment ist auch ein guter Zeitpunkt für den Austausch von Visitenkarten:

„Darf ich Sie um Ihre Karte bitten, damit ich mit Ihnen in Kontakt bleiben kann?"

„Wollen wir unsere Visitenkarten tauschen?"

Doch es wird beim Smalltalk nicht erwartet, dass Sie sich über einen längeren Zeitraum einer bestimmten Person oder einer Gruppe widmen. Jeder hat Verständnis, wenn Sie sich auch anderen Gesprächspartnern zuwenden. Doch sollten Sie nicht einfach das Gespräch verlassen, sondern den Gesprächspartner darauf hinweisen, dass Sie das Gespräch beenden:

„Vielen Dank für das nette Gespräch. Ich sehe da drüben einen anderen Gast, den ich gern begrüßen möchte."

„Ich habe mich sehr gefreut, Sie kennenzulernen. Vielleicht unterhalten wir uns später nochmal, das würde mich freuen."

Elegant ist es natürlich auch, den Gesprächspartner weiterzureichen. Hat das Gegenüber erwähnt, dass es eine bestimmte Person im Raum noch nicht kennt? „Kommen Sie, ich stelle Sie vor."

7.3 Was Sie im Smalltalk vermeiden sollten

Es gibt im Smalltalk einige Regeln, die Sie beachten sollten. Dabei haben Sie bitte immer im Blick, dass ein Smalltalk ein leichtes und wertschätzendes Gespräch sein soll, in dem sich die Gesprächspartner sympathisch sind. Es dient zum Kennenlernen und soll Gemeinsamkeiten herausfinden, über die gesprochen werden kann.

Deshalb ist es wichtig, dass Sie einen guten Eindruck hinterlassen. Hier nun die wichtigsten No-Gos für einen Smalltalk:

1. **Nicht kommunizieren.** Wenn Sie sich still in eine Ecke verdrücken und gelangweilt auf Ihr Smartphone blicken, dann senden Sie ein eindeutiges Zeichen, nämlich, wie langweilig Sie die Veranstaltung und die anwesenden Personen finden. Auch das schüchterne Am-Rand-Stehen oder unruhige im Raum Hin- und Hergehen wirkt auf die anderen Personen nicht sehr positiv. So lange Sie nicht mit den anderen Personen kommunizieren, so lange haben Sie auch nicht die Möglichkeit, einen guten Eindruck zu hinterlassen. Als Fundraiser repräsentieren auch Sie die Organisation, für die Sie arbeiten. Daher müssen Sie aktiv auf andere Menschen zugehen und den Smalltalk führen.

2. **Negative Äußerungen**. Formulieren Sie positiv. Denn eine Person, die sich negativ äußert, hat es schwerer, als eine Person, die sich positiv äußert. Erstaunlicherweise färbt die negative Aussage auf das Image des Vortragenden ab. Jemand, der etwas Schlechtes sagt, wird selbst häufig als schlecht empfunden. Nicht umsonst wurden früher die Überbringer von schlechten Nachrichten hingerichtet.
Dabei müssen Sie natürlich nicht lügen, sondern Sie können diplomatisch agieren. Nach einem, aus Ihrer Sicht unkoordinierten, Vortrag sollten Sie nicht sagen: „Der Vortrag hatte überhaupt keine Struktur." Formulieren Sie freundlicher: „Ich fand den Aufbau des Vortrags sehr ungewöhnlich."
3. **Krankheiten**. Keine Krankheit ist so spannend, dass Sie beim Gesprächspartner ein gutes Gefühl hinterlässt, es sei denn, Sie sind auf einem Gesundheitskongress unter lauter Ärzten. Daher eignen sich Krankheiten nicht für einen Smalltalk. Verzichten Sie also auf die Schilderung Ihrer Krankenakte und wechseln Sie das Thema, wenn Ihr Gegenüber über Krankheiten spricht.
4. **Religion**. Auch Religion gilt als heikles Thema für einen Smalltalk. Zwar stellt für mich Religion durchaus etwas Positives da, doch für viele Menschen ist dieses Thema ein sehr privates. Daher bietet es sich nicht für ein Kennenlerngespräch an.
5. **Politik**. Politik sollte ein ernstes Thema sein. Eine leichte, oberflächige Diskussion über die aktuellen politischen Ereignisse ist der Sache nicht angemessen. Daher gehört das Thema Politik auch nicht in einen Smalltalk.
6. **Tratsch und Gerüchte**. „Haben Sie schon gehört? Der Herr Müller wechselt zu …" Der berufliche Wechsel von Herrn Müller ist bestimmt eine spannende Neuigkeit. Doch gehören Tratsch und Gerüchte auch nicht ein lockeres Gespräch. Aus meiner Sicht verbietet sich beides schon allein aus moralischen Gründen. Ich glaube auch nicht, dass man mit Menschen, die man gerade erst kennen gelernt hat, über nicht anwesende Personen sprechen sollte.
7. **Geschlossene Fragen stellen**. Wenn Sie geschlossene Fragen stellen, dann kann Ihr Gegenüber nur knapp mit „ja" oder „nein" antworten. Es entsteht kein wirklicher Dialog und der Gesprächspartner kann sich schnell ausgefragt fühlen. Außerdem entsteht der Eindruck, dass Sie nicht wirklich an einem Gespräch mit dem Gegenüber interessiert sind:
„Sind Sie zum ersten Mal auf diesem Kongress?"
„Fahren Sie auch zu anderen Kongressen?"
„Finden Sie das Wetter auch so scheußlich?"
8. **Nicht zuhören**. Sie stellen gekonnt eine offene Frage und kaum fängt das Gegenüber an zu antworten, schweift Ihr Blick schon durch den Raum, Sie nicken freundlich anderen Gästen zu oder schauen gar auf Ihr Smartphone. Der Eindruck, der von Ihnen entsteht, wird auf gar keinen Fall ein guter sein. Daher ist es wichtig, dass Sie auch im Smalltalk aktiv zuhören. Schauen Sie dem Gesprächspartner in die Augen. Stellen Sie zwischendurch Fragen. Zeigen Sie gelegentlich mit Zusprüchen wie „Ja", „Interessant", „Sehe ich auch so" oder einem einfachen „Mhm" Ihre Aufmerksamkeit. Oder nicken Sie einfach nur mit dem Kopf. Auf jeden Fall sollten Sie aufrichtiges Interesse an dem Gespräch zeigen, auf das Gesagte eingehen und neue Fragen daraus ableiten.

9. **Monologe halten**. Wie jedes andere Gespräch auch ist der Smalltalk ein Austausch zwischen den Gesprächsteilnehmern, in dem alle beteiligten Personen zu Wort kommen sollten. Daher sollten Sie sehr darauf achten, dass Sie nicht der Alleinunterhalter in dem Gespräch sind. Lange und ausführliche Gesprächsanteile können für das Gegenüber schnell langweilig werden. Auch kann durch einen ausführlichen Monolog der Eindruck entstehen, dass Sie einen starken Selbstdarstellungswillen haben. Achten Sie also darauf, dass auch bei einem für Sie sehr leidenschaftlichen Thema nicht die Pferde mit Ihnen durchgehen. Benennen Sie dieses Thema ruhig: „Ich habe eine große Leidenschaft für die Meteorologie. Ich muss Sie warnen, bei diesem Thema finde ich oft kein Ende."
10. **Jemandem ins Wort fallen**. Es ist sehr unhöflich, wenn wir unser Gegenüber nicht aussprechen lassen und ihm ins Wort fallen. Natürlich ist es nicht immer ganz einfach, einem lebhaften Gespräch mit großem Interesse zu folgen und eine Gesprächspause des Anderen abzuwarten. Gerade im direkten Austausch zeigt sich ja das gegenseitige Interesse. Doch seien Sie auch hier höflich und lassen den Gesprächspartner erst einmal aussprechen. Während einer Sprechpause haben Sie dann die Gelegenheit, eine Frage zu stellen: „Ein sehr interessanter Aspekt, Herr Gesprächspartner. Aber was halten Sie von folgender These...?"

Mit den 10 No-Gos möchte ich Ihnen aber nicht zu sehr Angst machen, sondern Sie einladen, auf Ihren gesunden Menschenverstand zu achten. Wenn Sie Unhöflichkeiten und Aufdringlichkeit vermeiden, wenn Sie am Gegenüber und seinen Themen interessiert sind, wenn Sie freundlich bleiben und lächeln, dann machen Sie alles richtig, um einen guten Smalltalk zu halten.

7.4 Orte und Anlässe für Kennenlerngespräche

Es gibt viele Orte, in denen wir unterwegs sind und es gibt viele Anlässe, auf denen wir unterwegs sind. Manchmal treffen wir zufällig auf Menschen im Aufzug, am Bahnhof oder in anderen beruflichen und privaten Situationen. Und natürlich gibt es auch Orte und Anlässe, die wir uns gezielt aussuchen, um mit potenziellen Gebern ins Gespräch zu kommen und unsere Netzwerke auszuweiten.

Ich persönlich liebe beide Situationen. Sehr überrascht bin ich immer wieder, wie vielen interessanten Menschen ich zufällig begegne. Diese Menschen kreuzen ständig unsere Wege. Sei es auf der Straße, im Restaurant oder Café an der Ecke, im Zug und im Flugzeug, am Taxistand und beim Anstehen an der Brötchentheke. Was wir an solchen Orten tun, das ist uns überlassen. Wir können ganz für uns sein, allein am Tisch sitzen und grimmig signalisieren, dass wir keinen Tischnachbarn wünschen. Wir schauen stur geradeaus, vermeiden jeden Blickkontakt mit anderen Menschen und schreien wortlos in den Raum: Wir sind nicht interessiert!

Doch was für wunderbare Begegnungen hatten wir in unserem bisherigen Leben, die rein zufällig waren? Ich zum Beispiel habe viele Menschen in meinem Freundeskreis und in der Bekanntschaft, die ich zufällig getroffen habe. Aus einer zufälligen Begegnung entstand eine langfristige und tiefere Beziehung. Das Schicksal meint es gut mit uns und wir sollten uns erkenntlich zeigen. Kommen Sie dem Schicksal entgegen, geben Sie sich einen Ruck und dem Schicksal eine Chance.

Natürlich gibt es Situationen und Momente in denen wir ganz für uns allein sein wollen. Das ist ganz normal. Sie müssen nicht zu jedem Zeitpunkt alle Antennen auf Empfang stellen und mit jedem Menschen in Ihrem Umfeld sprechen. Sie dürfen sich auch einmal eine Auszeit nehmen. Ich zum Beispiel bin am Sonntagmorgen in der langen Schlange vor meinem Lieblingsbäcker weder ausgeschlafen noch sprühe ich vor Mitteilungsdrang. Nein, ich habe schnell geduscht, mich in bequeme Kleidung geschmissen und bin schon vor dem ersten Kaffee auf die Straße gegangen. Ich brauche einfach Zeit, um richtig in Schwung zu kommen.

Doch auf der anderen Seite macht mir das Kennenlernen so viel Spaß. Es ist ein tolles Gefühl mit fremden Menschen zu sprechen, sich anzulächeln oder sogar gemeinsam über eine Situation zu lachen. Es ist toll, wenn das Gegenüber nach dem Gespräch sagt:

„*Es war toll, Sie zu treffen. Hoffentlich sehen wir uns bald einmal wieder.*"

Für mich sind diese Momente kurzweilig und sehr motivierend. Smalltalks verkürzen die Wartezeit vor der Kasse und geben ein extrem gutes Gefühl, für alle Gesprächspartner. Ich mag es auch sehr, andere Menschen zum Lächeln zu bringen. Ich finde es großartig, wenn die Bäckerin noch beim 176. Kunden so freundlich ist wie beim ersten Kunden. Ich finde es wichtig, dass wir Menschen miteinander respektvoll und freundlich umgehen. Darum halte ich auch einen Smalltalk mit der Bäckerin. Und ich bedanke mich für das wundervolle Gespräch und die duftenden Brötchen. Das Abschiedslächeln verzaubert den ganzen Tag. Probieren Sie es einfach auch einmal aus. „Jeder Smalltalk übt, auch die alltäglichen Gespräche beim Einkaufen oder in der U-Bahn."

Und je mehr wir mit anderen Menschen im Gespräch sind, umso mehr spannende Menschen kommen dazu. Das Gesetz der Masse wirkt auch im alltäglichen Austausch mit anderen Menschen.

Meine These: Mit der steigenden Zahl von zufälligen Gesprächen steigt die Wahrscheinlichkeit, dass ich auf diesem Wege auch Großspender kennenlerne.

Im Fundraisingalltag genügt es jedoch nicht, dem Zufall ausgeliefert zu sein. Wir müssen uns gezielt zu den Orten und auf die Anlässe begeben, wo wir mit unseren Gebern ins Gespräch kommen, denn wir dürfen ja nicht vergessen, warum das Kennenlernen für uns so wichtig ist. Eine Person, die Sie kennt, wird sich mit Ihnen viel leichter zu einem Termin verabreden als eine Person, die Sie nicht kennt. Der Termin ist wichtig, damit Sie mit dem Geber über sein Engagement reden können. Und je besser das Gespräch, je besser Ihr Eindruck beim Gesprächspartner, desto größer ist die Chance auf einen Erfolg und desto größer ist die Spendensumme, die Sie realisieren können.

Also gehören die Kennenlerngespräche zur Basis Ihres Erfolges im Fundraising. Damit Sie mit den richtigen Menschen ins Gespräch kommen, müssen Sie dorthin gehen, wo diese Menschen auch sind. An dieser Stelle kommt wieder die Akquiseliste ins Spiel, über die ich im Kap. 5 geschrieben habe. Es ist für Ihren Fundraisingerfolg wichtig zu wissen, welche Menschen Sie ansprechen wollen. Das bedeutet sowohl im Allgemeinen eine Clusterung der Zielpersonen als auch im Speziellen eine aktuelle Übersicht der Personen, die Sie konkret als Geber gewinnen wollen. Machen Sie sich an dieser Stelle noch einmal deutlich, dass Sie einen Geber nur dann erkennen, wenn Sie auch wissen, wie diese Person aussieht. Stellen wir uns einmal vor, dass Sie eine Top-10-Liste mit den potenziellen Gebern aus Ihrer Region haben, zu denen es bisher noch keinen Kontakt gibt. Diese Liste sehen Sie jeden Tag an Ihrem Arbeitsplatz. Dort stehen 10 Namen und 10 Spendenbeträge, die Sie als Zielvorgabe angesetzt haben. Und idealerweise ist jeder Name mit einem Foto der Zielperson versehen, so dass Sie sich ein Bild von dem zukünftigen Spender machen können.

Wenn Sie also nun auf einem Empfang eine Person von Ihrer Liste wieder erkennen, denn Sie schauen ja täglich auf Ihre Akquiseliste, dann werden Sie die Chance zum Kennenlernen nutzen können. Wenn jedoch Ihre Zielperson unerkannt an Ihnen vorbeigeht, dann haben Sie diese Chance nicht.

Wenn wir uns als erstes das Zielgruppencluster anschauen, dann haben wir die ersten Hinweise darauf, wo und zu welchem Anlass wir die Zielgruppe treffen. Wenn Sie beispielsweise einen regionalen Schwerpunkt haben und die Unternehmer Ihrer Region im Blick haben, dann werden Sie eine Anzahl davon auf dem Neujahrsempfang der Industrie- und Handelskammer, auf dem regionalen Unternehmertag oder zu anderen Anlässen treffen. Vielleicht lassen sich aber auch die üblichen Klischees besetzen und Sie treffen die zukünftigen Großspender bei einem Golfturnier, der Jagd, einer Regatta, auf einem Tennisturnier oder einem kulturellen Ereignis wie der Berlinale, dem Schleswig-Holstein Musikfestival oder der VIP Lounge des örtlichen Fußball-, Handball- oder Eishockeyvereins. Ihnen werden darüber hinaus noch zahlreiche andere Orte und Ereignisse einfallen, an denen Sie auf Ihre Zielgruppe treffen können. Lesen Sie sorgfältig die Tageszeitung aus Ihrer Region und Sie werden erstaunt feststellen, wie viele Möglichkeiten es gibt, die gewünschten Personen kennen zu lernen. Weitere ergänzende Hinweise dazu habe ich Ihnen auch in Kap. 6 gegeben.

Nun stellt sich nur noch die Frage, wie Sie zu diesen Orten kommen und was Sie tun müssen, um zu bestimmten Anlässen eingeladen zu werden. Einige Orte und Veranstaltungen sind öffentlich. Hier heißt es einfach nur hinzugehen. Andere Veranstaltungen können gebucht werden. Sie melden sich an, zahlen die Veranstaltungsgebühr und gehen hin. Und natürlich gibt es auch Veranstaltungen, zu denen nur geladene Gäste Zutritt haben. Meine Empfehlung bei solchen Veranstaltungen lautet, den Veranstalter anzurufen und zu fragen: „Veranstalter, was muss ich tun, damit ich auf die Gästeliste der Veranstaltung … komme?"

Was kann Ihnen bei einer solchen Anfrage schon groß passieren? Im schlimmsten Fall lautet die Antwort „nein". Aber Sie hatten ja auch vorher schon keine Einladung, es ist also nicht schlechter geworden. Doch mit dem Anruf haben Sie die Chance auf ein „ja" deutlich verbessert, denn ohne die Nachfrage kommen Sie wahrscheinlich nicht auf die

Gästeliste. Mit dem Anruf haben Sie zumindest die Chance dazu. Es ist wie beim Golfspiel. Nur, wenn Sie den Schlag auf dem Grün kräftig genug ausüben, hat der Ball die Chance, ins Loch zu rollen. Ist der Ball zu kurz gespielt, dann haben Sie keine Chance auf das Loch. Wenn der Veranstalter ablehnt, hat sich die Situation für Sie nicht verschlechtert, denn Sie hatten ja schon vorher keine Einladung.

Falls der Veranstalter fragt, warum Sie auf die Gästeliste wollen, dann sollten Sie ehrlich antworten:

„Ich möchte mein Netzwerk in der Region ausbauen. Sie können mich bei diesem Ziel unterstützen, wenn Sie mir die Teilnahme an der Veranstaltung ... ermöglichen. Wie können Sie mir dabei helfen?"

Wenn Sie jedoch ganz konkret Namen für Namen auf Ihrer Akquiseliste abarbeiten möchten, dann müssen Sie gezielter vorgehen und auf die Veranstaltungen gehen, auf denen auch Ihre Zielpersonen sind. Am einfachsten ist es natürlich, wenn Sie einige Informationen über die jeweilige Zielperson gesammelt haben. Hierbei sind folgende Punkte für Sie wichtig:

- Welche Hobbys hat die Zielperson?
- In welchen Verbänden ist die Zielperson aktiv?
- Welchen Clubs und Vereinigungen gehört die Zielperson an?
- Auf welchen Kongressen und an welchen Messen nimmt die Zielperson teil?
- Wo tritt die Zielperson als Redner auf?

Nun müssen Sie nicht unbedingt Golf spielen, auf die Jagd gehen, segeln oder anderen Hobbys nachgehen, damit Sie die Zielperson treffen können. Sie müssen auch nicht in den gleichen Clubs engagiert sein und in denselben Restaurants essen. Sie müssen das alles nicht tun, es hilft Ihnen aber, wenn Sie sich mit Ihrer künftigen Spendenzielgruppe vernetzen möchten. Ich bin immer wieder positiv überrascht, welche Personen ich zufällig beim Lunch treffe, wenn ich einmal am Mittag in der Hamburger Innenstadt oder am Berliner Gendarmenmarkt verabredet bin.

Begegnungen mit den künftigen Großspendern zu organisieren, ist recht einfach, wie die obigen Beispiele zeigen. Doch auch, wenn Sie die Top-Spender, also die sehr vermögenden Personen, kennen lernen möchten, gibt es dazu zahlreiche Möglichkeiten. Möchten Sie mit dem Vorstand einer großen Bank sprechen? Auf den großen Wirtschaftsforen treten die Vorstände immer wieder auf, halten eine Keynote und mischen sich vor und nach dem Vortrag unter die Teilnehmer.

Sie möchten eine der zehn reichsten Personen in Deutschland kennenlernen? Dann reisen Sie doch zum Wiener Opernball oder fahren zur Berlinale nach Berlin. Rund um diese Veranstaltungen sehen Sie zahlreiche interessante Persönlichkeiten, die sich auch als Geber für Ihre Projekte eignen. Ist Ihre Zielperson Ehrengast bei einer besonderen Veranstaltung? Dann kaufen Sie sich für diese Veranstaltung eine Eintrittskarte und lernen Sie die Person kennen.

An den Möglichkeiten wird es sicherlich nicht scheitern. Es gibt aber vielleicht die eine oder andere Hürde zu überwinden. Erst einmal müssen Sie als Fundraiser von Ihrem Vorstand oder Ihrer Geschäftsführung die Möglichkeit erhalten, an solchen Veranstaltung teilzunehmen, denn diese Form des Kennenlernens erfordert Zeit und ein Budget für die Eintrittskarten, die Mitgliedschaften, Reisekosten und Spesen. Sie müssen also Ressourcen einsetzen, um den Zugang zu neuen Gebern zu erhalten. Nicht umsonst heißt die alte Weisheit: „Fundraising heißt, mit der Wurst nach dem Schinken werfen."

Nur, wenn Sie Zeit und Geld einsetzen, haben Sie die Möglichkeit, neue Spender für die Arbeit Ihrer Organisation zu gewinnen. Da der Aufwand nicht unerheblich ist, müssen Sie sich an dieser Stelle ganz klar zu einer Zielgruppe bekennen, die einen hohen Spendenbetrag für Ihre Organisation zur Verfügung stellen kann. Dieser Aufwand lohnt sich aus meiner Sicht erst bei einer Einstiegsspende im fünfstelligen Bereich, also mindestens 10.000 €.

Damit Ihre Organisation Ihnen die Möglichkeit eröffnet, über solche Wege den Zugang zu neuen Gebern aufzubauen, müssen Sie natürlich Überzeugungsarbeit leisten. Sie müssen die Entscheider in Ihrer Organisation davon überzeugen, dass die von Ihnen ausgesuchten Veranstaltungen und Clubs der ideale Zugang zu den avisierten Zielpersonen ist. Sie müssen die Entscheider aber auch davon überzeugen, dass Sie genau die richtige Person sind, die an den relevanten Orten und auf den richtigen Veranstaltungen die gewünschte Zielpersonen ansprechen und mit den Kontaktdaten nach Hause kommen wird.

Und wenn Sie überzeugt haben, dann müssen Sie natürlich auch liefern. Es reicht nicht, sich zu den Veranstaltungen anzumelden und dann still in der Ecke zu stehen oder sich nur mit den Menschen zu unterhalten, die Sie ohnehin schon kennen. Sie müssen nach Ihren Zielpersonen Ausschau halten und gezielt diese Menschen ansprechen. Und der beste Start für ein Kennenlernen ist eben der Smalltalk.

7.5 Vorbereitung auf Begegnungen

Nachdem einige der vielen Möglichkeiten erwähnt wurden, auf denen Fundraiser die künftigen Geber kennenlernen können, möchte ich nun auf die Vorbereitung auf solche Begegnungen zu sprechen kommen.

Nehmen wir einmal an, Sie haben sich für eine Veranstaltung entschieden, um eine bestimmte Person zu treffen. Im Rahmen der Veranstaltungsankündigung wurden die Referenten und Impulsgeber bereits angekündigt. Ihre Zielperson sitzt bei einer Diskussion der Veranstaltung auf dem Podium. Darüber hinaus nehmen Sie an, dass auch einige andere, für Sie als Zielspender lokalisierte, Personen an der Veranstaltung teilnehmen.

Damit Sie sich auf die Veranstaltung vorbereiten können, ist es hilfreich, bereits vor Beginn des Events die Teilnehmerliste zu erhalten. Der schnellste Weg, um im Vorfeld an die Teilnehmerliste zu kommen, ist ein Telefonat mit dem Veranstalter.

> *"Guten Tag Herr Veranstalter. Gern möchte ich die Veranstaltung ... nutzen, um mit einigen Teilnehmern ins Gespräch zu kommen. Können Sie mir die Teilnehmerliste vorab zur Verfügung stellen?"*

Auch in diesem Fall erhöhen Sie mit dem Anruf die Chance auf die Zusendung der Teilnehmerliste erheblich. Denn ohne Anruf wird es definitiv keine Teilnehmerliste geben. Sobald Sie die Teilnehmerliste in Ihren Händen halten, gehen Sie die aufgeführten Namen durch. Markieren Sie sich die Personen, die für Sie interessant sind und zu denen Sie bereits Kontakt haben. Können Sie Personen nicht einordnen, dann können Sie mit einer kurzen Internetrecherche nähere Informationen zu diesen Personen einholen. Je nach Ergebnis Ihrer Recherche markieren Sie auch hier die für Sie relevanten Personen.

Als nächsten Schritt erstellen Sie ein Dokument, in dem Sie die Namen der von Ihnen markierten Personen, kurze Hintergrundinformationen und ein Foto der betreffenden Person zusammentragen. Dieses Dokument können Sie als PDF (Portable Document Format) auf Ihrem Smartphone speichern oder als Ausdruck in der Handtasche, Aktentasche oder der Sakkotasche mitnehmen. Somit haben Sie die relevanten Informationen vor Ort zur Hand und ein Foto der Zielpersonen vor Augen. Dadurch wird es für Sie deutlich einfacher sein, die richtigen Personen auf der Veranstaltung zu erkennen und gezielt auf diese Menschen zuzugehen.

Sollte es keine Teilnehmerliste vor der Veranstaltung geben, dann liegt diese häufig den Unterlagen bei, die Sie vor Beginn der Veranstaltung erhalten. In diesem Falle setzen Sie sich zu Beginn der Veranstaltung in die letzte Reihe und nutzen Sie den ersten Vortrag zur Auswertung der Teilnehmerliste. Markieren Sie auch hier die für Sie relevanten Personen und suchen Sie auf Ihrem Smartphone Fotografien zu den Namen. Speichern Sie die Fotos oder machen Sie einen Screenshot. Und dann halten Sie Ausschau nach den betreffenden Personen. In welcher Reihe sitzt die von Ihnen gesuchte Person? Wohin geht diese Person in der Pause? Ist die Person mit einem Menschen im Gespräch, den Sie bereits kennen und der Sie vorstellen kann? All diese Fragen können Sie sich in der letzten Reihe in Ruhe durch den Kopf gehen lassen und Ihre Taktik zur Ansprache der Zielperson planen.

7.6 Mit der Ansprache einen Impuls setzen

Bei der gezielten Ansprache von potenziellen Gebern auf einer Veranstaltung habe ich sehr gute Erfahrungen mit einer gezielten Gesprächseröffnung gemacht. Mit einer solchen gezielten Gesprächseröffnung verzichten Sie ganz bewusst auf den den Smalltalk. Idealerweise bietet sich ein solcher Ansatz bei einer Person an, die Sie bereits auf Ihrer Akquiseliste stehen haben, aber bisher noch nicht persönlich getroffen haben.

Doch wie sieht eine gezielte Gesprächseröffnung aus? Dazu müssen wir uns natürlich erst einmal das Ziel für das Gespräch mit der Zielperson vor Augen führen. Als Fundraiser braucht man nicht sehr viel Kreativität, um das Ziel der Kontaktaufnahme zu definieren. Das Ziel eines jeden Fundraisers ist es, den potenziellen Geber zur Spende zu motivieren.

In der bereits erwähnten Akquiseliste haben wir das Ziel sogar mit einer Spendensumme definiert.

Eine gezielte Gesprächseröffnung sollten Sie aus meiner Sicht daher bereits beim ersten Aufschlag richtig positionieren. Was halten Sie von dem nachfolgenden Einstieg in das Kennenlerngespräch?

Fundraiser: „Guten Tag Herr Geber. Mein Name ist Vorname Nachname von der ... Organisation. Ich habe gehofft, Sie heute hier zu treffen."

Dieser Einstieg macht deutlich, dass Sie das Gegenüber bereits namentlich kennen. Damit Ihr Gesprächspartner weiß, mit wem er es zu tun hat, stellen Sie sich natürlich auch vor. Und schon haben Sie sich miteinander bekannt gemacht. Der dritte Teil der Eröffnung bezieht sich direkt auf die Begegnung. Auch hier bin ich für die absolute Ehrlichkeit und schlage daher vor, dass Sie den Grund Ihrer Ansprache auch gleich konkretisieren. Das ist auch gegenüber dem Gesprächspartner fair, denn so weiß er, dass Sie ihn gezielt ansprechen.

Wie könnte das Gespräch an dieser Stelle weitergehen?

Geber: „Ach, warum wollen Sie mich denn treffen?"
Fundraiser: „Ich bin für die Finanzierung der Projekte unserer Organisation verantwortlich. Im Rahmen dieser Aufgabe bin ich auf der Suche nach neuen, interessanten Unterstützern und ich bin überzeugt davon, dass Sie sehr gut zu den Projekten passen."
Geber: „Ich unterstütze bereits einige andere Organisationen."
Fundraiser: „Das hier ist nicht der richtige Rahmen, um mit Ihnen über die spannenden Projekte unserer Organisation zu sprechen. Ich schlage vor, dass wir uns in den nächsten Wochen etwas mehr Zeit für ein Gespräch nehmen. Soll ich direkt mit Ihnen einen Termin abstimmen oder soll ich mit Ihrem Büro sprechen?"

7.7 Nach der Begegnung ist vor der Begegnung

Nach jeder Veranstaltung sollten Sie eine Auswertung machen. Welche Personen haben Sie getroffen und worüber haben Sie gesprochen? Wurden Vereinbarungen getroffen, die Sie im Nachklang der Begegnung erledigen sollen? Welche Personen haben Sie nicht getroffen?

Ich selbst erstelle mir zwei Übersichten. Die erste Übersicht beinhaltet alle Personen, mit denen ich auf der Veranstaltung gesprochen habe. Ich notiere den Namen und fasse die Gesprächsinhalte kurz zusammen. Wenn ich mit der Person eine Vereinbarung getroffen habe, notiere ich diese ebenfalls und versehe diesen Punkt mit einem zeitlich fixierten „to do".

7.7 Nach der Begegnung ist vor der Begegnung

Als erstes erledige ich die Vereinbarungen. Wenn ich also eine telefonische Terminabsprache mit dem Büro vereinbart habe, dann erledige ich diesen Punkt umgehend.

Fundraiser: „Guten Tag. Mein Name ist Vorname Nachname von der Organisation .... Mit Herrn Geber habe ich auf der Veranstaltung ... vereinbart, dass ich mich bei Ihnen bezüglich einer Terminabstimmung melde."

Den Menschen, mit denen ich gesprochen, aber keine Vereinbarung getroffen habe, schreibe ich nach der Veranstaltung einen persönlichen Brief. In diesem Brief bedanke ich mich für das Kennenlerngespräch. Idealerweise greife ich ein oder zwei Besonderheiten aus unserem Gespräch auf und schlage vor, ein ausführlicheres Gespräch zu führen. Der Brief endet mit der Zusage, dass ich mich in den nächsten Tagen bezüglich einer Terminabsprache melden werde.

Die zweite Liste umfasst die Personen, die ich nicht getroffen habe. Entweder ist diese Person früher gegangen, und ich hatte keine Möglichkeit mehr zum Kennenlernen. Oder die Person ist gar nicht zur Veranstaltung erschienen. Hinter diesen Namen vermerke ich die Telefonnummern, soweit diese verfügbar sind. Auch hier hilft die Internetrecherche.

Bei dieser Liste greife ich direkt zum Telefonhörer und rufe die Person an.

„Guten Tag Herr Geber. Mein Name ist Vorname Nachname von der Organisation.... Leider habe ich Sie auf der Veranstaltung ... nicht getroffen. Da ich Sie kennenlernen möchte, schlage ich vor, dass wir uns zu einem Gespräch in den nächsten Wochen verabreden. Wann haben Sie Zeit für ein solches Gespräch?"

Mit einer solchen Nachbearbeitung holen Sie das Optimum aus einer Veranstaltung heraus. Es kostet Zeit, aber es wird durch spannende Spendengespräche und zusätzliche finanzielle Mittel für Ihre Organisation belohnt.

Die telefonische Kontaktaufnahme 8

Die beste Kommunikation zwischen dem Fundraiser und dem Spender findet über das persönliche Gespräch statt. Im direkten Kontakt, von Angesicht zu Angesicht, sind alle Wahrnehmungskanäle verfügbar, können alle verbalen und nonverbalen Regungen direkt aufgenommen werden. Diese direkte und unverfälschte Kommunikation schafft auch das größte Vertrauen zwischen dem Geber und dem Nehmer. Daher ist es gerade im Großspenderfundraising sehr wichtig, den persönlichen Kontakt zum Spender zu haben. Dadurch wächst das Vertrauen zwischen den Akteuren und das wirkt sich positiv auf die Spendensumme aus.

„Je intensiver der Kontakt, desto höher die Spende." Diese Erfahrung gilt für alle Spendergruppen. Doch nicht für alle Spendergruppen lassen sich persönliche Gespräche realisieren. Dafür ist zum einen die Spendendatei zu umfangreich und zum anderen ist es erst bei überdurchschnittlich hohen Spenden wirtschaftlich vertretbar, ein persönliches Gespräch zu führen.

Bei der Gewinnung von Groß- und Top-Spendern ist das persönliche Gespräch das zentrale Instrument im Fundraising. Doch lässt sich das erfolgreiche Spendengespräch nicht zwischen Tür und Angel führen. Es gibt durchaus immer wieder Begegnungen auf Veranstaltungen und Kongressen, bei Empfängen und anderen Anlässen, auf denen Sie auch mit Ihrem Geber über eine Spende sprechen können. In einem solchen Rahmen kommt es immer wieder zu Spendenzusagen, was jedes Fundraisingherz höher springen lässt. Jedoch haben Sie bei einem separat festgelegten Termin, bei dem der Geber und Sie in Ruhe und mit Zeit über die Unterstützung sprechen können, die Möglichkeit, einen höheren Betrag zu akquirieren, denn auch hier gilt die oben genannte Regel. Wenn Sie in Ruhe und in 60 min mit dem Spender über sein Engagement sprechen, dann ist dieses Gespräch natürlich intensiver, als wenn Sie auf einem Empfang nur 15 min zur Verfügung haben.

8.1 Eine kurze Einführung in das Telefonmarketing

Um ein intensives Spendergespräch führen zu können, müssen Sie sich mit dem Geber verabreden. Die Vereinbarung eines Termins erfolgt häufig über das Telefon. Deshalb ist die telefonische Kontaktaufnahme ein wesentliches Instrument zur Gewinnung einer großen Spende, denn je mehr Termine Sie am Telefon vereinbaren können, desto mehr Gespräche werden Sie führen. Und je mehr Gespräche Sie führen, desto mehr Spenden werden Sie akquirieren. Im Umkehrschluss bedeutet das: Wenn Sie zu wenige Spenden sammeln, müssen Sie mehr Termine am Telefon vereinbaren (Abb. 8.1).

Die telefonische Akquise stellt für jeden Verkäufer eine Herausforderung dar. Deshalb gibt es umfangreiche Telefonschulungen und zahlreiche Fachbücher zu diesem Thema. Der Verkaufstrainer Klaus-J. Fink hat sich auf das Thema Telefonmarketing spezialisiert. Seine Bücher, zum Beispiel „Bei Anruf Termin", kann ich als Lektüre sehr empfehlen. Auch auf YouTube ist der Autor, Trainer und Business-Speaker zu erleben (www.youtube.com/user/KlausFinkTraining). Weitere wertvolle Ratschläge zu diesem Thema habe ich auf der Webseite www.telefonart.de gefunden.

Telefonieren ist ein selbstverständlicher Vorgang in unserem Alltag. Wir telefonieren im Büro und auf der Straße, führen geschäftliche und private Gespräch. Die meisten von uns sind immer erreichbar und auf jeder Visitenkarte ist mindestens eine Telefonnummer vermerkt. In Deutschland gibt es inzwischen mehr Telefone als Menschen: „Telefonieren kann jeder." Zum Hörer greifen, eine Nummer wählen und schon geht es los. So einfach ist das Telefonieren in unserem Alltag geworden. Am Telefon quasseln kann jeder, verkaufen aber nicht unbedingt. Klaus-J. Fink hat vier Faktoren ausgemacht, die einen guten Telefonakquisiteur ausmachen. Die ausführlichen Beschreibungen finden Sie in seinem Buch „Bei Anruf Termin". Hier eine kurze Zusammenfassung:

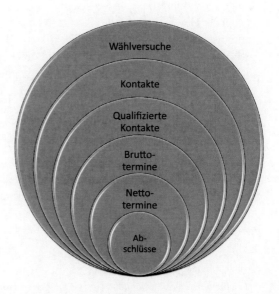

Abb. 8.1 Das Gesetz der Zahl. (Quelle: Klaus-J. Fink, Bei Anruf Termin, Wiesbaden 2013)

1. *Die positive Grundeinstellung*
Telefonische Akquise ist nur dann erfolgreich, wenn Sie sich auf diese Kommunikationsform einlassen. Sie müssen davon überzeugt sein, dass das Telefon ein wichtiges und erfolgreiches Instrument in der Ansprache der Kunden ist. Sollten Sie jedoch an der Telefonakquise grundsätzlich zweifeln, dann werden Sie auch keinen Erfolg haben.
Der Telefonverkäufer wird am Telefon auch immer wieder Ablehnung erfahren. Er nimmt diese Ablehnung nicht persönlich, sondern freut sich auf das nächste gute Gespräch. Auch in kritischen Phasen zweifelt er nicht an seinen Fähigkeiten.
Gute Laune beim Telefonieren lässt die Sonne am Telefon des Gesprächspartners aufgehen. Der Telefonexperte kann sich in eine gute Grundstimmung versetzen. Er kann selbst entscheiden, wann er telefoniert und wird bei einer negativen Stimmung sein Telefonat auf einen späteren Zeitpunkt verschieben.
2. *Die Identifikation mit der eigenen Tätigkeit*
Ein Verkäufer muss seinen Beruf lieben. Er muss diesen Beruf mit Herz und Seele, er muss ihn aus Leidenschaft ausüben. Verkäufer sein ist mehr als ein Job, es ist eine Berufung.
„Nur wer selbst brennt, kann andere entzünden." (Augustinus)
Die Identifikation eines Verkäufers hängt von zwei Voraussetzungen ab. Auf der einen Seite ist es das Unternehmen, welches dafür sorgen muss, dass sich die Mitarbeiter identifizieren können. Doch auch der Verkäufer selbst muss den Willen haben, sich mit seinem Arbeitgeber und dessen Produkten zu identifizieren.
Diese Leidenschaft spürt jeder Gesprächspartner und lässt sich davon gern anstecken. Doch die Identifikation mit der eigenen Tätigkeit ist noch mehr als ein leidenschaftliches Brennen. Ein Verkäufer weiß, dass er für den Kunden extrem wichtig ist. Durch seine Beratung erhält der Kunde Zugang zu neuen Produkten und Leistungen, die für das Unternehmen die wirtschaftliche Existenzsicherung bedeuten.
Daher ist der Telefonverkäufer kein Bittsteller, der sich mit Verlegenheitsformulierungen am Telefon klein macht:
„Entschuldigen Sie bitte, dass ich störe."
„Es dauert nur 1 oder 2 min."
„Ich weiß nicht, ob Sie sich an mich erinnern?"
„Haben Sie gerade Zeit für mich?"
Wenn der Kunde keine Zeit hat, wenn er in einer wichtigen Besprechung ist oder wenn er keine Lust zum Telefonieren hat, dann wird er wohl nicht ans Telefon gehen. Das weiß der Telefonverkäufer und deshalb verzichtet er auf solche Formulierungen. Ein guter Verkäufer hinterlässt bei seinen Gesprächspartnern immer einen Eindruck. Deshalb werden sich die Kunden auch an ihn erinnern.
Der Telefonverkäufer weiß, dass er für den Gesprächspartner wichtige Informationen bereithält, die das Geschäft des Kunden effektiver machen. Deshalb tritt er auf Augenhöhe, bzw. auf Ohrenhöhe, auf.
Ein guter Telefonverkäufer bettelt auch nicht um einen Termin. Eine beliebte Bettelformulierung zur Terminvereinbarung lautet:

„Ich bin nächste Woche bei Ihnen in der Nähe."

Diese Formulierung deutet eine geringe Wertschätzung an. Sie schauen beim Kunden nur deshalb vorbei, weil Sie ohnehin in der Nähe sind. Nur für einen Termin mit Ihrem Gesprächspartner würden Sie gar nicht erst losfahren. Daher gibt ein guter Verkäufer seinem Kunden das Gefühl der Wertigkeit und macht deutlich, dass er auch eine weite Anreise auf sich nehmen wird. Das gibt dem Kunden ein positives Gefühl.

Ein überzeugter Telefonverkäufer spricht auch nicht im Konjunktiv. Er verzichtet auf schwache Formulierungen wie „hätte", „könnte" oder „wäre".

„Hätten Sie nächste Woche eine Stunde Zeit für mich?"

„Könnten Sie sich vorstellen, dass diese Produkt für Sie interessant ist?"

Der Kunde wünscht sich einen souveränen und überzeugenden Gesprächspartner. Daher vermittelt eine Formulierung wie

„Wann darf ich Sie noch einmal anrufen?"

einen unsicheren Verkäufer, der sich nicht auf Augenhöhe mit dem Gesprächspartner befindet. Souveräner ist eine Aussage wie

„Herr Kunde, dann werden wir zu einem späteren Zeitpunkt noch einmal miteinander sprechen."

Der Verkäufer behält weiterhin die Führung und kann den Zeitpunkt des nächsten Telefonats selbst bestimmen.

3. *Eine klare Strategie am Telefon*

Das Telefon bietet für die Gewinnung von Neukontakten viele Einsatzmöglichkeiten. Es gibt jedoch wesentliche Unterschiede, je nachdem, ob bestehende Kontakte angesprochen werden oder ob es sich um Neukontakte handelt.

Die Kaltakquise gehört zu den anspruchsvollen Vertriebsaufgaben. Bei Privatkunden ist diese Form der Ansprache auf Grund der gesetzlichen Rahmenbedingungen nicht erlaubt. Daher wird die Kaltakquise in vielen Fällen von Briefaktionen begleitet. Die Zielsetzung dieser Aktionen ist es, dass der Kunde schriftlich einwilligt, angerufen zu werden. Die Ansprache von Geschäftskunden per Telefon ist jedoch ohne weiteres möglich.

Einfacher ist das Telefonat, wenn es bereits einen Kontakt zum Gesprächspartner gab. Das kann ein bereits vor einiger Zeit geführtes Telefonat sein, ein erstes Kennenlerngespräch auf einer Veranstaltung oder ein gemeinsamer Bekannter.

Noch erfolgreicher sind Erstgespräche am Telefon, wenn der Gesprächspartner bereits Unterlagen vom Unternehmen angefordert hat oder sich ein Angebot erstellen ließ. Das telefonische Nachfassen ist hier Pflicht, da offensichtlich ein Interesse an der Leistung oder dem Produkt besteht. Gerade dieser Punkt ist für Fundraiser im Erbschaftsmarketing sehr spannend. Zahlreiche Organisationen und Stiftungen bieten Erbschaftsbroschüren und Erbschaftsunterlagen für potenzielle Erblasser an. Diese Informationen stehen als Download zur Verfügung oder können als Druckprodukte angefordert werden. Es ist doch naheliegend, den Interessenten nach der Versendung anzurufen und zu fragen:

„Guten Tag Herr Interessent. Mein Name ist Norbert Nehmer von der Spendenorganisation. Vor einigen Tagen haben Sie bei uns eine Broschüre zum Thema Erben bestellt. Haben Sie die Broschüre zwischenzeitlich erhalten?"

„Herr Interessent, wie sind Sie auf uns aufmerksam geworden?"
„Können Sie sich vorstellen, unsere Organisation in Ihrem Testament zu bedenken?"
4. *Die verkäuferische Fähigkeit*
„Am Telefon sind Sie darauf angewiesen, alles, was Sie dem Gesprächspartner vermitteln wollen, über Ihre sprachliche Fähigkeiten auszudrücken. Ihre persönliche Verkaufsrhetorik hat somit am Telefon einen noch höheren Stellenwert als beim Kundentermin vor Ort. Ihre verkäuferische Fähigkeit, die Widerstände des Kunden im Dialog aufzuweichen und einen Termin zu erreichen, ist der zentrale Erfolgsfaktor in der Akquise."[1] Dabei überzeugt der Verkäufer am Telefon nicht mit seinem fundierten Fachwissen zum angeboten Produkt oder zur angebotenen Dienstleistung. Seine Stärke liegt in seinem angemessen Verhalten. Ein Verkäufer ist eine Person, die sich auf die Interaktion mit anderen Personen spezialisiert hat. Hier zeigt er seine Stärke, insbesondere auch am Telefon.

Bei der Terminakquise steht der Termin im Vordergrund und nicht das Produkt. Daher gehören in ein solches Gespräch keine Einzelheiten zum Produkt oder zur Dienstleistung. Zu viel Fachwissen bei der Terminabstimmung birgt auch das Risiko in sich, dass der Gesprächspartner fachspezifische Einwände vorträgt. Doch diese Einwände lassen sich im folgenden Gespräch wesentlich einfacher und entspannter entkräften.

„Die Sprache ist der Spiegel der Gedanken."

Auch am Telefon benutzt der Verkäufer positive Formulierungen und vermeidet negative Assoziationen. Vermeiden Sie am Telefon Wörter wie „nicht", denn wir können das „nicht" nicht denken.

„Denken Sie jetzt nicht an den Eiffelturm."

Diese Aufforderung führt sofort dazu, dass wir das Gegenteil der Aufforderung tun: Wir denken an den Eifelturm.

„Sie werden unser Treffen nicht bereuen."

Obwohl dieser Satz positiv gemeint ist, wird unser Gesprächspartner mit dem Wort „Reue" konfrontiert. Ein Wort, das ganz sicher zu den negativen Begriffen gehört.

Diese vier Faktoren zeigen uns deutlich, wie wichtig die Selbstmotivation und die rhetorischen Fähigkeiten sind. Dabei geht es nicht darum, kluge Telefonskripte mit pfiffigen Formulierungen abzulesen. Viel wichtiger sind dabei Authentizität und Empathie. Ein Verkäufer ist mit sich im Reinen und kennt seine Stärken und Schwächen. Er wird im Verkaufsgespräch keine schauspielerischen Talente zeigen, sondern ganz natürlich bleiben und sich seiner Persönlichkeit bewusst sein. Im Gespräch wird er die Gefühle des Gesprächspartners wahrnehmen und sich so verhalten, dass er auf die Bedürfnisse des anderen eingeht.

Zu guter Letzt kann es auch nicht schaden, wenn der Anrufer über Humor und Schlagfähigkeit verfügt. Humor hat eigentlich jeder Mensch, jedenfalls behaupten das die Menschen von sich. Stellen Sie einmal die Frage, ob jemand humorvoll ist, dann werden Sie ein überzeugtes „ja" hören. Humor ist ein Teil Ihrer Persönlichkeit und ist darüber hinaus

---

[1] Vgl. Klaus-J. Fink „Bei Anruf Termin", Gabler 1999, S. 31.

im Beruf auch nicht verboten. Menschen lachen gern und das gemeinsame Lachen ist eine sehr stabile emotionale Brücke, die zwischen zwei Menschen entsteht. Daher dürfen Sie auch im Telefonat Ihre humorvolle Seite zeigen.

Schlagfertigkeit ist dagegen etwas, von dem viele Menschen glauben, es sei an Ihnen vorbeigegangen. Zur Schlagfertigkeit sind aus meiner Sicht zwei wichtige Voraussetzung entscheidend:

1. Sie brauchen für Schlagfertigkeit ein gesundes Selbstbewusstsein. Als selbstbewusster Mensch können Sie auf jede Situation angemessen reagieren. Sie wissen, dass kritische Punkte im Spendergespräch sich nicht gegen Sie als Person richten, sondern andere Beweggründe haben.
2. Für die spontane Reaktion auf eine Situation benötigen Sie auch eine innere Gelassenheit. Wenn Sie unter Druck geraten, reagiert Ihr Körper wie in der Steinzeit. Er kennt bei „Gefahr" nur zwei mögliche Reaktionen, die Flucht oder den Angriff. Für beide Reaktionen muss Ihr Körper die notwendige Energie erhalten, also alles in die Beinmuskeln, damit Sie schnell rennen können, oder alles in die Arme, damit Sie kräftig zuschlagen können. Es ist wie beim Raumschiff Enterprise: Volle Energie auf die Schutzschilde. Doch wenn die gesamte Energie in den Schutzschilden ist, dann steht der Kommandozentrale weniger Energie zur Verfügung. So ist es auch mit dem Gehirn. In Stresssituationen wird die Sauerstoffzufuhr zum Gehirn reduziert und daher arbeitet es mit weniger Leistung und kann nicht sofort die richtige Antwort liefern. Das ist auch der Grund, warum uns die wirklich guten Antworten auf solche Situation erst viel später einfallen: nach dem Termin im Fahrstuhl oder erst am nächsten Morgen unter der Dusche.

8.2 Vorbereitung auf ein gutes Telefonat

Für ein gutes Telefongespräch gibt es ein paar technische Voraussetzungen. Natürlich benötigen Sie die Telefonnummern der Personen, die angerufen werden sollen, und ein Telefon, mit dem Sie telefonieren. Besorgen Sie sich für die Telefonakquise ein Headset, damit Sie die Hände frei haben. Die Hände werden Sie während des Telefonats für andere Dinge besser nutzen können, als nur zum Hörerhalten. Wenn Sie beide Hände frei haben, können Sie im Gespräch viel besser gestikulieren. Da die Gestikulation zu unser Kommunikation dazugehört, sollten Sie sich am Telefon nicht einschränken. Außerdem können Sie mit einem Headset während des Gespräches aufstehen und vielleicht sogar ein paar Schritte hin und hergehen. Ebenfalls sind Ihre freien Hände hilfreich, wenn Sie sich zwischendurch Notizen machen wollen.

Dazu benötigen Sie außerdem Schreibpapier und Stifte. Notieren Sie im Gespräch alle wichtigen Informationen. Dazu gehört neben dem Vornamen und Nachnamen des Gesprächspartners auch seine Durchwahlnummer, falls Sie ihn zu einem späteren Zeitpunkt direkt erreichen möchten. Lassen Sie sich seine Mailadresse geben, damit Sie nach dem

Telefonat eine kurze Terminbestätigung senden können. Notieren Sie auch den Zeitpunkt des Termins, Terminort und weitere Informationen, die für die Anreise wichtig sind. Vielleicht steht Ihnen einen reservierter Parkplatz zur Verfügung oder der Zugang zum Treffpunkt ist über einen Nebeneingang zu erreichen.

Sagen Sie während des Telefonats, dass Sie sich Notizen machen:
„Herr Geber, ich schreibe mir das kurz auf."

Notieren Sie darüber hinaus alle Informationen, die Sie während des Gespräches aufnehmen konnten. Auch in einem kurzen Telefonat – zur Terminvereinbarung wird es selten länger als drei Minuten dauern – erhalten Sie einige Informationen über den Gesprächspartner. Da Sie während des Telefonats noch nicht wissen, welche Informationen Sie später eventuell brauchen können, sollten Sie nach Möglichkeit sehr umfangreiche Notizen machen.

Lassen Sie nach dem Auflegen das Telefonat in Ihren Gedanken noch einmal Revue passieren. Ergänzen Sie die Dinge, die Sie während des Gespräches nicht aufschreiben konnten und die Ihnen erst im Nachhinein auffallen. Denken Sie auch darüber nach, wie sich das Telefonat für Sie angefüllt hat:

- Was ist aus Ihrer Sicht gut gelaufen?
- Was können Sie beim nächsten Telefonat anders machen?

Sorgen Sie dafür, dass Sie in einer ruhigen Atmosphäre telefonieren können. Ideal ist für die Telefonakquise ein ruhiges Einzelbüro, in dem Sie sich voll und ganz auf das Telefonat konzentrieren können. Achten Sie darauf, dass es keine Nebengeräusche gibt. Wenn Sie bei geöffnetem Fenster telefonieren, dann können Sie von einer Geräuschkulisse außerhalb des Büros abgelenkt werden. Auch kann Ihr Gesprächspartner die Hintergrundgeräusche wahrnehmen und dadurch unterbewusst beeinflusst werden.

Sorgen Sie dafür, dass sie sich an diesem Arbeitsplatz wohlfühlen. Entfernen Sie alle Unterlagen und Gegenstände, die Sie ablenken könnten. Schließen Sie auf jeden Fall Ihr Mail-Programm. Trotz der Flut an elektronischer Post, die wir alle Tag für Tag erhalten, erlebe ich immer wieder, dass es Menschen gibt, die eine Nachricht sofort nach Eingang lesen müssen. Bei einem Telefongespräch Nachrichten zu lesen, lenkt Sie aber zu sehr ab und darüber hinaus ist es dem Gesprächspartner gegenüber nicht wertschätzend. Platzieren Sie ein Foto, einen Cartoon oder einen Spruch, der Sie immer in gute Laune versetzt und ein Lächeln auf Ihr Gesicht zaubert, an Ihrem Telefonarbeitsplatz. Denken Sie daran, dass Ihr Lächeln durchs Telefon zu hören ist.

„Der Kunde sagt immer das Gleiche." Sie werden die Erfahrung gemacht haben, dass sich bestimmte Aussagen bei den Gesprächen mit den Kunden immer wiederholen. So ist es natürlich auch bei der telefonischen Terminakquise, denn der Kunde sitzt ja nicht morgens in seinem Auto vor der roten Ampel und überlegt sich neue Argumente für den nächsten Anruf. Darum sagt er oft das Gleiche.

Eine gute Vorbereitung für mögliche Antworten auf die Vor- und Einwände des Gesprächspartners ist es, eine Liste mit den üblichen Aussagen anzulegen vgl. Tab. 8.1.

Tab. 8.1 Antworten auf Vor- und Einwände

	Gesprächspartner sagt	Ihre Antworten
1	Um was geht es?	
2	Senden Sie uns doch erst einmal Unterlagen zu	
3	Wir unterstützen bereits eine andere Organisation	
4	Wir haben eine eigene Stiftung	
5	Unser Budget ist bereits vergeben	

Ergänzen Sie die Liste auch ruhig um Fragen oder Aussagen, von denen Sie vermuten, dass diese irgendwann einmal in einem Telefonat vorkommen könnten. Und wenn es Fragen gibt, vor denen Sie sich eventuell auch fürchten, dann nehmen Sie auch diese in die Liste auf. Wichtig ist erst einmal, dass Sie alles aufschreiben, was Ihnen einfällt. Je umfangreicher diese Liste, desto besser vorbereitet werden Sie später sein.

Nachdem Sie nun die Liste erstellt haben, kommt der zweite Teil der Aufgabe: Jetzt überlegen Sie in aller Ruhe, welches die richtigen Antworten auf die aufgeführten Aussagen sind. Denken Sie bitte daran, welches Ziel das Telefonat hat. Wenn Sie einen Termin vereinbaren wollen, ist es nicht sinnvoll, vorab Unterlagen zur Verfügung zu stellen. In einem solchen Fall könnten Sie antworten:

Gesprächspartner: „Herr Nehmer, bevor wir einen Termin vereinbaren, möchte ich wissen, ums was es geht. Senden Sie mir erst einmal Ihre Unterlagen zu, damit wir prüfen können, ob sich ein Gespräch überhaupt lohnt."

Fundraiser: „Herr Geber, ich bin sicher, dass sich unser Gespräch für Sie und für mich lohnen wird. Mir geht es um Ihre Unterstützung und um Ihre persönliche Meinung zu unserem Projekt. Durch unseren Termin, der nicht länger als 60 min dauern wird, werden Sie einen besseren Einblick erhalten als durch standardisierte Unterlagen."

Sigmund Freud hat einmal gesagt: „Gegen Angriffe kann man sich wehren, gegen Lob ist man machtlos." Daher könnten Sie auch die nachfolgende Antwort auf das oben genannte Argument einsetzen:

Fundraiser: „Herr Geber, Sie sind für mich so wichtig, dass ich Ihnen Ihre individuellen Möglichkeiten persönlich aufzeigen möchte."

Aber bestimmt fallen Ihnen eigene und für Sie besser geeignete Antworten ein. Denken Sie bitte daran, dass Sie nicht die Antworten von anderen Personen – also auch nicht meine – ablesen, sondern Formulierungen finden sollen, die zu Ihnen passen und mit denen Sie sich identifizieren. Diese Liste wird Ihnen bei den Telefonaten Sicherheit geben und Sie können sich voll und ganz auf das Gespräch konzentrieren. Im Verlauf der Telefonate sollten Sie die Liste immer wieder ergänzen, falls einmal neue Argumente oder Fragen von den Gesprächspartnern kommen. Auch sollten Sie immer wieder an Ihren Antworten feilen.

Wenn Sie die Liste einsetzen, werden Sie zwei Effekte am Telefon erleben:

- Der erste Effekt ist offenkundig: Wenn der Gesprächspartner eines der aufgelisteten Argumente vorträgt, dann sind Sie darauf vorbereitet und haben die für Sie richtige Antwort zur Hand.
- Der zweite Effekt ist eine Beobachtung, die Sie schon nach kurzer Zeit bestätigen können. Sobald die Argumente der Gesprächspartner auf der Liste stehen, werden viele davon beim Telefonat vom Gegenüber gar nicht mehr erwähnt. Erstaunlicherweise scheint es so zu sein, dass wir durch diese Vorbereitung so gut auf die Gespräche vorbereitet sind und so entspannt und gelassen telefonieren, dass sich diese Ruhe auch auf die Person am anderen Ende der Leitung überträgt.

Der Verkaufstrainer und Autor Ingo Vogel hat auf der Webseite www.unternehmer. de Tipps für Telefonverkäufer veröffentlicht: „Telefonakquise: 13 goldene Tipps für Telefonverkäufer"[2]:

1. Sei emotional, denn die Menschen kaufen Emotionen.
2. Sei anders, denn die Menschen „belohnen" das Besondere.
3. Achten Sie beim Sprechen auf das „Wie".
4. Bedenken Sie: Der erste Eindruck zählt, der letzte bleibt.
5. Wählen Sie einen starken, positiven Einstieg.
6. Sprechen Sie den Partner regelmäßig mit Namen an.
7. Reden Sie in kurzen Sätzen.
8. Reden Sie empfängerorientiert.
9. Achten Sie auf den richtigen Ton.
10. Machen Sie Pausen.
11. Reduzieren Sie die Einwände.
12. Vermeiden Sie Unwörter!
13. Fragen Sie viel und reden Sie (recht) wenig.

Sie sehen an diesen Tipps, dass man keine komplizierten Techniken und Tricks benötigt, um am Telefon erfolgreich zu sein – auch als Fundraiser beim Vereinbaren von Terminen zu Gebergesprächen.

8.3 Vom Umgang mit dem Vorzimmer – Burggraben oder Zugbrücke?

In meinen Seminaren und Vorträgen zur telefonischen Akquise höre ich von den Teilnehmern immer wieder, wie schwierig es ist, an der Sekretärin des Gesprächspartners vorbeizukommen. Es scheint sich hier sogar ein regelrechtes Feindbild entwickelt zu haben,

[2] http://www.unternehmer.de/marketing-vertrieb/72759-telefonakquise-13-goldene-tipps-fur-telefonverkaufer.

was die Vorzimmer unserer Spender betrifft. Einige sprechen in diesem Zusammenhang über die „weibliche Firewall" vom Chefbüro, andere scheinen feuerspeiende Drachen im Kopf zu haben, wenn sie an die Chefsekretärin denken. Sekretärinnen seien unfreundlich, barsch und haben die Aufgabe, die Anrufer abzuwimmeln.

Häufig kann ich bei den Diskussionen nicht unterscheiden, ob meine Seminarteilnehmer hier selbst Erfahrungen gemacht haben oder sich von Gerüchten oder Vorurteilen leiten lassen. Aus welchen Gründen auch immer, es gibt auf jeden Fall einen großen Respekt vor den Vorzimmern unser Gesprächspartner. Dieser große Respekt führt dazu, dass wir am Telefon verkrampft sind, sobald wir nur an das Vorzimmer unseres Gesprächspartners denken. Wir fühlen uns unwohl und unsicher, etwas, was eine erfahrene Sekretärin sofort spürt und wahrscheinlich darauf reagiert.

Deshalb werde ich häufig gefragt, wie man als Anrufer an der Sekretärin vorbeikommt. Dazu gibt es einen praktischen Tipp aus dem Alltag: Ich erlebe häufig, dass die Sekretärin morgens vor dem Chef im Büro ist. Sie hat bereits die ersten wichtigen E-Mails gelesen und die anliegenden Aufgaben des Tages vorsortiert. Selten erlebe ich einen Chef, der vor der Sekretärin seinen Bürotag startet. Am Abend jedoch ist es fast immer umgekehrt. Die Sekretärin verlässt am frühen Abend das Büro und der Chef bleibt meistens noch länger, um die restlichen Tagesaufgaben abzuarbeiten. Wenn Sie also wirklich direkt mit dem Chef telefonieren möchten, dann sollten Sie zu diesem Zeitpunkt anrufen.

Erst einmal möchte ich eine Lanze für die Sekretärinnen dieser Welt brechen. Die Sekretärin ist einer der wichtigsten Mitarbeiter in den Büros. In der Regel ist sie eine hoch qualifizierte und außergewöhnlich motivierte Mitarbeiterin. Sie übernimmt für Ihren Chef alle wichtigen kaufmännischen, organisatorischen und verwaltenden Aufgaben und entlastet ihn somit. Damit Sie diesen Aufgaben gewachsen ist, muss sie in der Lage sein, selbständig zu denken und eigenverantwortlich zu handeln.

Viele Chefs würdigen die Arbeit der Sekretärinnen, denn sie sind ihr Gedächtnis, ihre Managerin und ihre Vertrauensperson, die erheblich zur Leistungsfähigkeit beiträgt. Das Wort „Sekretär" stammt vom französischen „secrétaire" ab und bezeichnete ursprünglich einen „Geheimschreiber"[3], beschreibt also sehr gut die Stellung der Sekretärin als eine Person, die über alle Vertraulichen Vorgänge des Chefs im Bilde ist.

In meinen unterschiedlichen Vertriebsaufgaben bin ich auf Sekretärinnen gestoßen, die einen Hochschulabschluss gemacht haben, mehrsprachig sind und Personalverantwortung haben. Ihr Gehalt lag bei über 80.000 € im Jahr. Diese Mitarbeiterinnen habe ich als hoch engagiert und sehr leistungsstark erlebt. Es macht unheimlich viel Spaß, mit solchen Menschen zu arbeiten.

Daher habe ich mich irgendwann dazu entschlossen, das Vorzimmer meiner Gesprächspartner nicht mehr als einen zu überwindenden Widerstand zu betrachten, sondern als Verbündeten zu nutzen. Ab diesem Zeitpunkt war das Vorzimmer für mich kein Burggraben mehr, sondern die Zugbrücke, die zum Termin mit dem Gesprächspartner führt.

---

[3] Vgl. http://de.wikipedia.org/wiki/Sekretär.

8.3 Vom Umgang mit dem Vorzimmer – Burggraben oder Zugbrücke?

Chefs sind häufig unterwegs, in Besprechungen oder telefonieren gerade. Daher sind diese Personen selbst häufig schlecht telefonisch zu erreichen, um mit Ihnen einen Termin auszumachen. Darüber hinaus ist es auch so, dass die Termine in der Regel ohnehin von der Sekretärin koordiniert werden. Ich erlebe sehr häufig bei Kennenlerngesprächen, dass mir der Geschäftspartner sagt: „Rufen Sie bitte in meinem Büro an, um einen Termin abzustimmen."

Mir geht es auch oft selber so, dass ich auf meiner Mobilnummer angerufen werde, um einen Termin mit mir zu vereinbaren. Nun ist es aber so, dass ich dann entweder in der U-Bahn stehe oder im Auto sitze. In beiden Fällen habe ich keinen Einblick in meinen aktuellen Kalender: Im ersten Fall habe ich ihn gerade am Ohr, denn er ist in meinem Smartphone hinterlegt, und im zweiten Fall kann ich während der Fahrt ohnehin nicht auf meinen Kalender schauen, ohne anzuhalten. In diesen Fällen bitte ich den Anrufer, in meinem Büro anzurufen und mit meinen Mitarbeitern einen Termin zu vereinbaren. Oft ist es also gar nicht so klug, am Vorzimmer vorbei auf den Chef zuzugehen. Sie benötigen die Sekretärin als Verbündete.

Sekretärinnen, das habe ich bereits weiter oben versucht deutlich zu machen, sind – wie Sie und ich – Menschen. Und wie jeder andere Mensch hören Sekretärinnen gern ihren Namen. Den sollten Sie daher vorher recherchieren. Hierzu können Sie beispielsweise auf die Webseite des Unternehmens gehen, in dem Ihr künftiger Großspender zu erreichen ist. Unter der Rubrik „Über uns" finden Sie in aller Regel die Kontaktdaten des Vorstandes und des Geschäftsführers. Viele Unternehmen erwähnen an dieser Stelle auch die Ansprechpartner in den jeweiligen Vorstands- oder Geschäftsführerbüros

Wenn die Onlinerecherche keine Namen hervorbringt, dann können Sie die Namen der relevanten Personen auch über die Telefonzentrale erfahren.

„Guten Tag Herr Telefonzentrale, wie heißt die Sekretärin von Herrn Volker Vorstand? Welche Durchwahlnummer hat die Dame?"

Lassen Sie sich den Vor- und Nachnamen geben. Wenn Sie später einen Brief an das Vorzimmer schreiben, in dem Sie sich zum Beispiel für die Unterstützung bei der Terminvereinbarung bedanken oder einen Weihnachtsgruß senden, dann ist der vollständige Name persönlicher. Ist der Name kompliziert, lassen Sie sich ihn buchstabieren. Doch bedenken Sie: Auch vermeintlich einfache Namen haben unterschiedliche Schreibweisen (z. B. Meier, Maier, Mayer oder Mayr).

Lässt sich der Name schwer aussprechen, dann üben Sie doch mit der Telefonzentrale die richtige Aussprache. Sie werden erleben, dass die Mitarbeiter der Telefonzentralen sehr hilfsbereit sind und darüber hinaus sehr viel Spaß bei der gemeinsamen Übung haben. Außerdem werden Sie auf viel Verständnis stoßen, denn auch die Kollegen mussten den komplizierten Namen der Mitarbeiterin im Vorzimmer vermutlich erst einmal üben.

Wenn Sie den Namen über diese Wege nicht herausbekommen haben, dann müssen Sie einfach anrufen und so den Namen im direkten Gespräch in Erfahrung bringen. Bitte fragen Sie nach, falls Sie den Namen nicht sofort verstanden haben.

„Entschuldigen Sie bitte, ich habe Ihren Namen eben nicht verstanden."
„Können Sie Ihren Namen bitte buchstabieren?"

Jeder Mensch, der einen komplizierteren Namen hat, wird die Nachfrage nachvollziehen können und daher gut verstehen. Auch ich erlebe bei meinem Namen immer wieder die Nachfrage:

„Wie schreiben Sie sich?"

Doch diese Form der Frage eignet sich natürlich sehr gut für einen kleinen Spaß: „S – I – C – H."

Denn die Frage kann auch so interpretiert werden, als wolle der Gesprächspartner wissen, wie ich das Wort „sich" buchstabiere. Daher ist es also besser, Sie formulieren hier eindeutiger:

„Bitte buchstabieren Sie Ihren Namen."

Und dann lautet meine Antwort korrekt:

„S – C – H – I – E – M – E – N – Z."

Wenn Sie den Namen der Sekretärin haben, dann sollten Sie den Namen natürlich im Telefongespräch häufig einsetzen. Schon bei der Begrüßung können Sie dadurch einen positiven Auftakt des Gespräches herbeiführen.

Sekretärin: „Sabine Schmidt, guten Tag"

Fundraiser: „Guten Tag Frau Schmidt, mein Name ist ... "

In zahlreichen Telefonseminaren wurden mir in den vielen Jahren meiner Vertriebstätigkeit verschiedene Tipps auf den Weg mitgegeben, um an den Vorzimmern vorbei zu kommen. Da wurde doch wirklich empfohlen, über Tricks einen Termin zu erschleichen. Ich persönlich fand diese Vorgehensweise jedoch schon immer sehr fragwürdig, denn mit einer solchen Strategie werten wir die Arbeit des Vorzimmers ab und damit die Menschen, die dort arbeiten. Zudem haben Lügen bekanntlich kurze Beine und kommen immer wieder ans Licht, was zu sehr peinlichen Situationen führt. Unser Renommee ist damit dahin und wir werden so schnell keinen Erfolg mehr bei der Akquise unserer Zielpersonen haben.

Deshalb auch hier meine klare Empfehlung: Bleiben Sie ehrlich! Erfinden Sie keine Vorwände und reden Sie nicht um den heißen Brei herum. Die Sekretärin hört mit ihrer Routine sofort heraus, ob Sie eiern oder ob Sie selbstbewusst sind. Sie kennt wahrscheinlich auch schon jede Formulierung, die jemals in einem Telefonskript Einzug gehalten hat, und hat schon alle Taktiken aushalten müssen, die in der Telefonakquise möglich sind. Gehen Sie daher davon aus, dass Sie auf der anderen Seite der Leitung einen absoluten Profi am Hörer haben. Die Frau wird wahrscheinlich schon wissen, was Sie wollen, bevor sie den Telefonhörer von der Gabel genommen hat. Daher sagen Sie einfach direkt, offen, ehrlich und selbstbewusst, was Sie wollen: einen Termin!

„Guten Tag Frau Schmidt, mein Name ist Norbert Nehmer von der Spendenorganisation. Ich rufe Sie an, weil ich einen Gesprächstermin mit Herrn Volker Vorstand vereinbaren möchte."

Wenn Sie den künftigen Geber bereits im Vorweg auf einer Veranstaltung kennen gelernt haben (vgl. hierzu Kap. 7: „Smalltalk"), dann können Sie sich direkt auf dieses Gespräch beziehen:

"Guten Tag Frau Schmidt, mein Name ist Norbert Nehmer von der Spendenorganisation. Ich habe mit Herrn Volker Vorstand vereinbart, dass ich mich bei Ihnen zur Abstimmung eines persönlichen Termins melde."

Sie sind ehrlich und das kommt bei der Sekretärin auch genauso an. Sie wirken dadurch sofort vertrauenswürdig und das weitere Gespräch wird sich aus dieser positiven Grundstimmung heraus entwickeln.

Ihnen wird aufgefallen sein, dass ich in den oben genannten Beispielen den Ansprechpartner „Volker Vorstand" mit Vor- und Nachnamen genannt habe. Das tue ich bewusst, denn ich habe in vielen Seminaren gelernt, dass sich dadurch die Chance auf einen Termin deutlich erhöht. Normalerweise wird der Ansprechpartner als „Herr Vorstand" angesprochen. Die Nennung des Vornamens hebt Sie deutlich von den anderen Anrufern ab. Darüber hinaus gibt diese Ansprache der Sekretärin das Gefühl einer Vertrautheit.

Doch noch weiß sie nicht, dass sie eine Verbündete für Sie sein soll. Daher ist es ratsam, die Dame um Unterstützung zu bitten. Entweder stellt sie den Termin für Sie im Chefkalender ein oder sie stellt Sie zur Terminabstimmung zum Chef durch. Auf jeden Fall ist das Vorzimmer die wichtigste Schaltstelle für Sie zum Termin.

Wenn Sie die Hilfe von Menschen benötigen, dann bitten Sie die Menschen um diese Hilfe, denn oft kommt der Gesprächspartner gar nicht von selbst auf die Idee, Ihnen zu helfen und schon gar nicht auf einen Gedanken, wie Ihnen zu helfen ist. Versetzen Sie sich doch einmal in die Situation der Sekretärin. Sie ist, während Sie ihre Telefonnummer wählen, mit einer Aufgabe beschäftigt. Wenn das Telefon klingelt, nimmt sie den Hörer ab und sie weiß noch nicht, was auf sie zukommt. Auf dem Display erscheint zwar Ihre Telefonnummer, doch wahrscheinlich ist diese Nummer der Sekretärin unbekannt. Sie wird also neugierig sein, zu erfahren, wer anruft und was der Anrufer von ihr will. Also sagen Sie, was Sie wollen.

"Guten Tag Frau Schmidt, mein Name ist Norbert Nehmer von der Spendenorganisation. Ich rufe Sie an, weil ich Ihre Hilfe brauche."

Diese Formulierung ist ehrlich und sie ist realistisch. Denn Sie benötigen auf jeden Fall die Hilfe der Sekretärin, um an den Termin heranzukommen. Also nehmen Sie in Zukunft bei der telefonischen Terminakquise nicht mehr den Weg über den breiten und tiefen Burggraben. Egal, wie weit Sie abspringen, Sie gelangen mit dieser Strategie nicht in den Innenhof der Burg. Entweder Sie werden furchtbar nass oder Sie bleiben an der Burgmauer hängen. Wenn Sie jedoch die Zugbrücke nutzen, dann kommen Sie trockenen Fußes und ohne Beulen direkt in den Innenhof der Burg – zum Termin.

8.4 Die Telefonakquise im Fundraisingalltag

Ein Tag ohne Akquise ist für das Fundraising ein verlorener Tag. Daher ist es sinnvoll, dass Sie an jedem Tag, an dem Sie im Büro sind, feste Zeiten für die Telefonakquise einplanen. Denn je mehr Sie telefonieren, desto mehr Gespräche werden Sie haben, und mit jedem zusätzlichen Gespräch werden Sie auch das Spendenergebnis Ihrer Organisation deutlich verbessern.

Dabei eignet sich aus der Erfahrung heraus am Vormittag das Zeitfenster von 10 Uhr bis 12 Uhr sehr gut. In diesem Zeitraum sind alle Mitarbeiter im Büro und noch nicht in der Mittagspause. Am Nachmittag wiederum können Sie ab 14 Uhr bis 16 Uhr sehr gut telefonieren. Die Mittagspause ist zu Ende und alle Mitarbeiter sind noch im Büro.

Doch diese Zeitfenster sind nicht in Stein gemeißelt. Wie oben bereits erwähnt, ist der Chef häufig länger im Büro als die Sekretärin. Wenn Sie also den Chef direkt erreichen wollen, dann sollten Sie eher nach 17 Uhr anrufen. Oder Sie probieren es in der Mittagspause. Da die Sekretärin früher im Büro sitzt als der Chef, wird sie auch früher in die Mittagspause gehen. Probieren Sie es doch einmal um 12:15 Uhr oder 12:30 Uhr. Dann ist die Chance, den Chef direkt am Telefon zu haben, ebenfalls recht hoch.

Haben Sie vielleicht schon die Visitenkarte von Ihrem Gesprächspartner? Dann werden Sie feststellen, dass auf den Visitenkarten sehr oft die Mobilnummer der betreffenden Person vermerkt ist. Wissen Sie, warum es Menschen gibt, die ihre Mobilnummer auf der Visitenkarte, in der E-Mail-Signatur oder auf der Internetseite verwenden? Damit Sie diese Mobilnummer anrufen können!

Nehmen Sie sich täglich Ihre Akquiseliste vor und rufen Sie die noch offen Zielpersonen an. Dabei empfehle ich Ihnen eine Mischung aus Personen, zu denen es bereits einen Kontakt gibt, und solchen, zu denen es noch keinen Kontakt gibt. Diese Abwechslung hält Ihre Kreativität auf Trab und fördert darüber hinaus die Selbstmotivation. Nach jedem Gespräch mit einem bestehenden Spender wird das darauf folgende Kaltakquisegespräch entspannter verlaufen.

Zu den Anrufern mit Kontakten gehören folgende Gruppen:

- Bestehende, aktive Spender
- Passive, ehemalige Spender
- Nichtspender, die Sie bereits persönlich kennen
- Nichtspender, die Sie über eine Empfehlung ansprechen
- Personen, die sich bei Ihnen auf Grund einer Briefaktion gemeldet haben

Mit diesen Kontakten ist es erheblich einfacher, einen Termin zu vereinbaren, als mit Menschen, die noch gar keinen Bezug zu Ihnen und Ihrer Organisation haben. Doch auch diese sollten Sie nicht vergessen. Ich persönlich finde diese Kaltakquise besonders spannend, weil es für mich ein idealer Weg ist, um neue Menschen kennenzulernen.

Die Mischung aus Warmakquise und Kaltakquise lege ich Ihnen deshalb ans Herz, weil es sich hierbei um eine Sandwichmethode handelt. Nach jedem Warmanruf schieben Sie einen Kaltanruf ein. Sie sind nach einer erfolgreichen Warmakquise wesentlich besser motiviert als nach einer anstrengenderen Kaltakquise. Und nach einer Kaltakquise freuen Sie sich auf das Gespräch mit einem bereits vertrauten Gesprächspartner.

Zur Vorbereitung auf die telefonische Terminabsprache sollten Sie die vorliegende Akquiseliste mit dem Vor- und Nachnamen der zuständigen Sekretärin ergänzen.

Dann machen Sie sich Ihr Ziel deutlich. Sie wollen mit der Sekretärin einen Termin für ein persönliches Gespräch mit der Zielperson vereinbaren. Sie wollen nicht mit der Sekretärin über Ihr Spendenprojekt sprechen! Sie wollen keine Informationsunterlagen zu Ihrem Anliegen vorab mit der Post oder per E-Mail senden! Sie wollen sich nicht später von der Sekretärin zurückrufen lassen! Sie wollen sich nicht mit dem Leiter für das Corporate Social Responsibility, dem Marketingleiter, dem Pressesprecher oder dem Personalleiter verbinden lassen! Sie wollen nicht auf den Rückruf der Sekretärin warten!

Ihr Ziel ist es also, nur auf den Termin hinzuarbeiten und sich die Initiative nicht aus der Hand nehmen zu lassen. Falls die Sekretärin Sie auf einen späteren Zeitpunkt zum Telefonieren verweist, dann vereinbaren Sie einen Termin für das nächste Telefonat.

Sekretärin: „Ich habe jetzt keine Zeit."

Fundraiser: „Frau Sekretärin, dann werde ich Sie heute Mittag gegen 13 Uhr anrufen."

Sekretärin: „Ich rufe Sie heute Nachmittag zurück."

Fundraiser: „Frau Sekretärin, da ich selbst in einigen Gesprächen bin, schlage ich vor, dass ich Sie um 13 Uhr anrufe."

Sekretärin: „Nein, um 13 Uhr geht es nicht."

Fundraiser: „Dann schlage ich Ihnen 14:30 Uhr oder 16 Uhr vor. Welche Uhrzeit passt in Ihre Planung?"

In diesen Beispielen sehen Sie deutlich, wie der Fundraiser sich nicht aus der Ruhe bringen und sich selbst den aktiven Part des Gespräches nicht aus der Hand nehmen lässt. Mit dieser freundlichen Beharrlichkeit werden Sie sich den Respekt der Gesprächspartnerin verdienen.

Nun lassen Sie uns noch einmal ein typisches Telefonakquisegespräch mit den bisher gewählten Beispielen durchspielen. Dabei geht es erst einmal um die Ansprache eines bereits bestehenden Kontaktes:

Sekretärin: „Sabine Schmidt, guten Tag."

Fundraiser: „Guten Tag Frau Schmidt, mein Name ist Norbert Nehmer von der Spendenorganisation. Ich habe mit Herrn Volker Vorstand vereinbart, dass ich mich bei Ihnen zur Abstimmung eines persönlichen Termin melde."

Sekretärin: „Der Kalender von Herrn Vorstand ist sehr voll. In den nächsten Tagen kann ich Ihnen keinen Termin zusagen."

Fundraiser: „Das kann ich mir sehr gut vorstellen, Frau Schmidt. Für das persönliche Gespräch brauchen wir auch nur maximal eine Stunde. Können Sie Anfang des nächsten Monats einen Termin für das Gespräch reservieren?"

Sekretärin: „Anfang des Monats sieht es sehr schlecht aus, da Herr Vorstand auf Geschäftsreise ist. Ich kann Ihnen einen Termin in der zweiten Monatshälfte anbieten."

Fundraiser: „Prima, welche Termine stehen denn zur Auswahl?"

Sekretärin: „Ich kann Ihnen Dienstag den 17. am Vormittag oder Donnerstag den 26. am Nachmittag anbieten."

Fundraiser: „Dann lassen Sie uns den 17. vereinbaren. Um welche Zeit soll ich bei Herrn Vorstand sein?"

Sekretärin: „Von 11 Uhr bis 12 Uhr habe ich noch Platz im Kalender."

Fundraiser: „Danke Frau Schmidt, dann freue ich mich auf den 17. um 11 Uhr bei Ihnen."

So oder so ähnlich werden die meisten Gespräche verlaufen, wenn Sie das Vorzimmer anrufen und einen Termin vereinbaren. Das klingt nicht nur sehr einfach, sondern es ist auch so einfach. Aus meiner Erfahrung heraus gibt es nur wenige Telefonate, die nicht sofort so rund verlaufen. Aber das sind auch die Telefonate, die das Salz in der Suppe der täglichen Akquise ausmachen.

In der Einführung zu diesem Kapital habe ich Sie gebeten, eine Liste mit den typischen Vorwänden und Einwänden Ihrer Gesprächspartner zu erstellen, denn es wird immer wieder Hindernisse in der Terminakquise geben, die Sie überwinden müssen. Ein Hindernis, das in vielen Vorzimmern aufgestellt ist, ist die freundliche Nachfrage nach dem Gesprächsthema.

Sekretärin: „Um was geht es?"

Fundraiser: „Frau Schmidt, es geht um ein persönliches Gespräch mit Herrn Volker Vorstand."

Sie werden erstaunt sein, wie wenig Nachfragen es nach dieser Antwort gibt. Die Formulierung der Sekretärin gehört zu den typischen Nachfragestandards im Vorzimmer. Eine ruhige, spontane und einfache Antwort ist oft die beste Reaktion. Häufig geht es ab diesem Punkt in die Feinabstimmung des Termins.

Aber falls Sie doch einmal an ein Vorzimmer geraten, das an dieser Stelle beharrlicher nachfasst, dann können Sie mit folgender Formulierung antworten:

Fundraiser: „Frau Schmidt, es geht um die Spende von Herrn Volker Vorstand für unsere Spendenorganisation."

Diese Antwort ist auch bei einem Gesprächspartner richtig, der bisher noch nicht gespendet hat. Denn Sie als Fundraiser möchten in dem Gespräch Ihre Zielperson als Spender gewinnen und daher geht es in dem avisierten Termin um die Spende des Chefs.

Fundraiser: „Ich brauche die Unterstützung und den Rat von Volker Vorstand."

Auch diese Aussage ist richtig. Sie werden Ihre Zielperson in dem Gespräch um Unterstützung bitten. Darüber hinaus werden Sie sicherlich auch Ratschläge erhalten. Das können Ratschläge sein, wie Sie weitere Zielpersonen erreichen können oder wie sich der Gesprächspartner selbst überzeugen lässt.

Fundraiser: „Frau Schmidt, tragen Sie doch in den Termin ein: Philanthropischer Austausch mit Norbert Nehmer."

Mit dieser Formulierung lassen Sie keinerlei Zweifel an Ihrem Glauben an den stattfindenden Termin. Sie signalisieren deutlich, dass es diesen Termin gibt und Sie geben der Sekretärin ein spannendes Thema vor. Philanthropie ist ein wunderbares Wort, das nicht täglich genutzt wird.

Während meiner Seminare höre ich immer wieder von den Teilnehmern, dass die Sekretärin statt einer Terminvereinbarung erst einmal Informationsunterlagen zugeschickt haben möchte.

Sekretärin: „Senden Sie uns doch erst einmal Unterlagen zu."

Ich selbst erlebe diese Aufforderung in meinen Telefonaten nie – nicht selten, sondern gar nicht. Daher bin ich immer wieder erstaunt, warum es anderen Menschen so anders geht. Ich glaube, es hat sehr viel damit zu tun, wie ich das Telefonat führe, denn nach meiner Einschätzung ist der Satz „Senden Sie uns Unterlagen zu!" ein freundliches „nein". Und ein „nein" bedeutet, dass die Sekretärin nicht von uns und unserem Anliegen überzeugt ist. Diese fehlende Überzeugung kann verschiedene Gründe haben:

1. Der Anrufer wirkt am Telefon nicht selbstsicher und überzeugend. Die Formulierungen war zu zögerlich, zu sehr im Konjunktiv und nicht konkret genug.
2. Die Sekretärin hat bis dato noch nicht das Gefühl, dass der gewünschte Termin für Ihren Chef eine Relevanz hat.

Im ersten Fall muss der Anrufer noch an seiner Wirkung während des ersten Eindrucks arbeiten. Denn Sie wissen: „Wir haben keine zweite Chance für einen ersten Eindruck."

Sie müssen an Ihrem Selbstbewusstsein arbeiten und analysieren, woran der zögerliche Auftritt liegt. Vielleicht fehlt Ihnen einfach nur die Routine? Dann hilft nur telefonieren, telefonieren und telefonieren. Mit jedem Telefongespräch werden Sie sicherer und überzeugender. Nehmen Sie sich pro Tag 5 Telefonate vor und Sie werden schon nach wenigen Tagen ein überzeugender Terminakquisiteur sein. Fehlt Ihnen vielleicht noch ein fachlicher Input? Dann hören Sie sich entsprechende Podcasts an und schauen Sie sich die Videos von erfolgreichen Telefontrainern an, oder lesen Sie die Bücher der Telefonspezialisten. Hören Sie sich die Fachreferenten auf den Kongressen an. Erweitern Sie Ihren Horizont und gehen Sie auch zu Vorträgen von Trainern, die in der Wirtschaft erfolgreich sind. Übersetzen Sie die Ansätze dieser Kollegen in Ihre tägliche Fundraisingarbeit.

Im zweiten Fall gilt es, noch mehr Überzeugungsarbeit zu leisten. Getreu dem Motto „NEIN bedeutet, es ist noch ein Impuls notwendig" müssen an dieser Stelle zusätzliche Argumente für die Sekretärin gebracht werden. Lassen Sie uns doch an dieser Stelle einmal überlegen, welchen Nutzen der Gesprächstermin für Ihren Gesprächspartner haben wird. Hierzu können Sie von den Erfahrungen der bisherigen Gespräche profitieren. Machen Sie sich einmal deutlich, mit welchen neuen Eindrücken und mit welcher Zufriedenheit ein Spendergespräch erfolgreich abgeschlossen wird:

- Der Gesprächspartner hat ein Projekt gefunden, das ihn wirklich begeistert.
- Zwischen dem Gesprächspartner und dem Fundraiser wird eine Vertrauensbasis aufgebaut.
- Der Geber ist Impulsgeber für die Arbeit der Organisation.
- Der Geber ist begeisterter Botschafter für die Arbeit der Organisation in seinem Unternehmen, in seinem Bekannten- und Freundeskreis sowie in seiner Familie.
- Der Geber hilft, eine wesentliche gesellschaftliche Herausforderung nachhaltig zu lösen.
- Es entsteht eine lange und erfolgreiche Beziehung.

Diese Liste lässt sich um viele andere Punkte erweitern. Sie sehen also, es gibt noch einige Argumente, die Sie in dem Gespräch mit der Sekretärin anbringen können, um die Relevanz des Termins deutlich zu erhöhen.

Fundraiser: „Es geht um das gesellschaftliche Engagement von Herrn Vorstand."
Fundraiser: „Durch den Termin wird Herr Volker Vorstand sein gesellschaftliches Engagement deutlich optimieren können."
Fundraiser: „Es geht um den Beginn einer langen und erfolgreichen Zusammenarbeit."

Aus den Argumenten lassen sich also einige selbstbewusste Formulierungen ableiten. Achten Sie darauf, dass Ihre Formulierungen authentisch bleiben. Kopieren Sie nicht die Formulierungen von Trainern und Kollegen, sondern finden Sie Ihre eigenen Worte. Bleiben Sie dabei zielorientiert und selbstbewusst.

8.5 Der erste Eindruck zählt – der letzte Eindruck bleibt

Dass der erste Eindruck in einer extrem kurzen Zeit entsteht, wissen wir alle. Das Erstaunliche an dieser Blitzdiagnose ist, dass das Urteil in den meisten Fällen auch stimmt. Wenn es einmal nicht stimmen sollte, lässt es sich allerdings nur sehr schwer revidieren. Daher ist es von Anfang sehr wichtig, einen positiven Eindruck beim Gesprächspartner zu hinterlassen.

Im Telefongespräch haben Sie nur die Möglichkeit, über die verbale Kommunikation einen solchen Eindruck zu erwirken. Dabei sind die Höhe Ihrer Stimme, die Sprechgeschwindigkeit, Ihre Lautstärke, ein Dialekt und die Wortwahl von entscheidender Bedeutung. Der Hörer auf der anderen Seite der Leitung hört an Ihrer Sprache, in welcher Verfassung Sie sind. Er hört Ihr Lächeln und fühlt Ihre gute Laune. Er spürt Ihre Aufgeregtheit und ob Sie unter Druck telefonieren. Wahrscheinlich hört er sogar heraus, ob Sie ehrlich sind oder ob Sie lügen. Auf jeden Fall wird der Gesprächspartner hören, ob Sie authentisch sind oder nur eine Rolle spielen.

Neben der eigenen Stimme wirken sich aber auch mögliche Hintergrundgeräusche auf den ersten Eindruck aus. Sind im Hintergrund die Kollegen bei einer lautstarken Diskussion zu hören, oder die zwitschernden Vögel durch das geöffnete Fenster? Unterschiedliche Geräusche lassen verschiedene Eindrücke entstehen.

Wenn es Ihnen also gelungen ist, einen guten ersten Eindruck beim Gesprächspartner zu hinterlassen, dann wird das Gespräch deutlich entspannter laufen, als wenn Sie einen schlechten Einstieg gehabt haben. Der weitere Verlauf der Unterhaltung wird also von beiden Seiten wertschätzend und emphatisch durchgeführt und das Gespräch nähert sich zügig dem Ende.

Doch am Ende des Gespräches gibt es noch eine kleine Herausforderung für Sie. Sie sollten den positiven Einstieg zum Ende des Telefonats noch einmal bestätigen, wenn nicht sogar noch verstärken.

Der letzte Satz eines Telefonats klingt dem Gesprächspartner in den Ohren noch nach. Sie kennen dieses Erlebnis selbst. Daher ist es sehr wichtig, die richtigen Formulierungen am Gesprächsende zu setzen, damit Sie auch nachhaltig in Erinnerung bleiben. Dazu gehören ein freundliches Schlusswort und die Disziplin, als Letzter aufzulegen.

Fundraiser: „Frau Sekretärin, vielen Dank für das nette Telefonat. Ich freue mich sehr darauf, Sie bei meinem Gespräch mit Herrn Vorstand persönlich kennen zu lernen."

Sekretärin: „Danke Herr Nehmer, ich freue mich auch auf Ihren Besuch bei uns. Bis dann. Auf Wiederhören."

8.6 Nach dem Telefonat ist vor dem Termin

Nach dem Telefonat tragen Sie natürlich den Termin in Ihren Kalender ein. Nicht, dass ein Kollege schneller ist oder Sie den Termin womöglich vergessen. Ergänzen Sie nach dem Gespräch Ihre Notizen und werten Sie das Gespräch für sich aus.

- Was ist in diesem Telefonat gut gelaufen?
- Was kann beim nächsten Telefonat besser gemacht werden?

Wenn Sie im Gespräch Vereinbarungen getroffen haben, dann gehören diese sofort auf Ihre To-Do-Liste, die Sie entweder digital oder ganz konventionell auf dem Papier führen.

Ich mache immer sehr gute Erfahrungen damit, einen vereinbarten Termin noch einmal schriftlich zu bestätigen. Die Entscheidung, ob die schriftliche Terminbestätigung per E-Mail oder durch den klassischen Brief erfolgt, hängt davon ab, wie viel Zeit bis zum Termin verbleibt.

Ist der Termin sehr kurzfristig (in den nächsten drei oder vier Tagen), dann ist die E-Mail zu empfehlen. Liegt der vereinbarte Termin aber noch in weiter Ferne, dann sollten Sie auf jeden Fall den Brief nutzen. Erinnern Sie sich daran, dass Sie sich mit einem neuen Großspender verabredet haben. Diese Person gehört zu den wichtigsten Gebern ihrer Organisation, da er einen überdurchschnittlichen Betrag spenden und für Sie als Multiplikator in seinen Netzwerken wirken wird. Eine solche herausgehobene Rolle für Ihre Organisation rechtfertigt den höheren Aufwand auf jeden Fall.

Außerdem ist der Brief auch eine besondere Möglichkeit, sich von den anderen Terminen des Gesprächspartners abzuheben. Kaum eine Terminverabredung wird heutzutage noch mit einem altmodischen Brief bestätigt, kaum ein Verkäufer erinnert sich noch an dieses gute alte Kommunikationsinstrument. Ihr Brief wird also eine Besonderheit im täglichen Posteingang des Gesprächspartners sein und damit Ihre besondere Rolle als Fundraiser sehr wirkungsvoll unterstreichen.

Ihr Schreiben richtet sich an den Gesprächspartner, mit dem Sie den Termin vereinbart haben. In unseren Beispielen ist die Sekretärin die Empfängerin des Briefes. Spätestens an dieser Stelle wird Ihnen deutlich, warum es wichtig ist, die Mailadresse und den vollen Namen der Dame zu kennen, denn zur Bestätigung eines kurzfristigen Termins benötigen Sie die Mailadresse. Und bei einem Brief sieht die Adresse mit dem ausgeschriebenen Vornamen und Nachnamen der Sekretärin besser aus als nur die Geschlechterbezeichnung mit dem Nachnamen.

Eine

> Frau Schmidt

liest sich bei weitem nicht so freundlich wie

> Sabine Schmidt.

Denken Sie auch hier daran, dass ein Mensch sehr gern seinen Namen liest. Und wenn der Name vollständig ist, dann ist auch das gute Gefühl vollständig.

Seien Sie im Anschreiben sehr freundlich, persönlich und individuell. Dabei können Sie die Anrede auch etwas innovativer gestalten als mit dem traditionellen „sehr geehrte". Das gilt im Übrigen auch für die Grußzeile, die oft sehr langweilig mit „mit freundlichen Grüßen" endet.

> Liebe Frau Schmidt,
> vielen Dank für das sehr nette Telefonat und Ihre Unterstützung bei der Terminfindung für das persönliche Gespräch mit Herrn Volker Vorstand.
> Ich freue mich sehr, Sie am 17. des nächsten Monats um 10 Uhr in Ihrem Büro kennenzulernen.
> Mit vielen Grüßen aus Nehmerstadt
> Norbert Nehmer

Selbst mit nur ganz wenigen Abweichungen von den langweiligen Standards können Sie bereits den Effekt des Andersseins erzielen. Dabei können Sie Ihrem Naturell und Ihrer Fantasie ruhig freien Lauf lassen. Alles ist erlaubt, was anders, was positiv, wertschätzend und ehrlich ist.

In dem Brief können Sie die persönliche Note dadurch unterstreichen, dass Sie die Anrede „Liebe Frau Schmidt" handschriftlich in das Schreiben einsetzen. Dass Sie den Brief unterschreiben, ist selbstverständlich. Und vielleicht legen Sie auch noch eine Visitenkarte von sich bei? Dann kann die Sekretärin Ihre kompletten Kontaktdaten schon einmal in Ihre Kontaktliste übertragen.

8.7 Im Team erfolgreicher telefonieren

Im DISG-Modell, das ich im Kap. 12 ausführlich vorstelle, wird deutlich, dass es unterschiedliche Typen von Menschen gibt. Dabei sind sich einige Typen näher als andere. Während sich der Initiative (I-Typ) wahrscheinlich mit dem Stetigen (S-Typ) und dem dominanten D-Typ gut verstehen kann, so wird er bei dem Gewissenhaften (G-Typ) eventuell größere Herausforderungen vor sich haben. Es ist gut, dass wir Menschen so unterschiedlich sind, denn das macht die Buntheit des Lebens aus.

Auf Grund der unterschiedlichen Eigenschaften ist es also auch verständlich, wenn Sie mit dem einen oder anderen Gesprächspartner nicht warm werden. Darüber hinaus kann es auch vorkommen, dass Sie einen schwierigen Gesprächseinstieg haben und der erste Eindruck nicht positiv beeindruckt. Solche Tage gibt es immer wieder. Entweder sind auch

Sie als Fundraiser einmal nicht so gut drauf oder der Gesprächspartner am anderen Ende der Leitung hat einen schlechten Tag.

Für solche Fälle ist es immer gut, im Team zu arbeiten. Denn wenn Sie bei einem Telefonat Ihr Ziel nicht erreicht haben, hat vielleicht eine Kollegin von Ihnen mehr Erfolg. Ich empfehle daher, dass Sie sich im Team untereinander ergänzen und die Menschen, die in ihrer Typologie sehr unterschiedlich sind, ein Team bilden. Der Gewissenhafte arbeitet also mit der Initiativen, der stetige mit dem dominanten Typen zusammen. So können Sie sicher sein, dass alle Eigenschaften der Gesprächspartner berücksichtigt werden.

Alternativ dazu können Sie sich natürlich auch über die Hierarchiestufen ergänzen. Das heißt, wenn der eine Mitarbeiter bei der telefonischen Terminakquise keinen Erfolg hat, dann ruft die nächsthöhere Ebene aus der Organisation an, in unserem Fall übernimmt dann also die Fundraisingleitung den nächsten Anruf bei diesem Gesprächspartner. Dabei sollte der zweite Anruf zeitlich sehr dicht am vorherigen liegen.

„Guten Tag, mein Name ist Claudia Chef von der Spendenorganisation. Mein Mitarbeiter Norbert Nehmer hat gerade mit Ihnen telefoniert. Herr Nehmer ist gerade in mein Büro gekommen und hat mir von dem Telefonat berichtet. Er ist unglücklich darüber, dass er den Termin mit Herrn Volker Vorstand nicht vereinbaren konnte. Frau Schmidt, was hat mein Mitarbeiter falsch gemacht?"

Als ich das erste Mal von dieser Strategie gehört habe, war ich sofort begeistert. Auch wenn wir in unserem Team dieses telefonische Nachfassen nicht sehr oft benutzen mussten, so war es aber jedes Mal erfolgreich.

Sekretärin: „Ihr Mitarbeiter hat gar nichts falsch gemacht, Frau Chef. Wann sollte denn der Termin mit Herrn Vorstand sein?"

Durch dieses Nachfassen konnten wir auf jeden Fall klären, warum der Termin nicht zustande kam. Vielleicht gab es Missverständnisse oder der Anrufer hat die Vorwände von den Einwänden nicht unterscheiden können. Auch wirkt offensichtlich die Formulierung sehr gut, denn normalerweise wird ein Mensch über einen anderen Menschen gegenüber Fremden nichts Negatives sagen. Und die offene Frage am Ende führt schließlich zu einem neuen Einstieg in das Terminvereinbarungsgespräch.

Das persönliche Gebergespräch 9

Sobald Menschen aufeinander treffen, kommen sie miteinander ins Gespräch. Nur für einen Augenblick lässt sich ein Gespräch vermeiden, ohne dass sich die Situation komisch anfühlt. Selbst wenn Menschen nur für eine ganz kurze Zeit miteinander in einem Fahrstuhl stehen, entspinnt sich meist ein kurzes Wortgeplänkel. Der kürzeste Dialog ist die Begrüßung, die mit einem „Guten Tag!" oder „Hallo!" startet und mit der Antwort „Guten Tag!" oder „Hallo!" schon wieder sein vorläufiges Ende findet. Doch spätestens bei Ausstieg aus der Fahrstuhlkabine wird der anfängliche Dialog wieder aufgenommen: Ein freundliches „Auf Wiedersehen!" oder ein fröhliches „Gute Weiterfahrt!" wird mit einem norddeutschen „Tschüss!", einem „Auf Wiedersehen!", „Vielen Dank!" oder „Ihnen auch!" beantwortet.

Diese Form der Interaktion ist für uns selbstverständlich. So selbstverständlich, dass es uns unangenehm auffällt, wenn eine Person grußlos den Fahrstuhl betritt und wieder verlässt. Wenn ein solch wortkarger Mensch die Mitfahrenden wieder allein lässt, entsteht sofort ein Gespräch zwischen den Mitfahrenden: „Was für ein Stiesel!" oder „Der hatte wohl schlechte Laune." Unsere Gene sind eben so angelegt, dass wir sofort reagieren, wenn wir auf unseresgleichen treffen.

Kommunikation ist für uns Menschen ganz offensichtlich lebenswichtig. Durch ein Gespräch entsteht ein Miteinander, eine Gemeinschaft zwischen den beteiligten Personen.

Für uns Menschen ist das Gespräch also ein wichtiger sozialer Akt. Die Gespräche mit unserer Familie, den Freunden und Nachbarn, den Kolleginnen und Kollegen gehören zum alltäglichen sozialen Miteinander in unserem Leben.

Auch unsere Kunden und unsere Spender lieben es, wenn wir mit ihnen ins Gespräch kommen und mit ihnen sprechen. Durch ein Gespräch zeigen wir, dass wir am Gegenüber interessiert sind, dass wir eine soziale Gemeinschaft bilden Zudem müssen wir miteinander ins Gespräch kommen, wenn wir beim anderen etwas erreichen wollen. Denn ohne Kommunikation lässt sich das Fundraising ja gar nicht umsetzen. Es braucht einen Dialog, den Austausch von Informationen zwischen dem Gebenden und dem Nehmenden. Für die Ansprache und die Gewinnung von Großspendern ist das persönliche Gespräch der wesentliche Treiber des Erfolgs. Auch im Fundraising gilt die alte Kommunikationsweisheit, dass mit der Tiefe des Dialogs der Erfolg überproportional steigt: „Je intensiver wir also mit einer anderen Person kommunizieren, desto größer ist unsere Erfolgschance."

Natürlich können wir diese Erkenntnis auch anderes herum betrachten: „Je höher die gewünschte Spende ist, desto intensiver sollte die Kommunikation sein."

Die Kommunikationsintensität steigt mit der persönlichen Nähe, die zwischen den Kommunikationspartnern herrscht. Eine Anzeige in einer Zeitung oder auf einem Plakat ist nicht so persönlich und damit weniger intensiv als ein Zeitungsartikel. Mit dem Zeitungsartikel setzt sich der Lesende wesentlich länger auseinander als mit der Anzeige – vorausgesetzt er liest den Artikel. Doch die Intensität steigt mit einem personifizierten Newsletter weiter: Mein Name steht über dem Rundschreiben und ich bin direkter angesprochen als in dem Zeitungsartikel. Noch stärker fällt sie in einem Brief aus. Der Brief landet bei mir im Briefkasten und wird von mir geöffnet und gelesen. Aber es geht natürlich noch persönlicher. Der Telefonanruf ermöglicht es, direkt miteinander zu kommunizieren. Wir hören die Stimme der anderen Person, können direkt auf Aussagen reagieren, Fragen stellen und beantworten. Darüber hinaus ermöglicht uns der Klang der Stimme eine Einschätzung der Gesprächspartnerin oder des Gesprächspartners. Ja, wir können sogar zwischen den Wörtern hören und haben ein Empfinden, in welcher Gefühlslage sich die andere Person befindet. Wir hören nicht nur die Wörter, sondern auch das Geschlecht heraus. Wir lauschen auf die Sprachfärbung, hören vielleicht einen Dialekt heraus und können den Gesprächspartner regional verknüpfen. Die Lautstärke und die Sprachmelodie lösen bei uns bestimmte Emotionen aus. Kurz gesagt: Wir hören den anderen und sind ihm dadurch näher als in einer E-Mail.

Unschlagbar jedoch ist die Nähe zum anderen Menschen in einem persönlichen Gespräch. Selbst eine Videokonferenz im Büro, über Skype oder Facetime mit unseren modernen PC, Tablets oder Smartphones sind nicht so intensiv wie die persönlichen Gespräche. Wir sitzen oder stehen dem Gesprächspartner direkt gegenüber. Wir spüren seine Gegenwart, können ihn sogar riechen. Wir hören seine Stimme, sehen seine Gesten und seine Mimik. Wir haben die Möglichkeit, das gesprochene Wort direkt mit der nonverbalen Kommunikation des Gegenübers abzugleichen. Dadurch bekommen wir zusätzliche Informationen, die wir unmittelbar verarbeiten können. Wir können alle Wahrnehmungskanäle nutzen und sind dadurch deutlich sicherer in der Verarbeitung der Informationen. Wir gleichen das gesprochene Wort mit Mimik und Gestik ab und können dadurch wahrnehmen, wie die Aussage gemeint ist. Auch spüren wir, wie sich das Gegenüber gerade fühlt. Wir nehmen das anhand seiner Haltung, seiner Wortwahl, der Sprechgeschwindigkeit und weiteren Eindrücken wahr.

Auch das Vertrauen zu einer Person steigt mit der Intensität des Austausches. Menschen, die wir persönlich erlebt haben, sind uns vertrauter als Menschen, mit denen wir telefoniert haben oder von denen wir etwas gelesen haben. Der Eindruck ist deutlich stärker, denn wir haben eine Stimme im Kopf, ein Bild vor Augen, ein Gefühl im Bauch, wir spüren auf der Haut eine bestimmte Reaktion und verbinden vielleicht mit einer Person auch einen bestimmten Geruch. Je nachdem, auf welchem Wahrnehmungskanal ein Mensch besonders sensibel ist, werden bestimmte Eindrücke gesetzt und mit dem Gesprächspartner verbunden. Diese ganzheitliche Wahrnehmung führt zu einer größeren Sicherheit bei der Einschätzung des Gegenübers und diese Sicherheit sorgt für Vertrauen.

Daher sind die persönlichen Gespräche das wichtigste Kommunikationsinstrument für jeden Verkäufer und damit auch für jeden Fundraiser. Nur im persönlichen Gespräch kann ein optimales Verhältnis zum Spender hergestellt und das notwendige Vertrauen geschaffen werden, welches der Geber benötigt, denn eine Person, die Ihnen kein Vertrauen entgegenbringt, wird auch nicht spenden.

9.1 Die richtige Gesprächsführung

Doch wie führen wir eigentlich ein Gespräch? Ein gutes Gespräch besteht aus einem Austausch, die Rede- und Sprechanteile der beteiligten Gesprächspartner sollte sich die Waage halten. Ein Monolog ist für das Gegenüber immer sehr ermüdend, auch wenn er spannende Gesprächsinhalte wiedergeben sollte.

Gerade Verkäufer neigen dazu, auf den Kunden mit vielen interessanten Inhalten einzureden. Diese Haltung kann ich auf den ersten Blick natürlich nachvollziehen. Denn wenn die wichtigsten Argumente genannt sind, die entscheidenden Nutzenvorteile aufgezeigt werden, dann kann der Kunde am Ende ja nur noch „Ja!" sagen. Diese Form des Verkaufsgespräches erlebe ich sehr häufig, und zwar in allen Branchen.

Ich erinnere mich gut daran, wie ich bei einem Gespräch mit einem Kundenbetreuer aus einer Bank dabei war. Der Kundenbetreuer hat sehr ausführlich die Vorteile der Bank dargestellt. Er hat erwähnt, wie die wirtschaftlichen Rahmenbedingungen bei dem Institut sind, welchen Sicherheiten die Anlagen des potenziellen Neukunden unterliegen, damit das Geld sicher und renditeträchtig angelegt werden kann. Nach einer gefühlten Ewigkeit kam er dann auf die verschiedenen Anlagestrategien zu sprechen. Er erwähnte die Formen einer Vermögensverwaltung genauso ausführlich wie die Vorteile eines Aktiendepots. Damit nicht genug, führte er auch verschiedene Fondmodelle auf, in denen die unterschiedlichen Anlagekriterien, Risikoprofile und Renditeerwartungen erwähnt wurden. Und es ging noch weiter. Der Kundenbetreuer zeigte auf, welche unterschiedlichen Kostenstrukturen die Anlageformen haben, wie der Kunde strategisch klug seine eigenen Kosten reduzieren kann und welche Strategien für ihn von Vorteil sind. Kurzum: Es wurden alle Punkte aufgenommen, die der Kundenbetreuer als wichtig für den Gesprächspartner vermutet hat und zur Sicherheit gab es noch einige Punkte darüber hinaus. Der Kundenbetreuer hat in diesem Vortrag einen sehr kompetenten Eindruck gemacht. Aber genau das erwarten wir doch auch von einem Fachmann der Finanzwirtschaft – oder? Der Kunde und ich, wir saßen mit großen Ohren und offen Augen in diesem Gespräch und haben gelegentlich ein „ja", ein „interessant" oder gar ein „stimmt" einfließen lassen. Doch am Ende des Monologs schauten wir, erschlagen von den vielen Argumenten und Punkten, den Verkäufer ziemlich müde und ratlos an.

Fundraiserinnen und Fundraiser sind an diesem Punkt nicht besser als andere Verkäufer und Verkäuferinnen. Auch aus ihrem Arbeitsalltag sind mir einige Gespräche gegenwärtig, in denen die Gesprächspartner, also die potenziellen Geber, mit Ausführungen, Argumenten und Beispielen ziemlich beeindruckt werden sollten.

In einem Gespräch ging es um die Unterstützung für eine Kindereinrichtung in einem Entwicklungshilfeland. Der Fundraiser war ziemlich gut vorbereitet. Über den Gesprächspartner war er informiert, er hatte so ziemlich alles aus dem Internet herausgefischt, was dort über den Geber zu finden war. Sein „Research" war beeindruckend. Er kannte sein Geburtsdatum und seinen Lebenslauf, war über die familiären Hintergründe bestens informiert. Dabei kannte er die Namen aller drei Ehefrauen (der derzeitigen und den zwei Damen davor) sowie Namen und Alter der Kinder. Natürlich gab es auch Artikel in der sogenannten Regenbogenpresse (Yellow Press), in denen über den Lebenswandel des Gesprächspartners ausführlich gemutmaßt wurde. Er war ein ambitionierter Skiläufer, segelte gern auf seiner eigenen Yacht und spielte offensichtlich kein Golf. Auch über das Unternehmen des Gebers war einiges bekannt. Die Webseite der Firma gab einen interessanten Einblick zu den Produkten und den Geschäftspartnern. Eine Übersicht der Firmenstandorte und deren Fertigungsschwerpunkte war erstellt, natürlich wurden die Aktivitäten in den Projektregionen der Organisation besonders ausgewertet. Das Organigramm des Unternehmers war ausgedruckt und die Schlüsselfunktion des Unternehmers mit dem Textmarker gelb markiert. In dem elektronischen Bundesanzeiger war der aktuelle Geschäftsbericht des Unternehmens veröffentlicht, die Umsatzzahlen und der Unternehmensgewinn waren dort genauso ablesbar wie die Entnahmen des Gesellschafters, also unserem Gesprächspartner.

Selbstverständlich war auch die Spenderhistorie des Gebers ausgewertet. Der Fundraiser wusste, wann die erste Spende erfolgt und wann die letzte Spende erfolgte. Die Höhe der Spenden, vom drei- bis fünfstelligen Bereich war alles dabei, war dokumentiert, die Durchschnittsspende erhoben und die Anzahl der Spendenakte erfasst. Auch konnten die Spendenvorlieben des Gebers ausgewertet werden, ganz offensichtlich unterstützte er gern Kinder- und Jugendprojekte in Entwicklungshilfeländern, in denen sein Unternehmen auch aktiv war. BINGO. Es passte also alles zum Projektvorschlag, den der Fundraiser in seiner Tasche hatte.

Ach was Tasche. Es war ein Rollkoffer voller Unterlagen, den der Fundraiser in das Büro des Gebers schleppte. Auch hier war der Fundraiser bestens vorbereitet: Der aktuelle Jahresbericht der Organisation in imposantem Umfang lag natürlich ganz oben griffbereit in dem Koffer, direkt darunter die aktuelle Imagebroschüre der Organisation mit Auszügen aus der Satzung, Statements der Geschäftsführer, Organigramm mit Übersicht der Bereiche, der Verteilung der Geschäftsführungsressorts und eine namentliche Übersicht der Aufsichtsgremien.

Selbstverständlich hatte der Fundraiser auch verschiedene Projektvorschläge dabei. Jedes der Projekte, es waren drei unterschiedliche Ansätze für eine Unterstützung, wurde in einem ausführliche Fact Sheet beschrieben und bebildert. Eine Projektkalkulation in Form einer Tabellenkalkulation war ausgedruckt, sowie verschiedene Szenarien der Wirkung ausformuliert. Aber es war noch mehr in der Tiefe des Rollkoffers zu finden: ein Ziegelstein als Symbol für den Bau einer Schule, gemalte Bilder von den Schulkindern aus einem ähnlichen Projekt und eine DVD mit einem Film aus der Projektregion. Eine PowerPoint-Präsentation mit den wichtigsten Inhalten – ich glaube es waren 87 Charts – war sicherheitshalber als Ausdruck, auf einem USB-Stick (im Branding der Organisation) und auf dem Notebook des Fundraisers dabei. Eines war klar: An der Vorbereitung wird dieses Spendergespräch sicherlich nicht scheitern.

Doch das Spendergespräch führte nicht zum Erfolg. Zwar startete es ganz hoffnungsvoll mit einem Small-Talk zur Begrüßung. Wir tauschten die üblichen Begrüßungsformeln aus, der Geber fragte, ob wir gut in sein Büro gefunden hätten und was er uns zu trinken anbieten dürfte. Der Blick aus dem Bürofenster war grandios. Der kleine Besprechungstisch, dänisches Design, im Büro des Geschäftsführers sorgte für intime Nähe. Doch leider standen weder Beamer noch Leinwand bereit, so dass der Fundraiser auf seine PowerPoint-Stunde verzichten musste. Stattdessen räumte er zwei Drittel des Tisches frei, rückte seinen und meinen Cappuccino beiseite und breitete sein Material aus bzw. stapelte es in die Höhe. Glücklicherweise waren wir alle groß genug, um auch noch sitzend über diesen Berg der guten Argumente einander in die Augen blicken zu können. Somit war auch der Augenkontakt sichergestellt.

Dann begann das prächtige Argumentations-Feuerwerk des Fundraisers. Er hatte alles präsent, was er über den Geber und sein Unternehmen herausgefunden hatte. Er konnte die Projekte in bunten Farben beschreiben, die Situation der Kinder in dem Projektland eindrucksvoll schildern und die drei Projektvorschläge aus dem Effeff präsentieren. Sogar die Projektkalkulationen ging er mit uns durch, zeigte die Wirkung der Projekte in der Region auf und konnte die Effektivität der Projekte beeindruckend darstellen. Und das alles in nicht einmal 40 min.

Ich und ganz besonders der potenzielle Geber – wir waren ziemlich beeindruckt. Und baff, und sprachlos. So viele Informationen müssen erst einmal verarbeitet werden. Diese Verarbeitung sagte der Geber dann auch für die nächsten zwei Wochen zu.

Gefühlt haben der Verkäufer und der Fundraiser in beiden Beispielen erst einmal nichts falsch gemacht. Alle relevanten Punkte wurden positioniert und die Gesprächspartner haben eine optimale Informationsbasis für ihre künftigen Entscheidungen erhalten. Doch Gespräche sind dabei nicht wirklich entstanden. Zwar wurden die ausführlichen Vorträge der Verkäufer mit Mimik und Zwischenbemerkungen kommentiert, doch der Redeanteil war ungleich zwischen Verkäufer und Käufer, zwischen Nehmer und Geber verteilt.

Ein gutes Verkaufsgespräch – respektive Gebergespräch – hat für mich zwei wesentliche Bestandteile: sowohl eine technische als auch eine inhaltliche Komponente. Bei der technischen Komponente geht es mir um die Gesprächsführung. Bei der Führung eines Gespräches geht es darum, wer das Gespräch steuert und den Verlauf des Gespräches beeinflusst. Eine gute Gesprächsführung ist quasi wie ein Walzer oder ein Foxtrott. Nur ein

Tanzpartner kann führen, damit das Paar gut über die Tanzfläche gleiten kann. So ist es auch in einem Gespräch. Aus meiner Sicht sollte der Fundraiser der führende Gesprächspartner sein, denn er hat ein bestimmtes Gesprächsziel vor Augen, er möchte vom Geber eine Unterstützung erhalten und er ist in der Regel auch besser vorbereitet.

9.2 Frageformen für die Gesprächsführung

Es gibt verschiedene Formen, ein Gespräch zu führen. Der Monolog, wie oben aufgeführt, hat sich bei vielen Gesprächen etabliert, gehört aber eigentlich nicht zur trainierten Gesprächsführungsform,. Ein gutes Gespräch sollte vielmehr eine Interaktion sein, ein Austausch zwischen den Gesprächspartnern. Daher bietet sich für das Fundraising die Gesprächsführung mit den Fragetechniken an.

„Wer fragt, der führt", so lautet eine Weisheit der Kommunikation. Die Fragetechniken lernen wir Menschen von Kindesbeinen an. Jeder, der mit kleinen Kindern zu tun hat oder hatte, der weiß, wie erfolgreich Fragen eingesetzt werden.

„Papa, bekomme ich ein Eis?", ist eine der direkten Fragen. Aber auch die allgemeine Frage nach dem „Warum" ist ein wichtiger Bestandteil in der Kommunikation der kleinen Menschen mit den großen Menschen. „Warum muss ich die Möhren essen?", „Warum darf ich nicht länger aufbleiben?", „Warum fährt der Bus immer hier vorbei?", „Wieso gibt es Ebbe und Flut?" und viele andere Fragen mehr prasseln im Minutentakt auf die Erwachsenen ein. Kinder sind unheimlich wissbegierig und wollen die Welt erfassen, sie saugen Informationen auf wie ein trockener Schwamm das Wasser. Doch wie oft erleben wir, dass die Geduld der Befragten auf eine harte Probe gestellt wird. Die barsche Antwort „Nun frag doch nicht so viel!" oder das etwas freundlichere „Denk doch mal nach." sind nach der gefühlt zehntausendsten Frage nachvollziehbar. Doch wenn wir in jungen Jahren mit unserer Wissbegierigkeit so rüde ausgebremst werden, dann ist es auch nicht verwunderlich, wenn wir als Erwachsene das Fragen verlernt haben. Ich behaupte sogar, dass wir nicht nur das Fragen verlernt haben, sondern auch den Mut zur Frage verloren haben.

In den Seminaren und Vorträgen, die seit vielen Jahren halte, werde ich immer wieder mit der Aussage konfrontiert: „Aber ich kann doch nicht so direkt fragen!" Lapidar antworte ich manchmal darauf, dass mir weder im Grundgesetz noch im Strafgesetzbuch ein entsprechender Passus bekannt ist, der uns das Fragen verbietet. Doch auch ernsthaft habe ich eine Antwort auf diesen Einwand:

> Wenn wir wirklich wissen wollen, was einen Gesprächspartner interessiert, dann sollten wir ihn danach fragen.

Gerade im Fundraising ist es sehr wichtig, den Gesprächspartner kennen zu lernen, seine Emotionen zu erleben, seine Vorstellung über die Welt zu erfahren. Der Geber gibt, weil er sich emotional berührt fühlt und motiviert ist, zu helfen. Also sollten wir doch herausfinden, was ihn bewegt. Denn nur wenn wir seine Gefühlslage kennen, können wir auch

9.2 Frageformen für die Gesprächsführung

sicher sein, das richtige Spendenprojekt in einer Art und Weise präsentieren zu können, die den Geber berührt.

Die Fragetechnik als Form der Gesprächsführung ist also eine gute Form für zielgerichtete Fundraisinggespräche. Sie als gesprächsführende Person haben mit der Fragetechnik zwei Asse im Ärmel. Zum einen führen Fragen immer dazu, dass die fragende Person zuhört. Und Zuhören ist eine Kunst, die häufig in Gesprächen nicht erkennbar ist. Dadurch, dass Sie eine Frage stellen, geben Sie Ihrer Gesprächspartnerin oder Ihrem Gesprächspartner die Möglichkeit, zu antworten. Und dadurch entsteht die Chance, durch Zuhören tatsächlich viel vom Gegenüber zu erfahren.

Wer fragt und danach zuhört, läuft nicht Gefahr zu monologisieren, sondern erhält die tolle Möglichkeit, die Meinung des Anderen zu erfahren. Der zweite Vorteil der Fragetechnik liegt in der aktiven Gesprächsführung. Denn durch jede Frage, die Sie stellen, beeinflussen Sie den weiteren Verlauf des Gespräches. Ja, Sie können dem Gespräch durch eine Frage sogar eine vollkommene Wendung geben und es auf ein anderes Themenfeld lenken:

„Ja, das ist sehr spannend, wie Sie diesen Punkt sehen, Herr Geber. Doch mich interessiert auch Ihre Meinung zu einem anderen Aspekt".

So kann ein Themenwechsel ganz unkompliziert eingeleitet werden.

Prinzipiell gibt es verschiedene Frageformen, die in einem Fundraisinggespräch eingesetzt werden können. Wir unterscheiden die geschlossene von der offenen Frage, es gibt Alternativfragen und rhetorische Fragen. Im Verlauf des Gespräches lassen sich diese Formen sehr unterschiedlich kombinieren, doch dazu später mehr.

9.2.1 Geschlossene Fragen

Eine geschlossene Frage lässt sich nur mit einem „ja" oder einem „nein" beantworten, daher werden sie auch die Ja/Nein-Fragen genannt. „Haben Sie sich dieses Buch selbst gekauft?", „Haben Sie heute Mittag warm gegessen?" oder „Soll ich dir ein Eis mitbringen?" sind Fragen, die sich nur kurz beantworten lassen. Es gibt zahlreiche Zeitgenossen, die darauf nur mit „ja" oder „nein" antworten, aber es gibt natürlich auch viele Menschen, die eine Begründung oder eine Konkretisierung nachschieben. Auf die Frage „Haben Sie sich dieses Buch selbst gekauft?" könnte eine Antwort lauten: „Nein, ich habe das Buch von meiner Frau geschenkt bekommen." Oder: „Ja, ich habe darüber auf Facebook gelesen."

Der Vorteil der geschlossenen Fragen liegt auf der Hand. Sie führen uns direkt zum Ziel. Die Frage „Spenden Sie bereits für ein gemeinnütziges Projekt?" gibt uns eine klare Einschätzung des Gegenübers hinsichtlich seiner Affinität zum Thema Spende. Ein überzeugtes „ja" macht uns Mut, das Spendengespräch weiter zu führen. Ein ebenso überzeugtes „nein" nimmt uns vielleicht diesen Mut, da wir doch wissen, dass nur ein Drittel der Menschen in Deutschland spenden.

In der Verhandlungspsychologie wird uns beigebracht, dass sich beim Ja-Sagen die innere Einstellung positiv verändert. Mit jedem „Ja" versetzen wir uns also auch in eine positive Einstellung dem Frageinhalt gegenüber. Es gibt entsprechende Verhandlungstaktiken, die durch den Einsatz von geschlossenen Fragen, die der Gesprächspartner mit „ja" beantwortet, die Wahrscheinlichkeit auf ein erfolgreiches Gesprächsende deutlich steigen. Analog dazu bedeutet ein „nein" genau das Gegenteil, die gefragte Person verschließt sich dem Thema. Die wiederholte negative Antwort auf eine geschlossene Frage reduziert also die Chance auf ein erfolgreiches Gesprächsende deutlich.

Aus diesem Grund sollten wir sorgfältig mit den geschlossenen Fragen umgehen. Ich selbst setze sie nur sehr sparsam ein, wenn ich eine Klärung benötige.

„Habe ich Sie richtig verstanden, dass Sie bereits vor einigen Jahren für unsere Organisation gespendet haben?"

Oder:

„Konnte ich Sie von der Wirkung dieses Projekts überzeugen?"

9.2.2 Rhetorische Fragen oder Suggestivfragen

Während die geschlossenen Fragen sorgfältig eingesetzt werden sollten, empfehle ich den kompletten Verzicht auf die rhetorischen Fragen. Diese Frageform wird auch Suggestivfrage genannt. Ich kenne diese Fragen noch aus der Versicherungsbranche, als ein Vertreter die Eltern fragte: „Sie wollen doch auch, dass Ihre Kinder im Notfall abgesichert sind?"

Welche Eltern könnten hier mit einem entschiedenen „Nein!" antworten? Natürlich sorgen sich Eltern um die Kinder und die Antwort wird immer ein „ja" sein. Natürlich ist uns sofort klar, wohin uns diese Frage führen soll. Wir durchschauen diesen perfiden Versuch, uns zu manipulieren. Mich durchzuckt es bei solchen Fragen sofort und ich habe den unweigerlichen Reflex, den Gesprächspartner einfach rauszuschmeißen. Aber das machen wir natürlich in unserer Welt nicht, daher schließe ich innerlich mit dem Verkäufer ab und suche einen schnellen Anlass, das Gespräch zu beenden.

Können Sie sich vorstellen, einen Gesprächspartner mit folgender Frage unter Druck zu setzen? „Sie wollen doch auch, dass weniger Kinder in Afrika sterben?" Oder wie geht es Ihnen mit dieser Frage: „Können Sie es verantworten, dass so viele Menschen ohne Bildung sind?" Ich kann es mir nicht vorstellen, dass wir diesen Druck bei Spendern anwenden.

Natürlich gibt es auch wesentlich elegantere Suggestivfragen. Fragen, die nicht so plump daherkommen, wie die aus dem Verkaufsgespräch mit dem Versicherungsvertreter. Nicht umsonst heißt diese Frageform auch „rhetorische Frage". Denn Rhetorik, so lernen wir alle in der Schule, ist der Ausdruck für die hohe Kunst der Gesprächsführung. In zahlreichen Kursen wird uns beigebracht, wie wir Meister in dieser Kunst werden. In

Schulen werden Debattierclubs eingesetzt, in denen die Kinder lernen, frei zu reden und zu überzeugen. Damit wir uns nicht falsch verstehen: Ich finde diese Angebote hervorragend. Sie schulen uns, gut zu sprechen. Sie geben uns Selbstvertrauen und Techniken an die Hand, mit denen wir überzeugen können. Es gibt unendliche viele Anregungen, die ich persönlich aus Rhetorikkursen und -büchern gelernt habe und sehr erfolgreich umsetze.

Doch in ein gutes Spendergespräch gehört die rhetorische Frage auf gar keinen Fall.

9.2.3 Alternativfragen

Die nächste Frageform, auf die ich eingehen möchte, ist die alternative Frage. Diese Frageform bietet dem Gesprächspartner zwei verschiedene Antwortoptionen an. „Möchten Sie Fisch oder Fleisch als Hauptgang?" oder „Möchten Sie die Bahnreise in der 1. Klasse oder in der 2. Klasse buchen?" sind zwei Beispiele aus dem Alltag der alternativen Fragen. Bitte halten Sie sich beim Einsatz dieser Fragen an die enge Definition des Begriffes „Alternative": Eine Alternative bedeutet, sich zwischen zwei Möglichkeiten zu entscheiden. Und nicht zwischen drei oder noch mehr Möglichkeiten. Daher ist die Alternativfrage auch auf zwei Optionen ausgelegt.

„Wollen wir uns Anfang oder Ende der nächsten Woche treffen?"

könnte die Frage zur Terminabstimmung sein. Oder etwas zielgenauer auf den Abschluss:

„Überweisen Sie die Spende auf unser Konto oder soll ich Ihnen die Bankverbindung zusenden?"

Das Schöne an den Alternativfragen ist, dass wir die geschlossenen Fragen umgehen und damit erst einmal ein „nein" verhindern. Die Frage „Wollen wir uns nächste Woche treffen?" kann eben auch mit einem klaren „nein" beantwortet werden. Der Vorschlag von Alternativen erhöht also die Chance auf ein Treffen deutlich.

Trotz dieser geschickten Hinwendung auf ein bestimmtes Ziel ist die Alternativfrage bei weitem nicht so manipulierend wie die Suggestivfrage. Denn natürlich kann die gefragte Person auch mit einem „nein" antworten und sagen: „Zur Zeit halte ich ein Treffen nicht für sinnvoll." Sie kommen mit dieser Frage deutlich näher an das Ziel und der Gesprächspartner wird nicht überrumpelt. Daher setze ich die Alternativfragen immer dann ein, wenn ich auf ein bestimmtes Gesprächsziel hinsteuern möchte.

„Möchten Sie die Neugestaltung der Treppe übernehmen oder sich lieber für einen Ausstellungsraum einsetzen?"

könnte die Frage an einen Unterstützer für ein Museum lauten. Der Geber kann sich also zwischen den Alternativen entscheiden und abwägen, welches Projekt ihm am wichtigsten ist.

Natürlich lässt sich diese Frageform auch gut einsetzen, um eine optimale Unterstützung vom Geber zu erreichen. Gehen wir einmal davon aus, dass die Treppengestaltung in unserem Beispiel 75.000 € kostet und ein Ausstellungsraum 100.000 €. Somit liegt der niedrigere Vorschlag bei 75.000 € und der teurere bei 100.000 €. Sollte sich der Geber für die günstigere Variante entscheiden, sind das immer noch 75.000 €. Hätten Sie als Alternative zur Treppe vielleicht zwei Säulen á 25.000 € angeboten, wäre hier die untere Spendengrenze bei 50.000 €. Diese Alternative können Sie dann anbieten, wenn dem Geber die avisierten 75.000 € zu hoch sind. Sie sehen, in diesem Beispiel gibt es noch eine Variante, die ins Spiel kommt, wenn das finanzielle Engagement des Gebers geringer ist, als Sie es vorher vermutet haben.

Mit den Alternativfragen können Sie also eine Spendenspanne setzen und dabei sowohl die Ober- und Untergrenze als auch die Bandbreite frei definieren. Dabei sollten Sie aber auch noch Spendenhöhen anbieten können, die außerhalb dieser Bandbreite liegen. Bei unserem Museumsbeispiel liegt die Bandbreite zwischen 75.000 und 100.000 €. Darüber hinaus können aber vielleicht auch 120.000 € oder 150.000 € angeboten werden. Und nach unten wiederum die bereits erwähnten 50.000 € oder auch nur 25.000 €, wenn statt zwei nur eine Säule finanziert wird.

9.2.4 Offene Fragen

Ganz anders sind die offenen Fragen, also alle sogenannten W-Fragen, die mit Einstiegswörtern wie was, wer, wie, wann, warum, wieso, welche, wozu etc. eingeleitet werden. Eine klassische W-Frage ist die Begrüßung „Wie geht es Ihnen?" Diese Frage wird nicht mit „ja" oder „nein" beantwortet, sondern in aller Regel mit einem „gut" oder „es geht so" bis hin zu „schlecht". Das wirklich Schöne an den offenen Fragen ist jedoch, dass unser Gegenüber erzählt und wir zuhören müssen. Denn durch Zuhören erfahren wir mehr, als wenn wir sprechen. Wenn Sie ihrem Spender die Frage stellen:

„Was ist für Sie besonders wichtig, wenn Sie sich für eine Spende entscheiden?",

dann erhalten Sie hoffentlich eine Vielzahl von spannenden Antworten. Sollten die Antworten jedoch nur kurz ausfallen, dann können Sie mit einer offenen Frage weiter nachfassen:

„Was ist Ihnen außer der Wirkung noch wichtig?"

lässt den Befragten noch intensiver darüber nachdenken, welche Punkte für ihn zusätzlich wichtig sind, denn häufig fallen uns bei einer Frage nur ein oder zwei Aspekte spontan ein und andere Punkte werden erst einmal nicht genannt.

Im Fundraising ist es sehr wichtig, zu erfahren, was dem Gegenüber wirklich wichtig ist. Denn nur so kann der Fundraiser den Geber richtig beraten und betreuen. Daher sind die offenen Fragen kein Ausfragen, sondern sie sind notwendig, um auf den Kern der Spenderanforderungen zu kommen. Je mehr Sie vom Spender erfahren, desto mehr können Sie auch für den Spender tun. Das ist für einen guten Fundraiser sehr wichtig, denn er ist darauf angewiesen, den Spender zufrieden zu stellen. Das geschieht schon beim Erstge-

spräch, in dem es ein aufrichtiges Interesse am Gegenüber gibt. Das geschieht dann auch beim konkreten Angebot, in dem der Geber einen Unterstützungsvorschlag erhält, der für ihn wirklich interessant ist. Natürlich ist es auch nach der Spendenabwicklung wichtig, herauszufinden, wie zufrieden der Spender mit der Arbeit des Fundraisers und der Arbeit der Organisation war bzw. ist. Also, mein Appell an Sie:
Fragen Sie!

9.3 Der Aufbau eines Spendengespräches

Es wird viel gelernt und geschrieben über den effektiven Aufbau eines Gespräches. Die übliche Einteilung eines Gesprächs erfolgt über die drei Phasen: die Anfangshase, die Gesprächsmitte und die Beendigungsphase.

Die Anfangsphase dient dabei der Gesprächseröffnung und der Kontaktaufnahme. Sie startet manchmal ganz einfach mit dem Blickkontakt während einer Bahnreise oder mit der Begrüßung bei Betreten eines Besprechungsraumes.

In dieser Anfangsphase entsteht bei einem Erstkontakt die soziale Beziehung zwischen den Gesprächspartnern. Bei einem bereits bestehenden Kontakt zeigt sich in dieser Phase, wie die soziale Beziehung zwischen den Gesprächspartnern aussieht. Waren die Begegnungen vorher entspannt, freundlich und wertschätzend, so wird auch ein erneutes Gespräch wertschätzend, freundlich und entspannt verlaufen. War die vorherige Begegnung jedoch belastend, kritisch oder sogar unfreundlich, so wirkt sich diese Vorgeschichte auch auf das aktuelle Gespräch aus.

Im Gesprächsanfang wird also die Grundstimmung für den weiteren Gesprächsverlauf gelegt. Wie lang eine solche Anfangsphase sein muss, ist nicht festgelegt. Von einer kurzen Begrüßung bis zu einem umfangreichen Small Talk ist alles möglich. Doch sollte bei einem definierten Gesprächsziel die Anfangsphase in einem gesunden Verhältnis zum gesamten Gesprächszeitraum bestehen. Bei einem Gesprächszeitraum von 30 min sind 10 min Anfangsphase eindeutig zu lang, da dann die notwendig Zeit für das eigentliche Thema in der Gesprächsmitte und in der abschließenden Beendigungsphase fehlt. Ein gutes Gespräch sollte ruhig anfangen und auch ohne Hektik beendet werden. Ein hastiger Abschluss im gesetzten Zeitrahmen ist dabei genauso wenig hilfreich wie die Überziehung des Zeitrahmens.

Neben der Schaffung der Grundstimmung soll die Anfangsphase zum Gesprächsthema überleiten und damit idealerweise einen Dialog in Gang setzen, denn ein gutes Gespräch besteht nicht aus einem Monolog, sondern wird erst wirklich interessant durch den Austausch der Gesprächspartner. In einem guten Gespräch sollten die Gesprächspartner etwa den gleichen Gesprächsanteil haben. Bei einem guten Verkaufsgespräch sollte dieses Verhältnis zu Gunsten des Kunden in etwa 1/3 für den Verkäufer und in etwa 2/3 für den Käufer verschoben werden.

In der Gesprächsmitte wird das eigentliche Thema behandelt. Für den Verkäufer ist es das Produkt, für den Fundraiser ist es die Spende. In dieser Phase geht es um das tatsächliche Ziel des Austausches. Wichtig für einen guten Verlauf dieses Teiles ist die vorherige Festlegung des Themas, denn alle Gesprächspartner sollten wissen, um was es in dem Gespräch geht. So gibt es dann keine Irritationen über den weiteren Gesprächsverlauf.

Die Gesprächsmitte in einem Verkaufsgespräch ist also thematisch orientiert, in einem zufälligen Gespräch entwickelt sich der Inhalt aus der Situation heraus. In einem guten Dialog wechseln sich dabei die Gesprächspartner mit ihren Wortbeiträgen ab, tauschen Meinungen aus und beantworten gegenseitige Fragen.

Die Beendigungsphase beginnt, sobald das eigentliche Thema des Gespräches abgeschlossen ist. In dieser Phase erfolgt das Angebot, das Gespräch zu beenden. Dieses Angebot kann sehr deutlich kommen und direkt angekündigt werden. Bei großen Diskussionsrunden übernimmt die Gesprächsleitung diese Rolle vielleicht mit der Aufforderung „Bitte kommen Sie jetzt zum Ende der Diskussion" oder es erfolgt ein Klingelzeichen. Natürlich gibt es auch indirekte Möglichkeiten, das Gesprächsende einzuleiten. Ein deutlicher Blick auf die Armbanduhr oder das Einpacken der Schreibutensilien sind für jeden Gesprächspartner ein deutliches Zeichen, ebenso wie ein Mitarbeiter, der durch die Tür schaut und den nachfolgenden Termin ankündigt.

In einem Verkaufsgespräch lässt sich die Beendigungsphase durch den Verkäufer mit einer Abschlussfrage wie

„Habe ich Ihnen alle Fragen beantwortet?"

einleiten. Oder der Käufer selbst wird hier aktiv mit Formulierungen wie

„Prima, jetzt habe ich einen guten Eindruck von Ihrem Angebot bekommen."

Sie können die Endphase natürlich auch viel direkter einleiten:

„Herr Gesprächspartner, lassen Sie uns jetzt zum Schluss kommen."

Wichtig ist in der Beendigungsphase, dass sichergestellt wird, dass alle Fragen beantwortet wurden und nichts offengeblieben ist. Natürlich wird in dieser Phase auch über die weiteren Schritte gesprochen und weitere Gespräche werden vereinbart, soweit das notwendig ist. In diesem Teil können auch Vereinbarungen getroffen werden, wie etwa die Zusendung von bestimmten Unterlagen.

Letztendlich soll die Beendigungsphase auch einen emotionalen und formalen Abschluss des Gespräches beinhalten. Die Beteiligten bedanken sich beispielsweise für das freundliche Gespräch und freuen sich auf die nächste Begegnung. Die formale Verabschiedung mit einem Handschlag setzt dann den finalen Schlusspunkt unter das Gespräch.

9.3.1 Das klassische Verkaufsgespräch

Ein Verkaufsgespräch ist eindeutig zielgerichtet. Von einem zufälligen Gespräch unterscheidet es sich deutlich in der Zielsetzung und im Inhalt. Die Gesprächspartner haben idealerweise ein gemeinsames Ziel. Und wenn nicht alle Gesprächspartner ein Ziel haben sollten, das muss doch mindestens der Verkäufer eines im Auge haben: den Verkauf!

In der Definition des Verkaufsgespräches ist bei Wikipedia nachzulesen: „Ein Verkaufsgespräch (engl. sales pitch) ist Teilgebiet der Verkaufstechnik und bezeichnet die

9.3 Der Aufbau eines Spendengespräches

zielgerichtete, auf (schriftlichen oder mündlichen) Vertragsabschluss ausgerichtete Dialogführung eines Verkäufers mit einem potenziellen Kunden."

Für uns Fundraiser ist das Ziel natürlich die Zusage des Gesprächspartners, die Organisation mit einem bestimmten Betrag zu unterstützen. Daher kann ein Verkaufsgespräch gar keine andere Zielsetzung haben und der Fundraiser kann mit keinem anderen Ergebnis zufrieden sein.

„Das Verkaufsgespräch", so lautet es weiter, „hat eine besonders große Bedeutung, wenn viele Anbieter im Wettbewerb zueinander stehen, und beim Verkauf wissens- und technologieintensiver Produkte und Dienstleistungen sowie langlebiger Konsumgüter."

Auch auf dem Fundraisingmarkt gibt es einen großen Wettbewerb zwischen den Organisationen. Gerade bei der Gewinnung von neuen Gebern und der Bindung der bestehenden Spender gibt es einen kontinuierlichen Wettkampf um die stagnierende Zahl der aktiven Spender. Doch nicht nur der Wettbewerb ist ein wichtiges Argument für Fundraisinggespräche. Aus meiner Sicht gehört die Spendenakquise zu den wissensintensiven Leistungen. Der Geber braucht ein bestimmtes Wissen über die Organisation und deren Mittelverwendung. Er ist emotional an den Projekten und der Arbeit der unterstützten Organisation interessiert. Dieses Wissen lässt sich am besten in einem direkten Gespräch vermitteln.

> Das für diese Aufgabe verantwortliche Personal benötigt neben Fachwissen auch besondere Fähigkeiten, die man als Vertriebskompetenzen bezeichnen kann.

Auf das Thema „Vertriebskompetenz" bin ich im Kap. 3 näher eingegangen. Für ein gutes Spendergespräch ist neben den individuellen Fähigkeiten des Fundraisers eine gute Gesprächsführung und ein solides Fachwissen über die Organisation, ihre Arbeit und die Projekte notwendig.

Wenn Sie Fachbücher über das Verkaufsgespräch lesen oder Fortbildungen und Schulungen für Verkäufer besuchen, werden Sie immer wieder mit den 5 Phasen des Verkaufsgespräches bekannt gemacht worden sein. Diese Phasen haben zwischenzeitlich auch im Fundraising Einzug gehalten. Einige Kolleginnen und Kollegen vermitteln dieses Vertriebswissen in zahlreichen Vorträgen, Seminaren, Workshops und in verschiedenen Publikationen.

Das 5-Phasen-Modell ist also sehr beliebt und daher werde ich es hier auch kurz vorstellen und mit Beispielen aus dem Fundraisingalltag veranschaulichen. Sie werden in diesem Modell die Grundstruktur der oben genannten Gesprächsführung wiederentdecken, denn auch ein Verkaufsgespräch ist ein Gespräch mit Gesprächspartnern, ein Gespräch, das den Dialog sucht und den Monolog vermeiden sollte.

Die 5 Phasen sind: Begrüßung, Bedarfsklärung, Angebot, Abschluss und Abschied. Dabei entspricht die Begrüßung der bereits geschilderten Anfangsphase und der Abschied der Beendigungsphase. Die Gesprächsmitte wird beim Verkaufsgespräch in die Bedarfsklärung, das Angebot und den Abschluss unterteilt.

Ein klassischer Gesprächsverlauf nach diesem Modell könnte so aussehen:

Begrüßung: *„Guten Tag Herr Geber, mein Name ist Norbert Nehmer von der Organisation. Schön, dass wir uns heute persönlich kennenlernen und sprechen können."*

Bedarfsklärung: *„Sie haben sicherlich auch schon von dem Projekt unserer Organisation gehört. Wir unterstützen junge straffällige Menschen dabei, sich wieder in die Gesellschaft zu integrieren. Sicherlich sind Sie auch der Meinung, dass es wichtig ist, diese Menschen zu unterstützen?"*

Angebot: *„Ich möchte Ihnen anbieten, dass Sie das Projekt mit einer Spende in Höhe von 10.000 € unterstützen. Dieser Betrag wird direkt in eine Maßnahme investiert, in der die jungen Straftäter bereits im Strafvollzug auf eine Berufsausbildung vorbereitet werden."*

Abschluss: *„Können Sie sich vorstellen, dieses wichtige Projekt zu unterstützen?"*

Abschied: *„Vielen Dank für das Gespräch und ein ganz herzliches Dankeschön für Ihre Unterstützung."*

Natürlich lassen sich diese Phasen noch in verschiedenen Varianten differenzieren. So wird der Inhalt der einzelnen Phasen bei einem Neuspender sicherlich anders aussehen als bei einem Bestandsspender.

Die Angst vor dem Nein

Das klassische Verkaufsgespräch wie ich es Ihnen soeben vorgestellt habe, hat aus meiner Sicht jedoch eine große Schwäche. Diese Schwäche liegt nicht nur im Ablauf des Gespräches, sondern auch im Verhalten von vielen Verkäufern und Fundraisern. Diese große Schwäche nenne ich die „Angst vor dem Abschluss". Die Gespräche laufen sehr harmonisch, die Aufwärmphase hat die Gesprächspartner emotional zueinander gebracht. Auch der weitere Gesprächsverlauf ist sehr angenehm. Der Geber zeigt sich sehr interessiert an der Philosophie der Organisation und von der Projektarbeit ist er mehr als nur angetan, er zeigt sich fast schon begeistert. Doch dann passiert oft etwas sehr Seltsames. Der Fundraiser stellt nicht die Abschlussfrage. Er rundet das Gespräch nicht mit dem Erfolg ab. Er eiert um die zentrale Frage: „Unterstützen Sie uns?" herum. Er wird unsicher und dadurch verunsichert er den Gesprächspartner auch.

Doch die „Angst vor dem Abschluss" haben nicht nur Fundraiser. Viele Verkäufer sind mir in meinem langen Vertriebsleben über den Weg gelaufen, die diese Angst genauso kannten. Es ist die Angst vor dem „nein" des Gegenüber. Denn jedes „nein" fühlt sich erst einmal wie eine Ablehnung an, auch wenn sich die Absage auf das Angebot, das Produkt, die Dienstleistung oder die Spendenzusage bezieht. Viel zu leicht übertragen wir diese Ablehnung auf unsere Person und wir fühlen uns zumindest unwohl.

9.3.2 Das Verkaufsgespräch auf den Kopf gestellt

Ich sage hingegen: „Stelle Dich deiner Angst!" Mit dieser klaren Ansage im Kopf habe ich in meinem Leben schon viele Situationen meistern können. Im Alltag gibt es viele Dinge, die nicht sehr angenehm sind. Aus meiner Sicht lassen sich die unangenehmen Situationen nicht vermeiden. Sie kommen so unweigerlich wie der nächste Sonnenuntergang. Wir fühlen uns auch nicht wohl, wenn wir um den heißen Brei herumreden. Es ist besser, wenn wir auf den entscheidenden Punkt kommen. Wenn das, was gesagt werden soll erst einmal raus ist, dann geht es uns bedeutend besser.

Und genauso ist es aus meiner Sicht beim Verkaufsgespräch. Die Abschlussfrage im Fundraising, „Unterstützen Sie unser Projekt mit 5000 €?", fällt vielen Akteuren schwer. Einige drucksen herum, andere rutschen nervös auf ihrem Stuhl hin und her und wieder andere kombinieren beides miteinander. Ja, es ist nicht immer einfach, die Frage nach der finanziellen Unterstützung so direkt zu stellen. Daher erlebe ich häufig auch die abgeschwächte Form dieser direkten Frage:

> Können Sie sich vorstellen, dieses Projekt zu unterstützen?

Ja, diese Formulierung ist natürlich sehr schwach und hat mit einem Fundraisinggespräch kaum noch etwas zu tun. Aber diese Frage ist immer noch besser als gar nicht zu fragen. Und auch das erlebe ich immer wieder in Gesprächen zwischen Fundraisern und Gebern. Es wird wunderbar präsentiert, es wird ausgiebig diskutiert. Und zum Ende des Gespräches, bevor der Fundraiser seine Abschlussfrage stellen kann, sagt der Geber: „Das ist wirklich sehr spannend, Herr Fundraiser. Ich werde mir das einmal durch den Kopf gehen lassen."

Hier hat der potenzielle Geber selbst den Abschluss eingeleitet und dem Fundraiser gar nicht erst die Chance gelassen, zu verkaufen. Was sagt uns diese Aussage? Wird der Geber das Projekt unterstützen? Und mit welchem Betrag wird er sich engagieren? Doch auch eine konkretere Aussage des Gebers wie: „Prima, ich unterstütze Sie gern mit 1000 €." hat eine Schwäche.

Natürlich ist es erst einmal toll, eine Spendenzusage vom Geber im Gespräch zu bekommen. Doch sind die genannten 1000 € tatsächlich der Betrag, den sich der Fundraiser bei diesem Gespräch vorgestellt hat? Wenn der Geber ein Potenzial in Höhe von 5000 € hat, dann hat der Fundraiser an dieser Stelle nur ein Fünftel des möglichen Spendenvolumens realisiert. Er hat sein Ziel also um 4000 € verfehlt. Sportlich gesprochen ist er zwar ins Ziel eingelaufen, aber er ist keine gute Zeit gelaufen.

An dieser Stelle möchte ich einen Punkt noch einmal klarstellen. Eintausend Euro sind viel Geld und es ist toll, dass Menschen sich mit solchen Beträgen engagieren. Ich bin auch nicht undankbar, wenn jemand 1000 € spendet. Jeder Euro zählt, jeder Betrag ist eine Wertschätzung für das Projekt und die sammelnde Organisation. Doch es ist auch so, dass jeder zusätzliche Betrag eine zusätzliche Unterstützung für das Projekt und eine zusätzliche Wertschätzung für die Organisation bedeutet. Daher möchte ich als Fundraiser die optimale Unterstützung des Gebers erhalten. Und wenn eine Person einen Betrag in Höhe von 5000 € geben kann, dann möchte ich auch diesen Betrag für das Projekt realisieren. Die 5000 € sind dann zu 100 % Erfolg, die angebotenen 1000 € sind es nur zu 20 %. Fazit in diesem Fall: Geld erhalten, aber Ziel verfehlt.

Doch was ist nun die Konsequenz aus dieser Erkenntnis? Aus meiner Sicht gibt es daraus eine logische Schlussfolgerung:

Beginnen Sie das Gespräch mit der Abschlussfrage!

Ja, Sie lesen richtig! Stellen Sie das Verkaufsgespräch auf den Kopf und beginnen Sie mit der konkreten Fragen nach der finanziellen Unterstützung des Gesprächspartners. Verzichten Sie also auf die Anfangsphase, die Aufwärmphase und die Präsentationsphase. Kommen Sie gleich auf den Punkt und Sie haben das Unangenehmste im Fundraisinggespräch bereits hinter sich gebracht.

Aus meiner Sicht gliedert sich ein gutes Fundraisinggespräch wie folgt:

1. Begrüßung
   Fundraiser: „Guten Tag Herr Geber, ich freue mich sehr, dass wir uns heute persönlich treffen."
2. Abschlussfrage
   Fundraiser: „In diesem Gespräch möchte ich Sie davon überzeugen, unsere Organisation mit einer Spende in Höhe von 5000 € zu unterstützen."
3. Austauschphase
   Fundraiser: „Welche Fragen kann ich Ihnen beantworten, damit Sie unsere Arbeit unterstützen?"
   Fundraiser: „Was müssen wir tun, um Sie als Geber zu gewinnen?"

Sie sehen, ich falle mit der Tür direkt ins Haus. Diese Vorgehensweise hat viele Vorteile. Dem Ängstlichen gibt diese Struktur die Möglichkeit, die kritische Frage bereits am Anfang zu positionieren. Die Frage nach dem Geld ist gestellt, nun kann sich der Fundraiser entspannt zurücklehnen und sich auf das folgende Gespräch konzentrieren.

Der nächste Vorteil ist, dass der Gesprächspartner von Anfang an weiß, um was es geht. Es geht nämlich um ein Spendengespräch. Darüber hinaus setzt der Fundraiser bereits eine Marke, indem er einen Spendenbetrag nennt. Es geht um 5000 €. Dieser Betrag wird im weiteren Verlauf des Gespräches immer präsent sein. Der Geber weiß ganz genau, was auf ihn zukommt. Er kann entscheiden, ob er die Spende geben möchte und ob er den vorgeschlagenen Betrag akzeptiert.

Ein weiterer Vorteil ist, dass der Fundraiser deutlich höhere Durchschnittsspenden aus dem persönlichen Gespräch realisiert. Im Fundraising habe ich die Erfahrung gemacht, dass ein Spender selten eine höhere Spende leistet als den Betrag, den ich vorgeschlagen habe. Eher versucht der Geber, den Betrag zu reduzieren. Durch den genannten Betrag ist also bereits eine Marke für den Geber gesetzt. In diesem Beispiel orientiert er sich also an den 5000 € und wird einen entsprechenden Gegenvorschlag machen, und dieser wird anders ausfallen, als wenn er sich an 1000 € orientieren würde.

9.3 Der Aufbau eines Spendengespräches

Und noch eine interessante Besonderheit habe ich bei diesem Vorgehen festgestellt. Ich gehe so gut wie nie ohne eine finanzielle Unterstützung aus dem Gespräch. Selbst jene Gesprächspartner, die sich nicht für das Projekt oder die Organisation begeistern ließen, geben am Ende eines guten Gespräches eine Spendenzusage.

„Herr Fundraiser, verstehen Sie bitte, dass ich mich auch weiterhin für andere Projekte engagieren werde und ich Ihnen keine Unterstützung in der gewünschten Höhe von 5000 € zusage. Doch damit Sie nicht umsonst gekommen sind, möchte ich das Projekt mit 500 € unterstützen."

Ich finde es großartig, wenn wir im Fundraising sogar noch bei einem „nein" des Gebers eine finanzielle Unterstützung erhalten können. In diesem Fall haben beide Gesprächspartner ihr Gesicht gewahrt. Der Geber hat seine Wertschätzung gegenüber dem Fundraiser zum Ausdruck gebracht und der Fundraiser geht nicht mit leeren Händen aus dem Gespräch.

Noch nie habe ich auf diesen Einstieg hin ein negatives Feedback erhalten. Die Gesprächspartner waren zwar gelegentlich über diese direkte Form der Ansprache verwundert. Diese Verwunderung lag aber weniger an der Struktur des Gespräches als an den vorher gemachten Erfahrungen, denn selten präsentiert sich ein Fundraiser schon zum Gesprächsanfang so deutlich mit seinem Anliegen. Viele eiern herum, sind nicht konkret in der Spendenerwartung und fokussieren sich eher auf die Projektinhalte als auf das Gesprächsziel.

Es sind durchweg positive Erfahrungen, die auf eine solche Gesprächseröffnung folgen. Die Gesprächspartner wissen doch ohnehin, dass Sie Spendensammler sind. Die Gesprächspartner erwarten von Ihnen die direkte Aufforderung zur Unterstützung. Es ist also nur fair, das Gespräch auch entsprechend zu starten.

Die meisten Großspender sind Unternehmer, Selbstständige oder leitende Angestellte. Diese Menschen sind es gewohnt, Verkaufsgespräche zu führen. Sie schätzen es, wenn der Gesprächspartner auf den Punkt kommt und sein Anliegen platzieren kann. Fundraiser erhalten für diese klare Vorgehensweise eine hohe Wertschätzung vom Gesprächspartner.

Mit den offenen Fragen „Welche Fragen kann ich Ihnen beantworten, damit Sie unsere Arbeit unterstützen?" und „Was müssen wir tun, um Sie als Geber zu gewinnen?" wird die Austauschphase eingeläutet. Der Gesprächspartner ist nun an der Reihe, seine Fragen zu stellen und seine Vorstellung zu verdeutlichen. In der klassischen Gesprächsführung präsentiert der Fundraiser das Spendenprojekt und versucht, die relevanten Punkte für den Geber anzusprechen, alle Aspekte zu berücksichtigen. In meiner Struktur ist das nicht nötig, da der Geber selbst die für ihn relevanten Fragen stellt und der Fundraiser dieser Fragen nur noch beantworten muss.

Geber: „Wofür benötigen Sie die 5000 € konkret?"
Fundraiser: „Mit dem Betrag finanzieren Sie eine Solarstromanlage für eine Kinderklinik in Somalia. Welche Fragen zu diesem Projekt sind für Sie relevant?"

Natürlich könnte auch eine schärfere Antwort lauten:

Geber: „*Warum sollte ich Ihnen ausgerechnet so viel Geld geben?*"
Fundraiser: „*Welche Kriterien sind Ihnen wichtig, damit Sie eine Organisation finanziell unterstützen?*"

An diesen Beispielen ist der Vorteil der auf den Kopf gestellten Gesprächsstrategie in Kombination mit den offenen Fragen gut zu erkennen. Der Fundraiser ist in der Rolle des Zuhörers, der Geber hat die aktive Rolle. Seine Vorstellungen, seine Erwartungen stehen im Mittelpunkt des Gespräches.

Meine Empfehlung lautet daher: Probieren Sie den „Kopfstand" im Fundraisinggespräch einfach aus. Beginnen Sie mit dem Abschluss und Sie werden erstaunt sein, wie dynamisch und erfolgreich die Gespräche in Zukunft verlaufen werden.

9.4 Einwand oder Vorwand – woran wir wirklich sind

An dieser Stelle ist es angebracht, noch kurz den Unterschied zwischen einem Einwand und einem Vorwand zu klären. Im Verlauf des Buches fallen diese beiden Begriffe immer wieder. Gerade beim Telefonat können wir nicht immer beim ersten Hinhören den Unterschied lokalisieren. Beide haben Gemeinsamkeiten, doch unterschiedliche emotionale Beweggründe. Im Gespräch mit einem Spender ist es sehr wichtig herauszufinden, um was es sich bei dem vorgetragenen Argument wirklich handelt.

Ein Einwand zeigt die tatsächlichen Bedenken und Befürchtungen Ihres Gesprächspartners hinsichtlich der von Ihnen vorgetragenen Sachverhalte. Zwar ist er grundsätzlich bereit, sich mit dem Thema auseinanderzusetzen und möchte nur noch überzeugt werden. Ein Spender mit einem Einwand hat quasi schon seine Spendenbereitschaft für sich geklärt. Er hat jedoch noch ein paar inhaltliche Fragen, bevor er zu einem überzeugten „Ja" kommen kann. Der Gesprächspartner argumentiert hier auf der Sachebene.

Bei einem Vorwand hingegen argumentiert der Gesprächspartner auf der emotionalen Ebene. Er hat eigentlich gar keine Lust, sich mit dem Sachverhalt weiter zu beschäftigen und schiebt Argumente vor, anstatt dies deutlich zu sagen. Zurzeit kommt also eine Spende für die Organisation für ihn gar nicht in Frage. Für einen Fundraiser ist diese Situation dahingehend kritisch, dass er erst einmal nicht einschätzen kann, ob es sich um einen Vorwand handelt oder um einen Einwand.

Anhand der nachfolgenden Aussage möchte ich deutlich machen, wie Sie überprüfen können, ob es sich um einen emotionalen Vorwand oder einen sachlichen Einwand handelt.

Gesprächspartner: „*Wir spenden bereits für eine andere Organisation.*"
Fundraiser: „*Angenommen, die andere Organisation sammelt keine Spenden mehr. Könnten Sie sich dann vorstellen, unsere Organisation zu unterstützen?*"

Die klare Antwort „ja" deutet darauf hin, dass Sie einen tatsächlichen, sachlichen Einwand vor sich haben. Ein „nein" deutet darauf hin, dass Sie und Ihre Organisation den Gesprächspartner nicht überzeugen. Sie müssten also erhebliche Vertrauensarbeit leisten, bis der Geber sich für Sie engagiert.

Aus meiner Sicht ist es sehr wichtig, den Unterschied zwischen Einwand und Vorwand im Gebergespräch herauszufinden. Im Fundraising geht es darum, dass die Geber sich emotional mit dem Spendenprojekt identifizieren. Der Fundraiser hat eine hohe moralische Verantwortung – ich finde im Übrigen auch, dass diese Verantwortung für alle Verkäufer gilt, doch im klassischen Geschäftsleben hat sich diese Erkenntnis noch nicht überall durchgesetzt. Deshalb werden wir einem Geber, der grundsätzlich an der Wirksamkeit von Spenden zweifelt oder sich noch nicht mit der bittenden Organisation identifizieren kann, Zeit lassen. Seine emotionalen Vorbehalte gegenüber der Spende an sich oder der Organisation brauchen eine längere Überzeugungsarbeit.

Doch geben Sie an dieser Stelle den Geber nicht auf, sondern entwickeln Sie einen individuellen Plan, wie Sie den Kontakt über das erste Gespräch hinaus entwickeln können. Vielleicht laden Sie diese Person zu einer Veranstaltung ein, in der andere Geber berichten, wie es sich anfühlt zu spenden. Sammeln Sie Zeitungsberichte über positive Spendererlebnisse und senden Sie diese dem Gesprächspartner zu.

Zum Aufbau des Images von Ihnen und der Spendenorganisation bieten sich weitere Gespräche an, in denen Sie das Vertrauen des Gesprächspartners Stück für Stück gewinnen. Nutzen Sie jede Begegnung zu einem vertrauensbildenden Gespräch. Laden Sie ihn zu Veranstaltungen ein, auf denen die Zielperson mit bereits bestehenden Spendern ins Gespräch kommt. Wahrscheinlich werden sich die Personen untereinander kennen und sich über die Erfahrungen mit Ihrer Organisation austauschen. Haben Sie ein Spendensiegel erhalten oder wurden für Transparenz oder Wirkung ausgezeichnet, dann dürfen Sie das weder Ihren Gebern noch Ihren Zielpersonen verheimlichen. Rufen Sie an, schreiben Sie einen Brief, informieren Sie auf jeden Fall zeitnah.

Der „stete Tropfen höhlt den Stein" und Sie können vielleicht in einigen Monaten oder vielleicht auch erst in einigen Jahren die erste Spende von dieser Person verbuchen. Es kann auch sein, dass bei der einen oder anderen Person diese Bemühungen nicht zu einer Verhaltensänderung führen und kontinuierlich nicht gespendet wird. So ist es eben im Fundraising, wir können nicht alle überzeugen. Aber der Versuch lohnt sich, denn nicht gespendet hat die Person schon. Sie können aber mit dieser kontinuierlichen Bearbeitung die Chance auf eine Spende um ein Vielfaches erhöhen. Und da Sie nie wissen, bei welcher Person diese intensive Betreuung anschlägt, dürfen Sie niemanden auslassen.

9.5 Von Angesicht zu Angesicht – so gewinnen Sie Großspender

Ganz besondere Anforderungen werden an das Gespräch mit Großspendern gestellt – je größer die erwartete Spendensummer, desto intensiver ist die Vorbereitung auf das Gebergespräch und desto wichtiger sind der professionelle Auftritt und die erfahrene Gesprächsführung!

Um in Kontakt mit den künftigen Unterstützern zu kommen, wurden Akquiselisten erstellt und in der Fundraisingabteilung und dann mit dem Vorstand oder der Geschäftsführung diskutiert. Dann haben Sie diese Liste an die Aufsichtsgremien, das Kuratorium oder den Beirat weitergegeben. Die Mitglieder dieser Gremien haben die Akquiseliste ergänzt oder sich als Türöffner angeboten, wenn es Kontakte zu einzelnen Zielpersonen auf der der Liste gab.

Nach diesen vorbereitenden Maßnahmen haben Sie sich an die Einzelplanung gemacht und überprüft, zu welchen potenziellen Großspendern es bereits Kontakte gibt und inwieweit Sie Türöffner zur Ansprache nutzen können. Die jeweiligen Türöffner wurden angerufen, es wurde wahrscheinlich auch ein persönlicher Termin vereinbart, um sich darüber auszutauschen, wie die lokalisierte Zielperson angesprochen werden kann.

Bei den Zielpersonen ohne Türöffner haben Sie sich einen Plan gemacht, über welche Veranstaltungen, Kongresse oder Messen Sie diese Menschen persönlich kennen lernen können. Zu den Veranstaltungen haben Sie sich angemeldet und haben die Zielpersonen vor Ort gefunden und angesprochen. Über dieses erste Gespräch wurden die Visitenkarten getauscht und ein Folgetermin vereinbart. Bei allen anderen, zu denen es weder einen Türöffner gibt, noch die Möglichkeit zum persönlichen Kennenlernen, haben Sie sich in der telefonischen Kaltakquise erfolgreich um einen Termin bemüht.

Ein langwieriger und steiniger Weg also, den Sie gegangen sind, um dann endlich im intensiven Austausch einen neuen Großspender für Ihre Organisation zu gewinnen. Dieses erste Gespräch wiegt ganz besonders schwer, denn bisher hatte der Großspender nur einen kleinen Blick auf Sie und Ihre Organisation. Für einen ersten Eindruck reichte dieser Blick aus und dieser erste Eindruck war positiv, denn sonst wäre es nicht zum Termin gekommen. Sie haben mit dem ersten Fundraisinggespräch die Chance, diesen ersten positiven Eindruck zu bestätigen und sogar noch zu verstärken. Doch Sie haben auch die Möglichkeit, den ersten Eindruck beim Gesprächspartner zu schwächen oder sogar in Frage zu stellen. Das erste, vorsichtig entstehende Vertrauen des Kunden kann durch einige Faktoren wieder zunichtegemacht werden. Vielleicht sind Sie zu spät zum Termin erschienen oder Ihre Kleidung war nicht angemessen. Oder Sie können die Erwartungen, die der Gesprächspartner in den Termin gesetzt hat, nicht erfüllen.

Daher ist es sehr wichtig, dass Sie sich gut auf das Gespräch vorbereiten. Denn dieses Gespräch wird einen entscheidenden Meilenstein in der sich aufbauenden Beziehung zwischen dem Geber und Ihrer Organisation bedeuten. Als Fundraiser sind Sie sich dieser großen Bedeutung des Termins bewusst, jedoch lassen Sie sich nicht persönlich unter Druck setzen. Sie haben genug Selbstvertrauen und Selbstbewusstsein sowie Routine, um die Situation zu meistern. Sie wissen, dass auch Ihr Gesprächspartner auf das Gespräch gespannt ist. Er wird sich freuen, Sie und Ihre Organisation näher kennenzulernen. Sie werden ihm im Gespräch auch etwas voraushaben, denn nur Sie wissen, was Sie im Gespräch ansprechen, nur Sie kennen die Fragen, die Sie stellen werden.

Was Sie so entspannt macht, ist die Erkenntnis, dass es nicht jeder schafft, einen solchen Termin zu bekommen. Damit heben Sie sich bereits deutlich von den anderen Fundraisern ab. Und da Sie sich zu 100 % mit Ihrem Arbeitgeber identifizieren, sind Sie auch der beste Botschafter, den die Organisation zu diesem Spender schicken kann.

9.5.1 Die richtige Gesprächsvorbereitung

Eine solide Vorbereitung vereinfacht jeden Termin. Das ist mehr als nur eine Binsenweisheit im Vertrieb. Es ist wie beim Sport auch: Ein Sieg, ein gutes Spiel ist nur dann möglich, wenn sich der Sportler sehr gut auf das Spiel vorbereitet hat. Eine mangelhafte Vorbereitung lässt sich im Wettkampf nicht mehr aufholen und der besser vorbereitete Spieler wird den Wettkampf in aller Regel für sich entscheiden können.

Über die bestehenden Spender wissen Sie als Fundraiser bereits recht viel. Die aktuellen Spendendaten werden regelmäßig ausgewertet. Sie kennen die Intervalle, in denen Ihre Geber die Arbeit der Organisation unterstützen. Auch die Zeitpunkte der letzten Spenden sind bekannt und geben Aufschluss über den Aktivitätsgrad des Gebers. Daten wie Spende je Spendenakt, jährliches Spendenvolumen und Gesamtspendenvolumen lassen sich auswerten. Die Entwicklung einer Spenderhistorie können Sie für die einzelnen Spender nachvollziehen. All diese Daten und noch viele Informationen mehr werden in die Maßnahmenplanung einbezogen. Daher haben Sie eine hohe Sicherheit, wenn Sie bestimmte Fundraisingaktionen planen und können vorhersagen, in welchem Ergebniskorridor die Spenden sich bewegen werden. Diese Erfahrungen nutzen Sie bei Veranstaltungen, in den Spendenbriefen, beim Telefonfundraising und im persönlichen Gespräch.

Ein umfangreiches Wissen über die Spender ist sehr wichtig, denn nur so kann die Organisation die zur Spenderbindung notwendigen Maßnahmen zielgerichtet, effektiv und kostensparend umsetzen. Dieses Wissen führt somit auch dazu, dass die Werbeaufwendungen für die Spendengewinnung in einem optimalen Verhältnis zu den Erlösen liegen und somit die Anforderungen an die Verwaltungsquoten eingehalten werden. Auch die vielfach geäußerten Wünsche der Geber, einen möglichst hohen Anteil der Spende im Projekt ankommen zu lassen, wird durch dieses Wissen gewährleistet.

Bei neuen Adressen haben Sie diese Sicherheit erst einmal nicht. Im Normalfall werden jedoch die neuen Zielgruppen mit Spendergruppen aus Ihrem Bestand Überschneidungen aufweisen und in diesem Fall können Sie davon ausgehen, dass sich diese Gruppen sehr ähnlich verhalten werden. Dabei ist es erst einmal egal, ob es sich um Kleinspender, Normalspender, Großspender oder gar Top-Spender handelt. Das Gesetz der Masse gilt in jedem der Spendensegmente. Die Anzahl der Klein- und Normalspender in den Organisationen ist deutlich größer als die Anzahl der Großspender. Deshalb sind die Erkenntnisse über die großen Spendengruppen wesentlich repräsentativer als die über die kleinere

Großspendergruppe. Bei vielleicht 20.000 Adressen im Normalspendersegment können aus dem Verhalten verlässlicher Ergebnisse abgeleitet werden, als wenn Sie beispielsweise 20 Großspender betrachten. Die Wahrscheinlichkeit, dass bei 20.000 Adressen belastbare Gemeinsamkeiten herausgefunden werden können, die auf Adressen mit den gleichen Merkmalen übertragbar sind, ist eben eintausendfach höher als bei den 20 Adressen der Großspender aus dem Spenderbestand.

Die von mir sehr geschätzte Kollegin, Autorin und Trainerin Dr. Marita Haibach hat zu den Vorbereitungen auf Großspendergespräche unter anderem in ihrem Artikel „Gewinnung von Großspendern" im „Kompass für das Sozialmanagement" auf die gute Vorbereitung eines Fundraising-Gespräches hingewiesen.

> Es müssen Hintergrundinformationen (auch in Form von Gesprächen mit Dritten) über die anzusprechende Person gesammelt (verfügbarer Besitz, beruflicher Werdegang, Hobbys, Familienverhältnisse) und vor allem die Hauptinteressen der Gesprächspartnerin ergründet werden. Führt nicht die gut informierte Fundraiserin selbst, sondern eine andere Person das Gespräch, so ist es die Aufgabe der Fundraiserin, diese Person zu coachen. Die gesprächsführende Person sollte nicht nur über die Gesprächspartnerin Bescheid wissen, sie sollte auch in der Lage sein, die betreffende gemeinnützige Organisation gut darstellen zu können und vor allen Dingen einen klaren Auftrag haben (für welches Projekt, wie viel Geld). Im Rahmen der Vorbereitung ist es wichtig, sich auch auf den Ort des Gesprächs einzustellen; ein Gespräch mit einem Ehepaar in dessen Wohnzimmer läuft anders als eines in einem Büro oder Restaurant. Die Wahl des Ortes trifft meist der potenzielle Förderer. Man sollte aber versuchen, darauf hinzuwirken, dass es sich um einen Ort handelt, an dem sich ein Gespräch möglichst ungestört führen lässt. Zu einer guten Vorbereitung gehört auch die Wahl des richtigen Zeitpunktes.

Durch die Recherchen versucht der Fundraiser, sich einen Eindruck über die Person zu verschaffen, mit der er ins Gespräch kommen will. Daher führt Marita Haibach die relevanten Informationen auf, die über die Zielperson gesammelt werden sollten:

- *Verfügbarer Besitz*
  Die Information zu den Vermögensverhältnissen ist natürlich eine elementare Voraussetzung für das Großspenderfundraising. Nur wenn die betreffende Person über ein finanzielles Vermögen verfügt, das sie in die Lage versetzt, überdurchschnittlich hohe Spenden zu leisten, ist diese Person als Großspender für Sie relevant.
- *Beruflicher Werdegang*
  Aus dem Lebenslauf der Zielperson können die einzelnen beruflichen Stationen abgelesen werden. Auf Grundlage dieser Informationen ergibt sich ein konkreteres Bild vom wirtschaftlichen Hintergrund des potenziellen Spenders. Der Beruf ist ein sehr gutes Thema für den Smalltalk mit der Zielperson.
- *Hobbys*
  Über die Hobbys lassen sich die privaten Präferenzen der Zielperson erkennen. Teamplayer lieben den Mannschaftssport, Einzelkämpfer sind eher für sich allen. Es gibt im Internet sogar Seiten, auf denen Hobbys bestimmte Persönlichkeitsbilder zugeordnet werden.

Da wird das Hobby „Wandern" mit einer erfolgreichen und sozial kompetenten Persönlichkeit in Verbindung gebracht, die eine hohe Wertschätzung gegenüber den Mitmenschen zeigt. Der „Segler" trägt gern Verantwortung und liebt ein hohes Maß an selbständiger Steuerungsfunktion. „Golfer" schätzen den Wettbewerb und zeigen hohe Beständigkeit und Zielstrebigkeit. Sie arbeiten sich gern Punkt für Punkt vor. Der „Läufer" hat Biss, ist konsequent und steht für Beständigkeit.

- *Familienverhältnisse*
Die eigenen privaten Verhältnisse prägen den Charakter ebenso wie der berufliche Werdegang. Der Familienmensch wird sich in bestimmten Situationen anders verhalten als der leidenschaftliche Single. Großeltern wiederum haben einen anderen Blick auf die Generationen als Eltern oder kinderlose Paare. Auch aus diesen Verhältnissen heraus lassen sich Annahmen ableiten, auf welche Projekte die Zielperson besonders positiv reagieren könnte.

All diese Informationen sollen Ihnen ein erstes Bild von der betreffenden Zielperson vermitteln. Darüber hinaus können Sie auch die die Medien aufmerksam verfolgen. Zeitungen und Zeitschriften berichten immer wieder über Ihre Zielpersonen und machen Sie auf neue Personen aufmerksam, die Sie bisher noch nicht im Fokus hatten. Darüber hinaus können auch die Alert-Dienste im Internet genutzt werden, die Suchmaschinentreffer anzeigen.

Ich erinnere mich gut, dass ich vor einigen Jahren auch ein Archiv mit Artikeln zu meinen Zielpersonen angelegt habe. Es war ein Aktenordner mit einem Register von A bis Z. Jeden Artikel, den ich zufällig gefunden habe, in dem ein potenzieller Großspender oder Top-Geber erwähnt wurde, habe ich ausgeschnitten und einsortiert. Schon nach kurzer Zeit kam eine sehr stattliche Sammlung aus Beiträgen zusammen, nach einem Jahr musste ich sogar einen weiteren Ordner anlegen. Wenn Sie mich damals nach einer bestimmten Person gefragt hätten, dann hätte ich Ihnen unverzüglich ein sehr aktuelles und umfangreiches Bild über diese Person zusammenstellen können. Das Research war also vorbildlich.

Jedoch habe ich in dieser Zeit relativ wenig mit diesen Personen gesprochen oder mich gar mit Ihnen getroffen. Der Abgleich meines Archiv mit den neu hinzugewonnen Spendern zeigt deutlich, dass ich zu den meisten Personen im Archiv keine Spenderbeziehung aufgebaut habe. Ich wusste also viel, konnte dieses Wissen aber in der Praxis nicht einsetzen.

Mein Resultat aus diesem Ergebnis war recht ernüchternd:

> Nicht der Umfang der Informationen zu einem potenziellen Spender ist entscheidend für den Erfolg, sondern die Anzahl der geführten Spendergespräche.

Viel wichtiger als das umfangreiche Wissen über die Zielperson ist der tatsächliche Kontakt. Daher sollten sich Informationsbeschaffung und Terminbeschaffung in einem ausgeglichenen Verhältnis befinden. Ich persönlich bin zu der Überzeugung gekommen, dass es genügt, wenn ein Fundraiser sich 30 min mit der Beschaffung von Hintergrundinformationen beschäftigt, weitere 30 min zur Zusammenfassung der Ergebnisse einplant und sich ab dann nur noch um die Akquise des Gesprächstermins kümmert.

Zu viele Informationen schaffen Vorurteile.

Noch ein zweiter Aspekt ist mir wichtig. Je mehr wir über unseren künftigen Gesprächspartner wissen, desto mehr festigt sich das Bild, das wir uns von dieser Person machen. Aufgrund der umfangreichen Informationsmaterialen, die ich über meine Zielpersonen gesammelt habe, wurde meine Bild immer umfangreicher und auch klarer. Ich hatte bereits ein Urteil über diese Person getroffen, bevor ich sie getroffen habe. Dadurch ist ein Vorurteil entstanden, dass manchmal dem Gegenüber gerecht wurde, ganz oft aber auch nicht. Menschen, deren Bild in der Öffentlichkeit als kritisch gezeichnet wurde, erwiesen sich im persönlichen Kontakt auf einmal als sehr offen, zugewandt, emphatisch und freundlich. Auch andersherum habe ich meine Erfahrungen sammeln müssen. Eine Person des öffentlichen Interesses, die ein sehr positives, freundliches Image hatte, entpuppte sich bei näherem Kontakt als, entschuldigen Sie den Ausdruck, „Stinkstiefel".

„Geben Sie dem Gesprächspartner eine Chance." Viel wichtiger finde ich es, dass wir dem Gesprächspartner im ersten Gespräch vorbehaltlos gegenübertreten und ihm die Möglichkeit geben, sich selbst vorzustellen und seine Persönlichkeit zu offenbaren. Seien Sie daher im Gespräch offen und neugierig auf den Gesprächspartner, treten Sie ihm so unbefangen wie nur eben möglichentgegen und machen Sie sich erst währenddessen ein Bild über ihn.

Dieses Vorgehen finde ich gegenüber dem anderen wesentlich fairer, als wenn wir uns bereits im Vorwege mit unserem Urteil festlegen. Denn so, wie wir eine vorurteilsfreie Erstbegegnung erwarten, so sollten wir auch unserm Gesprächspartner diese Fairness eingestehen.

Legen Sie stattdessen mehr Aufmerksamkeit auf die Projektvorstellung, denn Ihr Geber wird sicherlich wissen wollen, wofür die gewünschte Spendensumme eingesetzt wird. Daher sollten Sie ein Projekt auswählen, das Sie dem Geber vorschlagen möchten. Dafür benötigen Sie kein umfangreiches Material, sondern kurze und prägnante Beschreibungen des Gesamtprojektes mit der Vorstellung von verschiedenen Nutzen. So kann ein Brunnenprojekt sowohl die Trinkwasserversorgung sicherstellen, für die Bewässerung der Felder eingesetzt werden und damit die Nahrungsversorgung der Menschen ermöglichen, als auch die Dorfgemeinschaft stärken und Hilfe zur Selbsthilfe sein. Bringen Sie in der Vorbereitung des Gespräches diese Aspekte auf einen knackigen Punkt. Ein paar Beispiele dafür finden Sie einige Absätze weiter.

9.5.2 Kleider machen Leute

Wir wissen, wie schnell sich das Gegenüber einen Eindruck von uns macht. Sein Gehirn braucht nur eine Zehntelsekunde, um uns in eine bestimmte Schublade zu stecken und um zu entscheiden, wie es sich uns gegenüber verhält. Dabei ist der erste Blick, den es auf uns wirft, von unserem Gesamteindruck abhängig. Wie sehen wir aus, was haben wir an, wie ist unsere Friseur und wie unsere körperliche Haltung? Da hoffentlich der größte Teil unseres Körpers beim Spendergespräch bedeckt sein wird, spielt die Kleidung also eine sehr große Rolle.

Aus der Psychologie wissen wir, dass es für hübsche Menschen einfacher ist, einen ersten positiven Eindruck zu hinterlassen, als für weniger hübsche Menschen. Doch Schönheit ist ein relativer Begriff. Während der eine Mensch einen Dackel hübsch findet, mag ein anderer Mensch eher die Bulldogge. So ist es auch bei den Menschen. Dabei wird nicht die Makellosigkeit einer Person im Vordergrund stehen, sondern deren Erscheinungsbild. Eine zur Situation passende, gepflegte und saubere Kleidung unterstreicht die Ausstrahlung des Trägers und zollt dem Gesprächspartner Respekt.

Bei der Wahl der Kleidung ist erst einmal der Anlass der Begegnung entscheidend. Je nach Ort und Anlass des Zusammentreffens kann es einen bestimmten Dresscode geben, der erwartet wird. Auf Einladungen zu Veranstaltungen stehen häufig die entsprechenden Hinweise wie:

- *Business Casual, bzw.* Bürokleidung ist abhängig von der Hierarchie im Unternehmen: Je höher die Position, desto dunkler werden die Farben. Die klassische Bürokleidung ist ein Anzug mit Krawatte für den Herren. Die Dame trägt ein Kostüm oder einen Hosenanzug mit Bluse.
- *Smart Casual*: Hierbei handelt es sich um eine legere Bürokleidung. Der Herr trägt einen Anzug, lässt jedoch die Krawatte weg, die Dame kann zum Kostüm oder Hosenanzug statt der Bluse ein T-Shirt tragen.
- *Casual Wear:* Bei dieser lockeren Bekleidung trägt der Herr im Büro Hose und Jacket, jedoch ohne Krawatte. Statt einer Stoffhose kann auch eine saubere Jeans getragen werden.
- *Black Tie oder Smoking:* Der Herr trägt in diesem Fall einen schwarzen Anzug oder einen Smoking mit Fliege und Weste oder Kummerbund. Ein weißes Hemd und schwarze Schuhe gehören ebenfalls zu diesem Outfit. Die Frauen tragen elegante Abendgarderobe.
- *Come as you are:* Hierbei handelt es sich nicht um einen besonders lässigen Look. Es ist vielmehr gemeint, dass Sie direkt aus dem Büroalltag zum Termin kommen können und sich nicht umziehen müssen.

Generell gilt: Je förmlicher der Anlass und je höher die Position in der Hierarchie, desto dunkler und einfarbiger wird die Kleidung.

Grundsätzlich sollten die Kleidungsstücke dem Träger passen und weder spannen noch hängen. Die Hose des Mannes sollte die richtige Beinlänge haben und leicht auf die Schuhe aufsetzen. Die Socken sind so lang, dass auch bei überschlagenen Beine keine Haut zu sehen ist. Mit Kniestrümpfen ist Mann hier auf der sicheren Seite. Die Ärmel des Anzuges reichen bis zu den Daumenwurzeln, die Hemdsärmel sind etwa 1 cm länger und schauen aus den Anzugsärmeln heraus. Kurzärmelige Hemden werden grundsätzlich nicht zum Anzug getragen. Es werden gepflegte, geschlossene Schuhe getragen. Die Damen achten neben der passenden Kleidung auf ein dezentes, typgerechtes Make-up und tragen ebenfalls geschlossene Schuhe. Aus meiner Sicht gibt es für Fundraiser, die Groß- und Top-Spender betreuen, bei den Bekleidungsregeln keinen Spielraum, doch in vielen Branchen erleben wir durchaus gravierende Abweichungen von dem oben genannten Dresscode. In zahlreichen Büros werden mittlerweile Jeans und T-Shirts getragen und die Hierarchien sind an der Bekleidung der Mitarbeiter nicht zu erkennen. Daher ist die Frage, welche Bekleidung angemessen ist, nicht so einfach zu beantworten.

Erst einmal stellt sich die Frage, welche Erwartungen der Gesprächspartner an die Bekleidung des Besuchers hat. Bei seinem Kundenbetreuer im Private Banking hat er eine klare Vorstellung: einfarbiger, dunkler Anzug mit einem weißen Hemd und einer dezenten Krawatte. Doch wie sehen die Erwartungen bei dem Besuch eines Fundraisers aus?

Aus meiner Sicht hat er keine konkrete Erwartung, denn er wird nicht so häufig mit einem Fundraiser zu tun haben. Trotzdem muss hier die Kleidung sitzen und dem Termin angemessen sein. Beim konservativen Spender muss zum dunklen Anzug ein einfarbiges Hemd mit einer dezenten Krawatte getragen werden. Doch bei dem Besuch eines Dotcom-Millionärs ist die Frage nach der richtigen Kleidung nicht so einfach zu beantworten.

Sie können sie auf unterschiedliche Art und Weise für sich beantworten. Wenn Sie Kontakte zu Menschen aus der entsprechenden Branche haben, dann spreche Sie diese an und lassen sich beraten. Verfügen Sie nicht über Kontakte in die Branche, dann fahren Sie doch zum Büro Ihres Gesprächspartners und schauen sich an, wie die Menschen, die dort arbeiten, gekleidet sind. Ist das Büro zu weit weg, dann reisen Sie am Vortag an, schauen sich vor Ort um und entscheiden sich dann für die angemessene Kleidung. Eine dritte Möglichkeit bietet Ihnen das Internet. Suchen Sie über die Suchmaschine Ihres Vertrauens die betreffende Person und klicken Sie auf die Bilderleiste. Fällt Ihnen ein bestimmter Kleidungsstil auf, der auf den Fotos immer wiederkehrt, haben Sie einen weiteren Ansatz für die Wahl Ihrer Bekleidung.

Im Vertrieb gibt es den Spruch von der Jeans und dem Anzug: „Wer in Jeans kommt, verkauft nur Jeans. Wer im Anzug kommt, verkauft auch Anzüge." Durch diesen Spruch wird ein Bezug zwischen der Bekleidung und dem Umsatz hergestellt. Die preiswerte Jeans steht dem hochpreisigen Anzug gegenüber. Daher sollte ein Verkäufer, der einen hohen Umsatz bei dem Kunden machen möchte, einen Anzug tragen. Mit der Jeans wird der Umsatz deutlich geringer ausfallen. Wir können diesen Merksatz auch auf das Fundraising übertragen. Ich bin davon überzeugt, dass ein Großspenderfundraiser im dunklen Anzug mit weißem Hemd und dezenter Krawatte höhere Durchschnittsspenden realisiert, als der genauso kompetente Kollege in Jeans.

> Je höher die zu erwartende Spendensumme, desto hochwertiger sollte die Bekleidung des Fundraisers sein.

In meinen Seminaren werde ich immer wieder darauf hingewiesen, dass einige Fundraiser sich im Anzug nicht wohl fühlen. Das Unwohlsein werden die Kunden sofort spüren und das wird dem Image des Fundraisers mehr schaden als eine legere Kleidung, in der er sich wohl fühlt.

Das kann ich gut verstehen, habe aber immer wieder das Gefühl, dass es sich um einen Vorwand handelt. Niemand ist im Anzug auf die Welt gekommen. Wir lernen im Laufe der Jahre auf den unterschiedlichen Stufen unserer Entwicklung, unterschiedliche Kleidungsstile zu tragen. Dabei haben wir, das mag auch mit Vorurteilen zu tun haben, eine Vorliebe zu lässiger, legerer Kleidung oder zu einer konservativen, formalen Bekleidung. Aus meiner Sicht können wir alles tragen und uns in jedem Stil wohl fühlen. Wir müssen es nur wollen. Allen Fundraisern, die sich in Anzug und Krawatte nicht wohlfühlen, empfehle ich eine einfache Übung. Tragen Sie zweimal pro Woche einen Anzug. Sie werden sich nach wenigen Wochen darin wohl fühlen.

Und noch ein Tipp: sparen Sie nicht bei Ihrem Anzug und seien Sie nicht nachlässig in der Auswahl. Gehen Sie zu einem guten Anzugverkäufer und lassen Sie sich diverse Anzüge im mittleren und höheren Preissegment zeigen. Probieren Sie die verschiedenen Anzüge aus, achten Sie auf den tadellosen Sitz und hören Sie auf die fachliche Kompetenz des Verkäufers. Sie können sich auch einen Anzug schneidern lassen. In vielen Städten gibt es bereits recht preiswerte Anbieter, bei denen ein Anzug nicht viel mehr kostet als in einem gut sortierten Bekleidungshaus.

Noch ein letzter Hinweis zum Aussehen. Es ist nicht nur der Anzug, der den erfolgreichen Fundraiser ausmacht, sondern auch seine Frisur und die Rasur. Gepflegte Haare und ein frisch rasiertes Gesicht bzw. ein gepflegter Bart sind genauso wichtig. Ein Dreitagebart ist in der Freizeit sicherlich sportlich-salopp, doch im Gespräch mit einem Spender hat er nichts zu suchen. Glatt rasiert oder richtiger Bart – dazwischen gibt es keinen Spielraum.

9.5.3 Von Präsentationen, Give-Aways und Broschüren

Viele Verkäufer sind mit einem Rollkoffer unterwegs, damit sie die notwendigen Unterlagen für ein Gespräch ohne Rückenbeschwerden zum Kunden transportieren können. In diesem Rollkoffer befinden sich ein tragbarer Computer, die aktuellen Preislisten, Produktproben – soweit diese transportabel sind – , Werbematerial und Werbegeschenke, Imagebroschüren, das Auftragsbuch, ein Notizbuch, Prospekte, technische Übersichten, Referenzen, ein Etui mit Stiften und Visitenkarten. Bestimmt habe ich noch einige Utensilien vergessen, aber ich reise ja auch nicht mit einem Rollkoffer zum Kundengespräch an.

Der Rollkoffer-Verkäufer nimmt alles mit, was er im Gespräch möglicherweise benötigt. Das ist sehr vernünftig, denn so kann er im Zweifel alle relevanten Fragen beantworten, die aktuellen Produktbeschreibungen vorlegen, die technischen Details zeigen und einen Eindruck vermitteln, wie zufrieden bestehende Kunden mit dem Produkt, dem Service, dem Verkäufer und dem Unternehmen sind. Genau betrachtet braucht dieser Verkäufer all diese Unterlagen wahrscheinlich nicht, da er sie ohnehin mehrfach studiert hat und den Inhalt sofort und vollständig vortragen könnte. Ein solcher Mitarbeiter ist mehr Produktspezialist als Verkäufer.

Ein Großspenderfundraiser ist jedoch kein Produktverkäufer, sondern er ist ein Key-Account-Manager. Ein Key-Account-Manager betreut die Großkunden mit einem hohen Kundenwert für das Unternehmen. Das Key-Account-Management zeichnet sich durch eine kundenorientierte Einstellung, durch differenzierte Bearbeitungsformen, spezielle Organisationsformen, Arbeitsmethoden und Arbeitstechniken aus. Das umfassende Key-Account-Management beinhaltet eine umfassende Kundenbetreuung, in der es nicht nur um den Vertrieb von Waren oder Dienstleistungen geht, sondern um die Optimierung des Kundenprozesses zur Ergebnisverbesserung bei den Top-Kunden.

Der Key-Account-Manager kümmert sich also um die Groß- und Top-Kunden, so wie sich der Großspenderfundraiser um die Groß- und Top-Spender kümmert. Der Fokus in der Arbeit beider Berufsgruppen liegt auf der Betreuungsintensität der jeweiligen Zielpersonen. Großspender erhalten ebenso wie Großkunden eine spezielle Betreuung, die sich durch regelmäßige persönliche Kontakte und durch kundenorientierte Verkaufsgespräche auszeichnen. Da der Kunde im Mittelpunkt steht, geht der Verkäufer auf die Kundenbedürfnisse ein und organisiert die angebotenen Dienstleistungen und Produkte entsprechend. Zielsetzung für den Fundraiser ist es, diesen wichtigen Spender dauerhaft an die Organisation zu binden und sein Spendenvolumen zu optimieren.

Ein Key-Account-Manager ist kein Produktspezialist, sondern ein Kundenspezialist. Er muss nicht mit technischen Details überzeugen und alle Fragen nach dem Produkt im Detail beantworten können. Das ist auch der Grund, warum ein Key-Account-Manager keinen Rollkoffer benötigt, wenn er zum Kunden fährt, und genauso ist ein Großspender-Fundraiser kein Projektspezialist, sondern ein Spenderspezialist.

Auch ein Fundraiser sollte zu Terminen mit Großspendern mit leichtem Gepäck reisen. In der Regel sollte eine Aktentasche genügen. Ein Koffer hat bei einem Großspendergespräch nichts zu suchen. Sollten Sie also mit einer Reisetasche unterwegs sein, deponieren Sie diese entweder am Empfang oder im Schließfach des Bahnhofes.

Was aber sollte beim Gespräch mit einem Spender in der Aktentasche dabei sein? Ich frage immer wieder meine Seminarteilnehmer, was sie mit zum Gespräch nehmen. Dabei fasst die nachfolgende Liste die meisten Übereinstimmungen zusammen:

- Visitenkarte
- Schreibblock und Schreibstift
- Imagebroschüre der Organisation
- Aktueller Jahresbericht der Organisation
- Kopien von Siegelurkunden und Auszeichnungen
- Presseartikel zur Organisation und zu den Projekten
- Flyer mit Informationen zum Projekt
- Individuelle Präsentation als Printprodukt oder auf einem Speichermedium
- Imagefilm auf DVD

- Kalkulation zum Projekt
- Spendenbeispiele für den Großspender
- *Give*-Aways im Organisationsbrand

Je nach individuellen Bedürfnissen wird diese Liste variiert, ergänzt oder reduziert. Aus meiner Sicht sind durchaus einige sinnvolle Utensilien dabei, doch auf einen großen Teil der Materialien können Sie jedoch getrost verzichten.

Grundsätzlich sollte sich jede Organisation überlegen, welche Fundraisingmaterialien für die tägliche Arbeit benötigt werden. Dabei müssen für jede Broschüre, für jeden Flyer, für jedes Give-Away zwei Fragen gestellt werden:

1. Wie kommen diese Materialien zum Kunden?
2. Welchen Mehrwert hat das Material für die Spendenbereitschaft des Empfängers?

Oder kurz zusammengefasst: Ist das Material wirklich nötig und refinanziert es sich über dem Spendeneingang?

Ich für meinen Teil kann mir nicht vorstellen, dass ein aufwendig gedrehter Film die Schwächen eines Fundraisers neutralisiert. Ein guter Fundraiser braucht keinen Imagefilm zur Untermauerung seiner Argumente. Ein solcher Film sollte ohnehin nicht beim Gespräch mit dem Kunden gezeigt werden, genauso wenig wie eine Präsentation, sei es PowerPoint, Keynote oder Prezi. Auch wenn sich die Grafikabteilung der Organisation mächtig ins Zeug gelegt hat und eine wirklich beeindruckende, spannende und informationshaltige Präsentation erstellt hat: Lassen Sie das Notebook oder Tablet zu Hause und verzichten Sie darauf. Der Gesprächspartner soll im Gespräch Sie anschauen. Und Sie sollen ihn anschauen. Der Gesprächspartner soll nicht auf die Präsentation starren und dabei dem Monolog des Fundraisers lauschen, sondern im Dialog eine Beziehung zum Fundraiser aufbauen.

Es wird auch nicht besser, wenn Sie statt der Präsentation einen gebundenen Ausdruck dabeihaben und diesen gemeinsam mit dem Kunden durchblättern. Dieses gemeinsame Blättern durch die Präsentation hat keinen anderen Sinn, als dass er dem Verkäufer eine Orientierung und damit Halt geben soll. Der Ausdruck, das Notebook oder das Tablet sind also vergleichbar mit einem Rollator, einer Gehhilfe für den Verkäufer.

Als guter Fundraiser brauchen Sie diese Hilfsmittel nicht, denn Sie haben die Dramaturgie des Verkaufsgespräches kraft Ihrer Persönlichkeit, Ihrem Selbstbewusstsein und Ihrer Erfahrung drauf. Erinnern Sie sich noch an die Stufen des Ja aus Kap. 12 „Zur Dramaturgie des Fundraising"? Mit der Argumentationstreppe (vgl. Abb. 9.1) habe ich deutlich gemacht, dass von Stufe zu Stufe das Argument stärker werden muss. Blockiert ein Gesprächspartner mit seinem „nein" die nächste Stufe, dann muss das nächste Argument stärker sein als das vorherige.

Nun stellen wir uns einmal vor, Sie führen das erste Spendergespräch mit dem potenziellen Großspender. In diesem Gespräch werden Sie mit dem Geber über eine bestimmte Spendensumme sprechen, die Sie bereits im Vorfeld definiert haben. Dabei werden Sie sich in der Diskussion den Fragen, den Vorstellungen und den Emotionen des Gesprächs-

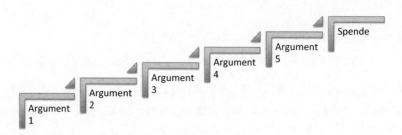

Abb. 9.1 Argumentationstreppe

partners stellen müssen. Sie kennen jedoch seine speziellen Fragen, Erwartungen und seine Emotionen zu Ihrem Thema noch nicht, deshalb ist es am besten, diese mit offenen Fragen, so wie in Abschn. 9.2.4 vorgestellt, herauszufinden. Gehen wir weiter davon aus, dass der Spender von dem Gespräch mit Ihnen begeistert ist und sein grundsätzliches Interesse bekundet. An diesem Punkt wird es zwei möglichen Vereinbarungen mit dem Spender geben:

1. Er wird noch im Gespräch eine Spendenzusage machen, oder
2. er wird sich Bedenkzeit ausbitten.

Im ersten Fall haben Sie bereits die volle Punktzahl erreicht und Sie haben einen neuen Spender für Ihre Organisation gewonnen. Dafür brauchen Sie in der Regel nicht mehr als ein gutes Image Ihrer Organisation und ein gut geführtes, authentisches und emphatisches Gebergespräch.

Doch gerade beim ersten Kontakt bitten die Gesprächspartner oft um Bedenkzeit, sie möchten eine Nacht über die Entscheidung schlafen bzw. noch andere Menschen in die Entscheidung einbeziehen. In diesem Fall fragen Sie nach, ob der Geber weitere Informationen zur Entscheidung benötigt.

Fundraiser: „Herr Geber, welche Informationen benötigen Sie noch, um sich für eine Spende für unsere Organisation entscheiden zu können?"
Fundraiser: „Herr Geber, welche Unterlagen benötigen Sie, damit Sie sich intern beraten können?"

Mit diesen Fragen stellen Sie erst einmal sicher, dass alle für den Spender relevanten Punkte bereits angesprochen wurden bzw. bringen in Erfahrung, ob es noch offene Punkte oder Unklarheiten gibt. Durch die zweite Frage erhalten Sie eine Einschätzung, welche Informationen die Berater des Gesprächspartners benötigen, damit die Entscheidung gefällt werden kann.

Es ist also ratsam, nach dem Gespräch mit dem Spender weiter in Kontakt zu bleiben. Daher sollten Sie sich auf jeden Fall für das geführte Gespräch bedanken und sich auf die avisierte Spende freuen. Ergänzen können Sie diese Post mit Material, das Sie dem Gesprächspartner im Nachhinein zur Verfügung stellen. Daher ist es klug, nicht bereits beim ersten Gespräch alle Materialien zu präsentieren, sondern diese genauso klug einzusetzen wie Ihre Argumente: eins nach dem anderen.

Wenn Sie dem Geber nach dem Gespräch als Entscheidungshilfe etwas zur Verfügung stellen, dann sollte sich dieses Material auf das geführte Gespräch beziehen. Daher rate ich dazu, dass Sie eine persönliche Präsentation erstellen, in der die Fragen des Gesprächspartners aus dem Termin aufgenommen werden und durch Zahlen, Grafiken, Bilder und kurze Texte beantwortet werden. An dieser Stelle darf sich auch die Grafikabteilung Ihrer Organisation austoben und zeigen, was Sie kann.

In dieser Post empfiehlt es sich auch, die Referenz anderer Großspender beizulegen. Dabei geht es nicht um die Auflistung von wichtigen Spendern, sondern um ein persönliches Statement von ausgewählten Personen. Diese Statements enthalten eine prägnante Aussage, warum der Referenzgeber Ihre Organisation unterstützt. Dem Statement legen Sie ein Bild von dem zufriedenen Spender bei. Diese Zugabe wird auf den zögernden Spender sehr überzeugend wirken.

Auf Give-Aways verzichte ich grundsätzlich. Diese Werbemittel sind im wahrsten Sinne des Wortes „away". Kaum ausgehändigt, verschwinden die Werbegeschenke und werden nie wieder auftauchen. Vielleicht ist es für Sie schön, einen Kugelschreiber mit dem Logo Ihrer Organisation zu benutzen, den Lieblingskugelschreiber Ihres Großspenders wird dieser Stift jedoch nicht ersetzen. Auch zahlreiche andere Ideen der Werbeindustrie dienen – aus meiner Sicht – mehr den Unternehmen, die sie herstellen, als den Unternehmen, die sie kaufen.

Doch was sind Materialien, die Sie zum Gespräch mitnehmen können? Aus meiner Sicht müssen es solche Materialien sein, die zusätzliche Sinnesorgane des Gesprächspartners ansprechen. Im Gespräch werden die Ohren sehr stark genutzt, denn die Gesprächspartner hören einander aufmerksam zu. Darüber hinaus werden die Augen eingesetzt, da sich die Menschen beim Gespräch anschauen. Doch der Tastsinn, der Geschmacks- und der Geruchssinn werden nicht wirklich in das Gespräch integriert.

Daher lautet mein Vorschlag: Nehmen Sie Gegenstände mit in das Gespräch, die Ihr Gesprächspartner begreifen kann. Wenn Sie für eine Schule in einem Entwicklungsland finanzielle Unterstützung benötigen, dann bringen Sie einen typischen Schulgegenstand aus dem Alltag der örtlichen Schule mit. Wenn Sie für ein Ernährungsprojekt sammeln, dann bringen Sie zum Beispiel abgenutztes Geschirr aus dem Einsatzgebiet mit. Wollen Sie eine Orgel in Ihrer Kirche restaurieren, dann gehört eine Orgelpfeife in das Handgepäck des Fundraisers. Sie sehen, es gibt viele Möglichkeiten, die Arbeit Ihrer Organisation begreifbar zu machen. Binden Sie dazu auch Ihre Projektkollegen ein. Die werden einen Blick dafür haben, welche Gegenstände täglich genutzt werden und sie werden die Geschichten der Gegenstände erzählen können.

Kleine Gegenstände, die in die Hand genommen werden können und die ihre eigenen Geschichten erzählen, sind für ein emotionales Spendergespräch die richtigen Utensilien, um die Notwendigkeit der Spende fassbar zu machen.

9.5.4 Pünktlichkeit ist die Höflichkeit der Könige

Pünktlichkeit ist ein Thema, das uns bei Terminen immer wieder beschäftigt. Mal sind wir zu früh am Treffpunkt, manchmal kommen wir zu spät. Auch wenn wir besucht werden, erleben wir Menschen, die deutlich vor der Zeit da sind und andere, die sich verspäten. Und manchmal gibt es Termine, die überhaupt nicht stattfinden, obwohl der Gesprächspartner nicht absagt hat.

Einige meiner Termine werden schon Monate im Voraus mit dem Gesprächspartner verabredet. Am Tag des Termins setze ich mich in die Bahn und mache mich auf den Weg. Nach drei Stunden Zugfahrt treffe ich am Zielort ein, setze mich in die U-Bahn und stehe dann vor dem vereinbarten Treffpunkt. Ich liege gut in der Zeit und habe noch 10 min bis zum abgestimmten Zeitpunkt. In solchen Momenten durchzuckt mich manchmal ein Gedanke:

„Hoffentlich ist mein Gesprächspartner überhaupt da und hat den Termin nicht vergessen." Jedes Mal nehme ich mir nach diesem Gedanken vor, beim nächsten Treffen einen Tag vorher anzurufen und mir den Termin bestätigen zu lassen.

„Guten Tag Frau Sekretärin, hier spricht Norbert Nehmer von der Spendenorganisation. Ich freue mich auf den Termin morgen mit Herrn Vorstand und unser Kennenlernen. Da ich mit der Bahn anreise, eine Frage: Kann ich Ihr Büro mit öffentlichen Verkehrsmitteln gut erreichen oder sollte ich vom Hauptbahnhof lieber ein Taxi nehmen?"

Erstaunlicherweise habe ich in den 30 Jahren meiner Reisetätigkeiten noch nie erlebt, dass ein Gesprächspartner mich vergessen hat und einfach nicht da war. Was hingegen immer wieder einmal vorkommt, ist die kurzfristige Verschiebung eines Termins wegen Krankheit oder aus anderen wichtigen Gründen.

Es ist selbstverständlich, dass auch Sie einen Termin absagen, wenn Sie den vereinbarten Zeitpunkt nicht einhalten können. Es mag verschiedene Gründe geben, warum Sie den Termin nicht wahrnehmen können. Am gravierendsten ist die Absage wegen Krankheit oder wegen eines dringenden privaten Notfalls. Doch es werden auch manchmal Termine abgesagt, weil es wichtige, interne Besprechungen gibt oder weil ein anderes Treffen mit einem Großspender eine größere Priorität hat. Nun kommt es aber bei Ihrem Gesprächspartner nicht gut an, wenn Sie ihm sagen, dass ein anderer Termin und somit eine andere Person wichtiger ist als er. In einem solchen Fall sollten Sie Fingerspitzengefühl beweisen und den wirklichen Grund der Absage nicht nennen.

Wenn Sie also aus wichtigem Grund einen Termin nicht einhalten können, dann sollten Sie zum frühestmöglichen Zeitpunkt den Gesprächspartner informieren. Dabei sollten Sie aber nicht von einer Absage sprechen, sondern von einer Verschiebung des Treffens. Dadurch machen Sie deutlich, dass Sie weiter an dem Termin interessiert sind, und Sie können einen neuen Zeitpunkt vereinbaren. Idealerweise rufen Sie selbst den Gesprächspartner an. Nur im Notfall, wenn Sie beispielsweise durch Krankheit verhindert sind, sollte eine andere Person für Sie den Termin verschieben.

"Guten Tag Frau Sekretärin. Mein Name ist Norbert Nehmer von der Spendenorganisation. Für morgen Vormittag haben wir ein Gespräch mit Herrn Volker Vorstand vereinbart. Leider bin ich krank und bitte Sie darum, dass wir einen neuen Termin vereinbaren."

Wenn Sie den Termin verschieben müssen, weil ein anderer Termin Vorrang hat, dann sollten Sie auf die Benennung des Grundes verzichten. Bitte erfinden Sie keine Notlüge, denn Sie wissen ja, dass Lügen kurze Beine haben.

"Guten Tag Frau Sekretärin. Mein Name ist Norbert Nehmer von der Spendenorganisation. Wir haben gemeinsam für den 17. des Monats um 10 Uhr ein Gespräch mit Herrn Volker Vorstand vereinbart. Leider muss ich den Termin nun verschieben. Hat Herr Vorstand eine Woche später Zeit für unser Gespräch?"

Wenn der Termin nicht abgesagt wurde und alles wie geplant stattfinden kann, dann sollten Sie dafür sorgen, dass Sie pünktlich zum Termin erscheinen. Mit Pünktlichkeit zollen Sie dem Gesprächspartner Ihren Respekt. Darüber hinaus zeigen Sie auch, dass man sich auf Sie verlassen kann. Dieses Vertrauen ist für jeden Fundraiser wichtig, denn der Großspender wird Ihnen und Ihrer Organisation einen hohen Geldbetrag zur Verfügung stellen.

„Pünktlichkeit ist eine Tugend, die auffällt, wenn sie nicht da ist." So lange Sie pünktlich sind, ist alles gut. Doch wenn Sie unpünktlich sind, dann senden Sie dadurch verschiedene Signale. Sie wirken schlecht organisiert und wenig vertrauenswürdig – ein Eindruck, den Sie als Fundraiser sicherlich vermeiden möchten.

Doch was ist eigentlich Pünktlichkeit? Es gibt ein Sprichwort aus Afrika: „Die Europäer haben die Uhr, die Afrikaner haben die Zeit." Jeder von uns, der in der Welt weit herumgekommen ist, weiß, wie unterschiedlich wichtig das Thema Pünktlichkeit von verschiedenen Kulturen genommen wird. In Deutschland haben wir ein sehr strenges Maß für die Pünktlichkeit.

Unpünktlichkeit heißt, Sie kommen zu spät oder Sie sind zu früh am Termin. Dabei macht es natürlich ein Unterschied, wo Sie verabredet sind. Zu einem Termin im Büro Ihres Gesprächspartners können Sie durchaus 5 min vor der vereinbarten Zeit erscheinen, ebenso bei einem Treffen in einem Restaurant oder Café. Bei einem Besuch in der Privatwohnung des Geschäftspartners sollten Sie auf die Minute genau erscheinen. Aber egal, wo Sie verabredet sind, Sie sollten nie später als zu der vereinbarten Zeit am Treffpunkt sein.

Zu einem Termin zu spät zu kommen, hat aus meiner Sicht nur drei mögliche Gründe:

1. Ein schlechtes Zeitmanagement
2. Ein verspäteter Beginn der Anreise
3. Unvorhersehbare Ereignisse

Wenn Sie häufig zu spät kommen, zu internen Besprechungen oder zu externen Terminen, zu Veranstaltungen und Verabredungen, dann sollten Sie Ihre Terminkoordination optimieren und an Ihrer Einstellung arbeiten. Das berühmte „akademische Viertel" war früher einmal eine Verspätung, die eventuell den Vorgesetzten vorbehalten war. Durch die bewusste Verspätung konnte man im letzten Jahrhundert deutlich machen, in welcher

Machtposition man war. Doch heute gilt Verspätung nicht mehr als Ausdruck der Wichtigkeit, sondern als Ausdruck des mangelnden Respekts vor dem Gesprächspartner, denn offensichtlich ist dem Verspäteten der Termin nicht wichtig genug, das Treffen hat keine hohe Relevanz für ihn.

Hin und wieder erlebe ich auf Seminaren, dass Teilnehmer für sich das „akademische Viertel" in Anspruch nehmen. Wenn der Beginn des Seminars auf 10 Uhr gelegt wurde, trudeln diese Menschen erst 5, 10 oder 15 min nach dem offiziellen Starttermin ein. Viele Veranstalter haben sich darauf eingestellt und lassen den Referenten erst 15 min nach der angekündigten Zeit auf das Podium. Ich halte davon nichts, denn damit werden die bestraft, die rechtzeitig angekommen sind.

Warum sollen 15 Personen auf 2 verspätete Teilnehmer warten? Dieses Prinzip habe ich nie verstanden und halte es auch nicht für sinnvoll. Daher setze ich mich immer dafür ein, dass wir zur angekündigten Zeit starten, egal wie viele Teilnehmer noch fehlen. Natürlich kann es vorkommen, dass Sie sich einmal verspäten. Aber dann gehört es zum guten Ton, dass Sie den Veranstalter anrufen und Ihre Verspätung ankündigen.

Die Ankündigung der Verspätung gilt natürlich auch bei Ihren Gesprächspartnern:

„Guten Tag Frau Sekretärin, mein Name ist Norbert Nehmer. Ich habe um 10 Uhr einen Termin mit Herrn Vorstand. Mein Zug verspätet sich, daher kann ich erst um 10 Uhr 15 bei Ihnen sein."

Seien Sie ehrlich. Wenn Sie den Zug verpasst haben, dann sagen Sie das auch und nehmen Sie nicht die beliebte Ausrede „der Zug hat Verspätung." Wenn Sie zu einem Termin fahren, kann es immer wieder auf der Anreise zu Verzögerungen kommen. Sie können mit dem Auto in einen Stau geraten, der Zug oder das Flugzeug hat Verspätung oder fällt gar aus. Diese Hindernisse sollten Sie auf jeden Fall in Ihrer Zeitplanung berücksichtigen. Nehmen Sie lieber den Zug eine Stunde vorher, falls der spätere Zug zu eng an dem verabredeten Termin im Zielort eintrifft. Wenn Sie mit dem Auto fahren, dann rechnen Sie mögliche Verzögerungen mit ein und verlassen Sie sich nicht auf die Zeitvorgabe in Ihrem Navigationssystem.

Ein früher Zug oder ein frühzeitiges Losfahren mit dem Auto wird Sie mit genügend Spielraum pünktlich zum verabredeten Zeitpunkt anreisen lassen. Sie werden dadurch auf der Fahrt viel weniger Stress haben, als wenn Sie ständig auf die Uhr schauen und hoffen, dass sich die Verspätung noch einholen lässt. Wenn Sie frühzeitig am verabredeten Treffpunkt sind, dann können Sie sich vor Ort sammeln und Kraft für das Gespräch tanken. Dadurch wirken Sie im Gespräch nicht gehetzt, sondern sind ein ausgeruhter und entspannter Gesprächspartner.

9.5.5 Im Termin auf den Punkt kommen

Sie sind also pünktlich im Büro Ihres Gesprächspartners angekommen. Vielleicht hat die Sekretärin Sie am Empfang oder am Fahrstuhl abgeholt und begleitet Sie zum Besprechungsraum oder zum Büro des Chefs. Dieser gemeinsame Weg bietet sich an, um sich bei der Sekretärin für die Unterstützung zu bedanken.

9.5 Von Angesicht zu Angesicht – so gewinnen Sie Großspender

Fundraiser: „Guten Tag Frau Schmidt, ich freue ich, dass wir uns heute persönlich kennenlernen. Es hat mir sehr viel Spaß gemacht, mit Ihnen den Termin abzustimmen. Vielen Dank für Ihre Unterstützung."

In der ersten Hälfte dieses Kapitels haben ich Sie bereits mit meinem Ansatz vertraut gemacht, das Spendergespräch auf den Kopf zu stellen. Da viele Verkäufer und auch viele Fundraiser vor der Abschlussfrage Angst haben, versuchen Sie im Gespräch diesen heiklen Punkt zu umschiffen und hoffen auf die klare Aussage des Gesprächspartners: „Herr Nehmer, das klingt toll, dafür spende ich gern."

Manchmal funktioniert diese Taktik tatsächlich. Der überzeugte Kunde hat alle relevanten Fragen gestellt und für ihn akzeptable Antworten erhalten. Doch der Verkäufer stellt und stellt einfach nicht die entscheidende Frage: „So Herr Kunde, kaufen Sie jetzt?"

Der Kunde will das Produkt oder die Dienstleistung ja unbedingt haben, also muss er selbst den Abschluss herbeiführen und den erlösenden Satz sagen. Allerdings sind nicht alle Kunden so stark motiviert, dass sie selbst den Abschluss herbeiführen. Einige werden sich denken: „Wer nicht will, der hat schon." Andere werden sich freuen und denken: „Da habe ich wieder etwas gespart." Und die dritte Kategorie wird sich eine stille aber nachhaltige Meinung zur Qualität des Verkäufers bilden und beschließen, das Geschäft mit einem anderen abzuschließen.

Das ist natürlich ein fatales Ergebnis, denn durch die Abschlusshemmungen geht viel Geschäft verloren. Im Fundraising sind das nicht realisierte Spenden, die für die Durchführung von wichtigen Projekten dringend benötigt werden.

Mit dem „Kopfstand" im Verkaufsgespräch empfehle ich die komplette Abweichung von der überwiegend gelernten Gesprächsstruktur. (vgl. Modell Gesprächsführung Seite 140). In meinem Modell wird auf den Smalltalk zu Beginn des Gebergesprächs genauso verzichtet wie auf die Präsentation der Produktvorteile bzw. der Projektinhalte. Mein Modell beginnt mit dem Abschluss:

Fundraiser: „Herr Geber, in unserem Gespräch habe ich das Ziel, Sie als Spender für unsere Organisation zu gewinnen. Welche Fragen kann ich Ihnen beantworten, damit Sie eine Spendenzusage in Höhe von 10.000 € machen?"

Diese Vorgehensweise hat viele Vorteile für Sie als Fundraiser und für Ihren Gesprächspartner. Erst einmal bringen Sie direkt auf den Punkt, warum Sie sich mit dem Gesprächspartner verabredet haben. Das nenne ich „Fairtrade-Fundraising", denn Sie verstecken sich nicht hinter einem Vorwand. Der Gesprächspartner weiß ohnehin, was Sie von ihm wollen, denn da, wo Fundraising unter dem Namen auf der Visitenkarte steht, da sollte auch Fundraising drin sein. Ein Verkäufer verkauft, ein Fundraiser bittet um Spenden. Diese Erwartung wird jeder Gesprächspartner an Sie haben.

Der weitere Vorteil liegt daran, dass für alle beteiligten Personen bereits ein Orientierungspunkt mit der Spendenhöhe gesetzt wird. Sie sagen 10.000 € und der Gesprächspartner hört auch 10.000 €. Das gesamte weitere Gespräch wird sich also um eine Spende in Höhe von 10.000 € drehen, auch wenn dieser Betrag im weiteren Gesprächsverlauf erst einmal keine Erwähnung mehr findet.

Mit dieser Fixmarke setzen Sie auch eine gute Verhandlungsmarke. Ich habe bisher noch nie erlebt, dass ein Spender einen höheren Betrag gespendet hat als den Betrag, den der Fundraiser genannt hat. Häufig erlebe ich hingegen einen Großspender, der den Betrag herunterhandeln möchte. Ich bin sicher, dass der Versuch, den Spendenbetrag zu reduzieren, ein Reflex aus dem Berufsalltag des Großspenders ist. Als erfahrener Geschäftsmann hat er gelernt, dass es wichtig ist, den ausgerufenen Preis erst einmal in Frage zu stellen. Mit dem Versuch der Preisverhandlung will der Käufer testen, wie selbstbewusst und standhaft der Verkäufer ist. Reduziert er den aufgerufenen Preis sofort, dann verliert er auch an Akzeptanz und Vertrauen. Zum einem kommt beim Käufer sofort das Gefühl auf, der Verkäufer wollte ihn übervorteilen, denn anders ist ein überzogener Preis aus Käufersicht nicht zu werten. Und als zweites Gefühl stellt sich sofort die Gewissheit ein, dass sich durch ein weiteres Verhandeln der Preis noch einmal reduzieren lässt.

Als Fundraiser wollen Sie sicherlich nicht in den Ruf kommen, dass Sie einen Spendenbetrag aufrufen, den Sie vielleicht gar nicht benötigen.

Geber: *„10.000 € sind aber viel Geld, Herr Nehmer. Mehr als 5000 € spende ich nie."*
Fundraiser: „Herr Geber, auch 5000 € helfen unserem Projekt."

Wenn Sie so leicht nachgeben, stellt sich der Geber die Frage, wofür Sie eigentlich die 10.000 € wirklich benötigen. Denn die Hälfte tut es ja offensichtlich auch. Lassen Sie also nicht von Ihrem Ziel ab, sondern bleiben Sie hartnäckig:

Fundraiser: „Herr Geber, für das Projekt sind die 10.000 € die Untergrenze. Was kann ich tun, um Sie davon zu überzeugen, dass Ihre Spende gut investiert ist?"

Mit dieser Antwort werden Sie weiterhin den Respekt des Gesprächspartners behalten. Sie lassen nicht locker, sind von dem Projekt überzeugt und stehen selbstbewusst zu Ihrer Spendeneinladung.

Geber: *„Herr Nehmer, leider spende ich nie mehr als 5000 €. Bitte akzeptieren Sie diese Entscheidung."*
Fundraiser: „Herr Geber, natürlich akzeptiere ich Ihre Beweggründe. Daher mache ich Ihnen folgenden Vorschlag. Die zugesagten 5000 € fließen in die erste Phase des Projekts und in zwei Monaten unterstützen Sie die zweite Phase mit der restlichen Investition. Was halten Sie von diesem Vorschlag?"

Auch wenn der Geber weiter bei seinem Betrag bleibt, lassen Sie nicht von Ihrem Ziel ab. Die Aussage „Ich spende nie mehr als 5000 €" können Sie beruhigt als eine erste Spendenzusage werten. Daher gehen Sie in Ihrer Antwort auch davon aus, dass dieser Betrag überwiesen wird, doch die Höhe von 10.000 € geben Sie nicht auf und machen daher den Vorschlag, zu einem späteren Zeitpunkt den Rest zu bezahlen.

9.5 Von Angesicht zu Angesicht – so gewinnen Sie Großspender

Ein weiterer Effekt kann sich aus diesem Einstieg entwickeln. Es wird immer wieder Gespräche mit potenziellen Spendern geben, in denen beide Seite erkennen, dass die Zusammenarbeit nicht sinnvoll ist. Der Spender hat Erwartungen, die durch die Organisation nicht erfüllt werden können. Vielleicht liegen seine emotionalen Präferenzen nicht auf den Projektinhalten der Organisation. Es kann natürlich auch sein, dass er mit seiner derzeitigen Spendenorganisation und deren Fundraisern absolut zufrieden ist. Es gibt für den Geber keinen nachvollziehbaren Grund, die Organisation zu wechseln.

In diesen Fällen wird es vom Gesprächspartner ein abschließendes und finales „nein" geben. Doch sehr oft, so erlebe ich es immer wieder, heißt dieses „nein" nicht „gar keine Spende", sondern der Gesprächspartner bietet von sich aus einen kleinen Betrag an:

Geber: „Herr Nehmer, Sie verstehen also, warum ich Ihre Organisation nicht mit dem gewünschten Betrag unterstütze. Aber ich sehe, wie engagiert Sie und Ihre Spendenorganisation sich für das vorgestellte Projekt einsetzen. Daher möchte ich dieses Engagement mit einer einmaligen Spende in Höhe von 1000 € würdigen."

Das „nein" des Gebers wird also mit einem einmaligen Spendenbetrag versüßt. Dieses Ergebnis kommt aufgrund des vorherigen, emotional geführten Gesprächs mit dem Fundraiser und seinem Gesprächspartner zustande. Dabei orientiert sich diese einmalige Spende an der bereits zum Einstieg genannten Fixmarke von 10.000 €. Je höher also die Fixmarke, desto höher auch die Abfindung für das „nein".

Sie sehen, die Abschlussfrage als Gesprächseröffnung hat durchaus ihre Berechtigung.

Doch bevor Sie das Gespräch eröffnen, wird es eine Begrüßung zwischen Ihnen und Ihrem Gesprächspartner geben. Die Sekretärin bringt Sie in das Büro, der Gesprächspartner steht von seinem Platz auf, geht Ihnen entgegen und reicht Ihnen die Hand.

Geber: „Guten Tag Herr Nehmer. Herzlich Willkommen in unserem Hause."

Sie drücken kurz und kräftig die Hand Ihres Gastgebers und erwidern den Gruß mit einem Lächeln.

Fundraiser: „Guten Tag Herr Geber. Ich freue mich sehr über unser Treffen."

Daraufhin wird Ihr Gastgeber Sie bitten, sich hinzusetzen. Wird Ihnen ein bestimmter Platz zugewiesen, dann nehmen Sie diesen Platz. Wenn Sie den Platz selbst wählen können, dann sollten Sie idealerweise die Tür im Blick haben und mit Ihrem Gesprächspartner über Eck sitzen. Vermeiden Sie, soweit es möglich ist, einen Sitzplatz gegenüber dem Gesprächspartner. Die räumliche Distanz ist deutlich geringer, wenn Sie direkt nebeneinander sitzen, sich dabei aber noch anschauen können. Ein Platz mit der Tür im Rücken ist nicht gut für das Unterbewusstsein, da Sie nicht sehen können, ob sich die Tür öffnet und gegebenenfalls jemand in den Raum kommt.

Wenn der Gastgeber Ihnen ein Getränk anbietet, dann nehmen Sie das Getränk gern an. Wenn Kaffee, Tee, Wasser und verschiedene andere Softdrinks im Angebot sind, dann wählen Sie das Getränk aus, auf das Sie Appetit haben. Sollten Sie Teetrinker sein und es wird kein Tee angeboten, dann verzichten Sie auf Ihr Getränk und wählen das angebotene Wasser. Haben Sie keinen Durst, dann sollten Sie trotzdem ein Wasser annehmen und zumindest einmal im Gespräch an dem Glas nippen. Das wirkt auf den Gastgeber freundlicher, als wenn Sie generell sein Angebot ablehnen.

Sobald Sie sitzen und alle Teilnehmer des Treffens mit Getränken versorgt sind, eröffnen Sie das Gespräch.

Fundraiser: „*Herr Geber, in unserem Gespräch habe ich das Ziel, Sie als Spender für unsere Organisation zu gewinnen. Welche Fragen kann ich Ihnen beantworten, damit Sie eine Spendenzusage in Höhe von 10.000 € machen?*"
Geber: „*Respekt, Herr Nehmer, Sie kommen gleich auf den Punkt. Wofür benötigen Sie denn eine solche Spende?*"

An dieser Stelle werden Sie ein Projekt vorstellen, für das Sie den genannten Spendenbetrag verwenden möchten. Sie sollten das Projekt in nur wenigen kurzen Sätzen skizzieren.

Fundraiser: „*Herr Geber, in Äthiopien haben viele Menschen keinen Zugang zu frischem Wasser. Insbesondere für die Kinder in den Dörfern ist das eine schwierige Situation, da sie, anstatt zur Schule gehen zu können, das Wasser über lange Distanzen zu Fuß zu Ihren Familien tragen müssen. Mit der Spende können wir gemeinsam mit den Dorfbewohnern einen Brunnen bohren und damit die Trinkwasserversorgung sicherstellen. Die Kinder können dann zur Schule gehen. Herr Geber, was halten Sie von diesem Projekt?*"

Mit der offenen Frage am Ende der kurzen Vorstellung des Brunnenprojektes geben Sie Ihrem Gesprächspartner die Möglichkeit, seine Emotionen und Gedanken zu einem solchen Projekt zu äußern. Aufgrund seiner Äußerungen erhalten Sie ein Gefühl dafür, welche Aspekte des Projektes für den Geber besonders wichtig sind. Sind es vielleicht die Kinder, die mit seiner Unterstützung zur Schule gehen können und damit ihre Chancen auf die Zukunft deutlich verbessern? Oder ist es die Dorfgemeinschaft, die mit anpackt und den Brunnen mit der Organisation als Hilfe zur Selbsthilfe baut? Oder ist es das Wasser, durch das sowohl die Menschen in Ihrem Grundbedürfnis befriedigt werden als auch die Felder bewässert werden können, um Nahrung für die Menschen zu liefern?

Je nachdem, auf welchen Aspekt der Gesprächspartner reagiert, haben Sie Anknüpfungspunkte für das weitere Gespräch und können dabei die wichtigsten Punkte für den Geber herausfinden, aufnehmen und Fragen dazu beantworten.

Nehmen wir ein anderes Beispiel aus der Arbeit im Inland:

9.5 Von Angesicht zu Angesicht – so gewinnen Sie Großspender

Fundraiser: „Herr Geber, mit der Spende können wir einen neuen Kältebus für unsere Stadt anschaffen. Mit diesem Kleinbus fahren unsere Mitarbeiter in den kalten Winternächten durch die Stadt und laden obdachlose Menschen ein, die Nacht in den geheizten Unterkünften unserer Organisation zu verbringen. Bereits im letzten Winter konnten wir viele Menschen vor dem Erfrieren retten. Haben Sie schon einmal an der eigenen Haut erlebt, was Kälte bedeutet?"

Noch ein Beispiel, diesmal aus dem Bereich der Kultur:

Fundraiser: „Herr Geber, die Spende ist ein wichtiger Beitrag zur Restaurierung der Orgel. Seit vielen Jahren kommen viele Menschen in unsere Kirche, um sich durch die Orgel Trost und Zuversicht spenden zu lassen. Mit unseren Orgelkonzerten für Kinder ermöglichen wir bereits seit einigen Jahren jungen Menschen einen einfachen Zugang zu diesem tollen Instrument. Welche Beziehung haben Sie zur Orgelmusik, Herr Geber?"

An den genannten Beispielen ist entscheidend, dass Sie verschiedene Nutzen des Spendenprojektes vorstellen. So kann der Gesprächspartner den Teil herausheben, der für ihn besonders relevant ist und ihn berührt. Mit der offenen Frage zum Ende der kurzen Vorstellung geben Sie Ihrem Gegenüber die Möglichkeit, seine Beziehung zum Projektvorschlag zu definieren.

Wahrscheinlich wird sich Ihr künftiger Spender bis zu diesem Zeitpunkt noch gar keine Gedanken gemacht haben, was Orgelmusik für Ihn bedeutet, wie vielschichtig ein Brunnenprojekt sein kann oder wie sich das Leben auf der Straße im Winter anfühlt. Sie eröffnen mit dieser Gesprächsführung einen neuen emotionalen Horizont für Ihren Spender und machen damit deutlich, welche gesellschaftliche Relevanz die Arbeit Ihrer Organisation hat.

Bereiten Sie sich vor dem Gespräch auf die Formulierungen vor, die Sie zur Projektvorstellung benutzen können. Dabei sollten Sie kurz und knackig sein und verschiedene Aspekte der Arbeit beinhalten (vgl. Gesprächsvorbereitung weiter oben).

Wenn alle wichtigen Fragen beantwortet sind, kommen Sie zum Ende des Gespräches:

Fundraiser: „Herr Geber, habe ich Sie als Spender für unser Projekt begeistern können?"
Diese geschlossene Frage dient zur Klärung des bisherigen Gesprächsstandes. Ein klares „ja" bringt Sie zum Abschluss, bei einem „nein" müssen Sie noch einen Impuls bis zum „ja" setzen.
Fundraiser: „Herr Geber, welches Argument benötigen Sie noch, um jetzt und hier mit einem Ja zu antworten?"

Bei einem „ja" sollten Sie die gute Entscheidung des Gebers noch einmal bestätigen und die guten Gründe des Gebers aufnehmen. Danach können Sie die Details der Abwicklung besprechen.

Fundraiser: „Herr Geber, Ihre Zusage ist eine wirklich gute Entscheidung. Sie helfen mit den 10.000 € vielen Kindern in Äthiopien".

9.5.6 Nach dem Gespräch ist vor dem Gespräch

Mit dem Dank für die Unterstützung verlassen Sie Ihren Gesprächspartner. Bevor Sie ins Büro fahren, sollte die Sie wichtigsten Inhalte des Gespräches aufschreiben, falls Sie es nicht bereits während des Gesprächs getan haben. Notieren Sie insbesondere die Punkte, die Ihnen im Nachhinein auffallen sowie die getroffenen Vereinbarungen. Sollten Sie dem Gesprächspartner gegenüber etwas zugesagt haben, gehören diese Punkte auf Ihre To-Do-Liste.

Fragen Sie sich auch, was in dem Gespräch gut gelaufen ist und was Sie beim nächsten Mal besser machen können. Nur durch die ständige Reflexion Ihrer Arbeit werden Sie von Gespräch zu Gespräch immer besser. Kein Verkäufer ist perfekt, jeder lernt in jedem Gespräch dazu und kann seine Fähigkeiten optimieren. Auch Sie als Fundraiser werden von Gespräch zu Gespräch besser, emphatischer und selbstbewusster, wenn Sie sich die Zeit nehmen, aus dem Erlebten zu lernen.

Sobald Sie im Büro sitzen, schreiben Sie Ihrem Gesprächspartner einen persönlichen Brief und bedanken sich für das Gespräch und die zugesagte Spende. Die Details zur Überweisung können Sie ebenfalls in das Schreiben aufnehmen, damit der Spender weiß, wohin er das Geld überweisen kann.

Nach dem Spendeneingang rufen Sie den Gesprächspartner an:

Fundraiser: „Guten Tag Frau Sekretärin, hier ist Herr Nehmer von der Spendenorganisation. Heute ist die Spende von Herrn Vorstand bei uns eingegangen. Vielen Dank für Ihre Unterstützung, Frau Sekretärin. Ohne Ihre Hilfe wäre der Termin nicht möglich gewesen. Können Sie mich mit Herrn Vorstand verbinden, damit ich mich bei Ihm persönlich bedanken kann?"

Durch den Dank an die Sekretärin und den Spender legen Sie einen stabilen Grundstein für eine langfristige, zufriedene und nachhaltige Spenderbeziehung.

10 Spenden über Empfehlung – „Türöffner" gewinnen und motivieren

Es gibt verschiedene Möglichkeiten, mit einem potenziellen Neuspender in Kontakt zu kommen. Am einfachsten ist es, mit einer Person ins Gespräch zu kommen, die Sie bereits kennen. Der schwierigste Weg hingegen ist die Terminvereinbarung mit einem künftigen Geber, zu dem Sie bis dato noch gar keinen Kontakt haben. Diesen steinigen Weg nennen wir im Vertrieb „Kaltakquise".

Doch es gibt noch einen Weg zwischen diesen beiden Ansätzen, nämlich den Zugang über eine dritte Person, die ich persönlich gern als „Türöffner" bezeichne (vgl. Abb. 10.1). Der Türöffner ist eine Person, die sowohl mit dem potenziellen Geber als auch mit Ihnen bekannt ist. Er stellt also die Brücke zwischen dem Geber und dem Nehmer dar.

Dabei muss ein Türöffner zwei besondere Kriterien erfüllen:

1. Er muss einen guten, vertrauensvollen Zugang zur Zielperson haben.
2. Er muss von Ihnen und Ihrer Organisation überzeugt sein.

Es genügt also nicht, jemanden zu kennen, der jemanden kennt. Diese Person muss Ihnen vertrauen und gleichzeitig das Vertrauen der Zielperson besitzen. Und letztendlich müssen auch Sie dem Türöffner Ihr Vertrauen schenken.

Die Aufgabe eines Türöffners lässt sich bereits aus der Bezeichnung ableiten. Ein Türöffner ist eine Person, die Türen zu anderen Personen öffnen kann. Er unterstützt Sie nicht nur bei Ihrer Arbeit, sondern er übernimmt selbst einen wichtigen Part. Der Türöffner identifiziert sich in seiner Funktion bei dem gewünschten Gesprächspartner als Sympathisant für Ihre Organisation und für Sie als Fundraiser. Seine Glaubwürdigkeit und sein Renommee übertragen sich durch seine Vermittlung auch auf Sie und die Organisation, die Sie vertreten. Der Türöffner trägt Ihr Anliegen in seine Welt und ist dadurch auch Multiplikator in Ihrer Sache. Da er als unabhängiger Dritter über Sie spricht, ist seine Empfehlung wesentlich glaubwürdiger als jede andere Werbemaßnahme.

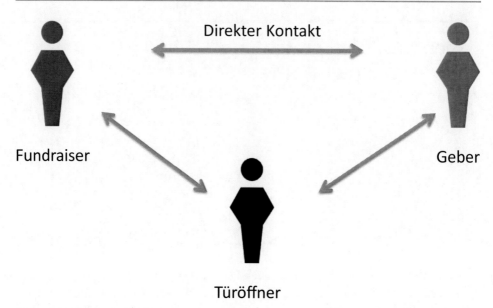

Abb. 10.1 Türöffner

Auch im klassischen Vertrieb spielen Türöffner und Multiplikatoren eine wichtige Rolle. Dort wird diese Art des Vertriebes „Empfehlungsmarketing" genannt. Bei dieser besonderen Vertriebsart werden die bestehenden Kunden eingesetzt, um Zugang zu neuen Kunden zu erhalten. Grundsätzlich funktioniert das Empfehlungsmarketing auf drei Arten:

- *Mund-zu-Mund-Propaganda* durch die Weitergabe von Empfehlungen in einem persönlichen Gespräch
- *Bewertungen der Kunden* eines Produktes oder einer Dienstleistung
- *Referenzen durch ein positives Bekenntnis des Kunden* zum Unternehmen und seinen Produkten

Die Voraussetzungen für ein gutes Empfehlungsmarketing liegen in den Händen der Organisation und deren Mitarbeitern, denn nur ein zufriedener Spender wird bereit sein, Ihre Organisation positiv zu bewerten und entsprechende Empfehlungen für andere Spender auszusprechen. Damit ein optimaler Grad an Spenderzufriedenheit erreicht werden kann, benötigen Sie ein gutes Projektmanagement und ein ebenso gutes Management zur Pflege der Bestandskunden.

Ganz wichtig ist es, die eigenen Mitarbeiter als positiv Empfehlende zu gewinnen. Da nur ein zufriedener Mitarbeiter außerhalb seines Arbeitsplatzes gut von seiner Organisation sprechen kann, ist es wichtig, für ein entsprechendes Arbeitsklima zu sorgen. Wir dürfen das Potenzial der eigenen Kollegen aus drei Gründen nicht vernachlässigen:

1. Auch Mitarbeiter verfügen über ein breites berufliches und privates Netzwerk. Daher kann es gut möglich sein, dass sich in Ihrer Organisation Personen befinden, die mit Ihren Zielpersonen in Kontakt stehen. Vielleicht teilen sie gemeinsame Hobbys oder sind im gleichen Verein aktiv.

2. Mitarbeiter tragen das Image einer Organisation in die Welt hinaus. Der Eindruck über eine Organisation wird in einer Region auch sehr stark davon abhängen, was die Menschen für einen Eindruck von den Mitarbeitern haben. Sind die Kollegen nett und freundlich beim Einkauf im örtlichen Supermarkt oder gibt es lautstarke Gespräche beim Mittagstisch über die Unfähigkeit der Vorgesetzten? Beides hat eine Wirkung auf die öffentliche Wahrnehmung.
3. Zufriedene Mitarbeiter begegnen den Spendern freundlicher und zuvorkommender. Vom Empfang bis zum Vorstandsbüro sollte eine freundliche und wertschätzende Atmosphäre herrschen. Jeder Spender, der Sie besucht, sollte zu jeder Zeit das Gefühl haben, herzlich willkommen zu sein.

Neben den Mitarbeitern sind auch Netzwerkpartner, Lieferanten und Dienstleister eine gute Gruppe für das Empfehlungsmarketing. Dabei ist es nicht notwendig, dass diese außenstehenden Personen selbst Erfahrungen als Spender bei Ihnen gemacht haben. Es ist wichtig, dass diese Menschen von der Qualität und der Leistungsfähigkeit Ihrer Organisation überzeugt sind und darüber auch mit anderen Menschen sprechen.

10.1 So gewinnen Sie „Türöffner"

Im Fundraising sollte man nicht auf Zufälle bauen, sondern alle Maßnahmen sorgfältig planen. So ist es auch mit der Ansprache und der Gewinnung von Türöffnern. Das Glück ist ja bekanntlich beim Fleißigen und daher empfiehlt es sich, auch bei der Akquise von Türöffnern strategisch klug und Schritt für Schritt vorzugehen.

Bei der strategischen Ausrichtung steht, wie immer im Fundraising, erst einmal der Spender im Mittelpunkt. Damit Sie zielgerichtet die richtigen Personen gewinnen, müssen Sie natürlich wissen, zu welchen Zielpersonen und zu welchen Zielgruppen ein Kontakt hergestellt werden soll.

Die Akquiseliste enthält die Namen der wichtigsten Geber, die Sie in der nächsten Zeit ansprechen werden. Nehmen Sie sich die ersten 10 Namen vor und schauen Sie nach, ob diese Personen in Onlinenetzwerken wie XING, Google+, LinkedIn, Twitter oder ähnlichen aktiv sind. Haben Sie Glück und Sie finden eine der Zielpersonen, dann zeigen Ihnen die Netzwerke an, ob es gegebenenfalls gemeinsame Kontakte gibt. Diese gemeinsamen Kontakte sollten Sie jetzt gezielt mit der Bitte ansprechen, einen Kontakt zur Zielperson herzustellen.

„Guten Tag Herr Kontakt. Ich habe auf XING gesehen, dass Sie mit Herrn Geber vernetzt sind. Ich möchte Herrn Geber gern kennenlernen und bitte Sie um Ihre Unterstützung."

Ich selbst mache überwiegend gute Erfahrungen in den digitalen Netzwerken. Die meisten Menschen, die dort auch aktiv sind, bekennen sich zum Netzwerken und unterstützen gern. Daher erhalte ich auch überwiegend positive Reaktionen auf meine Unterstützungsanfragen. Die erste Anfrage stelle ich dabei normalerweise per Mail, da sich diese Art der Kommunikation bei digitalen Netzwerken anbietet. Doch sobald eine Antwort in meinem

Postfach liegt, greife ich zum Telefonhörer und spreche mit dem potenziellen Türöffner. In diesem Telefonat bedanke ich mich erst einmal für die Unterstützung.

„Guten Tag Herr Türöffner. Mein Name ist .... Ich habe gerade Ihre Nachricht gelesen. Danke, dass Sie mir helfen, einen Kontakt zu Herrn Geber herzustellen. Mein Ziel ist es, Herrn Geber auf unsere Organisation aufmerksam zu machen."

Selbstverständlich bin ich auch am Telefon aufrichtig gegenüber meinem Türöffner und sage offen, welches Ziel ich habe. Mich interessiert natürlich, wie gut der Türöffner meine Zielperson kennt und welchen Ratschlag er mir für die Ansprache geben kann.

„Können Sie mir sagen, wie ich am besten auf Herrn Geber zugehe?"

Mit dieser Frage schlagen Sie zwei Fliegen mit einer Klappe. Erst einmal werden Sie aufgrund der Reaktion feststellen, wie gut Ihr Kontakt die Zielperson kennt. Darüber hinaus erhalten Sie idealerweise noch Hinweise, wie Sie den künftigen Geber konkret ansprechen können.

Eine weitere Möglichkeit zur Lokalisierung von Türöffnern zu Ihren Großspendern sind die haupt- und ehrenamtlichen Mitarbeiter Ihrer Organisation. Vielleicht hat die Geschäftsführung, ein Vorstand oder ein Mitglied des Kuratoriums oder des Aufsichtsrates Kontakt zu einer Zielperson? Gerade in den Aufsichtsgremien vieler Organisationen sind sehr gut vernetze Personen anzutreffen, ein Netzwerk, welches viel zu wenig genutzt wird. Das hat aus meiner Sicht zwei Gründe:

1. Es gibt keine systematische Übersicht über die Netzwerke der Akteure.
2. Die Akteure möchten oft nicht für die Organisation um Spenden werben.

Für beide Punkte gibt es vernünftige Lösungen. Die Übersicht über die Netzwerke lässt sich anfertigen. Natürlich können Sie die betreffenden Personen bitten, entsprechende Listen anzufertigen. Doch ich schlage hier das persönliche Gespräch vor. Schildern Sie Ihrem Gesprächspartner, welche Ziele Sie haben, welche künftigen Geber Sie ansprechen werden und warum Sie auf sein Netzwerk zugreifen möchten. Binden Sie den Gesprächspartner in Ihre Überlegungen ein und entwickeln Sie doch gemeinsam eine Strategie zur Nutzung der Netzwerke. In solchen Gesprächen erlebe ich sehr häufig, dass der Vorstand oder das Aufsichtsratsmitglied in seinem Bekannten- und Freundeskreis weitere geeignete Großspender für die Organisation lokalisiert.

Der zweite Punkt lässt sich auch ganz einfach auflösen. Normalerweise werden Menschen nicht in den Vorstand oder in den Aufsichtsrat berufen, weil sie gute Fundraiser sind. Es liegt vielmehr an der Reputation der betreffenden Person, an ihren fachlichen Kompetenzen oder an der langjährigen Verbundenheit zur Organisation. Daher ist es für mich sehr gut nachzuvollziehen, warum diese Menschen nicht selbst um Spenden werben möchten. Sie können es häufig auch nicht. Doch dafür werden in der Organisation die Fundraiser beschäftigt, deren Aufgabe es ist, Menschen um Geld zu bitten. Daher können Sie die Akteure beruhigen und vorschlagen, diesen Part zu übernehmen. Es genügt, wenn ein gemeinsamer Termin vereinbart wird, das Fundraisinggespräch führt der Fachmann.

10.1 So gewinnen Sie „Türöffner"

Natürlich sind die eigenen, zufriedenen Spender die besten Türöffner für jede Organisation. Ein Groß- oder Top-Spender identifiziert sich mit der Arbeit Ihrer Organisation, kennt die erfolgreiche Arbeit in den Projekten und weiß auch Ihre Arbeit als Fundraiser zu schätzen. Er weiß sehr gut, was für ein tolles Gefühl es ist, die Arbeit Ihrer Organisation zu unterstützen und wie wertschätzend die Betreuung durch den Fundraiser ist. Niemand kann besser von diesem guten Gefühl sprechen als jemand, der dieses Gefühl selbst empfunden hat.

„Gleich und Gleich gesellt sich gern." Dieses deutsche Sprichwort hat auch bei der Einbindung von Spendern als Türöffner seine Berechtigung. Menschen mit ähnlichen Bildungswegen und vergleichbarem Einkommen leben häufig dicht beieinander. In ihrer Freizeit haben Menschen aus einer sozialen Schicht sehr ähnliche Hobbys und sind in den gleichen Vereinen organisiert. Auch im beruflichen Umfeld treffen sich die Manager in bestimmten Businessclubs und auf Veranstaltungen. Darum können Sie getrost davon ausgehen, dass Ihr Großspender weitere Personen kennt, die ebenfalls das Potenzial für Großspenden haben.

Der erste Großspender ist immer am schwersten zu akquirieren. Mit dem zweiten und dritten Spender wird es dann immer einfacher. Voraussetzung hierfür ist allerdings, dass Sie die bisher gewonnenen Geber als Empfehler gewinnen. Dazu müssen Sie natürlich mit dem zufriedenen Spender sprechen und ihn motivieren, sich für Sie und Ihre Organisation einzusetzen.

Also greifen Sie zum Telefonhörer und vereinbaren Sie einen Termin:

„Guten Tag Herr Geber, hier ist Norbert Nehmer von der Spendenorganisation. Ich rufe Sie an, weil ich mich in den nächsten Tagen mit Ihnen treffen möchte. Ich brauche Ihren Rat und Ihre Unterstützung zu einer Idee, die ich umsetzen möchte. Wann können wir uns in der nächsten Woche sehen?"

Das Gespräch mit Ihrem künftigen Türöffner sollten Sie auf jeden Fall bei einem persönlichen Treffen führen. Das Telefon ist dafür nicht das richtige Instrument. Bedenken Sie, wie wichtig der Türöffner für den Ausbau Ihres Großspenderfundraising ist. Eine solche Schlüsselposition wird nicht über das Telefon besetzt. Sie wurden ja auch nicht ausschließlich über ein Telefoninterview eingestellt, sondern haben ein intensives Gespräch mit Ihrem Arbeitgeber geführt. Es ist nicht nur ein Zeichen der Wertschätzung, wenn Sie eine lange Reise auf sich nehmen, um Ihren Spender zu treffen. Es ist auch wesentlich effektiver, sich von Angesicht zu Angesicht auszutauschen.

Für das Gespräch mit Ihrem Großspender setzten Sie sich ein klares Ziel. Sie wollen ihn als Türöffner zu anderen Großspender gewinnen. Daher empfehle ich Ihnen, dass Sie sich ausschließlich auf dieses Ziel konzentrieren. Andere Themen spielen für Sie bei diesem Gespräch erst einmal keine Rolle, außer Ihr Geber spricht andere Punkte bei Ihnen an.

Doch welche Argumente werden Ihren Gesprächspartner überzeugen, sich für Sie ins Zeug zu legen? Dazu brauchen wir natürlich eine gute Basis und diese Basis heißt Begeisterung. Spendenzufriedenheit ist ja gut und schön. Doch erst die Begeisterung für die Projekte, Ihre Organisation und für Sie als Spendenbetreuer macht den Geber zu einem Fan. Dieser Fanstatus ist notwendig, damit der Geber sich für Sie und Ihre Ziele einsetzen wird.

Ich bin davon überzeugt, dass es im Fundraising relativ einfach ist, die Spendenzufriedenheit zu einer Spendenbegeisterung zu steigern. Fundraising ist ein hoch emotional betriebenes Geschäft. Der Geber ist bei einem guten Spendenprozess deutlich berühren als bei einem guten Kaufprozess. Wenn sich der Geber vor dem Spendenakt, während der Spende und in der Nachbetreuung wohl fühlt, dann hält sich diese Emotion über einen längeren Zeitraum. Darüber hinaus können Sie diese Begeisterung beim Geber auch gezielt schüren. Setzen Sie einfach die Kraft der Worte ein, so wie ich es bei der Selbstmotivation bereits beschrieben habe.

Die klassische Frage nach der Spendenzufriedenheit lautet:

„Herr Geber, wie zufrieden sind Sie mit Ihren Spenden an unsere Organisation?"

Durch diese Frage werden Sie die Punkte von dem Geber genannt bekommen, die er für relevant hinsichtlich seiner Zufriedenheit hält. Je mehr Punkte ihm dazu einfallen, desto zufriedener ist er. Durch diese Frage legen Sie den Fokus natürlich auch sehr stark auf die positiven Dinge.

Wenn Sie die Begeisterung beim Geber wecken wollen, dann stellen Sie die Frage einfach um:

„Herr Geber, was begeistert Sie, wenn Sie an unsere Organisation spenden?"

Hier wird das Wort der Begeisterung beim Geber platziert. Denn wahrscheinlich hat er bis zu Ihrem Gespräch noch gar nicht darüber nachgedacht, wie die Spende auf ihn selbst wirkt. Erst durch Ihre gezielte Frage haben Sie den Orientierungspunkt „Begeisterung" ins Spiel gebracht. An dieser Stelle kann es natürlich unterschiedliche Reaktionen geben.

„Herr Nehmer, ich weiß gar nicht so richtig, ob ich wirklich begeistert bin."

Bei dieser Aussage wird sofort klar, dass Sie an der Spendenbeziehung arbeiten müssen. Der Spender ist sicherlich zufrieden, aber bis zum Fanstatus fehlt offensichtlich noch etwas.

„Herr Geber, spannend, dass Sie das sagen. Sie kennen unsere Organisation ja schon einige Zeit. Was wären denn aus Ihrer Sicht Punkte, die Sie begeistern könnten?"

Die Antwort auf diese Frage wird Ihnen auf jeden Fall Orientierungspunkte geben, wie Sie die Beziehung zu Ihrem Geber weiter optimieren können. Dann sollten Sie die nächsten Wochen nutzen, um den Status des Gebers auf die nächste Ebene zu führen.

Vielleicht ist Ihr Geber ein eher introvertierter Typ (vgl. DISG-Modell im Abschn. 12). Ein solcher Typ wird sich weniger zu Begeisterungsstürmen hinreißen lassen, aber auch dieser Menschenschlag lässt sich als Türöffner gewinnen. Seine Art, Türen zu öffnen, wird sicherlich weniger glamourös sein, als die des extrovertierten Typen. Doch ein G-Typ wird auf andere G-Typen wesentlich angenehmer wirken als der I-Typ. Für die introvertierten Geber können Sie folgende Frage einsetzen:

„Herr Geber, wie fühlt es sich für Sie an, wenn Sie für unsere Organisation spenden?"

Diese Frage ist eine vorsichtige Annäherung an die emotionalen Beweggründe Ihrer Spender. Während bei den extrovertierten Typen diese Frage als eher schwache Annäherung wahrgenommen werden kann, ist sie für den introvertierten Typen die richtige Art, sich den Emotionen zu nähern. Wenn dieser Typ seine Emotionen hinsichtlich seiner Spenden definiert hat, haben Sie ihn bereits in den Fanstatus gehoben.

Warum sollte Ihnen der Türöffner überhaupt helfen?

1. Weil er als Spender von Ihrer Arbeit überzeugt ist.
2. Der Spender weiß, wie wichtig es ist, mehr Unterstützer zu gewinnen.
3. Er identifiziert sich mit dem Projekt und möchte auch andere Menschen für „sein" Projekt begeistern.
4. Der Spender möchte auch andere Menschen in die „Pflicht nehmen".
5. Weil Sie ihn darum bitten.

Wenn Ihnen diese fünf Punkte nicht reichen, dann ergänzen Sie die Liste um weitere Argumente, warum es gut ist, Sie als Fundraiser, die Organisation und die Projekte zu unterstützen.

„Guten Tag Herr Geber, es ist schön, dass wir uns persönlich treffen. Ich möchte Sie in unserem Gespräch als aktiven Fürsprecher für unsere Arbeit gewinnen. Was muss ich tun, damit Sie unsere Arbeit in Ihrem Bekanntenkreis empfehlen?"

10.2 „Türöffner" und Fundraiser als Dream-Team

Beim Tauchen gibt es einen wichtigen Grundsatz: Tauche nie allein, sondern immer mit einem direkten Tauchpartner. Dieser Partner heißt im Tauchsport „Buddy" (amerikanisch für Kumpel). Der Tauchgang wird gemeinsam in einem Briefing vor- und nachbereitet. Während des Tauchganges halten der Taucher und sein Buddy laufend Kontakt mittels Tauchzeichen. Das Verhältnis zwischen den Partnern beruht auf gegenseitiger Rücksichtnahme, auf Erfahrungen und Fähigkeiten des anderen sowie dem Vorhaben, das gemeinsam festgelegte Ziel zu erreichen.

Diese Beschreibung aus dem Tauchsport lässt sich zu hundert Prozent auch auf die Zusammenarbeit von Fundraiser und Türöffner übertragen. Es braucht ein großes Vertrauensverhältnis untereinander, das von Einsatz zu Einsatz verstärkt wird. Ein gemeinsames Verständnis vom Ziel ist wichtig, damit die Partner in die gleiche Richtung marschieren. Die unterschiedlichen Fähigkeiten und Erfahrungen müssen sich wirkungsvoll ergänzen.

Sobald sich Ihr Türöffner gefunden hat, gehen Sie gemeinsam in die konkrete Planung. Informieren Sie Ihren „Buddy" über das Ziel, das Sie sich gesetzt haben. Denken Sie daran, dass Ihre Ziel SMART sein sollen, also spezifiziert, messbar und terminiert sein müssen. Das fehlende Attribut „aktiv" ist durch die Ansprache bereits gegeben. Das Attribut „realistisch" wurde hinsichtlich der Finanzkraft (bezgl. des Spendenbetrages) geprüft und mit Ihren Erfahrungen (bezgl. des Zeitfensters) abgeglichen.

„Herr Türöffner, mein Ziel ist es, Herrn Geber in den nächsten 3 Monaten als Großspender mit einem Spendenbetrag von 10.000 € zu gewinnen. Was sollte aus Ihrer Sicht unser erster Schritt sein?"

Binden Sie den Türöffner frühzeitig in Ihre Ziele ein und holen Sie seinen Rat ein. Er ist wesentlich dichter am zukünftigen Spender als Sie es sind, er bewegt sich wahrscheinlich in seinem Umfeld und kann einschätzen, wie eine ideale Kontaktaufnahme erfolgen kann.

Im Verlauf des weiteren Gespräches werden Sie gemeinsam mit dem Türöffner einen Schlachtplan entwerfen, in dem Sie festlegen, wie der Zugang zur Zielperson erfolgen soll. Dazu gehört eine Maßnahmenplanung mit Definition des zeitlichen Rahmens und der Zuordnung von Verantwortlichkeiten. So eine Planung können Sie sehr formal mit Aufgabenlisten niederschreiben oder Sie können sie eher formlos in Absprachen vereinbaren. Wie Sie miteinander umgehen, ist von Ihnen und Ihrem Buddy abhängig.

„Herr Türöffner, wann werden Sie die Möglichkeit haben, mit Herrn Geber über unsere Arbeit zu sprechen und einen gemeinsamen Termin vereinbaren?"

„Herr Türöffner, gibt es in den nächsten Monaten eine Veranstaltung, auf der Sie mich mit Herrn Geber bekannt machen können?"

Wenn Sie die Aufgaben untereinander geklärt haben, dann sollten Sie regelmäßig in Kontakt bleiben und sich über den Stand der Dinge austauschen. Haben Sie keine Sorge, dass der regelmäßige Kontakt aufdringlich wirken könnte. Wenn Sie regelmäßig mit Ihrem Türöffner sprechen, dann zeigen Sie damit Ihr Interesse an der Unterstützung sowie die Wichtigkeit des gemeinsamen Zieles.

Zum Gesprächstermin mit der Zielperson sollten Sie den Türöffner mitnehmen, soweit es sich realisieren lässt. Durch den gemeinsamen Auftritt haben Sie einige Vorteile:

- Sie würdigen das Engagement des Türöffners.
- Das Gespräch wird wesentlich vertrauter erfolgen, wenn der Türöffner dabei ist.
- Der Türöffner kann seine Begeisterung direkt zum Ausdruck bringen.
- Sie ergänzen sich bei einem gemeinsamen Gespräch mit Ihren Fähigkeiten.

Auch das gemeinsame Gespräch sollten Sie vorher mit Ihrem Partner absprechen. Sprechen Sie mit ihm die einzelnen Gesprächsphasen durch und definieren Sie zusammen die jeweiligen Rollen in dem Gespräch. Fragen Sie Ihren Partner, was er zum Gespräch braucht, damit Sie die entsprechenden Vorbereitungen treffen können. Vereinbaren Sie, wie Sie zum Termin anreisen und wo Sie sich vorher treffen, denn es ist für Sie beim Erstkontakt angenehmer, wenn Sie gemeinsam zum Gespräch erscheinen.

Nach dem Kennenlerngespräch werten Sie gemeinsam das geführte Gespräch aus. Erst einmal bedanken Sie sich natürlich für den Termin und für die Unterstützung ihres Türöffners. Danach fragen Sie, was ihm am Gespräch gut gefallen hat und sprechen auch darüber, was im nächsten Gespräch besser gemacht werden kann.

Schreiben Sie zusammen mit dem Türöffner nach dem Termin einen Brief an die Zielperson, in dem Sie sich für das Gespräch bedanken. Dieser gemeinsame Brief unterstreicht das Engagement und die Unterstützung Ihres Türöffners beim Geber. Auch wird der Türöffner sich durch den gemeinsamen Dank enger mit Ihnen verbunden fühlen.

In der Nacharbeit zum ersten Gespräch werden Sie eventuell einige Aufgaben übernommen haben. Vielleicht haben Sie dem Geber weitere Informationen zugesagt oder ein weiteres Gespräch vereinbart, an dem der Türöffner nicht teilnehmen kann. Trotzdem sollten Sie den Türöffner über die Erledigung der Aufgaben genauso informieren wie über die

Inhalte der geführten Gespräche. Grenzen Sie Ihren Buddy nicht aus, sondern informieren Sie ihn regelmäßig über die Entwicklungen und Fortschritte.

Sobald die Spende des neuen Großspenders eingegangen ist, haben Sie zwei wichtige Telefonate zu führen. Als erstes rufen Sie den Türöffner an und bedanken sich für die großartige Unterstützung bei der Gewinnung des neuen Spenders. Danach rufen Sie den neuen Spender an und bedanken sich, auch im Namen des Türöffners, für den Zahlungseingang. Und dann vereinbaren Sie den nächsten gemeinsamen Termin.

11 Spenderbindung – Kommunikation fördert die Freundschaft

Die Gewinnung von Spendern für eine Organisation ist äußerst aufwendig. Wenn Sie sich den Weg vor Augen führen, den Sie als Fundraiser mit einem Interessenten gehen müssen, um ihn zu von einem Gesprächspartner zu einem Erstspender und dann zu einem Mehrfachspender zu entwickeln, sehen Sie, wie mühevoll der Weg vom Fuß der Spenderpyramide bis zur Spitze ist.

Im Großspenderfundraising ist dieser Aufwand im Wesentlichen durch den Einsatz Ihrer Arbeitskraft gestemmt worden. Sie haben eine umfangreiche Analyse der bestehenden Spendergruppen zum Anlass genommen, neue Zielgruppen zu definieren. Die Zielgruppen haben Sie analysiert und eine Top-Akquiseliste erstellt, die Sie mit Namen, Spendenzielen und Ansprachewegen qualifiziert haben. Den Kontakt zu den potenziellen Gebern haben Sie über verschiedene Wege realisiert. Sie haben Türöffner aus Ihrem Netzwerk motiviert und eingesetzt, sind auf Veranstaltungen gegangen, um direkt mit den Zielpersonen in Kontakt zu treten, oder haben über eine telefonische Kaltakquise die Gesprächstermine vereinbart.

Die Gewinnung von neuen Spendern ist sehr arbeitsintensiv und daher für die Organisation sehr teuer. Bei einem Jahresgehalt von 60.000 € kostet eine Arbeitsstunde ca. 35 €. Für ein Spendergespräch, das etwa 1 h dauern wird, werden Sie sich etwa zwei Stunden vor- und eine eine Stunde nachbereiten. Damit kostet jedes Gespräch ohne Aufwand für die An- und Abreise bereits 140 €. Für die telefonische Terminvereinbarung kalkuliere ich eine weitere Stunde Arbeitszeit ein, für Recherchen, Aufbau der Akquiseliste etc. noch einmal 2 h je Zielperson. Somit liegt der finanzielle Aufwand für einen Kunden schon bei ca. 245 € und hierbei ist bisher nur der von Ihnen geleistete Zeitaufwand berücksichtigt. Die weiteren Kosten, wie Arbeitsplatz, Materialien, Kommunikationskosten wie Telefon und Internet und vieles andere mehr, sind noch nicht eingerechnet. Sie sehen aufgrund dieser Beispielsrechnung, dass sich die Gewinnung eines Großspenders sehr schnell auf 1000 € und mehr an Kosten aufaddieren lässt.

Daher ist es sehr wichtig, die einmal gewonnenen Spender dauerhaft zu halten und Sie regelmäßig zur Spende für die Organisation zu motivieren. Es gibt mehr als 300.000 Organisationen, die in Deutschland Spenden sammeln und damit in einem direkten Wettbewerb zu Ihrer eigenen Organisation stehen. Auch wenn nicht jede von ihnen über ein aktives Fundraising verfügt, wird der Wettbewerb um die Spender im stärker. Zum einen gibt es immer mehr Organisationen, die sich zu einem aktiven Fundraising bekennen und die Spender gezielt ansprechen. Zum anderen kommen täglich neue Organisationen dazu. Allein im Stiftungswesen werden täglich zwei neue Stiftungen gegründet und nicht jede verfügt über einen ausreichenden Kapitalstock, der die Satzungszwecke finanziert, sondern ein großer Anteil muss die Mittel über Spendeneinnahmen realisieren.

Besonders deutlich wird dieser Wettbewerb gerade auch bei der Gewinnung von Großspendern, denn viele Spendenorganisationen haben in ihren Analysen herausgearbeitet, dass im Bereich des Großspenderfundraising noch ungenutzte Potenziale vorhanden sind. Während sich die Gewinnung von neuen Normalspendern beispielsweise über den Einsatz von sogenannten Fremdlisten (eingekaufte Adressen von potenziellen Neuspendern) als immer schwieriger gestaltet, werden gerade bei den regional erreichbaren Großspendern und Unternehmern große Chancen gesehen.

Im Bereich der Großspenderbindung müssen Sie deshalb auf eine sehr individuelle Betreuung der gewonnenen Geber achten. Die Rolle der Großspender in Ihrer Organisation wird eine besonders hohe Gewichtung haben. Nach Vilfredo Pareto (italienischer Ingenieur, Ökonom und Soziologe) bedeutet diese Gewichtung, dass 20% Ihrer Geber 80% des jährlichen Spendenvolumens zur Verfügung stellen. Wenn Sie also beispielsweise über 100 aktive Spender verfügen, die jährlich 100.000 € (im Durchschnitt 1000 €) an Spendengeldern zur Verfügung stellen, dann geben die 20 wichtigsten Geber 80.000 € (im Durchschnitt 4000 €). Wenn die Organisation 5 dieser 20 Spender in einem Jahr verliert, gehen somit 20.000 € an Spenden verloren. Daher ist es sinnvoll, in die Spenderbindung der wichtigsten Geber mehr Zeit, Aufwand und Kreativität pro Kontakt zu investieren als in die wesentlich größere Gruppe der Normalspender.

Natürlich müssen alle Spendergruppen für eine Organisation dauerhaft begeistert werden. Dass gilt für die Klein- und Normalspender genauso wie für die Groß- und Top-Spender. Doch diese Bindungen sollten nach Effektivität und Wirtschaftlichkeit betrachtet werden. Für einen Spender, der im Branchendurchschnitt etwa 180 € im Jahr spendet, kann nicht so viel Zeit aufgewandt werden wie für einen Spender, der im Jahr 10.000 € spendet. Daher werden die Klein- und Normalspender über andere Instrumente dauerhaft gebunden als die Großspender. Gerade für die Spender mit durchschnittlichem Spendenvolumen lässt sich sehr gut der Spendenbrief einsetzten, um eine dauerhafte Bindung an die Organisation zu erreichen. Auch eignet sich das Telefonfundraising sehr gut, um Normalspender dauerhaft für die Organisation zu begeistern. Telefonfundraising, meist durchgeführt durch eine erfahrene Telefonfundraising-Agentur, und Spendenbriefe sind noch immer die effektivsten Instrumente zur Bindung von größeren Spendergruppen.

Ein Erstspender wird nur dann bereit sein, ein weiteres Mal für eine Organisation zu geben, wenn er sich bei der Erstspende rundum gut betreut fühlte. Dabei können wir die Spenderbindung in verschiedene Phasen einteilen:

- *Ansprachephase*

Die Ansprachephase umfasst alle Tätigkeiten vor dem Gebergespräch, die der Geber wahrgenommen hat. Hierzu gehört das erste Kennenlernen auf einer Veranstaltung (vgl. Kap. 7), die telefonische Terminabsprache (vgl. Kap. 8), die Briefe und E-Mails während der Kennenlernphase. Wenn der Geber all diese Phasen als sehr angenehm empfunden hat und Sie als Fundraiser respektiert und schätzen gelernt hat, dann haben Sie in der Ansprachephase alles richtig gemacht.

- *Spendergespräch*

Das in der Ansprachephase aufgebaute Vertrauen ist eine gute Basis für das persönliche Spendergespräch, in dem Sie den potentiellen Geber zu seiner Spendenzusage motivieren möchten. Wenn Sie das Spendergespräch gut führen, dann wird sich das Vertrauen des Gebers in Ihre Person weiter steigern. Ein Spendergespräch ist dann für den Gesprächspartner gut verlaufen, wenn der Fundraiser empathisch und authentisch sowie zielorientiert und erfolgreich aufgetreten ist. Der Geber hat sich in dem Gespräch wohl gefühlt. Ein Spendergespräch, das ohne einen Abschluss beendet wird, bleibt weder dem Fundraiser noch seinem Gesprächspartner in positiver Erinnerung. Auch wird ein Gespräch, in dem der Fundraiser unsicher gewirkt und sich um die Abschlussfrage herumgewindet hat, weniger positiv in Erinnerung bleiben als ein Gespräch, in dem der Fundraiser souverän die Gesprächsführung übernommen und selbstbewusst mit der Abschlussfrage begonnen hat (vgl. Kap. 9 „Das persönliche Gebergespräch").

- *Danksagung*

Wenn sich der Geber entschieden hat, seine Spende für eine Organisation zur Verfügung zu stellen, dann wird er idealerweise drei Mal das Gefühl der Zufriedenheit haben. Zum ersten Mal, wenn er die Entscheidung trifft und im Gespräch gegenüber dem Fundraiser verkündet. Zum zweiten Mal, wenn er das Geld überweist und schließlich zum dritten Mal, wenn die Eingangsbestätigung der Organisation beim Geber eintritt. Jeder dieser drei Momente eignet sich für ein „Dankeschön" an den Geber.

Wenn der Geber im Gespräch sagt

„Herr Nehmer, Sie haben mich überzeugt. Ich unterstütze dieses Projekt sehr gern."

dann haben Sie als Fundraiser das erste Mal die Möglichkeit, dieses gute Gefühl zu bestätigen und die Chance, sich zu bedanken.

Fundraiser: „Herr Geber, vielen Dank für Ihre Unterstützung. Das ist wirklich eine sehr gute Entscheidung von Ihnen."

Verpassen Sie diese Chance für das erste „Dankeschön" nicht. Der Spender wird sich noch über eine sehr lange Zeit an diesen Moment mit Ihnen erinnern. Sobald die Spende auf dem Konto Ihrer Organisation eingetroffen ist, sollten Sie unverzüglich den Geber anrufen und sich nochmals persönlich für die Spende bedanken.

Fundraiser: „Herr Geber, heute ist Ihre Unterstützung in Höhe von 10.000 € auf dem Spendenkonto eingegangen. Ich danke Ihnen, auch im Namen der Spendenorganisation, von ganzem Herzen für Ihre Hilfe. Sie geben damit vielen Kindern die Möglichkeit, wieder regelmäßig in eine ordentliche Schule gehen zu können. Vielen Dank."

Bei der telefonischen Danksagung sollten Sie die wichtigsten emotionalen Beweggründe des Gebers aus dem Spendergespräch wieder aufgreifen. Kurze Zeit später sollte ein schriftlicher Dank verschickt werden. Dieser Dank sollte ein persönlicher Brief sein, der von Ihnen und von Ihrem Vorstand bzw. Geschäftsführer unterzeichnet worden ist.

Doch die Spender sind sehr unterschiedlich und brauchen daher auch unterschiedliche Danksagungen. Nehmen Sie das vorgestellte DISG-Modell (vgl. Kap. 12), in dem die Menschen in vier Grundtypologien geclustert werden. Allein durch dieses Modell werden vier verschiedene Grundmotive vorgegeben, die Sie als Fundraiser im Alltag mit Ihren Großspendern berücksichtigen müssen. Der Dominante wird sich eher in der Bestätigung seiner Entscheidung angesprochen fühlen, der Stetige wird sich eher über die Honorierung seiner Hilfsbereitschaft freuen.

11.1 Alle Kommunikationskanäle zum Großspender öffnen

Ein Großspender wird über verschiedene Kanäle die Arbeit „seiner" Spendenorganisation wahrnehmen. Jede Aktion der Organisation in der Öffentlichkeit wird von ihm genauso aufgenommen wie von jedem anderen Spender auch. Ein Plakatmotiv, auf einer Werbefläche wird der Spender ebenso sehen wie einen Beitrag in der regionalen Tageszeitung. Das Gesetz der selektiven Wahrnehmung ist ein psychologisches Phänomen, das auch im Fundraising greift. Es kann sein, dass Ihre Organisation relativ unbekannt ist und von einem Spender gar nicht wahrgenommen wird, solange er nicht angesprochen wurde. Doch sobald ein Spender von einer Spendenorganisation eingeladen wurde und vielleicht sogar gespendet hat, dann wird er alle Informationen wahrnehmen, die er vorher nicht gesehen hat. Diesen Effekt kennen Sie auch aus Ihrem Alltag.

Wenn Sie beispielsweise einen dunkelblauen Kombi kaufen, wird Ihnen auffallen, wie viele dunkelblaue Kombis in Ihrer Umgebung auf der Straße herumfahren. Oder wenn Sie Nachwuchs erwarten, werden Sie auf einmal viel mehr schwangere Frauen und Kinderwagen in der Öffentlichkeit bemerken.

Laut Wikipedia beruht die selektive Wahrnehmung „…auf der Fähigkeit, Muster zu erkennen, einem grundlegenden Mechanismus des menschlichen Gehirns. Das Gehirn ist ständig auf der Suche nach Mustern, um neue Informationen in bereits vorhandene besser einordnen zu können. Dabei ist die selektive Wahrnehmung die – meist unbewusste – Suche nach einem bestimmten Muster. Dies ist erforderlich, um die Fülle an Informationen überhaupt bewältigen zu können. Argumente, die die eigene Position stützen, werden stärker wahrgenommen als solche, die sie beschädigen."

Jede Information, die ein Geber über die Spendenorganisation, das Projekt und auch über den Fundraiser wahrnimmt, wird er also verarbeiten. Dabei werden alle positiven Informationen seine getätigte Spende im Nachhinein rechtfertigen und bestätigen. Idealerweise werden die positiven Emotionen für die Spende mit diesen Informationen verknüpft und wieder abgerufen. Jede positive Wahrnehmung bestätigt den Spender also in seinem Engagement.

Eine regelmäßige Präsenz in den Medien ist daher für eine spendensammelnde Organisation zur Spenderbindung sehr wichtig. Ein Bericht über ein aktuelles Projekt, eine Veranstaltung zur Sensibilisierung der Öffentlichkeit für ein bestimmtes Projekt, eine Kooperation mit einem Unternehmen und viele andere Möglichkeiten können für die Öffentlichkeitsarbeit genutzt werden. ist natürlich, inwieweit diese für die Spender relevant sind. Für eine regional agierende Organisation ist es verhältnismäßig einfach: Die örtliche Tageszeitung wird von einem großen Anteil der Spender gelesen, ebenso deren Onlineangebote. Für national agierende Organisationen ist es etwas schwerer, die richtigen Medien zu nutzen. Aber auch hier hilft eine klare Analyse der Zielgruppe und deren Abgleich mit den Nutzerdaten der relevanten Medien.

Unterstützt werden können die medialen Berichte durch die Schaltung von Anzeigen. In vielen Medien gibt es für gemeinnützige Organisationen einen oft sehr großzügigen Rabatt für die Anzeigenschaltungen. Darüber hinaus bieten sich auch die Füllanzeigen an, die immer noch platziert werden können: Da beispielsweise Tageszeitungen nicht jeden Tag ausreichend Anzeigenflächen verkaufen, müssen nicht gebuchte Anzeigenflächen gefüllt werden, da eine weiße Fläche in einer Zeitung nicht sehr gut aussieht. Diese Chance nutzen viele Organisationen, indem sie die jeweiligen Medien mit Anzeigenmotiven in den gängigen Formaten regelmäßig beliefern. Die Auswahl der jeweiligen Füllanzeige ist dabei von verschiedenen Faktoren wie Bekanntheit, Kreativität, Nutzerrelevanz und vielen mehr abhängig. Die Akquise von Freianzeigenflächen kann genauso durchgeführt werden wie die Akquise von Spendern.

Das regelmäßige Anschreiben an Großspender ist ein weiteres Spenderbindungstool. Zu den Standardinhalten solcher Anschreiben gehört die Versendung des jährlichen Rechenschaftsberichts mit einem individuellen Begleitbrief, die Versorgung mit regelmäßigen Spenderpublikationen sowie die Zusendung der Zuwendungsbescheinigung. Darüber hinaus erhalten Großspender auch Reports zur Entwicklung des unterstützten Spendenprojektes. Die Zusendung einer handgeschriebenen und persönlichen Karte zum Geburtstag des Gebers und zu Weihnachten ist aus meiner Sicht eine Selbstverständlichkeit, die zum Großspenderfundraising gehört wie die Luft zum Atmen. Jedoch sollten Sie auf das übliche Spendermailing verzichten, mit dem die große Anzahl der Spender regelmäßig zur Spende eingeladen wird.

Der telefonische Austausch mit einem Geber gehört zu den regelmäßigen Aufgaben eines Fundraisers im Großspendergeschäft. Sie sollten mit jedem Großspender mindestens einmal im Monat telefonieren. Tragen Sie sich dieses To Do am Besten in Ihren Kalender ein, damit Sie keinen Geber vergessen. Es gibt viele Gründe, warum Sie einen Großspender anrufen können. Solche Gründe können sowohl private wie auch spendengeschäftliche Anlässe sein. Scheuen Sie sich nicht, Ihren Geber anzurufen, wenn es einen privaten Anlass gibt. Dazu gehört sicherlich der Geburtstag eines Gebers, doch sind auch andere Anlässe möglich, wenn Sie davon im persönlichen Gespräch erfahren haben. Kennen Sie vielleicht den Hochzeitstag des Geberehepaares, wissen Sie aus dem letzten Telefonat, ob ein Kind bzw. Enkel vor einer wichtigen Prüfung steht? Solche und andere Informationen bieten einen guten Anlass für einen Telefonanruf. Durch einen solchen Anruf zeigen Sie Ihr aufrichtiges Interesse am Geber und auch, dass Sie ein guter und aufmerksamer Zuhörer sind. Zu den spendenbezogenen Gründen gehören Informationen zum aktuellen Projekt, persönliche Einladungen zu Veranstaltungen und Berichte über Veränderungen in der Organisation. Sie sehen, 12 Anlässe pro Jahr für einen Anruf beim Geber sind recht einfach zu finden.

Das wichtigste Instrument zur Bindung von Spendern ist und bleibt jedoch das persönliche Gespräch. Daher sollten Sie so oft wie möglich Ihrem Geber persönlich begegnen. In einem regionalen Umfeld ist diese Begegnung sicherlich recht unkompliziert. Fundraiser und Geber treffen sich auf gesellschaftlichen Anlässen, auf wichtigen regionalen Veranstaltungen und auch immer wieder einmal zufällig in einem Restaurant, beim Einkaufen oder einfach auf der Straße. Für die überregional agierenden Fundraiser ist es wesentlich schwieriger, den Gebern regelmäßig zu begegnen. Sicherlich steigt die Chance auf Begegnungen durch die richtige Auswahl von überregionalen Veranstaltungen und gesellschaftlichen Anlässen. Doch sowohl der regionale als auch der überregional aktive Fundraiser sollte sich nicht nur auf den Zufall verlassen, sondern sich regelmäßig persönlich mit dem Großspender treffen. Fundraiser sollten sich pro Jahr mindestens vier Mal mit dem Großspender verabreden, damit die Vertrauensbasis stabil ausgebaut werden kann.

Eine weitere wichtige Kommunikationsbasis für die Großspender sind Veranstaltungen, zu denen die Organisation einlädt. Auch hier gibt es viele Anlässe für organisationseigene Veranstaltungen. Eine jährliche Auftaktveranstaltung und ein Jahresfest als organisationseigene Geburtstagsfeier sind mittlerweile bei vielen spendensammelnden Einrichtungen selbstverständlich. Natürlich können auch jahreszeitbezogene Veranstaltungen wie eine Osterfeier, ein buntes Sommerfest, ein Erntedankfest oder ein Adventsbasar zur Kommunikation mit den Spendern genutzt werden. Darüber hinaus kann die Organisation auch spezielle Veranstaltungen wie ein Golfturnier, eine Veranstaltung zum Thema „Stiftung" und „Testament", eine Fahrradtour zu den regionalen Projekten, ein Benefizkonzert und Ähnliches durchführen, um mit Spendern und potenziellen Spendern in Kontakt zu bleiben.

Zahlreiche Organisationen bieten mittlerweile auch Spenderreisen an, in denen Gebern die Möglichkeit gegeben wird, die Projektorte zu besuchen und sich dort über die Arbeit der Organisation zu informieren. Durch eine solche Reise wird der Geber viele emotionale Eindrücke mit in seinen Alltag nehmen und sich dadurch stärker an die Organisation binden. Auch wird er in seinem Umfeld über seine Eindrücke berichten und damit ein wichtiger Botschafter für Ihre Ziele und Türöffner für neue Spender sein.

Die Vielzahl dieser Informationskanäle ist für Ihre Arbeit sehr wichtig, denn nicht jeder Geber wird sich über alle Kanäle umfassend informieren. Sie werden Geber in Ihrem Betreuungsstamm haben, die sehr selten oder gar nicht auf Ihre Veranstaltungen kommen, doch es ist wichtig, auch diese Gruppe weiterhin über diese zu informieren, damit sie Ihre Veranstaltungsvielfalt zur Kenntnis nimmt. Wenn sich Geber lieber über detailliertes Informationsmaterial informieren als durch den Besuch eines Projektes, dann sollte solches Material regelmäßig zur Verfügung gestellt werden. Die Nutzung der unterschiedlichen Informationskanäle ist wichtig, damit alle Geber über alle Wahrnehmungskanäle bedient werden können. Nur so bleiben Sie auch auf Dauer in guter Erinnerung.

Die Materialien, die für Großspender erstellt werden, sollten sich idealerweise an den Bedürfnissen dieser Geber orientieren. Auch hier gilt der alte Kommunikationsgrundsatz: „Je persönlicher das Material, desto größer ist die Wahrnehmung."

Natürlich versuchen wir im Marketing, die Kommunikation mit Gebern so effektiv wie möglich zu gestalten und eine Broschüre für eine größere Gruppe von Menschen zu entwerfen. Ein Jahresbericht für die besten Spender in einer größeren Auflage ist eine solche Publikation, die viele Organisationen ihren Großspendern und potenziellen Großspendern zusenden. Die Individualisierung erfolgt dann meist über das begleitende Anschreiben. Ebenso verhält es sich mit Broschüren zum Thema „Stiftung" oder „Nachlässe", die in aller Regel die Großspender als zentrale Zielgruppe im Blick haben, denn diese Gruppe hat eine große Affinität zum Thema „Stiftung" und ein Vermögen, das über ein Testament der Nachwelt anvertraut wird. Doch mehr als diese Standardmaterialien sollten Sie für Großspender nicht vorrätig halten – ein Großspender lässt sich besser binden, wenn die Informationen auf seine Bedürfnisse ausgerichtet sind.

Deshalb erstellen Sie für jeden Spender individuelle Unterlagen, die Sie zum Beispiel zu Ihrem Quartalstermin mitnehmen. Dabei berücksichtigen Sie das DISG-Modell, damit der G-Typ auch die detaillierten Informationen erhält und der I-Typ die optimistischen Fotos der aktuellen Arbeit. Investieren Sie ruhig Zeit in diese Unterlagen und lassen Sie diese professionell gestalten und binden, denn die Hochwertigkeit des Handouts bestätigt die Hochwertigkeit des Gebers und des Projekts.

11.2 Weniger ist mehr – die richtige Information zählt

Was ist die richtige Informationspolitik für Spender? Diese Frage stellen sich Spendensammler immer wieder. Natürlich gibt es zahlreiche Kriterien, die für eine gute Informationspolitik gegenüber den Spendern gelten. Das Spenden-Siegel des Deutschen Zentralinstitut für soziale Fragen (DZI) nennt hier:

- eine wahre, eindeutige und sachliche Werbung,
- nachprüfbare und sparsame Mittelverwendung,
- eindeutige, nachvollziehbare Rechnungslegung,

- Prüfung der Rechnungslegung und eine
- interne Überwachung der Leitungsgremien durch ein unabhängiges Aufsichtsorgan.

Diese Liste lässt sich durch einige weitere, wichtige Kriterien ergänzen. Der Deutsche Spendenrat e. V. fügt beispielsweise hinzu:

- Die gemeinnützige Organisation ist den Kommunikationsprinzipien der Offenheit, Klarheit und Glaubwürdigkeit verpflichtet.
- Über eine abgelaufen Periode wird in Form eines Geschäfts- oder Jahresberichts transparent informiert.

Für den Transparenzpreis, den PricewaterhouseCoopers in den Jahren von 2005 bis 2012 vergeben hat, wurde ebenfalls einen Kriterienkatalog erstellt:

- Verfügbarkeit der Berichterstattung
- Kommunikationswert der Berichterstattung
- Tätigkeitsbericht
- Finanzielle Berichterstattung
- Corporate Governance
- Informationen über zukünftige Sachverhalte

Für Transparency International ist es wichtig, dass Organisationen, die sich für das Gemeinwohl einsetzen, darüber berichten, was sie tun, woher die Mittel stammen, wie die Mittel verwendet werden und wer die Entscheidungsträger sind.

Aus diesem Mix von Kriterien wird deutlich, wie vielfältig das öffentliche Interesse an einer gemeinnützigen Organisation bedient werden sollte. Gerade Spender als wichtige Geldgeber haben ein Recht darauf, zu erfahren, was mit ihrem Geld passiert. Diese Informationen müssen leicht zu finden sein und sollten für jedermann verständlich sein.

Es gibt zwei Möglichkeiten, Spender über die Verwendung ihrer Spendenmittel intransparent zu informieren. Die eine Möglichkeit ist es, gar keine Informationen zur Verfügung zu stellen. Denn wenn Sie nicht mit dem Spender kommunizieren, dann kann er auch nicht erfahren, ob seine Spende das erhoffte Ziel erreicht hat. Das ist allen Organisationen klar und daher wird es eine solche Nicht-Kommunikation mit den Großspendern wohl kaum noch geben. Die zweite Möglichkeit, Spender über die Verwendung ihres Geldes im Unklaren zu lassen, ist jedoch noch sehr weit verbreitet: die Überinformation. Wenn eine Organisation einen Spender mit zu vielen Informationen versorgt, dann ist es dem Geber nur sehr schwer möglich, die für ihn relevanten Aspekte aus der Flut von Input herauszufiltern. Je größer die Informationsflut, desto aufwendiger ist die Filterung und desto stärker sinkt die Chance auf ein befriedigendes Ergebnis. Es ist so, wie mit der berühmten Nadel im Heuhaufen: „Je größer der Haufen und je kleiner die Nadel, desto größer ist der Suchaufwand."

„Ein ausgeglichenes Verhältnis von Transparenz und Intransparenz schützt uns Menschen vor Informationsüberflutung, ermöglicht den pragmatischen Umgang mit wachsender Komplexität und schafft Selbstvertrauen", sagt Miriam Merkel, Direktorin am Institut für Medien- und Kommunikationsmanagement an der Universität St. Gallen. Ganz offensichtlich ist es wichtig, die Waage zwischen Transparenz und Intransparenz für jeden Geber optimal auszurichten. Das bedeutet jedoch, dass jeder Großspender ein anderes Informationsbedürfnis hat.

Grundsätzlich erwarten alle Spender Folgendes:

- die Wahrheit
- eine gute Arbeit der Organisation
- eine erfolgreiche Verwendung der Spenden
- einen emotionalen Bezug zum Projekt
- eine sinnvolle Verwendung der Mittel

Diese Punkte sind erst einmal selbstverständlich. Doch was ist darüber hinaus für den Spender die richtige Informationsdichte? Wie oft und wie detailliert sollte ein Großspender informiert werden? Ab wann ist Ihr Spender mit Informationen überversorgt und bis zu welchem Informationsstand unterversorgt? Diese Fragen lassen sich nur beantworten, wenn Sie den Geber selbst entscheiden lassen und seine Vorstellungen abfragen.

Fundraiser: „Herr Nehmer, wie sieht aus Ihrer Sicht eine gute Berichterstattung aus?"

Fundraiser: „Herr Nehmer, welche Informationen benötigen Sie von uns, damit Sie gut über die Verwendung Ihrer Spende informiert sind?"

Nur wenn Sie die Erwartungen Ihrer Spender kennen, können Sie diese Erwartungen auch erfüllen.

11.3 Kommunizieren in der Krise

Manchmal läuft es nicht optimal in der Arbeit einer Organisation. Dort, wo viele Menschen am Werk sind, sind auch Fehler an der Tagesordnung. Es gibt die täglichen kleinen Fehler, die nicht nach außen dringen, doch es gibt auch Vorgänge, die eine große mediale Präsenz nach sich ziehen. In einem solchen Fall ist eine souveräne Krisenkommunikation von entscheidender Bedeutung. Bei einer Krise handelt es sich um die problematische Zuspitzung eines bestimmten Zustandes, der sich schwer beherrschen lässt und in aller Regel den Argwohn der Medien und dadurch der Öffentlichkeit auf sich zieht. Solchen Krisen erleben gemeinnützige Organisationen immer wieder.

Aus meiner Sicht lassen sich Krisen im dritten Sektor nicht vermeiden. Zum einen liegt das natürlich an der Fehlerquelle selbst. Denn überall, wo Menschen arbeiten, können diese auch versagen. Dieser Sachverhalt verbindet alle Unternehmungen, ob privatwirtschaftlich oder gemeinnützlich. Auf der anderen Seite genießen gemeinnützige Organisationen ein besonders Vertrauen in der Öffentlichkeit. Dabei ist es egal, ob es sich um einen eingetragenen Verein, eine Stiftung oder eine Körperschaft des öffentlichen Rechts handelt. Jede gemeinnützige Aktivität wird von den Menschen erst einmal als besonders wertvoll, weil der Gemeinschaft nützlich, angesehen. Die Menschen, die in solchen gemeinnützigen Initiativen arbeiten, erleben diesen Respekt im Alltag immer wieder. Genügend Mitmenschen spiegeln zurück, wie wichtig die Arbeit in der Organisation ist und welche Achtung sie vor dieser Arbeit haben.

Doch dieser Respekt, diese hohe Form der Anerkennung, birgt auch eine Gefahr in sich. Denn sobald Vertreter einer gemeinnützigen Organisation sich nicht mehr erwartungsgerecht verhalten, sind Irritation und Enttäuschung groß. In einem solchen Fall gelten für gemeinnützige Organisationen übrigens andere Maßstäbe als für ein klassisches Wirtschaftsunternehmen. Während das Fahren eines Porsche als Dienstwagen für einen Unternehmensmanager hingenommen wird, kann ein solches Fahrzeug bei einem Vorstand einer gemeinnützigen Organisation bereits zu einer negativen Schlagzeile in der Tageszeitung führen. Solche Beispiele kennen wir aus der Vergangenheit, wie zum Beispiel die Maserati-Affäre aus Berlin.

Das Vertrauen der Unterstützer wird im Falle einer Krise auf jeden Fall beeinträchtigt. Spender, potenzielle Spender, Türöffner und Botschafter der Organisation sind irritiert und werden sich selbst im besten Fall erst einmal vorsichtig zurückhalten und abwarten. In einer solchen Situation darf der Fundraiser nicht wie der Vogel Strauß den Kopf in den Sand stecken, „Augen zu und durch!" ist keine gute Strategie in der Krisenkommunikation mit Großspendern. Es ist vielmehr wichtig, aktiv auf die Geber zuzugehen und Sie über den tatsächlichen Sachverhalt zu informieren.

In vielen Fällen kündigt sich eine medienrelevante Krise bereits im Vorfeld an. Der Redakteur einer Zeitung konfrontiert die Organisation mit Vorwürfen, stellt kritische Fragen und kündigt einen Beitrag an. Üblicherweise stellt sich eine Organisation diesen Anfragen und versucht, durch Gespräche mit dem Redakteur die eigenen Handlungsspielräume zu maximieren. Dabei wird es verschiedene Strategien geben. Von einer umfangreichen Kooperation mit den Medien bis hin zur Verweigerung jeglicher Stellungnahme ist hier alles möglich.

Wenn es sicher ist, dass am kommenden Tag in den Medien ein Bericht über einen Missstand in Ihrer Organisation veröffentlich wird, dann sollten Sie Ihre Großspender noch am Vortag informieren. Wenn Sie jedoch vorab keine Information über die Veröffentlichung erhalten haben, sondern erst mit Erscheinen der Vorwürfe in Kenntnis gesetzt wurden, sollten Sie unverzüglich am gleichen Tag mit Ihren Großspendern telefonieren. Seien Sie dabei ehrlich und aufrichtig. Wenn die Vorwürfe berechtigt sind, dann beschönigen Sie nichts. Erklären Sie die Situation und machen Sie deutlich, welche Maßnahmen in der Organisation ergriffen werden, um die Missstände unverzüglich zu beseitigen. Sollten die Vorwürfe aus der Luft gegriffen sein, dann sollten Sie auch diese Information an die Geber weitergeben und erläutern, wie Ihre Organisation tatsächlich arbeitet.

Mit Ehrlichkeit, Aufrichtigkeit und aktiver Informationspolitik kommen Sie in der Krisenkommunikation bei Ihren Großspendern am weitesten. Sie werden in einer Krise nicht alle Spender halten können, doch Sie können sich den Respekt Ihrer Gesprächspartner durch ein aufrichtiges Verhalten verdienen.

11.4 Reaktivierung ehemaliger Spender vor Neuspendergewinnung

Ein großes Potenzial für die Erhöhung der Spendeneinnahmen liegt in der Reaktivierung von ehemaligen Spendern. Die Menschen hinter diesen passiven Adressen in der Spendendatei einer Organisation sollten sich leichter zum Spenden bewegen lassen als solche Personen, zu denen es bisher noch gar keine Beziehung gab. Im Fundraising machen wir die Erfahrung, dass sich Menschen, die bereits seit 5 Jahren nicht mehr für eine Organisation gespendet haben, wieder reaktiveren lassen. Das gilt natürlich nicht für alle Spender, jedoch ist die Erfolgsquote auch bei einem so langen Zeitraum noch so hoch, dass sich dieser Aufwand rechnet. Der Return of Invest (ROI) sollte mindestens den Faktor 1 erreichen.

Ein passiver Spender ist eine Person, die seit mindestens 12 Monaten nicht mehr gespendet hat. Diese Definition umfasst also auch die Personen, die nur einmal im Jahr geben, genauso wie jene Spender, die 6 Mal im Jahr oder noch häufiger unterstützen. Üblicherweise erfolgt die Spendenreaktivierung über die klassischen Instrumente des Spendenbriefes oder die telefonische Reaktivierung.

Auch im Großspenderfundraising stellen die passiven Geber eine wichtige Reaktivierungsgruppe mit einem hohen Spendenvolumen dar. Gehen wir davon aus, dass eine Organisation im statistischen Durchschnitt pro Jahr 20 % der Spender verliert, dann gehören auch die Großspender dazu. Erschreckend an dieser Zahl ist die Erkenntnis, dass sich demnach rein statistisch alle 5 Jahre der Spenderbestand austauscht. In der Realität ist das nicht so gravierend, da natürlich auch die Erstspender, die nur ein einziges Mal für eine Organisation geben, in diese Betrachtung mit einfließen.

Analysieren Sie erst einmal die Liste Ihrer Großspender aus den letzten 5 Jahren. Ideal für eine solche Auswertung ist Ihre vorhandene Spendersoftware. Wenn Sie jedoch kein Auswertungstool dieser Art in Ihrer Software verfügbar haben, dann sollten Sie die Daten in eine Tabellenkalkulation wie Excel oder Numbers übertragen.

Ein Beispiel für eine solche Übersicht finden Sie in Tab. 11.1. Bei den aufgeführten Spendern sehen Sie in den betrachteten Jahren ein unterschiedliches Spendenverhalten. Wenn Sie diese Übersicht nach dem Zeitpunkt der letzten Spende sortieren, ergibt sich ein Bild wie Tab. 11.2.

Alle Spender in diesem Zeitraum, die in den letzten zwölf Monaten gespendet haben, sind die aktiven Spender. In dem aufgeführten Beispiel sind das Stefan Spender und Ricarda Reich.

Die Spenderin Ulrike Unterstützer ist seit einem Jahr nicht mehr aktiv, Erich Ehrenamt seit zwei Jahren nicht mehr, Roswitha Rotschild und Max Mustermann bereits seit drei Jahren, Volker Vorstand seit 4 Jahren und Gertrud Geber schon seit fünf Jahren.

Tab. 11.1 Großspender der letzten 5 Jahre

Name	Jahr 1 (€)	Jahr 2 (€)	Jahr 3 (€)	Jahr 4 (€)	Jahr 5 (€)	Jahr 6 (€)
Stefan Spender	5000	15.000	10.000	7000	15.000	10.000
Max Mustermann	15.000	10.000	5000	0	0	0
Ulrike Unterstützer	1500	500	1500	5000	5000	0
Gertrud Geber	7500	0	0	0	0	0
Roswitha Rotschild	0	1500	1500	0	0	0
Erich Ehrenamt	10.000	15.000	5000	5000	0	0
Volker Vorstand	7500	15.000	0	0	0	0
Ricarda Reich	10.000	7500	10.000	7500	10.000	1000

Tab. 11.2 Großspender nach Aktivität

Name	Jahr 1 (€)	Jahr 2 (€)	Jahr 3 (€)	Jahr 4 (€)	Jahr 5 (€)	Jahr 6 (€)
Stefan Spender	5000	15.000	10.000	7000	15.000	10.000
Ricarda Reich	10.000	7500	10.000	7500	10.000	1000
Ulrike Unterstützer	1500	500	1500	5000	5000	0
Erich Ehrenamt	10.000	15.000	5000	5000	0	0
Roswitha Rotschild	0	1.500	1500	0	0	0
Max Mustermann	15.000	10.000	5000	0	0	0
Volker Vorstand	7.500	15.000	0	0	0	0
Gertrud Geber	7500	0	0	0	0	0

Nach dieser Betrachtung sollten also die Spender ab Ulrike Unterstützer reaktiviert werden, doch es ist auch zu empfehlen, mit Ricarda Reich zu sprechen, denn die Spende im aktuellen Jahr ist deutlich geringer ausgefallen als die Unterstützung in den fünf Jahren davor. Als Großspenderfundraiser müssen Sie herausfinden, woran dieser plötzliche Einbruch in der Spendenhöhe liegt.

Fundraiser: „Frau Reich, ich habe gesehen, dass Sie uns im letzten Jahr mit einer deutlich geringeren Spende unterstützt haben als in den Jahren vorher. Was können wir in Zukunft besser machen, damit Sie uns wieder mit höheren Spenden unterstützen?"

Es mag viele Gründe geben, warum ein Großspender seine Unterstützung einstellt. Der Auslöser kann sowohl beim Geber gelegen haben, bei der unterstützten Organisation oder beim betreuenden Fundraiser. Vielleicht hat der Fundraiser die Organisation verlassen und den Geber zum neuen Arbeitgeber mitgenommen. Oder das langjährige unterstützte Spendenprojekt konnte erfolgreich abgeschlossen werden und es fehlte ein Anschlussprojekt. Der Spender selbst ist vielleicht gar nicht mehr in der Lage zu spenden. So vielfältig wie die Menschen sind, so vielfältig können auch die Gründe für die ausgebliebene Unterstützung sein.

11.4 Reaktivierung ehemaliger Spender vor Neuspendergewinnung

Der einzige Weg, wirklich verlässlich herauszubekommen, warum der Geber nicht mehr aktiv in unser Spendenbudget eingreift, liegt in der direkten Befragung. Also nichts wie ran an das Telefon und einen Termin mit dem passiven Spender vereinbaren! Die Reihenfolge Ihrer Gespräche sollten Sie davon abhängig machen, wie viele Spender Sie im Rahmen Ihrer Arbeitszeit überhaupt reaktivieren können. In unserem Beispiel ist die Anzahl überschaubar, doch in der Realität ist die Liste sicherlich deutlich länger. Wenn Sie also Prioritäten festlegen müssen, dann starten Sie bei den Gebern, die seit einem Jahr nicht mehr aktiv sind. Dann folgen die passiven Spender der letzten zwei Jahre und immer so weiter. Denn sicherlich wird es einfacher sein, einen Geber zu motivieren, wenn er seit einem Jahr nicht mehr aktiv war, als einen Geber, der schon seit vier Jahren nicht mehr aktiv spendet. Auch in der Reaktivierung sollten Sie nach wirtschaftlichen Gesichtspunkten vorgehen, damit Ihre Arbeitszeit effektiv eingesetzt wird.

Wenn Sie als Fundraiser einen passiven Geber noch gar nicht persönlich kennengelernt haben, dann kann es dafür verschiedene Gründe geben. Beispielsweise waren Sie noch gar nicht in der Organisation, als der Geber noch aktiv unterstützt hat, oder Sie hatten Ihre Position in der Großspenderbetreuung noch nicht inne. Dann haben Sie die Chance, den passiven Geber nun kennenzulernen.

Fundraiser: „Frau Geber, ich bin Norbert Nehmer von der Spendenorganisation. Seit zwei Jahren bin ich für die Betreuung von Großspendern verantwortlich. Da wir beide uns noch nicht persönlich begegnet sind, möchte ich Sie kennenlernen und mit Ihnen einen Termin vereinbaren. Wann haben Sie Zeit für ein Treffen?"

Wenn Sie den Geber jedoch schon aus der vergangenen Historie kennen, dann könnten Sie den Termin wie folgt vereinbaren:

Fundraiser: „Herr Ehrenamt, hier ist Norbert Nehmer von der Spendenorganisationen. Sie erinnern sich doch sicherlich noch an mich? Wir haben schon seit zwei Jahren nicht mehr miteinander gesprochen. Ich möchte gern den Kontakt zu Ihnen wieder auffrischen und Sie treffen. Wann haben Sie Zeit für mich?"

Entscheidend ist auch in der Reaktivierung der Großspender das persönliche Gespräch. Je intensiver der Kontakt zwischen dem Geber und dem Fundraiser ist, desto größer ist die Chance, einen verlorenen Spender zurückzugewinnen.

Das persönliche Gespräch beginnen Sie, wie Sie es bereits im Kap. 9.5 gelesen haben, mit dem Abschluss.

Fundraiser: „Herr Ehrenamt, in unserem Gespräch habe ich das Ziel, Sie als Spender für unsere Organisation zurückzugewinnen. Welche Fragen kann ich Ihnen beantworten, damit Sie uns am Ende des Gespräches wieder als Spender unterstützen?"

Auch hier wird der Geber nicht überrascht sein. Wenn er sich seit einigen Jahren nicht mehr mit einer Spende in Ihrer Organisation engagiert hat, dann wird er eine ziemlich genaue Vorstellung haben, warum Sie ihn besuchen. Daher fallen Sie auch in diesem Fall nicht mit der Tür ins Haus, sondern kommen lediglich sofort auf den Punkt. Sie werden erleben, wie entspannt sich ab diesem Moment das Gespräch entwickeln wird, denn der offene Punkt ist angesprochen, Sie machen dem passiven Geber keine Vorwürfe und geben ihm auch keinen Grund, seine ausgebliebenen Spenden zu rechtfertigen. Sie lassen die Vergangenheit ruhen und schauen gemeinsam in die Zukunft.

11.5 Spezielle Events für spezielle Spender

Eine gute Möglichkeit, um den persönlichen Kontakt zu den Groß- und Topspendern nicht zu verlieren, ist es, besondere Veranstaltungen anzubieten. Es gibt eine Vielzahl von Möglichkeiten, mit dieser Zielgruppe in einer entspannten Atmosphäre in Kontakt zu bleiben. Spendensammelnde Museen bieten beispielsweise einen kulinarischen Abend zwischen den Ausstellungsstücken an, ein Zoo lädt zu einer Dschungelnacht ein und eine Naturschutzorganisation lädt zu einem Fahrradausflug zu einer Vogelwarte ein. Die Möglichkeiten für gemeinnützige Organisationen sind groß, der Phantasie quasi keine Grenzen gesetzt.

Doch sollte es bei einem Event, in der die Organisation mit den Gebern in einen besonderen Kontakt treten möchte, schon etwas Außergewöhnliches sein. Dabei geht es nicht um einen besonders kostspieligen Abend, denn diese Gruppe kann sich ohnehin recht viel selbst leisten. Vielmehr geht es um etwas ganz Besonders, was nicht so ohne Weiteres zu buchen ist.

Das nachfolgende Beispiel habe ich gewählt, weil ich selbst schon seit meinem Studium vom „Golffieber" angesteckt.

Golfturniere für einen guten Zweck gehören mittlerweile zum guten Ton eines jeden Golfclubs in Deutschland. Teilweise werden solche Turniere von den Clubs selbst organisiert, teilweise geht die Initiative von einem gemeinnützigen Verein oder einer Stiftung aus. Wenn Sie als Fundraiser bereits Kontakt zu einem Golfclub haben, sollten Sie diesen nutzen, und ein Golfturnier zugunsten Ihrer Spendenorganisation zu organisieren. Der richtige Ansprechpartner für eine solche Anfrage ist der Clubpräsident, denn auch hier gilt die Devise: Wir akquirieren immer von oben!

Ein Golfturnier braucht etwas Zeit für die Vorbereitung. Der Wettspiel- und Turnierkalender eines Golfclubs wird in aller Regel zum Ende einer Saison durch den Club erstellt. Da üblicherweise im Winter wegen der schlechten Wetterverhältnisse keine Turniere durchgeführt werden, wird die Planung also im Herbst des Vorjahres erfolgen. Daher sollten Sie bereits im Sommer mit dem Golfclub Kontakt aufnehmen, um für das folgende Jahr ein Charity-Turnier zu platzieren. Ein solches Turnier sollte nicht zu früh im Jahr liegen, denn gerade zum Saisonstart sind einige Spieler sehr zögerlich, was Turnierteilnahmen betrifft. Erst einmal muss der alte Schwung wiedergefunden und bei einigen privaten Runden das aktuelle Golfniveau getestet werden. Auch ein später Zeitpunkt im Jahr ist schwierig: Nach den Clubmeisterschaften, die üblicherweise im September stattfinden, haben die meisten Spieler die Lust an Turnieren verloren.

Wenn Ihr Turnier also rechtzeitig geplant wird, dann kommt es in den Turnierkalender des Golfclubs und kann öffentlich angekündigt werden. Im Rahmen der Ausschreibung können Sie festlegen, ob es sich um ein offenes Turnier oder um ein Einladungsturnier handelt. Bei einem offenen Turnier können sich alle Golfspieler anmelden, bei einem Einladungsturnier können hingegen nur geladene Gäste mitspielen.

Mit einem Golfturnier können Sie mehrere Ziele für Ihre Organisation verfolgen:

- Spenden und Sponsoringgelder generieren
- Bekanntheit der Organisation in einer bestimmten Zielgruppe steigern
- Bindung von bestehenden Spendern
- Gewinnung von neuen Spendern

Ein Golfturnier sollte sich immer durch die Einnahmen tragen. Eine Subventionierung aus anderen Töpfen der Organisation halte ich nicht für sinnvoll. Doch bevor wir zu den Einnahmen kommen, möchte ich erst einmal einen Überblick über die Kosten erstellen:

- Miete des Golfplatzes bzw. Green-Fee für die Spieler
- Verpflegung der Teilnehmer im Turnierverlauf
- Preise für die Gewinner

Ein Golfspieler, der einen Platz bespielt, der nicht sein Heimatclub ist, muss auf diesem Platz ein Nutzungsentgelt bezahlen. Dieses Entgelt wird Green-Fee genannt und ist von Club zu Club recht unterschiedlich. Je höher das Green-Fee ist, desto interessanter könnte ein Golfplatz sein. Und je interessanter ein Golfplatz ist, desto neugieriger sind die Spieler auf einen solchen Platz. Das Green-Fee für einen Spieler beträgt in der Woche im Durchschnitt 44 €. Doch für einen attraktiven Golfplatz werden auch gern 80 € oder mehr verlangt, so zum Beispiel im Jahr 2014 vom ehrwürdigen Hamburger Golf-Club e. V. Falkenstein, der 1906 gegründet wurde.

Da die Spieler fast einen ganzen Tag auf dem Golfplatz verbringen, zeichnet sich ein gutes Turnier durch eine entsprechende Gastfreundlichkeit aus. Ein Turnier beginnt üblicherweise am Vormittag mit dem Eintreffen und dem Einspielen der Gäste. Ein kleines Frühstück sollte für die Gäste zur Verfügung stehen, denn viele haben eine längere Anreise hinter sich und werden sich über diese Aufmerksamkeit freuen. Während des Turniers gibt es eine sogenannte Rundenverpflegung mit Snacks und Getränken. Den krönenden Abschluss bildet ein gemeinsames Essen aller Teilnehmer nach dem Turnier mit der Ehrung der Sieger. An einem Golfturnier können etwa 80 Spieler teilnehmen, so dass sich Green-Fee und Verpflegung entsprechend aufaddieren.

Für die besten Spieler, die üblicherweise in verschiedene Spielstärken eingeteilt werden, gibt es Preise. Üblicherweise sind die Preise eng mit dem Golfsport verbunden oder es gibt Trophäen, wie gravierte Pokale oder Becher.

Anhand der Auflistung sehen Sie, dass bei einem Turnier einiges an Kosten entsteht. Eine Übersicht finden Sie in Tab. 11.3.

Den größten Teil der Kosten machen Green-Fee und Verpflegung aus, also variable Kosten. Wenn Sie von einer Auslastung von 70 % ausgehen und mit 56 Teilnehmern rechnen, dann entstehen Ihnen Startkosten in Höhe von 218 €.

Tab. 11.3 Veranstaltungskosten – Beispiel Golfturnier

Position	Kosten (€)	
Green-Fee	6400	80 € je Teilnehmer
Verpflegung	3600	45 € Verpflegungspauschale je Teilnehmer
Preise	500	
Fotograf	500	
Einladungsflyer	750	
Einladungsversand	500	
Gesamtkosten	12.250	153,13 € je Teilnehmer

In einem solchen Fall sollten Sie die Teilnehmer um ein Entgelt in Höhe von 220 € für die Teilnahme am Turnier bitten, damit Sie kein wirtschaftliches Risiko eingehen. Dieser Beitrag ist natürlich keine Spende, da der Spieler für das Geld eine Gegenleistung erhält.

Zur Finanzierung des Turniers sollten Sie einige Sponsoren gewinnen. Ein erster Sponsor ist der Golfclub, der Ihnen das Green-Fee erlassen kann. Bei Beibehaltung des Startgeldes realisieren Sie in diesem Fall je Spieler 80 € für einen guten Zweck und hier einen Überschuss von 6400 €. Doch auch die Verpflegung, die Preise und die weiteren Kosten können durch Sponsoren finanziert werden. Ziel sollte sein, dass so viele Kosten wie möglich über Sponsoring abgedeckt werden können, denn nur in einem solchen Fall haben auch Ihre Projekte etwas von dem Event.

Bei der Auswahl der Sponsoren sollten Sie auch darauf achten, welche Unternehmen eine Nähe zum Golfsport und Kontakt zur Ihren Spendergruppen haben. Ein Autohaus beispielsweise bietet sich hier an. Audi, Mercedes und BMW engagieren sich ohnehin in diesem Sport und die Käufer der jeweiligen Automodelle können sich sowohl für das Golfspielen als auch für Ihre Organisation begeistern lassen. Bieten Sie Ihren Sponsoren daher neben der Übernahme von Kosten auch an, einen Teil der Teilnehmer stellen zu können, denn oft ist es für einen Sponsor allein nicht interessant genug, ein ganzes Turnier auszurichten. Doch für einige Kunden kann ein Turnier sehr spannend sein, insbesondere, da das Unternehmen dabei auch mit seinem gesellschaftlichen Engagement werben kann.

Wenn Sie über das Sponsoring alle anfallenden Kosten decken können, dann haben Sie ein zusätzliches Argument für Ihre Startgebühr. Jeder Euro aus den Teilnehmergebühren kommt dank der Unterstützung der Sponsoren direkt einem gesellschaftlichen Projekt Ihrer Organisation zugute. Also kann der Teilnehmer Spaß, Sport und sein gesellschaftliches Engagement ideal miteinander verbinden.

Die Einladungen zum Golfturnier sprechen Sie an Ihre aktiven, passiven und potenziellen Großspender aus. Idealerweise laden Sie per Telefonanruf ein und senden die Teilnahmebestätigung mit der Rechnung per Post zu. Darüber hinaus werden Einladungen von den Sponsoren an deren Kunden ausgesprochen und das Turnier wird im ausrichtenden Golfclub angekündigt. Eine Ankündigung im regionalen Turnierplan mit dem Hinweis, dass es sich um ein offenes Turnier handelt, macht auch die Mitglieder anderer Clubs auf das Ereignis aufmerksam. Je weiträumiger Sie das Turnier ankündigen, desto mehr Menschen werden auf Ihre Organisation und das Turnier aufmerksam. Damit generieren Sie Teilnehmer und steigern die Bekanntheit.

Während des Turniers stellen Sie eine gute Betreuung der Teilnehmer sicher. Auch hier werden Sie die Gästeliste vor der Veranstaltung durchgehen und die Betreuung mit Ihrem Team abstimmen. Auch wenn Sie selbst nicht Golf spielen, haben Sie rund um das Turnier genügend Möglichkeiten, präsent zu sein. So begrüßen Sie jeden Gast beim Eintreffen und händigen ihm seine Scorekarte aus, auf der während des Spiels die Ergebnisse eingetragen werden. Seien Sie bei der Verpflegungsstation auf der Runde und versorgen Sie die Teilnehmer mit Essen und Trinken. Beim gemeinsamen Abendessen sitzen die jeweiligen Flights zusammen an einem Tisch und werden durch Ansprechpartner aus Ihrer Organisation ergänzt. So haben Sie die Möglichkeit, rund um die Uhr als guter Gastgeber aufzutreten.

Neben Golfturnieren gibt es noch eine Vielzahl anderer Veranstaltungen, zu denen Ihre Organisation die Großspender einladen kann. Im Mittelpunkt dieser Veranstaltungen kann ein bestimmtes Thema stehen oder schlicht und einfach die Arbeit der Organisation selbst.

Die Inhalte und Formate solcher Veranstaltungen können sehr unterschiedlich. Es kann

- eine Podiumsdiskussion mit Persönlichkeiten des öffentlichen Lebens zum Thema Inklusion sein,
- ein Kochkurs mit ausgewählten Gästen bei einem Sternekoch,
- eine rustikale Bierprobe mit einem unterhaltenden Biersommelier,
- ein Staffelteam bei einem Marathon,
- die Begegnung mit Künstlern am Rande eines Klassikfestivals,
- ein Hauskonzert bei einem Großspender,
- die Vorstellung eines Buches, welches sich mit Ihren Projekten befasst oder
- ein Abendessen an einem ungewöhnlichen Ort (Fußballstadion, Aquarium, Brücke, Kirchturm etc.).

Ihrer Phantasie und Kreativität sind keine Grenzen gesetzt. Jedoch sollten Sie darauf achten, dass die Veranstaltung sowohl zum Image Ihrer Organisation passt als auch von den eingeladenen Gästen akzeptiert wird.

Bei allen Veranstaltungen gilt jedoch das gleiche Prinzip wie im Beispiel des Golfturniers:

- zusätzliche Einnahmen
- Bekanntheit steigern und Image ausbauen
- Bindung der vorhandenen Großspender
- Gewinnung von neuen Großspendern
- Zusammenarbeit mit anderen Multiplikatoren (Autohäuser, Banken, Juweliere, Winzer, Restaurants, Modehäuser etc.) zur Erweiterung des Teilnehmerkreises
- Sponsoring zur Finanzierung der Kosten

12 Zur Dramaturgie des Fundraising

Gelegentlich werde ich gefragt, was einen guten Fundraiser auszeichnet. Für mich ist ein guter Fundraiser ein guter Verkäufer, der sich auf den Spender optimal einstellen kann und dessen Erwartungen an die Spende erfüllt. Doch dann höre ich immer die Antwort: Zu einem guten Verkäufer muss man geboren sein.

Die Welt geht also davon aus, dass Verkäufer über besondere Gene verfügen, die sie von den anderen Menschen unterscheiden. Wenn wir uns auf diese Denkweise einlassen, dann sind es also ganz besondere persönliche Eigenschaften, die einem Verkäufer und somit auch einem Fundraiser in die Wiege gelegt worden sind.

Welche Eigenschaften können das sein? Ein geborener Verkäufer ist ein extrovertierter Mensch, der sich gern anderen Menschen mitteilt. Er ist nicht schüchtern und auch nicht auf den Mund gefallen. Er kann wunderbar reden und das Gegenüber für Produkte oder Dienstleistungen begeistern – soweit die gängige Charakterisierung. Ein guter Verkäufer kann dem Papst ein Doppelbett oder einem Eskimo (korrekt: Inuit) einen Kühlschrank verkaufen. Der geborene Verkäufer mag Menschen, er ist an seinem Gegenüber aufrichtig interessiert und ihn interessieren weniger die Sachverhalte als die Beziehung zu den Menschen.

12.1 Sind initiative Menschen die geborenen Verkäufer? – Das DISG-Modell

Somit kann das Fazit lauten, dass ein geborener Verkäufer eine extrovertierte Person ist, die sehr an anderen Menschen interessiert ist. Wenn wir diese Erkenntnisse in ein Persönlichkeitsprofil übertragen, dann ist ein geborener Verkäufer nach dem DISG-Modell[1] ein initiativer Typ.

---

[1] vgl. http://de.wikipedia.org/wiki/DISG.

Das DISG-Modell ist ein in Deutschland sehr häufig eingesetztes Persönlichkeitsmodell. Es geht davon aus, dass sich die unterschiedlichen Typen von Menschen in Grundstrukturen einordnen lassen. Solche Modelle werden nicht von Jedermann geschätzt und auch das DISG-Modell ist nicht frei von Kritik. Ich selbst schätze dieses Modell sehr, da es mir in einer einfachen Art und Weise die Möglichkeit gibt, mich und andere Menschen in bestimmte Typen einzuordnen. Diese Einordnung in bestimmte Schubladen macht mir das Denken einfacher. Mein Soziologieprofessor an der Hochschule für Wirtschaft und Politik in Hamburg hat einmal gesagt: „Wenn wir keine Schubladen im Kopf hätten, dann würde dort Chaos herrschen." Schubladen haben also ihre Funktion in unserem Denken.

Wertvoll für mich ist das DISG-Modell nicht nur wegen seiner Einfachheit, die aus den vier Grundtypen besteht, sondern auch in der täglichen Anwendung auf mich und auf mein jeweiliges Gegenüber. Denn im DISG-Modell findet sich auch die Transaktionsanalyse wieder, deren Grundsätze lauten: „Ich bin okay/Du bist okay." (Hierzu empfehle ich das Buch von Thomas A. Harris: Ich bin o.k. – Du bist o.k.: Wie wir uns selbst besser verstehen und unsere Einstellung zu anderen verändern können).

Durch einen Test habe ich erfahren, zu welchem Typus ich nach dem DISG-Modell gehöre. Dabei kam heraus, dass ich einen sehr hohen dominanten und einen hohen initiativen Anteil in meiner Persönlichkeit habe. Weniger stark ausgeprägt bei mir sind der stetige und der gewissenhafte Anteil. Wenn ich diese Einordnung akzeptiere, ich also mit dieser Persönlichkeitsdiagnose leben kann, dann bin ich mit mir einverstanden. Genauso geht es mir mit dem Gegenüber. Wenn ich feststelle, dass mein Gesprächspartner ebenfalls ein bestimmtes Persönlichkeitsprofil besitzt, dann kann ich die Gemeinsamkeiten unserer Profile herausfinden bzw. die Unterschiede definieren. Diesen Test habe ich übrigens mit dem Buch von Friedbert Gay „Das persolog Persönlichkeitsprofil" durchgeführt, wurde dabei jedoch von einer Trainerin begleitet.

DISG geht davon aus, dass sich die Menschen in vier verschiedene Grundtypen einteilen lassen. Diese Einteilung erfolgt in einem Koordinatensystem). Auf der senkrechten Y-Achse werden die beiden Pole „Extraversiert" und „Introvertiert" eingetragen.

„Extraversion" (engl. „extraversion") zeichnet sich durch eine nach außen gewandte Haltung aus. Extravertierte Charaktere empfinden den Austausch und das Handeln innerhalb sozialer Gruppen als anregend. Typisch extravertierte Eigenschaften sind: gesprächig, bestimmt, aktiv, energisch, dominant, enthusiastisch und abenteuerlustig. „Extravertierte Temperamente sind der Choleriker und der Sanguiniker."[2]

„Introversion" (engl. „introversion") ist der Gegenpol zu Extraversion. Introvertierte Charaktere wenden ihre Aufmerksamkeit und Energie stärker auf ihr Innenleben. In Gruppen neigen sie eher zum passiven Beobachten als Handeln und werden häufig als „still", „zurückhaltend" und „ruhig" beschrieben. Introversion ist nicht unbedingt gleichzusetzen mit Schüchternheit. „Introvertierte Temperamente sind der Phlegmatiker und der Melancholiker."[3]

---

[2] vgl. http://de.wikipedia.org/wiki/Introversion_und_Extraversion.

[3] vgl. http://de.wikipedia.org/wiki/Introversion_und_Extraversion.

12.1 Sind initiative Menschen die geborenen Verkäufer? – Das DISG-Modell

Abb. 12.1 DISG-Model

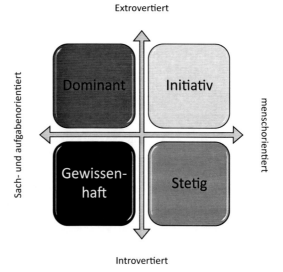

Auf der waagerechten X-Achse werden die Pole „Sachorientiert" und „Menschenorientiert" eingetragen. Der sachorientierte Mensch legt seinen Fokus auf die Sache. Er definiert sich durch ein zielorientiertes Handeln und argumentiert überwiegend mit Fakten. Der menschenorientierte Typ hingegen legt seinen Fokus auf die Beziehung zu anderen Menschen. Er definiert sich durch seine Interaktion, seinen Austausch mit anderen und argumentiert überwiegend mit Emotionen.

Wenn wir das Koordinatenkreuz betrachten, entstehen vier Felder (Abb. 12.1). In jedes dieser Felder lässt sich ein bestimmter Grundtypus eintragen. Diese vier Grundtypen werden in dem DISG-Modell wie folgt bezeichnet:

D = Dominant (extravertiertes und sachorientiertes Verhalten)
I = Initiativ (extravertiertes und menschorientiertes Verhalten)
S = Stetig (introvertiertes und menschorientiertes Verhalten)
G = Gewissenhaft (introvertiertes und sachorientiertes Verhalten)

Wenn wir den geborenen Verkäufer also als extravertiert und menschenorientiert definieren, dann gehört dieser Typ in das Feld „Initiativ".

Wenn wir davon ausgehen, dass es vier verschiedene Grundtypen gibt, die unterschiedlich gut miteinander kommunizieren können, dann ist es doch auch naheliegend, dass jedes Persönlichkeitsprofil einen entsprechenden Verkäufer benötigt. Der G-Typ (introvertiert und sachorientiert) kann mit seinem direkten Gegenpart, dem I-Typ (extravertiert und menschenorientiert), herzlich wenig anfangen. Der I-Typ als Verkäufer muss sich bei dem G-Typ als Kunden also unheimlich zurücknehmen und sich auf ein sachorientiertes Argumentieren einlassen.

Für mich bedeutet das ganz klar, dass jeder Typus seine Verkaufstalente in sich trägt. Der stetige Typ kann sich sehr gut auf sein Gegenüber einstellen und nimmt dessen Schwingungen wahr. Der Gewissenhafte hat eine klare Struktur und kann die Fakten eindeutig darlegen. Der dominante Verkäufer lässt sich nicht vom Weg abbringen und setzt sich selbstbewusst durch. Der Initiative kann die Menschen emotional ansprechen und zum Kauf begeistern.

In den verschiedenen Verkaufssituationen hat es mal der eine Typ, mal der andere Typ einfacher. Beim Smalltalk (vgl. Kap. 7: „Smalltalk") kann der Initiative im Vorteil sein. Beim Nachfassen und Abarbeiten der Aufgaben ist der Gewissenhafte im Vorteil. Der stetige Typus hat ein gutes Gefühl für das Gegenüber und kann sich in dessen Lage versetzen, dafür kann der Dominante den Abschluss schneller realisieren.

Somit lautet mein Fazit:

Wir sind alle geborene Verkäufer.

12.2 Ausbildung und Erfahrung

Verkäufer sein ist etwas, was uns also nicht in die Wiege gelegt wurde. Es ist etwas, was wir im Laufe unseres Lebens gelernt haben. Leider gibt es nur wenige Möglichkeiten, den Beruf des Verkäufers zu erlernen (vgl. Kap. 3). Es gibt viele Berufe, die mit dem Verkäufer in Verbindung gebracht werden. Dazu gehören der Bankkaufmann, der Einzelhandelskaufmann und der Industrie- und Bürokaufmann. Doch kommt diese Bezeichnung vom traditionellen Kaufmann, also einer Person, die ein erwerbsmäßiges Geschäft betreibt und dabei Waren oder Dienstleistungen einkauft und an seine Kunden verkauft.

Der Verkäufer hingegen ist eine Fachkraft, die mit der Kundengewinnung und der Kundenbindung beauftragt ist. Zur Ausbildung eines Verkäufers gehört laut Wikipedia[4]

- Warenannahme, Warenkontrolle, Transport im Lagerbereich
- Vorbereitung der Ware für den Verkauf
- Lagerstände kontrollieren – das Aneignen von Warenkenntnissen
- Abwicklung von Reklamationen und Umtausch
- Kundenberatung und kundenorientierte Verkaufsgespräche
- Steuerung und Kontrolle der Warenbewegung

Zu den Voraussetzungen für eine Ausbildung zum Verkäufer gehören gute Kenntnisse in Mathematik und Deutsch, Sprachgewandtheit und Ausdrucksfähigkeit sowie ein ausgeprägtes Personen- und Zahlengedächtnis. Zudem sollten Interessenten über gute Umgangsformen, ein sicheres Auftreten, Kontaktfähigkeit und Selbstbeherrschung verfügen.

Für die Kernaufgabe jedoch sind die Beratung des Kunden und das Verkaufsgespräch die entscheidenden Qualifikationen. Diese Qualifikationen werden durch regelmäßige Fortbildung verstärkt und in der täglichen Praxis perfektioniert.

---

[4] http://de.wikipedia.org/wiki/Verk%C3%A4ufer#Ausbildungsberuf_in_Deutschland.

12.3 Struktur im Vertrieb

Neben der Qualifikation des Verkäufers oder Fundraisers gib es eine klare Struktur in der Kunden- und Spenderansprache sowie in der Bindung der Geschäftspartner. Wenn Sie die Prozesse Ihrer Arbeit analysieren, dann werden Sie feststellen, dass es bestimmte Regelmäßigkeiten und Gesetzmäßigkeiten gibt, die ich als „Struktur" bezeichnen möchte.

Diese Strukturen finden sich in verschiedenen Bereichen eines Fundraisers und Verkäufers wieder. Es gibt zum Beispiel eine Akquisepyramide, die ähnlich aufgebaut ist wie die Spenderpyramide. Darüber hinaus gibt es verschiedene Stufen in der Akquise, von der Festlegung der Zielgruppen über die Ansprache bis zur Folgespende, und es gibt sogar eine Dramaturgie im Verkaufs- und Spendergespräch.

12.4 Die Akquisepyramide

Als Fundraiser sind wir mit dem Modell der Pyramide gut vertraut. Die Spendenpyramide (vgl. Abb. 12.2) definiert die Intensität des Engagements der Geber. Auf der ersten Stufe steht der Erstspender, darüber der Mehrfachspender, dann der Dauerspender, über dem der Großspender steht, und den krönenden Abschluss bildet der Erblasser. Die Pyramide verdeutlicht, dass von Stufe zu Stufe die Anzahl der Spender kleiner wird. Während es an der Basis, bei den Erstspendern, noch eine große Anzahl von Spendern gibt, hat sich an der Spitze, bei den Erblassern, die Zahl der Geber deutlich reduziert.

Dieses Modell übertrage ich jetzt zur Veranschaulichung in die Akquisepyramide (vgl. Abb. 12.3). Die Pyramide soll zeigen, wie sich durch die Ansprache der Zielgruppen das Engagement der angesprochenen Personen entwickelt. Als Ausgangspunkt gilt auch hier die bereits vorgestellte Akquiseliste (vgl. Kap. 5). Sie haben in Ihrer Organisation analysiert, welche Zielgruppen als Groß- oder Top-Spender für Sie in Frage kommen. Dabei

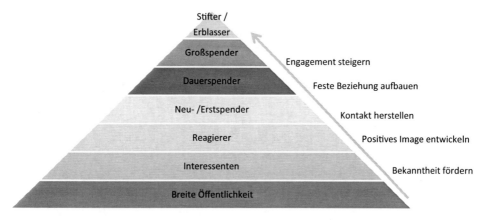

Abb. 12.2 Die Spenderpyramide

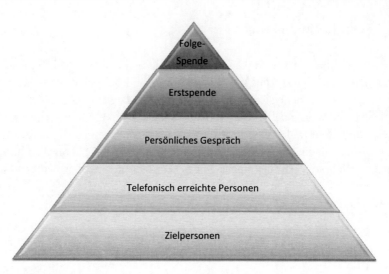

Abb. 12.3 Akquisepyramide

haben Sie natürlich das 3-Säulenmodell aus Kap. 1 dieses Buches berücksichtigt und festgestellt, dass nicht alle Spendengruppen automatisch zu Ihrer Organisation passen. Jedoch wurden die Zielgruppen, die sich für Ihre Marke und die durchgeführten Projekte anbieten, definiert und bereits lokalisiert. Diese Zielgruppen bilden die Basis der Akquisepyramide.

Die definierte Zielgruppe besteht nun wiederum aus Zielpersonen, die Sie bereits auf die Akquiseliste gesetzt haben. Dieser Personenkreis wird von Ihnen im Verlauf des Akquiseprozesses persönlich angesprochen. Nun werden sich nicht alle Personen aus der Zielgruppe auf der Akquiseliste wiederfinden, denn dafür reicht wahrscheinlich Ihre Arbeitszeit nicht aus. Das ist unter anderem der Grund, warum die Anzahl der Zielpersonen kleiner ist als die Anzahl der Personen in der Zielgruppe.

Auf der dritten Stufe stehen dann die Kontakte, die Sie im Rahmen Ihrer Tätigkeit realisiert haben. Dazu gehören alle Menschen, die Sie aus der Akquiseliste persönlich kennen gelernt haben. Dieses Kennenlernen kann auf Veranstaltungen erfolgt sein oder über die telefonische Kaltakquise (vgl. Kap. 7: „Smalltalk" und Kap. 8) stattgefunden haben. Auch auf dieser Stufe wird die Anzahl der Menschen wieder kleiner, denn Sie werden nicht alle Zielpersonen persönlich kennengelernt haben.

Nach dem Kennenlernen kommt das Verkaufsgespräch, manchmal jedoch sind Kennenlerngespräch und Gebergespräch in einem Termin möglich. Das Gebergespräch ist das Verkaufsgespräch, in dem Sie den potentiellen Geber konkret einladen, mit einem bestimmten Betrag Ihre Organisation zu unterstützen. Aber Sie werden nicht mit allen Kontakten ein Gebergespräch führen können, daher ist die Gruppe der Menschen, mit denen Sie über die konkrete Unterstützung sprechen, kleiner als die Gruppe darunter.

Je besser Sie als Fundraiser sind, desto mehr Spender können Sie gewinnen. Aber niemandem von uns wird es gelingen, eine Abschlussquote von 100 % zu realisieren. Es wird immer wieder Gespräche geben, in dem Sie als Fundraiser erkennen, das Ihre Organisation und das vorgeschlagene Projekt für den Geber wirklich nicht geeignet ist. Als verantwortungsvoller Fundraiser werden Sie hier ehrlich zu dem Kunden sein.

„Herr Geber, ist stelle fest, dass unsere Organisation nicht die Akzente setzt, die für Sie sinnvoll und wichtig sind. Daher schlage ich Ihnen vor, dass Sie sich mit einer anderen Organisation, wie zum Beispiel ... austauschen sollten. Kennen Sie den Fundraiser dort schon oder kann ich für Sie den Kontakt herstellen?"

Mit einer solchen Aussage zeigen Sie sich als guter Verkäufer. Sie stellen fest, dass die Bedürfnisse Ihres Gesprächspartners nicht zu dem Angebot passen, dass Sie unterbreiten. Wenn sich der Geber auf ein bestimmtes Projektland festgelegt hat, in dem Ihre Organisation nicht tätig ist, dann ist es eben nur begrenzt möglich, ein anderes Projektland zu platzieren. Wenn sich der Geber für eine bestimmte Empfängergruppe, wie zum Beispiel Kinder, einsetzen möchte, dann ist es schwierig, ihn für ein Projekt zu Gunsten von älteren Menschen zu begeistern. In einem solchen Fall könnte Sie den Geber nur noch durch Druck oder andere Manipulationstechniken überzeugen bzw., wie es in der Verkäufersprache heißt, über den Tisch ziehen. Doch das gehört sich für einen guten Verkäufer und für einen guten Fundraiser nicht.

Noch ein zweiter Aspekt in der oben gemachten Aussage ist wichtig: Sie lassen den Geber mit seinen Bedürfnissen und Vorstellungen nicht allein. Ein guter Fundraiser denkt auch für den Gesprächspartner mit, fühlt sich für ihn verantwortlich, wenn er nicht zum Geber der eigenen Organisation wird. In meinem Beispiel schlägt der Fundraiser vor, den für den Geber richtigen Ansprechpartner bei einer geeigneten Organisation anzusprechen und den Kontakt herzustellen. Ist das nicht großartig? Sie zeigen sich als ein guter Verlierer und Fundraiser mit Sportsgeist. Sie lassen den Geber nicht allein, sondern sind auch weiterhin der professionelle Dienstleister, dem die Bedürfnisse des Gebers wichtig sind. Und Sie verdienen sich den Respekt des Kollegen in der anderen Organisation und zeigen sich dadurch als ein anständiger Wettbewerber oder, klarer formuliert: Konkurrent.

Nach dem Abschluss ist vor dem Abschluss. In der bereits erwähnten Spenderpyramide (vgl. Abb. 12.2) sehen wir den Übergang vom Erstspender zum Mehrfachspender. Fundraising definiert sich für mich (vgl. Kap. 1: „Fundraising- eine kleine Einführung") über eine ganz einfache und schlichte Formel:

Fundraising heißt, Menschen um Geld zu bitten.

In der täglichen Praxis des Fundraising stellen wir fest, dass die meisten Menschen dann unterstützen, wenn sie eine Einladung zur Unterstützung erhalten. Viele der Geber reagieren auf die Ansprache der Organisation, sei es durch den Spendenbrief, eine Spendenmail, der Spendenaufforderung auf der Webseite oder durch das persönliche Spendengespräch. Erst durch diese Einladung wird der Spendenakt beim Geber ausgelöst. Wenn nun

Organisationen die Einladungen zur Spende reduzieren, reduziert sich auch die Anzahl der Spendenakte und somit auch das erzielte Spendenvolumen.

Diese Erkenntnis lässt sich auch auf die Spendergespräche übertragen. Eine Folgespende des Erstgebers wird wahrscheinlicher, wenn es zu einer weiteren Spende eine Einladung durch den Fundraiser gibt. Auf unserer Akquisepyramide können wir diesen Schritt ablesen. Mit dem Erstspender wird es weitere Gespräche geben, in dem zwei wichtige Punkte besprochen werden. Der erste Punkt bezieht sich auf die bereits getätigte Unterstützung. Hier wird der Fundraiser abfragen, ob die Erwartungen des Gebers erfüllt wurden. Diese Erwartungen sind von Geber zu Geber sehr unterschiedlich. Es gibt Spender, denen ist es nur wichtig, dass der Spendenbetrag im Projekt angekommen ist. Andere Geber interessieren sich für die Ergebnisse der Arbeit, die durch die Spende ermöglicht wurde. Wieder andere Geber wünschen sich eine enge Betreuung durch den Fundraiser. Die Vorstellungen und Erwartungen der Spender sind dabei sehr bunt und hängen auch von der jeweiligen Persönlichkeit ab (vgl. DISG-Modell weiter oben). Einen Teil der Erwartungen kennen Sie jedoch schon aus dem Akquisegespräch (vgl. Kap. 9), denn durch die Gesprächsführung mit den offenen Fragen haben Sie wichtige Kriterien des Gebers bereits erfahren. Im Folgegespräch nach der Spende geht es also darum, die Zufriedenheit des Erstspenders sicher zu stellen.

Der zweite wichtige Punkt im Folgegespräch ist die Einladung zur Folgespende. Denn – siehe oben – die zweite Spende wird wahrscheinlicher, wenn Sie dem Geber gegenüber eine entsprechende Einladung aussprechen.

„Herr Geber, Sie sind zufrieden mit Ihrer ersten Spende für unsere Organisation. Wie sollte aus Ihrer Sicht die nächste Spende von Ihnen verwendet werden?"

Wir wissen im Fundraising auch, dass die Folgespende fast immer größer ist als die Erstspende. Diese Erkenntnis ist für den erfahrenen Fundraiser nicht neu. Aus der Praxis wissen wir, dass bis zu 80 % der Erstspender bei der richtigen Ansprache bereit sind, ein weiteres Mal zu spenden. Und diese Erstspender geben tatsächlich einen höheren Betrag bei der Folgespende. Erklären lässt sich dieses Verhalten damit, dass die Erstspende eine Kennenlernspende ist. Der Geber möchte erst einmal herausbekommen, wie sich die Spende für die neue Organisation für ihn anfühlt. Auch möchte der Spender erfahren, wie die Organisation mit der Unterstützung umgeht, wie willkommen und wertschätzend die Reaktionen sind.

Zusammenfassend können wir feststellen, dass der Erstspender vorsichtig agiert und erst einmal auf Nummer sicher geht. Wenn der Geber nach der Erstspende ein gutes Gefühl hat und der Organisation sein ganzes Vertrauen schenkt, dann ist er auch bereit, mit einem größeren Betrag einzusteigen. Aus diesem Grund verlieren wir nach dem Folgegespräch durchaus Geber, jedoch belohnt uns jeder Folgespender mit seinem Vertrauen und einer größeren Unterstützung.

Diese Erkenntnis setzt sich auch in den folgenden Gesprächen fort. Denn nach jeder Spende wird der Fundraiser mit seinem Groß- oder Top-Spender ein Folgegespräch führen um die Zufriedenheit abzufragen und die Mehrfachspende zu realisieren.

An der Akquisepyramide können wir deutlich erkennen, dass nicht alle Personen in der Zielgruppe als Erstspender, geschweige denn als Mehrfachspender, gewonnen werden können. Auf dem Akquiseweg wird es immer wieder Verluste geben. Sie werden einige Zielpersonen nicht erreichen können. Andere Zielpersonen sind in dem persönlichen Gespräch nicht zu begeistern und stehen daher nicht als Geber zur Verfügung. Und nicht jeder Geber wird sich dauerhaft an einen Fundraiser oder eine Organisation binden. Wie heißt es hier im Volksmund so schön: „Auch in Nachbars Garten gibt es leckere Äpfel." Die Konkurrenz schläft nicht, der Wettbewerb hat auch attraktive Projekte, einen guten Ruf und sympathische Fundraiser. Sie werden also im Alltag auch unter den Mehrfachspendern immer wieder bis dahin treue Geber verlieren. Daher ist es wichtig, dass Sie die Pyramide von unten, von der Basis her, immer wieder mit neuen Zielpersonen versorgen.

Eine weitere, wichtige Erkenntnis gibt uns die Akquisepyramide: Je mehr Folgespenden Sie als Fundraiser realisieren wollen oder müssen, desto breiter muss die Basis der Zielgruppen sein. Vielleicht genügt Ihnen beim Aufbau des Großspenderbestandes zum Start eine Akquiseliste mit den 10 wichtigsten Namen. Doch schon bald werden Sie feststellen, dass die 10 Zielpersonen nicht ausreichen und Sie werden eine Top 25, eine Top 50 und eine Top 100 erstellen.

Je mehr Zielpersonen Sie ansprechen, desto mehr Spenden werden Sie erhalten.

Die nächste Erkenntnis ist die Frage nach Ihrer Effektivität: Wie viele Personen verlieren Sie von Pyramidenstufe zu Pyramidenstufe? Lernen Sie beispielsweise 10 Zielpersonen auf Veranstaltungen und in Ihren Netzwerken persönlich kennen, sind Sie schon sehr erfolgreich und damit effektiv. Haben Sie eine Folgespenderquote von 40 %, aber die Kollegen machen aus 80 % der Erstspender einen Folgespender? Dann haben Sie hier noch Ausbaumöglichkeiten.

Eine gute Akquisepyramide ist somit eine optimale Kombination aus Effektivität und kontinuierlicher Aufstockung der Zielgruppenbasis.

12.5 Nicht mit Kanonen auf Spatzen schießen

Für den Fundraiser ist der Weg zur Spende vergleichbar mit einer Treppe, die er Stufe für Stufe erklimmen muss. In dem vorherigen Abschnitt über die Akquisepyramide wurden die einzelnen Schritte von der Lokalisierung der Zielgruppen bis hin zur kontinuierlichen Unterstützung durch den Geber abgebildet. Doch diese Schritte gibt es nicht nur im Großen, sondern auch im Kleinen. Lassen Sie uns hierfür einmal in die Details eines Verkaufsprozesses einsteigen (vgl. Abb. 12.4 Verkaufsprozesse).

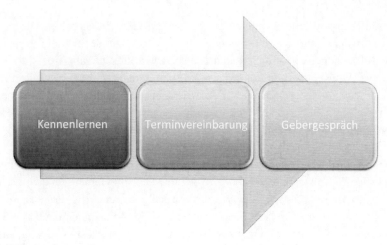

Abb. 12.4 Verkaufsprozesse

Wir starten mit der Stufe des Kennenlerngespräches. Wie bereits im Kap. 7: „Smalltalk" beschrieben, vereinfacht das Kennen von Personen die Vereinbarung eines Termins erheblich. Sie können diesen Effekt auch an sich selbst feststellen. Es ist wesentlich einfacher, mit einem Kollegen einen Termin zum Mittagessen zu organisieren, als mit der Ihnen noch unbekannten Person auf dem ersten Platz der 500 reichsten Deutschen.

Die telefonische Terminvereinbarung steht daher auf der nächsten Stufe. Sie koordinieren den Termin für das Gebergespräch idealerweise per Telefon. Dieses Instrument der Kommunikation ist das effektivste Instrument für diese Stufe. Der persönliche Besuch im Büro Ihres Gesprächspartners zur Abstimmung eines Termins ist zu aufwendig. Die Versendung einer E-Mail hingegen nicht sehr effektiv, da der Kalender des potenziellen Gebers mit Ihrem Kalender abgeglichen werden muss. Darüber hinaus ist die E-Mail für diese Stufe auch zu unpersönlich und signalisiert außerdem eine geringere Wertschätzung als das Telefonat.

Die dritte Stufe ist dann das Gespräch mit Ihrem Geber. Hier geht es zentral darum, eine Spendenzusage zu erhalten. Doch wie schon in der Akquiseliste festgestellt, lassen sich nicht alle Gespräche erfolgreich abschließen. Es gibt üblicherweise eine Abschlussquote unter 100 %. Je dichter Sie jedoch persönlich an der 100-Prozent-Marke sind, desto erfolgreicher sind Sie als Fundraiser.

Das Stufenmodell lässt sich aber auch für jede einzelne Stufe separat einsetzen. Nehmen wir hierzu einmal die Stufe „Gebergespräch". Das Gebergespräch besteht, wie wir bereits in Kap. 9 gesehen haben, aus verschiedenen Gesprächsphasen. Gehen wir noch tiefer ins Detail, dann stellen wir fest, dass in der intensiven Phase des Verkaufsgespräches der Geber über verschiedene Argumente und Gegenargumente zur Finanzierungszusage (dem Abschluss) kommt.

In der nachfolgenden Abbildung habe ich die Stufen der Argumentationslogik nachgebildet (vgl. Abb. 12.5). In den Verhandlungsgesprächen gibt es eine Logik, die besagt,

12.5 Nicht mit Kanonen auf Spatzen schießen

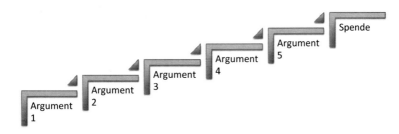

Abb. 12.5 Argumentationstreppe

dass der Käufer eine Vielzahl von Argumenten benötigt, um seine Kaufentscheidung zu treffen. Solche Argumente können beispielsweise sein:

- Preis des Produktes bzw. der Spendenbetrag
- Qualität und Leistung des Produktes bzw. die Projektqualität
- Beschaffung des Produktes bzw. die Projektinhalte
- Verfügbarkeit des Produktes bzw. Nähe des Projektes
- Wertigkeit des Produktes bzw. exklusive Projektförderung
- Image des Unternehmens bzw. der Organisation
- Empfehlungen von Kunden bzw. anderen Spendern

Diese Liste lässt sich natürlich noch umfangreich ergänzen. Hierbei stellen wir fest, dass die einzelnen Argumente für den Käufer eine unterschiedliche Gewichtung haben. Für den einen Kunden ist der Preis des Produktes ganz entscheidend, andere Kunden achten eher auf die Qualität, wieder andere Kunden betrachten die Kombination aus Preis und Qualität. Zwar sagt uns die Vernunft, dass es klug ist, auf das Verhältnis von Preis und Qualität zu achten. Doch der nutzenmaximierende Homo Oeconomicus existiert nur in der Theorie, denn dieses Modell eines Menschen geht von einer reinen rationalen Handlungsweise und einer klaren Präferenzordnung des Menschen aus.

Wir wissen jedoch aus der Verhaltensforschung, dass sich der Mensch nicht rein rational verhält, sondern sehr stark emotional und somit nicht rational reagiert. Dieses Verhalten können wir beispielsweise an unserem eigenen Konsum beobachten.

Ich beispielsweise bin ein großer Fan von dem amerikanischen Unternehmen Apple. Der Hersteller von Computern, Smartphones und Unterhaltungselektronik sowie von Betriebssystemen und Anwendungsprogrammen ist ein fester Bestandteil in meinem beruflichen und privaten Leben. Ich schreibe dieses Buch auf einem MacBook, wenn ich zu Hause bin, und unterwegs auf meinem iPad. Privat und beruflich telefoniere ich mit einem iPhone und meine Musik habe ich über iTunes digitalisiert und auf meinem iPod gesichert. Meine Filme leihe ich im iTunes Store und übertrage sie mit Apple TV auf meinen Fernseher, der allerdings von Toshiba ist. Der angebissene Apfel ist bei mir allgegenwärtig, ja, ich habe sogar die Steve-Jobs-Biografie gelesen.

Kritiker dieser Marke sagen jedoch: Apple liefert mittelmäßige Technik zu einem hohen Preis. Auch ich bin überzeugt, dass sich bei anderen Anbietern das Preis-Leistungs-Verhältnis für den Käufer deutlich besser darstellt. Und ich bin auch überzeugt, dass ich nicht der einzige Apple-Kunde bin, der zu dieser Erkenntnis gekommen ist. Trotzdem ist Apple in vielen Bereichen Marktführer und hat weltweit Millionen von begeisterten Kunden. Diese Kunden sind also weit entfernt vom Homo Oeconomicus, denn sie sind nicht rational getrieben, sondern emotional – von den Produkten, vom Design, vom Marketing und der Innovationskraft der Vergangenheit.

Bei der Argumentationstreppe gehe ich davon aus, dass ein bestimmter Geber fünf überzeugende Argumente benötigt, um seine Spendenzusage zu machen. Diese Argumente haben für den Entscheider unterschiedliche Gewichtungen. Es gibt Argumente, die für ihn besonders stark sind, andere wiederum sind ihm nicht ganz so wichtig. Daher entscheidet er auch nicht sofort, sondern möchte verschiedene Gesichtspunkte abwägen. Wenn wir bei den oben aufgeführten Argumenten bleiben, dann ist vielleicht das Image der Organisation für den Geber wichtiger als das durchgeführte Projekt. Doch wird er sich nicht allein aus Gründen des Images entscheiden, er wird auch einen Blick auf das Projekt werfen. Da jedoch jeder Geber anders ist, unterscheiden sich auch die jeweiligen Präferenzen und Gewichtungen von Gespräch zu Gespräch sehr stark.

Die Argumentationstreppe geht davon aus, dass unser Geber fünf Argumente benötigt, um seine Spendenzusage zu machen. Wenn ihn das Argument 1 überzeugt hat, dann sagt er zu diesem Argument „ja" und steigt auf die nächste Argumentationsstufe auf. Auf der Stufe 2 erhält der Geber wiederum ein gutes Argument, so dass er mit einem klaren „ja" auf die dritte Stufe steigt, usw. Wenn der Geber auf der fünften Stufe die Frage

„Unterstützen Sie unsere Organisation mit 5000 €?"

mit einem „ja" beantwortet, dann haben Sie den Abschluss gemacht und die finale Stufe erreicht. Voilá, so einfach kann ein Fundraisinggespräch sein. Doch bei allem Optimismus, den ich in mir trage, weiß ich auch, dass nicht jedes Gespräch so reibungslos und „ja-betont" ablaufen wird.

Es gibt auch das „nein" im Fundraisinggespräch. Aus dem Kap. 3 kennen Sie ja bereits die Bedeutung des Wortes „nein":

N = noch
E = ein
I = Impuls
N = notwendig

Das „nein" Ihres Gesprächspartners ist keine eindeutige Aussage. Ein „ja" ist dahingegen eindeutiger, denn es bedeutet:

J = jetzt
A = aber

12.5 Nicht mit Kanonen auf Spatzen schießen

Ein „ja" heißt, der Kunde hat gekauft, der Spender wird spenden. Es ist klar und es gibt daran nichts zu deuten. Doch ein „nein" hat viele Facetten. Es lässt uns sehr viel Raum für Interpretationen, für Auslegungen. Auf die Frage
  „Herr Geber, unterstützen Sie unser Projekt an den Hamburger Schulen mit 5000 €?"
kann die Antwort „nein" ganz viele Beweggründe haben. Hier eine kleine Auswahl von Möglichkeiten:

- Der Geber verfügt zurzeit nicht über die 5000 €.
- Er möchte keine Projekte in Hamburg unterstützen.
- Die Projektförderung an Schulen hat ihn nicht überzeugt.
- Die angesprochene Person spendet generell nicht.
- Der Geber hat zum Fundraiser keinen guten Draht.
- Die Organisation ist für den Geber nicht relevant genug.
- Der Spendenbetrag ist für den Geber zu niedrig, er spendet generell erst ab einer deutlich höheren Summe.

In diesen wenigen Beispielen können wir bereits erkennen, wie viele Schichten ein „nein" haben kann. Ein „nein" hat also mindestens drei Varianten, die wir ergründen müssen:

- Nein – ich spende grundsätzlich nicht
- Nein – ich habe zur Zeit kein Geld für die Spende
- Nein – Sie haben mich nicht überzeugt

Bei diesen drei Varianten ist nur ein „nein" ein wirkliches „nein". Die beiden anderen Varianten beinhalten eher ein „vielleicht".

- Vielleicht – spende ich, wenn ich genügend Geld habe
- Vielleicht – spende ich, wenn Sie mich überzeugen können

Die Gefahr für ein absolutes „nein" liegt also bei 1/3, die Chance zu einem „vielleicht" ist mit 2/3 deutlich größer. Die Aufgabe des Fundraisers ist es, herauszufinden, welches „nein" der Gesprächspartner tatsächlich meint. Ist es ein echtes „nein" oder eher ein verstecktes „vielleicht"? Und aus einem „vielleicht" ein „ja" zu machen, das ist die größte Herausforderungen eines jeden Fundraisers im Spendergespräch.

Jedes „nein" stoppt uns auf der Argumentationstreppe abrupt ab. Wir bleiben auf der erreichten Stufe stehen und kommen nicht weiter. Doch wir müssen die nächste Stufe erreichen, denn wir benötigen fünf Stufen bis wir den Abschluss in der Tasche haben.

Damit wir also die nächste Stufe erklimmen können, benötigen wir ein neues Argument. Dieses neue Argument (vgl. Abb. 12.5 Argument 2a) muss überzeugender sein als das vorherige Argument. Nur wenn dieses Argument stärker ist als das vorherige, wird der Gesprächspartner „ja" sagen.

Wenn wir diesen Gedanken konsequent zu Ende denken, wird klar, dass von Stufe zu Stufe die Argumente immer stärker werden müssen, um den Gesprächspartner zu überzeugen und seine Spendenzusage abzuholen.

Das Argument 1 (A1) ist schwächer (<) als Argument 2. Argument 2 ist schwächer als Argument 2a, welches schwächer ist als Argument 3. Das Argument 3 ist schwächer als Argument 4 und dieses wiederum schwächer als Argument 4 und der Abschluss.

In einer logischen Reihe sieht das so aus:

A1 < A2 < A2a < A3 < A4 < A5 < Abschluss

Für ein Spendergespräch wird in diesem Beispiel eine bestimmte Anzahl von positiven Zustimmungen benötigt. Wir haben in dem Beispiel fünf „ja" definiert, damit der Geber unterstützt. Da der Geber ein „nein" geäußert hat, braucht der Fundraiser in diesem Fall sechs Argumente, um zum Abschluss zu kommen. Dabei muss das folgende Argument immer stärker sein als das vorherige Argument. Das bedeutet, dass der Fundraiser mit dem stärksten Argument bis zum Schluss wartet und es nicht schon zu Anfang des Gebergesprächses anbringt.

Ein Bekannter von mir ist in seiner Freizeit Bogenschütze. Ein Sport, der eine hohe Konzentration und innere Ruhe voraussetzt. Bogenschießen gehört seit 1972 zu den Olympischen Sportarten. Die Herausforderung für den Sportler besteht darin, mit großer Genauigkeit das Zentrum einer Zielscheibe zu treffen. Doch nicht jeder Schuss ist gleich gut. Die Kondition, die geistige und körperliche Verfassung des Bogenschützen spielen hierbei eine entscheidende Rolle.

Wie in vielen Sportarten ist die mentale Verfassung des Schützen von zentraler Bedeutung. Der von mir erwähnte Bekannte hat verschiedene Methoden, seine mentale Verfassung zu steuern. Und nebenbei neigt er auch noch zu bestimmten Glaubenssätzen. Einer seiner Glaubenssätze hat den Inhalt, dass ein bestimmter Pfeil – nämlich sein Lieblingspfeil – immer in die Mitte der Scheibe trifft, die beim Bogenschießen nicht schwarz, sondern golden ist. Doch hat er nur einen Lieblingspfeil und daher hebt er diesen Pfeil für den absoluten Notfall auf. Wenn also nichts mehr geht, die Pfeile im weißen, schwarzen, blauen oder roten Ring landen, dann kommt der Wunderpfeil zum Einsatz. Mit diesem Pfeil erzielt er immer die volle Punktzahl und kann damit sein Ergebnis sichern. Genauso ist es mit den Argumentationspfeilen im Fundraisinggespräch. Heben Sie sich also Ihren Glückspfeil bis zum Schluss auf und setzten Sie ihn ein, wenn überhaupt nichts mehr geht. Sie werden dabei erleben, dass Sie diesen Pfeil oft nicht benötigen, sondern schon mit den vorherigen Pfeilen ins Zentrum treffen, also mit den bisherigen Argumenten die Stufen bis zur Spendenzusage erklimmen.

Ein Fundraisinggespräch sollte daher einen Spannungsbogen beinhalten. Gern vergleiche ich das Gespräch mit einem guten Kriminalroman. Von Seite zu Seite steigt die Spannung und am Ende gibt es das auflösende Ende. Im Spendergespräch erhöhen die einzelnen Argumente für den Geber die Spannung und das erlösende Ende ist – für Geber und Nehmer – die Spendenzusage. Dieser Dramaturgie sollten Sie sich immer bewusst sein, wenn Sie sich auf ein Gespräch mit einem Geber vorbereiten und wenn Sie es führen.

Doch diese Dramaturgie ist nicht nur im Gespräch selbst relevant. Auch im gesamten Prozess der Spenderansprache, der Spendengewinnung und der Spenderbindung sollten Sie diese Dramaturgie nicht vergessen. In der bereits mehrfach erwähnten Spenderpyramide sehen wir, wie sich das Engagement der Spender von Stufe zu Stufe erhöht. Doch das ist nur die eine Seite der Betrachtung, denn dem steigenden Engagement des Spenders ist auch ein steigendes Engagement des Fundraisers vorhergegangen. Je intensiver die Kommunikation mit dem Geber ist, desto häufiger gibt er und desto mehr gibt er. Dieses Engagement lässt sich jedoch nicht auf alle Spendergruppen übertragen. Das verfügbare Spendenvolumen je Spender setzt dem finanzschwächeren Kleinspender seine Grenzen. Nicht alle Spender lassen sich daher über ein größeres Engagement von Stufe zu Stufe tragen, einige bleiben auf der Ebene zurück, auf der sie ihr individuelles Spendenvolumen ausgeschöpft haben.

In der Ansprache und Betreuung von Groß- und Top-Spendern bedeutet der dramaturgische Ansatz, dass Sie im Rahmen der Akquisepyramide von Ebene zu Ebene besser, stärker und präsenter werden müssen. Übersetzen wir diesen Ansatz einmal in den typischen Akquisealltag eines Fundraisers.

Sie haben mit dem Büro Ihres Gesprächspartners telefonisch einen Termin vereinbart. Den Termin bestätigen Sie dem Büro per E-Mail. Nach dem Gespräch im Büro des Gebers bedanken Sie sich im Nachklang, vielleicht senden Sie ihm noch zusätzliche Informationen zu. Da Sie in dieser Phase auf einer höheren Akquisestufe stehen als noch bei der Terminvereinbarung, sollten Sie den Dank und die gewünschten zusätzlichen Informationen nicht als E-Mail sondern als klassische Post mit einem individuellen Anschreiben versenden. Wie Sie sehen, ergeben sich aus dem Dramaturgie-Ansatz sehr spannende Konsequenzen um die täglichen Herausforderungen der Spendengewinnung und Spenderbindung.

13 Wünsche werden wahr – Ziele, Motivation und Selbstmotivation

Der österreichischen Musikerin und Aphoristikerin Elfriede Hablé wird folgendes Zitat zugeordnet: „Wünsche sind die beachtlichsten Brückenbauer und die mutigsten Begeher."

Bei Wikipedia klingt die Definition etwas sachlicher:[1] „Der Wunsch ist ein Begehren oder ein Verlangen nach einer Sache oder einer Fähigkeit, ein Streben oder zumindest die Hoffnung auf eine Veränderung der Realität oder Wahrnehmung oder das Erreichen eines Zieles für sich selbst oder für einen Anderen."

Dabei können die Wünsche in die Kategorien der guten oder bösen Wünsche, in vernünftige oder unvernünftige Wünsche, in gerechte oder ungerechte Wünsche eingeteilt werden. Der Psychoanalytiker Sigmund Freud hat darüber hinaus auch noch die bewussten und unbewussten Wünsche formuliert.

Anhand der zitierten Definitionen können Sie erkennen, dass Wünsche starke Triebfedern der Menschen sind. Das Begehren, das Verlangen nach etwas treibt uns Menschen immer wieder an. Dabei ist es oft egal, ob es sich um materielle, körperliche oder geistige Wünsche handelt. Die Inhalte von Wünschen sind so bunt und unterschiedlich wie die Menschen selbst. Ich erlebe Menschen, die wünschen sich viel Geld und spielen darum Lotto. Andere wünschen sich ein bestimmtes Auto oder träumen von einer Reise in die Karibik. Gerade zu Geburtstagen und zu Weihnachten, der Hochzeit der Wünsche, stehen die materiellen Wünsche im Mittelpunkt der Wunschlisten von Groß und Klein. Der übervolle Geschenketisch zeugt dann von der Erfüllung dieser Wünsche.

Manchmal ist ein Wunsch in uns stark und wird immer stärker und stärker. Die Sehnsucht zur Wunscherfüllung steigt und wir haben den festen Willen, ihn zur Realität werden zu lassen. Der Wunsch ist daher der kleine Bruder vom Willen. Während wir unsere Wünsche oft nur sehr zögerlich formulieren, ist der Wille deutlich dynamischer und aktiver.

---

[1] vgl. http://de.wikipedia.org/wiki/Wunsch.

Der Wille zur Wunscherreichung führt dazu, dass die Wünsche aus der Ferne sich unserer Realität immer weiter nähern.

Erst, wenn uns ein Wunsch wirklich wichtig ist, werden wir also aktiv. Denn viele der Wünsche in unserem Leben sind eben nicht wirklich wichtig, wir verschwenden keine oder nur sehr wenig Zeit damit, Sie uns zu erfüllen.

„Wünsche sind Schall und Rauch." Sie lösen sich ganz schnell in Luft auf und verschwinden dann im Meer der Sehnsüchte. Vielleicht ist das auch der tiefere Sinn der meisten Wünsche – dass sie uns für einen Augenblick zum Träumen bringen und dann irgendwann wie eine Seifenblase wieder zerplatzen und Platz für neue Wünsche machen. Aber nicht alle Wünsche lösen sich auf, es gibt auch Wünsche, die über einen langen Zeitraum in unserem Wunschkatalog auf der ersten Seite stehen. Der Wunsch nach Geld gehört zum Beispiel dazu. Woche für Woche spielen durchschnittlich 21 Mio. Menschen in Deutschland Lotto. Diese hohe Anzahl an Lottospielern zeigt, wie groß der Wunsche nach den sechs richtigen Zahlen ist. Die Wahrscheinlichkeit, dass Sie 6 Richtige haben, liegt bei 1:13.983.816.

Beim Lottospielen verhalten wir uns also nicht unbedingt rational, sondern der Wunsch ist der Vater der Investition, denn die besagten 21 Mio. Menschen geben Woche für Woche ihren Wunsch an der Lottoannahmestelle ab und hoffen auf den großen Gewinn.

Das Zitat von William Shakespeare aus Heinrich IV. – „Dein Wunsch war des Gedankens Vater, Heinrich" -gilt jedoch nicht nur im privaten, sondern auch im beruflichen Alltag. Ich erlebe immer wieder in vielen Gesprächen, wie umfangreich die Wunschkataloge von Menschen an ihrem Arbeitsplatz sind. Auch hier wird der Wunsch nach einem besseren Arbeitsklima formuliert, der Fortbestand des Unternehmens in wirtschaftlich schlechten Zeiten oder der Wunsch nach einem guten Bonus für die geleistete Arbeit. Doch ist nicht jeder von uns selbst dafür verantwortlich, dass wir ein gutes Arbeitsklima im Büro haben? Liegt es nicht auch an den Mitarbeitern, dass der Arbeitsplatz sicher ist, weil das Verhältnis zwischen Kosten und Erlösen vernünftig ist? Jeder Mitarbeiter kann seinen Teil dazu beitragen, das Ziel des Unternehmens zu erreichen. Und ein guter Bonus sollte natürlich von der Leistung des Mitarbeiters abhängig sein, er sollte schon selbst erarbeitet werden.

So ist es auch mit unseren Fundraisingwünschen. Es genügt nicht, sich zu wünschen, neue Spender kennenzulernen. Es reicht nicht aus, den Wunsch der steigenden Spendeneinnahmen über den Schreibtisch zu hängen und sich eine tolle Großspenderveranstaltung mit zufriedenen Spendern zu wünschen. Wünsche gehen leichter in Erfüllung, wenn wir den starken Willen haben, aus Wünschen Realität werden zu lassen. Und damit Wünsche in Erfüllung gehen brauchen wir etwas Konkretes in unserem Fundraisingalltag: Ziele.

13.1 Von der Kraft der Ziele

Das Ziel ist das Ruder am Schiff der Wünsche. Ohne Ruder wird ein Schiff auf der offenen See von den Wellen hin- und hergetrieben. Erst das Ruder ermöglicht es der Besatzung, einen bestimmten Kurs anzusteuern. So ist es auch bei den Wünschen. Um diese zu erreichen, müssen Sie das Ruder selbst in die Hand nehmen und auf ein konkretes Ziel zusteuern.

Das Ziel unterscheidet sich in seiner Konkretheit deutlich vom vagen Wunsch. In der Verkäuferwelt gibt es viele Trainer und zahlreiche Publikationen, die sich dem Thema „Ziele und Zielerreichung" widmen. Dabei werden verschiedene Stufen definiert, die notwendig sind, um erfolgreich zu sein. Erst einmal muss überhaupt aus einem Wunsch ein Ziel werden. Dazu sollten Sie prüfen, ob der Wunsch für Sie tatsächlich sehr wichtig ist. Diese Präferenzsetzung trennt zunächst die wichtigen von den weniger wichtigen Wünschen. Doch im Beruf kommt es nicht nur auf Sie an. Auch Ihre Vorgesetzten werden aus ihren Wünschen Ziele formuliert haben, die Sie erreichen sollen. Häufig werden die Vorgaben zur avisierten Spendenhöhe von der Geschäftsführung festgelegt und Ihnen in das Aufgabenheft geschrieben. Das vielfach eingeführte Instrument der Mitarbeitergespräche beinhaltet daher oft bestimmte Zielvorgaben, die zwischen dem Fundraiser und dem Vorgesetzten abgestimmt werden. Wenn diese Ziele festgelegt sind, werden Sie sich daran machen, die Erwartungen und Vorgaben zu erfüllen. Eine wichtige Voraussetzung ist es dann, diese Ziele aufzuschreiben und ständig präsent zu halten. Einige Menschen hängen ihren Zielzettel am Spiegel auf und haben daher die Ziele morgens und abends vor Augen. Andere hängen den Zettel im Büro auf oder lassen die Ziele als Bildschirmschoner über den Monitor laufen.

Es gibt verschiedene Methoden im Zielmanagement. Ich persönlich finde hier die folgende Regel ganz charmant:

> Ziele sollen smart sein.

Hierbei steht das Wort SMART für bestimmte Eigenschaften:

S = spezifisch
M = messbar
A = aktionsorientiert
R = realistisch
T = terminiert

Nur wenn Sie diese Eigenschaften Ihrem Wunsch zuordnen, entsteht daraus ein erreichbares Ziel (Abb. 13.1).

Spezifisch heißt hierbei, dass die Ziele eindeutig definiert werden müssen. Je präziser Sie das Ziel definieren, desto besser. Nehmen wir vielleicht einmal ein konkretes Beispiel aus dem Fundraising.

> Die Spenden durch Großspender steigern.

Diese Aussage ist präzise. Die Steigerung der Spendeneinnahmen wird nicht allgemein, das heißt über alle Spendengruppen hinweg, angesetzt, sondern es sollen die Spendeneinnahmen aus dem Segment der Großspender gesteigert werden.

- Zieldefinition als Treiber für den Erfolg

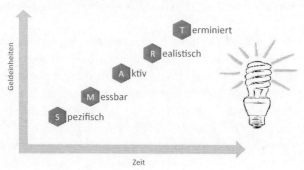

Abb. 13.1 Zieldefinition als Treiber für den Erfolg

Doch benötigt im SMART-Modell das Ziel auch eine messbare Vorgabe. Daher kann unser Ziel weiter konkretisiert werden:

Die Spenden durch Großspender um 25 % steigern.

Das Kriterium der Messbarkeit ist gegeben, wenn wir die aktuellen Zahlen kennen. Sollte eine Organisation also in der Vergangenheit 100.000 € durch Großspender eingenommen haben, so lautet das Ziel, weitere 25.000 € zu akquirieren.

Anders als der bereits erwähnte Lottogewinn muss unser Ziel dazu geeignet sein, es durch unser Handeln auch erreichen zu können. Ein Lottogewinn ist so unwahrscheinlich, dass wir uns auf den Faktor „Glück" reduzieren. Im Fundraising gehört das Glück dem Tüchtigen, das heißt, Sie werden Ihr Glück steigern können, wenn Sie aktiv auf die Spender zugehen. Insofern erfüllt unsere Zielformulierung auch das Kriterium „aktionsorientiert".

Jetzt stellt sich die Frage nach der realistischen Einschätzung. Hierbei steht im Vordergrund die Überlegung, ob es überhaupt möglich ist, diese Steigerung tatsächlich durch Großspender zu erzielen. Denn hierfür sind sowohl personelle Ressourcen als auch eine ausreichende Zahl von potenziellen Großspender für die Organisation ausschlaggebend.

Aus meiner Sicht stellt das bei 25.000 € für die meisten Organisationen keine große Herausforderung dar. Das Geld kann sicherlich gut untergebracht werden. Doch gerade bei kleinen Organisationen wird sich diese Frage stellen.

Der nächste Aspekt bezieht sich auf die Ressourcen der Organisation. Eine Steigerung um 25 % bedeutet auf jeden Fall auch einen höheren Einsatz von Arbeitszeit, Materialien, Reisekosten, Spesen und vielem mehr. Nur, wenn diese Ressourcen zur Verfügung gestellt werden, kann die Akquise erfolgreich durchgeführt werden. Auch stellt sich die Frage nach dem Markt oder ganz banal nach den Spendern selbst. Können die vorhandenen Großspender 25 % mehr geben oder ist die Spendenbereitschaft bereits bis zum Anschlag ausgeschöpft worden? Gibt es alternativ neue Geber, die die Erlöse steigern könnten oder sind bereits alle Spendergruppen abgegrast worden? Die Beantwortung dieser Fragen hilft beim Blick auf die realistische Einschätzung der Zielvorgabe.

Als fünftes Kriterium wird die Terminierung gesehen.

Die Spenden durch Großspender steigen in den nächsten 12 Monaten um 25 Prozent.

Durch diese Zielsetzung ist klar, welches Engagement Sie leisten müssen, um das Ziel zu erreichen. Das allgemeine Ziel der Spendensteigerung ist zu beliebig. Sie können jederzeit damit anfangen, denn morgen ist auch noch ein Tag. Oder der frühe Vogel fängt den Wurm. Je früher Sie mit den Maßnahmen starten, desto schneller erreichen Sie das Ziel. Die Terminierung gibt Ihnen also ein festes Ziel vor, bis wann Sie die zusätzlichen 25.000 € an Spenden durch die Großspender realisiert haben müssen. Diese Zeitvorgabe ermöglicht es Ihnen, jetzt konkret die einzelnen Schritte zu planen.

Vielleicht stellen Sie fest, dass sich die Einnahmen der bestehenden Großspender um 10 % steigern lassen. Die durchschnittliche Großspende beträgt in der Organisation 5000 € pro Jahr, eine Steigerung auf 5500 € ist hier das konkrete Ziel. Das bedeutet, dass Sie nur noch 15 % bzw. 15.000 € durch neue Großspender gewinnen können. Bei der bisherigen durchschnittlichen Spende in Höhe von 5000 € müssen Sie also drei neue Großspender gewinnen. Wenn Sie eine Abschlussquote von 80 % bei der Neuakquise realisieren können, müssen Sie also mit 4 potenziellen Gebern sprechen, um auf der sicheren Seite zu stehen.

An diesem kleinen Beispiel sehen Sie, wie aus einem allgemeinen Wunsch ein konkreter Aktionsplan entstehen kann. Achten Sie also in Zukunft darauf, dass alle Ziele in Ihrem Leben SMART sind, denn damit steigt die Wahrscheinlichkeit eines erfolgreichen Jahres für Sie erheblich.

13.2 Was bedeutet Motivation?

Eine zentrale Frage, die jede Führungskraft beschäftigen sollte, ist die Frage: Wie motiviere ich meine Mitarbeiter? Die Motivation von Mitarbeitern ist unbestritten eine der wichtigsten Aufgaben, die sich im Führungsalltag stellen. Der Suche nach dem richtigen, motivierenden Führungsstil wird durch zahlreiche Fort- und Weiterbildungen Raum gegeben.

Gablers Wirtschaftslexikon definiert den Begriff der Motivation ausführlich wie folgt:[2] Motivation ist der „Zustand einer Person, der sie dazu veranlasst, eine bestimmte Handlungsalternative auszuwählen, um ein bestimmtes Ergebnis zu erreichen und der dafür sorgt, dass diese Person ihr Verhalten hinsichtlich Richtung und Intensität beibehält. Im Gegensatz zu den beim Menschen begrenzten biologischen Antrieben sind Motivation und einzelne Motive gelernt bzw. in Sozialisationsprozessen vermittelt. Der Begriff der Motivation wird oft auch im Sinn von Handlungsantrieben oder Bedürfnissen verwendet."

Motivation ist also ein zielgerichtetes Verhalten. Das Wort stammt vom lateinischen „movere" ab, was in der Übersetzung „bewegen" bedeutet. Halten wir uns an die Wortherkunft, dann geht es darum, sich selbst (bei der Selbstmotivation) und andere zu einer bestimmten Handlung oder einem bestimmten Denken zu bewegen.

---

[2] vgl. http://wirtschaftslexikon.gabler.de/Definition/motivation.html:

Abb. 13.2 Bedürfnispyramide nach Maslow

Hinter jedem Ziel, das uns gesetzt wird oder wir uns setzen, steht immer ein Grund. Dieser Grund, ein bestimmtes Ziel erreichen zu wollen, ist die Motivation. Dabei gibt es verschiedene Antriebe, die gesetzten Ziele erreichen zu wollen. Diese Motive können unter anderem sein:

- Ehrgeiz
- Finanzielle Anreize
- Druck
- Angst
- Existenzsicherung
- Anerkennung

Die jeweiligen Motive treten bei den Menschen in sehr unterschiedlichen Gewichtungen auf. Das ist davon abhängig, in welcher Situation sich eine Person gerade befindet. Einen Erklärungsversuch liefert uns die Maslowsche Bedürfnispyramide.

Abraham Maslow, ein US-amerikanischer Psychologe, hat sich intensiv mit der Motivationstheorie auseinandergesetzt. Wir alle kennen seine Bedürfnispyramide, in der die menschlichen Bedürfnisse und Motivationen in einer hierarchischen Struktur erklärt werden (Abb. 13.2).

„Maslow stellte fest, dass manche Bedürfnisse Priorität vor anderen haben. Luft und Wasser brauchen wir zum Beispiel dringender als ein neues Auto. Den Versuch, eine konkrete (Rang-)Liste von Bedürfnissen aufzustellen, hält Maslow allerdings für nicht zielführend. Deshalb ordnete er Bedürfnisse zunächst nach 5 größeren Kategorien, beginnend mit den grundlegendsten physiologischen bis hin zu den kognitiv und emotional hoch entwickelten humanen Bedürfnissen (safety needs, love needs, esteem needs, needs for self-actualization).

Anschließend nimmt er eine weitere Unterteilung der ersten vier Kategorien in **Defizitbedürfnisse** (oder Mangelbedürfnisse) und der letzten in **Wachstumsbedürfnisse** (oder unstillbare Bedürfnisse) vor, mit der Begründung, die Nichtbefriedigung bestimmter Bedürfnisse – der Defizitbedürfnisse – könne physische oder psychische Störungen zur Folge haben (z. B. Sicherheit – Angst, sozialer Kontakt – emotionale Störungen). Wachstumsbedürfnisse hingegen könnten nie wirklich befriedigt werden.

Nur so lange ein Bedürfnis unbefriedigt ist, aktiviert und beeinflusst es das Handeln. Dabei wird das Handeln weniger von innen angetrieben („pushed") als von den Befriedigungsfolgen angezogen („pulled"). Mit zunehmender Befriedigung eines Bedürfnisses nimmt also dessen motivierende Kraft ab (wenn man nicht mehr durstig ist, versucht man beispielsweise nicht mehr zu trinken)."[3]

Wenn ein Fundraiser seine Ziele deshalb verfolgt, weil er Angst vor seinem Vorgesetzten oder sogar Angst um seinen Job hat, dann ist diese Motivation in der Bedürfnispyramide bei den Sicherheitsbedürfnissen zu finden. Die Anerkennung der Kollegen können wir den sozialen Bedürfnissen zuordnen. Das Thema „Geld" kann sich auf allen Ebenen wiederfinden. Hier hängt es davon ab, in welcher wirtschaftlichen Situation der Zielverantwortliche sich befindet. Normalerweise wird das Gehalt eines Fundraiser so hoch sein, dass die Grundbedürfnisse abgedeckt sind. Es reicht für die Miete, das Essen und für die notwendige Kleidung für den Fundraiser und seine Familie.

Doch bereits bei den Individualbedürfnissen kann es bei den marktüblichen Fundraisinggehältern viele Motive geben, die zur Zielerreichung anregen. Hier geht es den Akteuren um Ansehen, Prestige, Wertschätzung, Achtung und Wichtigkeit. Doch auch die Selbstverwirklichung kann eine Motivation sein, Fundraisingziele zu erreichen. Zu Beginn des Buches habe ich beschrieben, wie ich in das hauptamtliche Spendenmarketing geraten bin. Es war tatsächlich für mich, der damals als Unternehmensberater unterwegs war, eine Form der Selbstverwirklichung. Die mir angebotene Stelle als Fundraiser bei der Berliner Stadtmission war für mich ein wichtiger Schritt in ein Arbeitsleben, das meinen Vorstellungen damals am meisten entsprach.

Vom freien Unternehmensberater aus Hamburg in die Anstellung als Fundraiser in einem evangelischen Werk in Berlin – das liest sich vielleicht auf den ersten Blick nicht wie eine Erfolgsgeschichte, geschweige denn wie eine Form der Selbstverwirklichung. Doch für mich war es ein Schritt in die Selbstverwirklichung. Was waren meine Motive für diesen beruflichen Wechsel? Was ich suchte, war eine Aufgabe, in der ich ganz nah an den Menschen arbeiten konnte. Doch es war mir auch wichtig, in einem Unternehmen zu arbeiten, dass es sich zur Aufgabe gemacht hat, Menschen in Not zu helfen. Es war mir wichtig, für Menschen zu arbeiten, denen es nicht um das betriebswirtschaftliche Maximum ging, sondern um die Lösung von sozialen Herausforderungen. Für mich war es nicht wichtig, welchen Titel die neue Aufgabe hatte und wie viele Mitarbeiter zu führen sind. Es war für mich wichtiger, dass ich meinen Arbeitsalltag selbst gestalten kann. All diese Anforderungen versprach die Stelle bei der Berliner Stadtmission und ich habe diesen Schritt nie bereut.

---

[3] vgl. http://de.m.wikipedia.org/wiki/Maslowsche_Bedürfnispyramide#Prinzip.

Doch das wichtigste, was mir in den Jahren als Unternehmensberater klar geworden ist, war die Selbstmotivation. Es gibt keine bessere Triebkraft als den eigenen Willen, ein bestimmtes Ziel zu erreichen. Diese Erkenntnis hatte interessante weitere Erkenntnisse zur Folge. So war es mir zum Beispiel immer sehr wichtig, die Anerkennung von anderen Menschen zu erhalten und in einem Umfeld zu arbeiten, in dem ich Spaß hatte. Ich bevorzugte einen wertschätzenden Führungsstil und wünschte mir von meinen Vorgesetzten Kritik und Lob gleichermaßen. Doch oft hatte ich Chefs mit einer eher schwäbischen Mentalität, die sich in dem nachfolgenden Zitat widerspiegelt: „it gschompfa isch globt gnuag" oder auf hochdeutsch: „nicht geschimpft ist gelobt genug".

Irgendwann stellte ich fest, dass es von Stufte zu Stufe auf der Karriereleiter immer schwerer wurde, von den eigenen Vorgesetzten gelobt und damit motiviert zu werden. Da ich nun aber meine Führungskräfte schlecht zu einem gravierenden Richtungswechsel ihres Führungsverhaltens motivieren konnte, musste ich selbst etwas verändern. Und ich beschloss aus dieser Erkenntnis heraus, meine Motivation nicht mehr aus den externen Faktoren wie Arbeitsumfeld, Führungskräften, Gehalt oder ähnlichem zu beziehen, sondern die Motivation aus mir heraus zu entwickeln. Und dabei stellte ich fest, dass es wesentlich einfacher ist, sich selbst zu verändern als andere zu einer Verhaltensänderung zu bewegen.

Mit der Selbstmotivation habe ich nun den entscheidenden Schlüssel für meine Zielerreichung selbst in der Hand. Es liegt fortan an mir selbst, ob ich motiviert genug bin oder ob ich noch ein paar Motive oben drauf packen muss. Diese Unabhängigkeit aus der Selbstmotivation hat aber auch einen großen Nachteil: Es gibt keine externen Faktoren mehr, die verantwortlich gemacht werden können, wenn die Motivation nicht ausreicht, das Ziel nicht erreicht wird. Es ist nicht mehr der Vorgesetzte, das Team, der Geber, das Gehalt, die Stimmung in der Organisation oder der Stress im Privatleben verantwortlich. Es gibt keine Ausreden mehr aus dem Dilemma, sondern Sie müssen sich eingestehen: Es lag ganz allein an Ihnen selbst.

Das klingt natürlich sehr hart. Aber wie heißt es so schön: das Leben ist kein Ponyhof. Zum selbstbewussten und erfolgreichen Fundraiser gehört eine hohe Selbstmotivation. Denn wenn Sie vor dem Geber stehen, dann hilft weder ein großzügiges Gehalt, noch das Lob des Vorstandes oder die Aussicht auf den Karibikurlaub im nächsten Jahr. Es zählt nur, dass Sie in diesem Moment das Beste geben, das in Ihnen steckt. Etwas, das nur Sie selbst aus Ihrem Inneren heben können.

13.3 Selbstvertrauen – „Glaub an Dich!"

Viele erfolgreiche Menschen, denen ich begegnet bin, haben eine Eigenschaft gemeinsam: Sie glauben an sich. Auf dem Weg zum Erfolg lagen für diese Menschen genauso große Steine, die es zu überwinden gab, wie für alle anderen Menschen auch. Der Weg zum Gipfel ist keine Zahnradbahn, die auf sicheren Gleisen kontinuierlich nach oben fährt. Es gibt Rückschlage, es gibt Tiefschläge und viele Misserfolge, ehe sich der Erfolg einstellt. Aber trotz aller großen und kleinen Steine, trotz der Höhen und Tiefen, haben diese Menschen nie an sich und ihrem Ziel gezweifelt.

13.3 Selbstvertrauen – „Glaub an Dich!"

Je überzeugter Sie von Ihren Fähigkeiten sind, desto mehr glauben Sie auch an sich. Je mehr Sicherheit und Selbstvertrauen Sie ausstrahlen, desto mehr glauben auch die anderen Menschen an Sie. Doch wenn Sie sich selbst für unbegabt, untalentiert, nicht kommunikativ oder sogar für hilflos halten, strahlen Sie mehr Unsicherheit aus. Und auch das spüren die anderen Menschen.

„Bescheidenheit ist eine Zier, doch weiter kommt man ohne ihr." Diese allgemeine Redensart, die oft fälschlicherweise Wilhelm Busch zugeordnet wird, bringt diese Erkenntnis auf den Punkt. Doch leider steht uns hier oft unsere eigene Erziehung im Weg. Wir wurden in preußischer Bescheidenheit erzogen. Lieber das eigene Licht unter den Scheffel stellen als das Licht der Welt zu sein, ist unsere Maxime.

Doch es geht nicht nur um Bescheidenheit und Zurückhaltung, denn es wird uns auch beigebracht, dass wir uns nicht in den Vordergrund drängeln, nicht mit unseren Talenten und mit unseren Fähigkeiten protzen sollen.

In unserer Erziehung wurden wir auch regelmäßig und kontinuierlich auf unsere Defizite aufmerksam gemacht. In der Schule werden die Fehler angestrichen und nicht die richtigen Ergebnisse. Das Augenmerk liegt also auf dem, was wir nicht können. Die Fehler werden sogar noch rot unterstrichen und mit roten Randbemerkungen in der Arbeit hervorgehoben. Wenn Sie bei einem Diktat mit 100 Wörtern 10 rote Unterstreichungen und Anmerkungen haben, dann sieht das aus wie auf einem Schlachtfeld. Die 90 richtigen Wörter zählen auf einmal nicht mehr.

Ich selbst habe in meiner Grundschulzeit fast wöchentlich an einem Mathematikwettkampf in der Klasse teilnehmen müssen. In diesem Wettkampf mussten alle Schüler aufstehen und die Lehrerin stellte uns Rechenaufgaben. Der Schüler, der als erster die richtige Antwort gerufen hatte, durfte sich hinsetzen. Am Schluss stand der Schüler allein vor der Klasse, der am schlechtesten rechnen konnte.

Heute ist ein solches menschenunwürdiges Handeln hoffentlich verboten. Solche Erfahrungen wirken sich ein ganzes Leben lang aus. Wenn Sie immer wieder darauf hingewiesen werden, was Sie nicht können, dann verlieren Sie den Blick auf Ihre guten Fähigkeiten. Wenn ich im Büro meine Kollegen bitte, 10 Punkte zu benennen, die in unserem Team schlecht laufen, dann habe ich am Ende den Eindruck, wir sind schlecht aufgestellt. Und schon fühlen wir uns im Team alle schlecht. Doch wenn ich darum bitte, 10 Punkte zu benennen, die in unserem Team gut laufen, dann habe ich den Eindruck, wir sind gut aufgestellt. Bei dieser Vorgehensweise fühlen sich alle im Team gut und sind dadurch auch viel motivierter.

Es ist schwer, sich von den gelernten Mustern zu verabschieden. Doch im beruflichen Alltag sehen wir immer wieder, wie wichtig es ist, dass wir uns unserer Stärken bewusst sind und zu ihnen auch stehen. Es nutzt nichts, wenn nur Sie wissen, wie gut Sie eine Aufgabe erledigen können, es ist auch wichtig, wenn die anderen Menschen diese Stärke wahrnehmen. Das Thema der Selbstvermarktung spielt im Privaten und im Beruflichen eine wichtige Rolle. Denn nur so können die Menschen in Ihrem Umfeld Ihre Persönlichkeit wahrnehmen und Sie einschätzen. Das Selbstbewusstsein, sich also seiner Person bewusst zu sein, ist eine wichtige Voraussetzung für die Karriere im Beruf, für die Kontaktpflege als Netzwerker und für die Motivation von Gebern.

Fundraiser sind Menschen, die gern mit anderen Menschen arbeiten. Eine wichtige Voraussetzung für diesen tollen Beruf ist es, Menschen zu mögen: „Liebe deinen Nächsten wie dich selbst."

So steht es an verschiedenen Stellen in der Bibel. Diese Nächstenliebe setzt aber voraus, dass jeder sich selbst liebt. Ich möchte diese Einsicht nicht mit „Selbstverliebtheit" verwechselt wissen. Sich selbst zu lieben heißt für mich, die eigenen Stärken und Schwächen zu kennen und zu diesen zu stehen.

Ein einfaches Modell, sich ein Selbstbild über die Stärken und Schwächen zu machen, habe ich kurz im Kap. 12 vorgestellt. Das DISG-Modell ermöglicht uns, unsere Stärken und Schwächen anhand von wenigen Parametern zu lokalisieren. Der dominante Typ beispielsweise ist durchsetzungsfähig, entscheidungsfreudig, konsequent und direkt. Das sind die Stärken seiner Persönlichkeit. Doch wo Licht ist, da ist auch Schatten. Denn auf der anderen Seite treten diese Typen gern zu autoritär auf und übernehmen auch ungefragt das Ruder.

Wichtig ist, dass Sie sich Ihrer Fähigkeiten bewusst sind. Sie müssen kein guter Jäger sein, wenn Sie ein guter Farmer sind. Das gilt auch im Fundraising. Wenn es Ihre Stärke ist, Menschen zu betreuen, dafür zu sorgen, dass die Zusagen gegenüber dem Spender eingehalten werden, dann müssen Sie nicht auch automatisch der beste Kaltakquisiteur sein. Und wenn Sie auf der anderen Seite die Person sind, die am besten die Erstkontakte herstellen kann, dann müssen Sie nicht auch automatisch ein guter Spendenbetreuer sein. Alles hat eben seine Vor- und Nachteile.

Natürlich versuchen wir immer wieder, an unseren Schwächen zu arbeiten. Das ist auch gut so, denn wir können durchaus immer besser werden. Wir sollten aber nicht nur an den Schwächen arbeiten, sondern auch an den Stärken. Wir können auch unsere Fähigkeiten ständig erweitern und ausbauen. Diese Arbeit lohnt sich und sie macht oft mehr Spaß, als an unseren Schwächen zu arbeiten.

Doch auch das Bemühen, an den Schwächen zu arbeiten, bringt uns weiter. Der erfolgreiche Kaltakquisiteur, der fast jedes To-do links liegen lässt und wichtige Abgabetermine vergisst, sollte lernen, in bestimmten Strukturen zu arbeiten. Es geht auch für diesen Typ nicht ohne Verbindlichkeit bei der Nachbearbeitung der durchgeführten Termine.

Jedoch sollten Sie sich nicht mit aller Kraft darauf stürzen, ihre Schwächen auszubügeln. Aus einer introvertierten und eher der Sache zugewandten Person wird auch bei umfangreichen Schulungen und unter enormen Zeitaufwand nur eine mittelmäßige extrovertierte und den Menschen zugewandte Person.

Vor vielen Jahren hatte ich einmal einen Mitarbeiter in meinem Team, dessen Büro immer aussah, als wäre gerade eingebrochen worden. Der Schreibtisch war voll mit Stapeln von Akten, Zeitschriften, Notizzetteln, Stiften und anderen Kleinteilen. Auch rund um den Schreibtisch stapelten sich Unterlagen und Aktenordner. Das Büro war vollgestellt mit offenen, geschlossenen, leeren und vollen Kartons. Die Regale quollen über mit Materialien, Werbegeschenken, Handbüchern und Dienstanweisungen. Es herrschte ein absolutes Chaos. Doch nicht nur diese Unordnung war auffallend. Der Mitarbeiter vergaß häufig

Abgabetermine, übersah wichtige Hinweise in den E-Mails und seine Jahresplanung war extrem übersichtlich und oberflächlich. Doch der Mann war eine absolute Koryphäe in der Gewinnung von Kunden.

Ich erhielt nun den Auftrag, das Chaos in diesem Mitarbeiter zu bändigen. Er wurde auf verschiedene Fortbildungen mit Themen wie „Selbstmanagement" und „Selbstorganisation" geschickt. In seine Zielvereinbarungen wurden entsprechende Vorgaben geschrieben. Und tatsächlich mühte und quälte sich der Mitarbeiter durch diese Aufgaben. Er bemühte sich mit aller Kraft und Energie, einen geordneten Schreibtisch zu haben, regelmäßig sein Büro aufzuräumen. Er legte umfangreiche Wiedervorlagemappen an, pflegte seinen Kalender und tat vieles mehr. Der Mitarbeiter musste unheimlich viel Zeit aufwenden, um die gestellten Anforderungen zu erfüllen.

Doch je mehr er sich mit seinem Chaos beschäftigte, desto unzufriedener wurde der Kollege. Man merkte ihm an, wie er sich quälte, um die gesetzten Ziele zu erreichen. Was für ihn am schlimmsten war, war die fehlende Zeit mit seinen Kunden. Er konnte sich weniger auf die Kunden konzentrieren und dadurch ging uns auch Umsatz verloren.

Am Ende des Jahres hatte sich dieser Mitarbeiter von einem schlechten Selbstorganisator zu einem mittelmäßigen Selbstorganisator entwickelt. Und gleichzeitig hatte ich aus einem guten Verkäufer einen mittelmäßigen Verkäufer gemacht. Der Schaden für den Mitarbeiter und für das Unternehmen war am Ende der Maßnahme deutlich größer als vor Beginn der Maßnahme. Es wäre deutlich klüger gewesen, den Kollegen in seiner Verkäuferstärke zu schulen und zu unterstützen, denn dann wäre er in kürzester Zeit von einem guten Verkäufer zu einem Spitzenverkäufer aufgestiegen. Die organisatorischen Arbeiten hätten auch wir delegieren können. Die Lektion aber ist gelernt ….

13.4 Sich auf „Erfolg" programmieren

Es gibt verschiedene Möglichkeiten, sich auf Erfolg zu programmieren. Aus meiner Erfahrung heraus ist es wichtig, sowohl die Ziele vor Augen zu haben als auch den Weg zur Zielerreichung entschlossen zu gehen. Im Fundraisingalltag haben wir es dabei ebenso wie im Privaten immer mit unterschiedlichen Situationen zu tun. Wir führen Gespräche mit potenziellen Gebern auf Veranstaltungen, es müssen im Büro die Ergebnisse der letzten Woche zusammengetragen werden, ein Spender beschwert sich am Telefon über die fehlende Zuwendungsbescheinigung und der Kaffee in der Gemeinschaftsküche ist wieder einmal verbraucht.

Auf all diese Anforderungen reagieren wir. Die Reaktion auf die jeweilige Situation jedoch beginnt in unserem Kopf. Wenn wir überhaupt keine Lust auf die anstehende Abendveranstaltung haben, dann freuen wir uns auch nicht auf den Termin. Wenn wir den Verwaltungskram hassen, dann fällt uns die Erstellung der Listen schwer. Halten wir den Beschwerdeführer für einen notorischen Nörgler, dann werden wir recht schroff am Telefon. Und der fehlende Kaffee ruiniert uns dann am Ende den ganzen Tag.

Doch wir können die Situationen auch umdenken.

Ich freue mich darauf, heute Abend neue Menschen kennenzulernen.

Mit diesem Gedanken im Kopf werden Sie auf der Veranstaltung ganz anders auftreten.

Ich darf meine Erfolge aufschreiben.

Dieser Gedanke könnte es Ihnen leichter machen, die Listen auszufüllen.

Dem Spender ist es wichtig, mit mir persönlich zu sprechen.

Schon reagieren Sie ganz anders auf die Beschwerde.
„Ich besorge gleich meinen Lieblingskaffee." Schon ist die leere Kaffeedose in der Gemeinschaftsküche kein Problem mehr.
„Umparken im Kopf" heißt eine Werbekampagne von Opel. „Was wir denken, bestimmt, was wir sehen", steht auf der Webseite der Kampagne (www.umparkenimkopf.de). Das Ziel der Kampagne war es, Vor-Urteile abzubauen, also Urteile, die gebildet werden, bevor etwas eintrifft. Solche Vor-Urteile haben wir viele, die sich als persönliche Einstellungen bei uns einnisten. Bei Regen bekommen wir schlechte Laune, weil wir der Meinung sind, dass Regen ein schlechtes Wetter ist. In regenarmen Zonen freuen sich die Menschen aber über den Regen. Stehen Sie im Stau und denken „So ein Mist!", dann ist es Mist, dass Sie im Stau stehen. Sie können aber auch die Chance nutzen und in Ruhe telefonieren oder einen Podcast hören, den Sie schon lange hören wollten. Dadurch wird der Stau nicht kürzer, aber Sie ärgern sich nicht mehr.

Wir denken in Wörtern.

Achten Sie einmal auf Ihre Gedanken. Sie werden feststellen, dass Sie in Wörtern denken. Wenn Sie also die Sprache benutzen, um ihre Gedanken zu denken, dann haben Sie auch die Möglichkeit, die Worte zu verändern. Es ist ganz einfach.

Diese Situation gefällt mir nicht.

Diese Aussage können Sie auch umdenken:

Das ist eine interessante Situation.

Durch das Umparken des spontanen Gefühls eröffnet sich für Sie eine vollkommen neue Perspektive. Sie stehen der Situation nicht weiter negativ gegenüber, sondern Sie haben sich in einen offenen Zustand versetzt. Mit dem neuen Gedanken sind Sie eher bereit, sich auf die Situation einzulassen. Durch dieses Umdenken verändert sich auch Ihre Haltung zur Situation, denn die innere Einstellung spiegelt sich in Ihrer Körperhaltung, der Mimik und der Sprache wider.

Wenn Ihr Gegenüber die negative Haltung beim ersten Gedanken spürt, wird es automatisch anders reagieren, als wenn Sie eine offene Haltung einnehmen. Allein durch diese Haltung verändert sich das Gespräch und kann komplett anders verlaufen.

„Wenn du angelächelt werden möchtest, dann lächle zuerst." Sie haben es also in der Hand, wie sich der andere Ihnen gegenüber verhält und wie sich Situationen verändern können. Wenn Sie ein freundliches Gespräch mit einem Geber führen möchten, dann sollten Sie selbst freundlich sein. Wenn Sie Ihren Geber zu einer Spende motivieren wollen, dann müssen auch Sie motiviert sein. Wenn Sie erfolgreich sein wollen, dann müssen Sie an den Erfolg glauben.

Es ist erstaunlich, wie wenig diese einfache Erkenntnis im Alltag eingesetzt wird. Natürlich ist es nicht einfach, bei den vielfältigen Anforderungen und Eindrücken, die uns den lieben langen Tag begleiten, immer nur positive Gedanken zu haben. Natürlich gibt es täglich Situationen, die wir als blöd oder ungerecht empfinden. Es ist unser gutes Recht, auch einmal schlechte Laune zu haben. Doch gute Laune fühlt sich deutlich besser an als schlechte Laune. Und daher empfehle ich, häufiger gute Laune zu haben und sich auch an selbstverständlichen Dingen zu erfreuen.

Vor vielen Jahren war ich einmal auf einem Vortrag zum Thema „Selbstmotivation". Der Trainer hat uns deutlich gemacht, wie sehr wir uns im Alltag mit negativen Informationen versorgen und dadurch den Raum für positive Gedanken eingrenzen.

Folgendes Beispiel hat er gebracht: „In meinem letzten Sommerurlaub war ich einige Tage in einem wunderschönen Hotel in der Toskana. Am Swimmingpool des Hotels hatte man einen wunderbaren Blick auf sanfte Hügel und leuchtende Sonnenblumenfelder. Neben mir lag auf einer Liege ein Manager aus Deutschland, der gerade im Wochenmagazin DER SPIEGEL las. Nach Ende der Lektüre schaute mich der Mann an und sagte: ‚Wie schlimm ist doch die Welt.'"

Durch diesen Vortrag wurde mir klar, wie vielen negativen Eindrücken wir Tag für Tag ausgesetzt sind. Die Schlagzeilen der Zeitungen, die Nachrichten im Fernsehen und im Radio, die spannenden Krimis, die wir lesen oder im Fernsehen schauen. Wir versorgen uns rund um die Uhr mit negativen Gedanken. Natürlich fällt es uns in diesem Umfeld schwer, positiv zu denken. Meine Konsequenz aus dieser Erkenntnis war recht radikal. Ich schaue keine Nachrichten mehr im Fernsehen, ich reduziere deutlich die Lektüre der Tageszeitung und im Auto höre ich keine Krimis, sondern fröhliche Hörbücher. Durch diese radikale Einschränkung versorge ich mich mit deutlich weniger negativer Energie als in der Vergangenheit und bekomme trotzdem genug vom öffentlichen Leben mit.

13.5 Selbstmotivation

Motivationstechniken gehören zur Standardfortbildung für jede Führungskraft. Die Frage, wie Mitarbeiter sich zu einer optimalen Leistung im beruflichen Alltag bewegen lassen, steht als zentrale Aufgabe im Mittelpunkt dieser Fortbildung. Doch nicht nur als Führungskraft beschäftigt uns dieses Thema, sondern auch als Mitarbeiter stellen wir uns immer wieder die Frage, was wir tun müssen, um erfolgreich zu sein.

Erfolg ist etwas, was uns allen am Herzen liegt, denn es ist der Auslöser für Anerkennung.

Schon der Neandertaler musste in seiner Gruppe erfolgreich sein, damit er eine Chance hatte, trotz der täglichen Gefahren in seiner Umwelt bestehen zu können. Der Jäger war darauf angewiesen, dass er mit Beute zu seiner Gruppe zurückkehrte, damit er und die anderen Menschen überleben konnten. Ein Jäger ohne Beute ist ein schlechter Jäger und die Anerkennung seiner Gruppe bleibt ihm versagt. Auch wenn wir schon seit 10.000 Jahren nicht mehr in der Steinzeit leben, hat sich diese Prägung bis heute als ein Grundmuster in unserem Denken und Handeln eingebrannt. Die Schwächsten werden beim Schulsport als letztes in die Mannschaft gewählt, Kollegen mit geringerer Leistung werden im Unternehmen häufig geschnitten, bei Arbeitslosigkeit zieht sich die gesellschaftliche Gruppe, zu der man bisher gehörte, Schritt für Schritt zurück.

In der Praxis bedeutet das für einen Fundraiser, dass er seine Aufgaben erfolgreich erledigen muss, damit er in seinem Beruf tätig sein kann, Geld verdient und damit zur Ernährung und finanziellen Sicherheit seiner Familie beiträgt. Ist also der Großspenderfundraiser in der Gewinnung und Betreuung von Großspendern nicht erfolgreich, wird sich die Organisation von ihm trennen. Durch die Entlassung wäre die Ernährung und Sicherheit der Familie gefährdet und damit die Anerkennung der privaten und beruflichen Gruppe verloren.

Doch welches sind die Voraussetzungen für den Erfolg eines Menschen? Alle Fachleute zu diesem Thema sind sich darin einig, dass der Erfolg eines Menschen kein glücklicher Zufall ist, sondern harte Arbeit. Egal in welchem Bereich des Lebens, im Privaten, im Beruf oder im Sport: Die erfolgreichsten Menschen sind immer die Menschen, die hart für ihren Erfolg arbeiten.

Schauen Sie sich diese Erkenntnis einmal in Ihrem Alltag als Großspenderfundraiser an. Während die anderen Kollegen für eine Stunde zur Mittagspause gehen, setzen Sie sich eine halbe Stunde ans Telefon und rufen zwei potenzielle Neuspender an. Bei 200 Arbeitstagen im Jahr haben Sie durch diese täglichen Akquiseanrufe 400 Neukontakte mehr als die Kollegen. Selbst wenn Sie davon nur jeden fünften Kontakt zur Spende motivieren können, haben Sie am Ende 80 Neuspender mehr gewonnen als die Kollegen. Bei einer durchschnittlichen Erstspende eines Großspenders in Höhe von 10.000 € sind das zusätzliche 800.000 € Spenden pro Jahr. Mit einem solchen zusätzlichen Ergebnis ist Ihnen der Respekt in der Organisation gewiss, der Arbeitsplatz sicher und damit das Einkommen für Sie und die Familie garantiert.

Erfolgreiche Menschen kennen ihre Stärken und setzten diese konsequent ein. Die jeweiligen Stärken werden weiter trainiert und geschult, damit ein Optimum an Leistung erzielt werden kann. Die Schwächen werden als Teil der Stärken akzeptiert, beides gehört zusammen wie Licht und Schatten, wie zwei Seiten einer Medaille. Durch diesen Fokus auf die Stärken entsteht ein Selbstbewusstsein, welches auch von der Umwelt wahrgenommen wird. Selbstbewussten Menschen wird mehr zugetraut als unsicheren Menschen.

Dieses Zutrauen basiert auch auf Vertrauen. Daher werden selbstbewusste Menschen positiver, glaubwürdiger und leistungsstärker wahrgenommen. Sie realisieren mehr Verkaufsabschlüsse und werden schneller befördert.

Der nächste Faktor für den Erfolg ist die Freude an der Arbeit. Menschen die erfolgreich sind, lieben das, was Sie tun. In der Motivationslehre gibt es einen Glaubenssatz, der dieses Verhalten auf den Punkt bringt: „Love it, change it or leave it." Dieser Grundsatz lässt sich auf alle Bereiche in unserem Leben anwenden. Dazu benötigen wir erst einmal das Bewusstsein für eine Situation. Sie als Fundraiser sollten sich also zunächst die Frage stellen: „Welches Verhältnis habe ich zu meiner Arbeit?"

Die Antwort „Der Job ist ganz okay" ist zu schwach. Denn als erfolgreicher Fundraiser müssen Sie Ihren Beruf lieben! Vielleicht haben Sie sich bis heute noch gar nicht mit der Frage beschäftigt, ob Sie den Beruf lieben. Diese Haltung wird uns nicht automatisch beigebracht, wir müssen uns ihrer selbst bewusst werden.

„Erfolgreiche Fundraiser lieben ihren Beruf." Doch diese uneingeschränkte Liebe zum Beruf ist nicht immer möglich. Manchmal gibt es im Berufsalltag Rahmenbedingungen, die es uns schwer oder gar unmöglich machen, Liebe zur Tätigkeit zu entwickeln. Dann haben Sie zwei Möglichkeiten:

- *Ändern Sie Ihre Einstellung zu den Rahmenbedingungen*
  Vielleicht finden Sie das Büro, in dem Sie arbeiten, nicht sehr attraktiv. Der Schreibtisch ist uralt und abgenutzt, die Schränke sind praktisch, aber hässlich, die Wand ist grau und der Ausblick auf eine Brandschutzmauer im Hinterhof trist. So ähnlich sah einmal ein Büro von mir aus. Doch ich habe mich beim Betreten des Raumes dafür entschieden, diese Atmosphäre zu mögen. Der alte Schreibtisch hat seit Jahrzehnten verschiedenen Fundraisern gedient und in den Schränken lagen verborgen Schätze aus vergangenen Fundraising- und Marketingtagen. Der Raum hatte plötzlich Charisma und hat mich über eine lange Zeit sehr inspiriert.
- *Ändern Sie die Rahmenbedingungen*
  Wenn Sie jedoch beim besten Willen Ihrem Büro nichts Positives abgewinnen können, dann sollten Sie den Raum verändern. Sorgen Sie für einen neuen Anstrich und lassen Sie sich neue Büromöbel besorgen. Entsorgen Sie die alten Unterlagen und richten Sie das Zimmer nach Ihrem Geschmack ein. Den veränderten Raum werden Sie dann lieben.

Im Extremfall jedoch müssen Sie die Situation verlassen, wenn es keine Möglichkeit zur Veränderung gibt. In dem Bürobeispiel bedeutet das eventuell ein anderes Büro oder sogar einen anderen Arbeitgeber. Doch wenn Ihnen, genauso wie mir, die materiellen Dinge nicht so wichtig sind, dann können Sie sich auf die Inhalte der Arbeit konzentrieren.

> Ich liebe den Beruf des Fundraisers, weil das Spenden den Geber und die Menschen in den Projekten glücklich macht.

Daher sind die Fragen nach dem Büro, dem Gehalt, dem Dienstwagen, dem Handy oder anderen Statussymbolen für mich nachrangig.

Die Fokussierung auf ein Ziel ist ein weiteres Kriterium für den Erfolg. Je klarer das Ziel vor Ihren Augen steht, desto größer ist die Chance auf die Zielerreichung. Erfolgreiche Menschen können sich ihr Ziel sehr konkret ausmalen und immer wieder vor Augen führen. Daher leben diese Menschen auch nicht in der Vergangenheit, sondern immer in der Zukunft. Misserfolge werden verdaut, doch spielen Sie für die Zukunft keine Rolle mehr.

„Wer auf Misserfolge schaut, der guckt in die Vergangenheit. Wer auf Ziele schaut, blickt in die Zukunft." Der Blick auf die Zukunft wird auch immer positiv sein. Ein erfolgreicher Mensch sieht keine Probleme sondern neue Chancen für sein Handeln. Sicherlich kennen Sie den häufig benutzten Spruch: „Es gibt keine Probleme, sondern nur Herausforderungen." Doch trotz der häufigen Benutzung dieses Spruches verliert die Erkenntnis nicht an Relevanz, denn wenn wir uns auf die Probleme fokussieren, dann werden wir immer Probleme sehen, die unüberwindbar erscheinen. Wenn wir aber die Chancen sehen, dann werden wir an Lösungen arbeiten und den Erfolg vor Augen haben.

Es gibt niemanden, der einem Menschen den Erfolg nimmt. Wir alle sind selbst dafür verantwortlich, ob wir erfolgreich sind oder keinen Erfolg haben. Daher ist es wichtig, sich selbst und anderen gegenüber ehrlich zu sein. Die Schuld wird nicht bei den anderen Kollegen gesucht oder vertuscht, sondern ein erfolgreicher Mensch steht zu seinen Fehlern, und genauso ehrlich wird er auch gegenüber den Kollegen, Mitarbeitern und Vorgesetzten sein.

Sie als Fundraiser kennen Ihre Stärken, aber auch die Stärken Ihrer Kollegen, Mitarbeiter und Vorgesetzten. Wenn Sie erfolgreich sein wollen, werden Sie verstärkt mit den Menschen zusammen arbeiten, die ebenfalls erfolgreich sind. Ein solches Netzwerk von erfolgreichen Akteuren ist eine stabile Basis für einen dauerhaften Erfolg im Beruf.

Noch ein Punkt scheint die erfolgreichen Menschen auszuzeichnen. Sie sind entscheidungsfreudiger als die anderen Menschen. Diese Entscheidungsfreudigkeit geht häufig zu Lasten der Sorgfalt, erfolgreiche Menschen sind oft schon mit 80 % des Ergebnisses zufrieden, denn sie wissen, dass laut dem Pareto-Prinzip die restlichen 20 % zur vollen Punktzahl einen außergewöhnlich hohen Aufwand benötigen, nämlich 80 % der Kraft: „Mit 20 % Einsatz erreichen Sie 80 % des Erfolges. Für die weiteren 20 % müssen Sie 80 % Ihrer Kraft einsetzen."

Zusammenfassend zeichnen folgende Eigenschaften Menschen mit Erfolg aus:

- Sie arbeiten hart für Ihren Erfolg.
- Sie kennen ihre Stärken und nutzen diese.
- Sie sind selbstbewusst.
- Sie lieben das, was sie tun.
- Sie fokussieren sich auf ihre Ziele.
- Sie haben keine Ausreden, sondern stehen zu ihren Fehlern.
- Sie arbeiten mit erfolgreichen Menschen zusammen.
- Sie sehen Chancen statt Probleme.
- Sie sind entscheidungsfreudig.

Es ist also ganz klar: Der Erfolg liegt ganz und gar bei Ihnen. Es ist Ihre Einstellung, Ihre harte Arbeit, Ihr Engagement, das Sie als Fundraiser erfolgreich macht. Dieser Erfolg ist auch der Antrieb, warum Sie Tag für Tag zum Telefonhörer greifen und Termine mit Neuspendern vereinbaren, warum Sie Woche für Woche Spendergespräche führen und Menschen für die Arbeit Ihrer Organisation begeistern. Dieser Antrieb kommt von Ihnen, kommt aus Ihrem Inneren.

Jeder von uns mag es gern, wenn die eigene Leistung auch von anderen Menschen gewürdigt wird. Doch Anerkennung und Lob sind im Berufsalltag noch immer nicht selbstverständlich. Der schwäbische Spruch „Nicht geschimpft ist Lob genug." ist immer noch im Managementalltag zu erleben. Es fällt den Vorgesetzten häufig schwer, die Mitarbeiter zu loben und dadurch in ihrer Leistung zu bestätigen und zu motivieren. Angeblich ist für mehr als die Hälfte aller Arbeitnehmer in Deutschland Lob im Job ein Fremdwort.[4] Doch warum tun sich so viele Führungskräfte damit so schwer?

Das Problem hat sowohl kulturelle als auch psychologische Ursachen und betrifft die Mitarbeiter auf allen Hierarchieebenen in einem Unternehmen. Besonders schwer haben es offensichtlich die Team- und Abteilungsleiter. Diese Führungskräfte in der „Sandwichposition" zwischen den Mitarbeitern und den Geschäftsführern bekommen offensichtlich am wenigsten Lob, eine Erfahrung, die ich aus meinen unterschiedlichen Leitungsaufgaben durchaus bestätigen kann. Ich hatte viele tolle Chefs, die ich fachlich und menschlich sehr geschätzt habe. Doch es war kaum einer dabei, der seine Mitarbeiter durch Lob und Anerkennung motivieren konnte.

Eine wesentliche Ursache für diese traurige Tatsache liegt darin begründet, dass es für viele Menschen sehr schwer ist, sich selbst zu loben. Der Glaubenssatz „Eigenlob stinkt" begleitet die Menschen ihr Leben lang. Weil wir nicht in der Lage sind, uns selbst gegenüber ein Lob auszusprechen, fällt es uns noch schwerer, andere zu loben. Dieses Verhalten hat zur Folge, dass weder wir uns loben, noch andere Menschen dies tun. Aus dieser Spirale auszubrechen ist schwierig. Aus meiner Überzeugung können Sie nur selbst diesen Kreislauf durchbrechen und das Loben trainieren. Fangen Sie dabei erst einmal bei sich selbst an.

Wie Sie wissen, denken Sie in Sprache. Also formulieren Sie Ihr Lob. Sprechen Sie es auch ruhig laut aus. Stellen Sie sich vor Ihren Schreibtisch und sagen Sie laut zu sich selbst: „Ich habe einen tollen Job gemacht. Das ist großartig." Im Übrigen dürfen Sie sich für einen guten Job auch selbst belohnen. Gönnen Sie sich einfach einen ausgiebigen Spaziergang während der Arbeitszeit oder trinken Sie einen Kaffee oder Tee in Ihrem Lieblingscafé.

Sobald Sie Routine mit dem Loben haben, dürfen Sie auch die Menschen in Ihrer Umgebung loben. Wenn Sie darauf achten, wird es unzählige Menschen geben, die Sie in Ihrem Alltag loben können. Den Zeitungsausträger, der morgens pünktlich Ihre Zeitung

---

[4] gl. Anita Saathof, http://www.focus.de/finanzen/experten/anita_saathoff/geizige-fuehrungskraefte-warum-ihr-chef-sie-so-selten-lobt_id_3984336.html.

vor die Haustür legt. Die Verkäuferin, die Sie mit einem Lächeln bedient, obwohl die Schlange hinter Ihnen nicht kürzer wird.

Den Kollegen, der den frischen Kaffee aufgesetzt hat oder die Kollegin, die immer für Nachschub in der Naschbox sorgt. Loben Sie den Praktikanten, der es geschafft hat, endlich die Loseblattsammlungen in die Ordner einzusortieren. Loben Sie die Kollegen aus der Projektabteilung für die großartigen Erfolge und loben Sie auch Ihren Chef für sein Vertrauen in Ihre Arbeit. Sie sehen: Wenn Sie aufmerksam durch die Welt gehen, können Sie an jeder Ecke ein Lob verteilen.

Wenn Sie den Damm des Lobwiderstandes durchbrochen haben, dann werden Sie erleben, dass auch Ihr Umfeld anfängt zu loben. Und selbstverständlich fällt dann auch Lob auf Sie zurück. Zum Beispiel dafür, dass Sie die Menschen so gut loben. Doch an dieser Stelle müssen Sie aufpassen! Wir neigen oft dazu, Lob und Dank nicht annehmen zu wollen: „Aber das ist doch gar nicht der Rede wert." Mit einer solchen Antwort auf ein Lob reden wir uns als Gelobten, den Lobenden und das Lob klein. Wenn also ein Lob angeboten wird, nehmen Sie es bewusst und dankbar an: „Vielen Dank. Über Ihr Lob freue ich mich sehr." Diese Antwort gibt allen Beteiligten ein gutes Gefühl und ist eine gute Saat für weitere motivierende Anerkennung.

Neben der psychologischen Ursache gibt es auch noch einen kulturellen Grund. Wir leben in einer Leistungsgesellschaft, in der, der Name sagt es bereits, Leistung vorausgesetzt wird. „Leistung ist die Norm – und warum sollte man jemanden dafür loben, dass er die Norm erfüllt? In der Arbeitswelt äußert sich diese Haltung in Sprüchen wie ‚Was soll die Lobhudelei, dafür werden die doch bezahlt.'", erklärt Anita Saathof in dem bereits oben erwähnten Beitrag auf focus.de.

Sie sind also Ihres eigenen Glückes Schmied. Wenn Sie Ihre Umwelt verändern möchten, dann sollten Sie sich der Umwelt gegenüber anders verhalten, als Sie es in der Vergangenheit getan haben. Ein Wissenschaftler, der ein Experiment in der gleichen Art und Weise mehrere Male wiederholt, wird kein anderes Ergebnis erwarten, als in den Versuchen vorher. Erst wenn das Experiment verändert wird, können sich auch andere Ergebnisse einstellen.

> Der Gipfel des Wahnsinns ist es, auf Veränderungen zu hoffen, ohne etwas zu verändern.
> (Albert Einstein)

Beginnen Sie also bei sich selbst. Nach dem Eigenlob folgt die Selbstmotivation. Dabei sollten Sie

1. Ein klares Bild von Ihrem Ziel vor Augen haben
2. Teilziele definieren und feiern
3. Konkrete Fristen für Ziel und Teilziele setzen und in Ihren Kalender eintragen

Denken Sie daran, dass Ziele SMART sein sollten, also <u>s</u>pezifisch (klar formuliert), <u>m</u>essbar, <u>a</u>ktiv gestaltbar, <u>r</u>ealistisch und <u>t</u>erminiert. Damit Sie die Selbstmotivation nicht aus den

Augen verlieren, sollten Sie sich regelmäßig den Besuch von Motivationsseminaren gönnen und die Nähe von Menschen suchen, die Sie anspornen, aufmuntern und motivieren.

Fangen Sie mit den Veränderungen am besten sofort an. Dabei gilt die sogenannte 72-Stunden-Regel: „Was wir innerhalb von 72 h nicht umsetzen, wird nie begonnen."

Stellen Sie sich vor, Sie wollen etwas für Ihre Gesundheit tun und möchten regelmäßig joggen. Jeden zweiten Tag mindestens 5 km ist Ihr Ziel zur Stärkung der körperlichen Fitness und deren Auswirkung auf Ihre Gesundheit. Wenn Sie sich dieses Vorhaben vornehmen, müssen Sie innerhalb der nächsten 3 Tage mit dem Laufen beginnen. Lassen Sie diese Zeitspanne verstreichen, sinkt die Wahrscheinlichkeit der Durchführung auf unter 1 %.

Begründet ist diese Regel durch die neuronale Struktur in unserem Gehirn. Wir haben bestimmte Verhaltensmuster, die sich bei uns eingeprägt haben. Damit wir diese Strukturen verlassen, müssen wir sehr viel Energie aufwenden. Je schneller und je öfter wir unser neues Verhalten proben, desto leichter und selbstverständlicher fällt uns dies. Daher kommt zur 72-Stunden-Regel noch die 6-Wochen-Regel hinzu: Setzen Sie Ihr Vorhaben innerhalb von 72 Stunden um und halten Sie es mindestens 6 Wochen durch. Danach wird es Ihnen in Fleisch und Blut übergegangen sein und Ihr Gehirn wird das neue Verhalten als selbstverständlich voraussetzen.

Wenn Sie als Fundraiser immer schon einmal mehr Termine vereinbaren wollten, dann setzen Sie sich also ein klares Ziel:

Ich vereinbare pro Woche 5 Gesprächstermine mit Großspendern zusätzlich.

Ich lobe mich mindestens 3 Mal pro Tag.

Ich lobe jeden Tag 5 Menschen in meiner Umgebung.

Wenn Sie diese Ziele in die Tat umsetzen wollen, dann sollten Sie sofort mit dem Vorhaben beginnen. Telefonieren Sie also jeden Tag mit einem potenziellen Großspender zur Terminvereinbarung. Wenn Sie dieses Vorhaben die nächsten 6 Wochen durchhalten, kommt Ihnen dieses Verhalten danach ganz selbstverständlich vor. Es ist auch hier wie im Sport: Wenn Sie über einige Wochen jeden zweiten Morgen Ihre 5 km laufen, wird Ihr Köper morgens von allein nach dem Auslauf schreien. Sie müssen Ihren inneren Schweinehund nicht mehr überwinden, er hat dann schon das Weite gesucht.

Doch diese Regel gilt immer nur dann, wenn wir uns anstrengen müssen, den inneren Schweinehund überwinden müssen. Offensichtlich sind wir jedoch so programmiert, dass wir automatisch wieder in die Komfortzone abrutschen, wenn der Schlendrian zu lange gewirkt hat. Sie kennen das sicherlich auch? Nach einer längeren Erkältungsphase fällt es doch wieder ausgesprochen schwer, die Laufschuhe anzuziehen und das Training wieder aufzunehmen. Wenn Sie über eine längere Zeit im Büro mit Projektarbeit beschäftigt waren, wird der Drang nach den Telefongesprächen irgendwann nachlassen. Aber beides ist gar nicht schlimm, denn Sie wissen ja, wie Sie sich wieder in eine aktive Phase umschalten können: mit der 72-Stunden-und-6-Wochen-Regel.

Deshalb sollten Sie regelmäßig Ihr Verhalten reflektieren und sich am besten mit anderen Menschen aus Ihrer Umgebung austauschen. Nur wenn Sie sich selbst regelmäßig einen Spiegel vorhalten und Sie es auch zulassen, von anderen Menschen kritisiert zu werden, dann werden Sie stetig an Ihrer Entwicklung arbeiten können. Disziplin gehört zur harten Arbeit dazu. Und diese harte Arbeit brauchen Sie auch, um sich erfolgreich von den anderen Fundraisern abheben zu können.

13.6 Zufriedene Spender sind die besten Motivatoren

Ein Fundraiser ist in erster Linie für die Spender da. Er ist die Person, die in der Spendenorganisation den engsten Kontakt zu den Spendern haben sollte. Seine Aufgabe ist es, die Erwartungen der Geber an die Organisation, an die Projekte, an die Kommunikation und an das Fundraising zu erfüllen. Nur wenn der Geber mit allen Anforderungen zufrieden ist, wird er sein Geld als Spende zur Verfügung stellen. Deshalb kümmert sich der Fundraiser mehr um seine Spender als um alle anderen Belange der Organisation.

Doch welche Anforderungen stellen die Spender an das Fundraising? Im Kap. 1: „Fundraising: Einführung" habe ich das Drei-Säulen-Modell vorgestellt. Dabei gibt es zwei wichtige Säulen, die der Spender braucht, um für eine Organisation zu geben. Zur Erinnerung finden Sie in der nachfolgenden Grafik noch einmal das Modell (Abb. 13.3)

Unten rechts sehen Sie den Spender, wie er von zwei Seiten angesprochen wird. Die eine Ansprache erfolgt durch die Marke der Spendenorganisation. Der Geber wird sein Geld der Organisation nur dann anvertrauen, wenn er sie kennt und mit ihr ein positives Image verbindet. Kurz gesagt geht es hier um das Vertrauen. Dieses Vertrauen ist ein sensibles Gut und muss wie ein rohes Ei behandelt werden. Denn mit jeder Irritation, die eine Veränderung des Images der Organisation auslöst, wird sich das Vertrauen reduzieren.

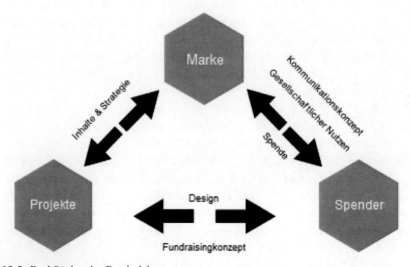

Abb. 13.3 Drei Säulen des Fundraising

Deshalb wird die Organisation ein großes Augenmerk darauf legen, dass der Spender immer den richtigen Eindruck vermittelt bekommt, der sein bisher gefasstes Vertrauen bestätigt. Zu den vertrauensbildenden Maßnahmen gehört eine regelmäßige Kommunikation. Das Ziel der regelmäßigen Kommunikation ist es, die Marke in der Wahrnehmung der Geber präsent zu halten und die gefassten Urteile über die Organisation zu bestätigen. Daher wird u. a. der Jahresbericht zur Verfügung gestellt und dem Geber gezeigt, wie effektiv die Mittel eingesetzt werden. Die Porträts von Führungskräften einer Organisation sollen das Vertrauen ins Management bestätigen, ein Organigramm die Professionalität belegen.

Auf der anderen Seite sehen Sie das Projekt. Ein Geber wird nicht automatisch einer Organisation sein Geld anvertrauen, weil die Organisation ein gutes Image hat. Dieses Vertrauen in eine Organisation gibt es in der Regel erst bei einer fortgeschrittenen Zusammenarbeit. Wenn der Geber der Organisation blind vertrauen kann, dann stellt er auch keine Bedingungen mehr für die Geldverwendung. Er weiß, dass die Organisation kompetenter entscheiden wird als er es kann. Doch bis zu diesem Status wird ein Geber die zweckgebundene Spende vorziehen. Er wird sich ein ganz bestimmtes Projekt auswählen, das es aus seiner Sicht verdient, unterstützt zu werden. Auch hier wird der Spender auf sein Herz hören, sich also emotional entscheiden.

Nur wenn beide Faktoren, das Vertrauen in die Organisation und die emotionale Identifikation mit dem Projekt, für den Spender gegeben sind, wird er seine finanzielle Unterstützung leisten. Beim Großspender sollten Sie als Fundraiser wissen, welche Details für diese Punkte besonders wichtig sind. Mit jedem Gespräch, das Sie und der Geber führen, erfahren Sie mehr über seine Vorstellungen, Erwartungen und Motive, aber auch über seine Vorbehalte, Sorgen und Bedenken.

Am Anfang meiner Fundraisinglaufbahn war für mich der schönste Moment im Beruf, wenn der Spender seine Spende auf das Konto der Organisation überwiesen hat. Lange Zeit habe ich gedacht, dass diese Überweisung die größte Motivation ist, die ich in diesem Beruf erleben konnte. Wenn mich die Finanzbuchhaltung angerufen hat und die Kollegin sagte: „Herr Geber hat 10.000 € überwiesen, das Geld wurde unserem Konto gestern Nachmittag gutgeschrieben." Oder wenn ich den Kontoauszug digital erhalten habe und dort schwarz auf weiß lesen konnte, dass die Spende eingegangen war.

Der Spendeneingang hat mir gezeigt, dass ich im Fundraising alles richtig gemacht habe. Das Image der Organisation wurde gut transportiert und der Geber hat uns sein Vertrauen geschenkt. Das Projekt konnte ich so präsentieren, dass der Geber damit auch etwas anfangen und sich emotional in die Situation einfinden konnte. Und letztendlich waren mein Auftreten, meine Gesprächsführung und meine Abschlussfrage richtig gesetzt, denn hätte nur ein Punkt davon nicht gepasst, dann wäre die Spende schlicht und einfach ausgeblieben.

Doch nach einiger Zeit habe ich festgestellt, dass sich dieses tolle Gefühl noch erheblich steigern lässt. Ich habe eine andere Motivationsquelle für mich entdeckt, die viel stärker ist als der Spendeneingang. Diese Quelle war noch immer der Spender, aber es war nicht mehr der Zahlungseingang auf dem Spendenkonto, sondern seine Zufriedenheit, sein Glücksgefühl, welches durch die Spende bei Ihm ausgelöst wurde. Ich habe diese neue Motivationsquelle entdeckt, als ich erkannt habe, wie glücklich die Spender sind, wenn Sie helfen.

Entdeckt habe ich dieses Spendenglück rein zufällig. Nach jedem Spendeneingang erfolgte der telefonische Dank an die Großspender.

Fundraiser: „Guten Tag Herr Geber. Heute ist Ihre Spende über 10.000 € auf unserem Spendenkonto eingegangen. Ich freue mich sehr, dass Sie unser Projekt unterstützen und Sie vielen Kindern ermöglichen, wieder regelmäßig zur Schule zu gehen. Ganz herzlichen Dank."

Geber: „Herr Nehmer, vielen Dank für Ihren Anruf. Aber wissen Sie, es ist für mich eine Herzensangelegenheit, den Kindern zu helfen. Meine Frau und mich macht es sehr glücklich, dass wir helfen können. Wir müssen uns bei Ihnen bedanken, dass Sie uns auf dieses Projekt aufmerksam gemacht haben."

So, oder ähnlich formuliert, lauteten einige Reaktionen der angerufenen Geber. Es war also ganz offensichtlich so, dass die Menschen sich selbst in einen zufriedenen Zustand versetzten, wenn sie ein Projekt unterstützten, mit dem sie sich emotional verbunden fühlen. Diese Zufriedenheit war am Telefon ganz deutlich herauszuhören und auch bei dem nächsten Gespräch war das Glück der Geber noch immer gegenwärtig. Wow, dachte ich damals, was für eine Energie, die aus solchen Gesprächen auf mich einwirkt. Die Zufriedenheit, das Glück der Spender hat auf mich auch heute noch eine stärkere Wirkung als der Spendeneingang. Um ganz ehrlich zu sein, ist es für mich eine Treppe mit mehreren Stufen. Die erste Stufe ist die Spendenzusage im Gebergespräch. Da macht mein Fundraiserherz bereits seinen ersten Hüpfer. Die nächste Stufe ist der Spendeneingang auf dem Spendenkonto und die höchste Stufe ist dann die Dankbarkeit der Geber. Mit mehr Energie wird in einer Organisation kein anderer Bereich motiviert als das Fundraising.

Ich habe einen Kollegen, für den ist die Kundenzufriedenheit auch der größte Motivationsfaktor. Dieser Kollege ist immer sehr darauf bedacht, diese Zufriedenheit von seinem Kunden auch abzuholen. Doch Kunden sind genauso wie Chefs: Sie sind sehr sparsam mit dem Lob.

Kollege: „Herr Geber, dank Ihrer Unterstützung konnte sich die Projektregion hervorragend entwickeln. Es war also die richtige Entscheidung, die wir gemeinsam getroffen haben. Sind Sie zufrieden mit der Entwicklung?"

Wenn dann die Reaktion des Kunden nicht so ausfällt, wie sie mein Kollege es sich ausgemalt hat, dann reagiert er wie folgt:

Kollege: „Herr Geber, sagen Sie jetzt einmal: das war eine gute Entscheidung."

Manchmal hört man den Kunden auf der anderen Seite lachen. Doch mein Kollege bleibt hartnäckig und fordert seine gewünschte Reaktion ein. So lange, bis der Kunde antwortet:

Kunde: „Herr Kollege, das war eine gute Entscheidung."

Dieser Kollege ist erfolgreich, weil er ein klares Bild vor Augen hat, wie sich der Erfolg für ihn anfühlt bzw. in diesem Fall anhört. Er selbst hat sich zum Ziel gesetzt, dass der Kunde sagt, wie zufrieden er mit der Beratung ist. Erst wenn diese Aussage durch den Kunden gemacht wird, kann der Kollege sein wichtiges Ziel als erreicht abhaken. Er kommt gar nicht auf die Idee, sein Bild zu verändern. Für ihn ist es ganz selbstverständlich, die Anerkennung seiner Arbeit vom Kunden einzufordern.

Wie ein normaler Kunde auch ist es ein Spender nicht gewohnt, gelobt zu werden oder gar selbst zu loben, denn auch für ihn gilt der Glaubenssatz, dass Eigenlob stinkt. Damit unser Spender mit uns wirklich zufrieden ist, sollten wir ihm natürlich für seine Spende danken und ihn für seine Unterstützung loben.

Fundraiser: „Guten Tag Herr Geber. Heute ist Ihre Spende über 10.000 € auf unserem Spendenkonto eingegangen. Ich freue mich sehr, dass Sie unser Projekt unterstützen und Sie vielen Kindern ermöglichen, wieder regelmäßig zur Schule zu gehen. Ganz herzlichen Dank."

Mit diesem Anruf verbinden wir als Fundraiser sowohl den Dank als auch das Lob für die Unterstützung. Doch wie können wir den Geber dazu bringen, auch uns zu loben? Am einfachsten ist es so, wie mein Kollege es macht: Er fordert sie direkt zum Lob auf.

Als Fundraiser könnten Sie folgende Formulierung nutzen:

Fundraiser: „Herr Geber, es war die richtige Entscheidung, dass Sie das Projekt ausgewählt haben. Wie zufrieden sind Sie mit meiner Arbeit als Ihr Großspendenbetreuer?"

Diese Formulierung hat aus meiner Sicht drei entscheidende Vorteile:
Sie erhalten eine motivierende Antwort für Ihre Arbeit.
Sie bekommen ein Feedback und können sich dadurch stetig verbessern.
Sie geben dem Spender die Möglichkeit, Ihre Arbeit zu wertzuschätzen.

Deshalb scheuen Sie sich als Fundraiser nicht, Ihre Anerkennung beim Spender selbst abzuholen. Jedes aufrichtige Feedback zu Ihrer Arbeit wird Sie weiter motivieren. Die positiven Äußerungen werden Sie beflügeln und die kritischen Anmerkungen lassen Sie nicht die Bodenhaftung verlieren.

13.7 Fundraiser motivieren eine ganze Organisation

Als Fundraiser sorgen Sie dafür, dass wichtige Projekte dauerhaft finanziert werden können. Gleichzeitig sind Sie der Imageträger und Botschafter Ihrer Spendenorganisation. Sie haben sowohl eine wichtige Wirkung in der Organisation als auch in die Öffentlichkeit hinein. Diese Schlüsselfunktion verbindet Sie mit allen Verkäufern, die sich Tag für Tag für den Umsatz des Unternehmens engagieren. Doch was Fundraiser und Verkäufer auch gemeinsam haben, ist, dass diese Einschätzung nicht von allen Mitarbeitern geteilt wird.

Für die Kollegen in der Projektabteilung haben Sie nicht die Qualifikation, den Satzungszweck der Organisation zu erfüllen, denn Fundraising ist nicht die Kernaufgabe in der Satzung des Vereins oder der Stiftung, sondern die gemeinnützige Arbeit, wie sie von der Abgabenordnung vorgegeben wird. Für die Kollegen in der Buchhaltung werden Sie zu viele Reisekosten abrechnen, für die Finanzabteilung die falschen Projekte in den Vordergrund schieben und der Vorstand findet ohnehin, dass Sie zu wenig im Büro sind.

Jeder Bereich einer Organisation ist wichtig und trägt dazu bei, dass die gesamte Maschinerie reibungslos funktioniert. Jedes Rädchen hat seine Berechtigung und sei es noch so klein oder noch so groß. Eine Organisation ist wie ein Uhrwerk, in dem es auf jedes Zahnrad und jede Feder ankommt. Fällt nur ein kleines Detail aus, dann wir diese Uhr nicht mehr funktionieren. Deshalb verdient jeder Bereich seinen Respekt und sollte ausreichend gelobt werden, denn jedes Lob ist wie ein gutes Schmiermittel im Getriebe der Organisation. Ihre Aufgabe als Fundraiser ist es, auch die anderen Mitarbeiter in Ihrer Organisation zu ermutigen, anzutreiben und zu motivieren. Doch es ist auch Ihre Aufgabe, dafür zu sorgen, dass Sie für Ihre Arbeit von den anderen Mitarbeitern Ihrer Organisation, von der Buchhaltung und der Finanzabteilung, von den Projektmitarbeitern und dem Vorstand anerkannt und gelobt werden.

Bei dem englischen Versicherungsunternehmen Lloyd's hängt seit 1857 eine Schiffsglocke. Diese Glocke kündigt mit einem Schlag eine gute Nachricht und mit zwei Schlägen eine schlechte Nachricht an. Diese Glocke fand ich schon immer faszinierend, insbesondere, wenn es um gute Nachrichten geht. Im Film „Independence Day" raucht der Held, dargestellt von Will Smith, eine Zigarre, die sogenannte „Fat Lady", nachdem er erfolgreich ein Raumschiff der Außerirdischen außer Gefecht gesetzt hat. Auch ein Ritual, das für die erfolgreiche Erreichung eines Zieles steht.

Ich bin davon überzeugt, dass solche Rituale durchaus ihre Berechtigung und ihren Mehrwert haben. Daher habe ich schon recht früh dafür geworben, die Erfolge eines Teams bewusst wahrzunehmen, sie gemeinsam zu feiern und auch den anderen Kollegen im Haus mitzuteilen. Durch eine solche Kultur wird ein Team noch enger zusammenhalten, die einzelnen Teammitglieder werden noch stärker motiviert sein und die Leistung wird sich in der gesamten Organisation herumsprechen. Doch wie in der Selbstmotivation auch, müssen die Ziele des Teams allen Mitarbeitern klar sein und idealerweise auch von allen mitgetragen werden. Die Zwischenziele, oder auch Meilensteine genannt, sind zeitlich definiert, und ebenfalls allen Teammitgliedern bekannt. Die Planung sollte jeder Mitarbeiter vor Augen haben, damit niemand den Blick für das Wesentliche verliert. Sobald ein Teilziel erreicht wurde, wird die Glocke in der Abteilung geschlagen – oder welches Ritual Sie sonst pflegen. Dieser Glockenschlag ist der Anker für den Erfolg und wird bei allen Mitarbeitern eine positive Emotion auslösen. Falls Sie keine Glocke zur Hand haben oder Ihnen dieses Ritual zu seemännisch vorkommt, dann können Sie auch eine andere Form der Zielerreichungswürdigung einführen. Rufen Sie beispielsweise alle Mitarbeiter Ihres Teams zusammen und verkünden Sie beispielsweise den Eingang einer Großspende oder die Erreichung des Quartalsziels. Gehen Sie durch die Büros und freuen sich über einen vereinbarten Termin mit einem Neuspender, an dem Sie schon seit vielen Wochen arbeiten. Danken Sie den Kollegen für ihre Unterstützung, für die geleistete Arbeit und für die ermutigenden Worte, wenn Sie einmal selbst nicht mehr weiterwussten. All diese kleinen und großen Details sind es wert, im Team anerkannt und lobend erwähnt zu werden.

Kein erfolgreicher Fundraiser ist der alleinige Vater seines Erfolges. Der Erfolg hat viele Väter und Mütter. Erst durch die Unterstützung in einem Team können erfolgreich die notwendigen Spenden eingeworben werden. Diese Erkenntnis sollten Sie nicht aus den Augen verlieren und bei jeder, bei wirklich jeder, Gelegenheit Ihren Teamkollegen mitteilen, denn nur gemeinsam sind Sie stark und erfolgreich.

Schlusswort: Machen Sie es einfach!

„Nicht gespendet hat er schon." Mit dieser Aussage beschreibe ich gern die Situation eines Fundraisers vor einem Spendergespräch. Durch das Gespräch mit einem Groß- oder Top-Spender kann sich die Situation nicht verschlechtern. Ein „nein" zur Unterstützung war ja bereits vor dem Gespräch da. Doch ein „ja" für die Unterstützung kann sich der Fundraiser nur dann holen, wenn er das Gespräch sucht.

In diesem Buch habe ich Ihnen gezeigt, was das Großspenderfundraising so spannend macht. Aus meiner Sicht sind es zwei Voraussetzungen, die zur Zielerreichung notwendig sind:

1. Ein Fundraiser muss sich mit seiner Aufgabe zu einhundert Prozent identifizieren.
2. Im Großspenderfundraising zählt nur eins: das Machen!

Die hohe Identifikation mit der Aufgabe haben viele Fundraiser gemeinsam. Ich erlebe selten Menschen, die sich mit ihrer Aufgabe nicht identifizieren. Beim Großspendenfundraising ist das schon etwas schwieriger, da viele Menschen es nicht gewohnt sind, im direkten Gespräch um Geld zu bitten. Diese Hemmschwelle ist ganz normal und Sie können die Schuld ruhig ihrem Vorfahren, dem Steinzeitmenschen, in die Schuhe schieben. Es sind einfach die Gene, die es uns schwer machen, direkt auf die Spender loszugehen und zu fragen: „Herr Reich, unterstützen Sie uns mit 100.000 Euro?"

Doch es gibt glücklicherweise verschiedene Möglichkeiten, die Hemmschwelle zu überschreiten. Sie müssen sich bewusst machen, dass es eine Hemmschwelle ist, die nur Sie haben und nicht der Spender. Denn unsere Spender unterstützen gern und sie freuen sich über das persönliche Gespräch mit dem Fundraiser. Gerade die Großspender sind sehr häufig erfahrene Unternehmer, die sich im Laufe der Jahre selbst als Verkäufer ihre Sporen verdient haben. Sie selbst haben diese Hemmschwellen damals überwinden müssen, nur erinnern sie sich wahrscheinlich heute gar nicht mehr daran. Und den Respekt des Spenders haben Sie im Fundraising ohnehin, denn Sie arbeiten für eine bessere Welt, das allein ist schon eindrucksvoll genug.

Sie können im Großspenderfundraising also gar nicht verlieren, wenn Sie selbstsicher auftreten. Zur Selbstsicherheit gehört aber natürlich ein klares Selbstbewusstsein. Nur wenn Sie wissen, wer Sie sind, was Sie motiviert und wie Sie auf andere Menschen wirken, dann können Sie sich auch Ihrer Person selbst bewusst sein. Nutzen Sie daher Ihre Stärken und setzten Sie diese in Ihrem Fundraisingalltag ein. Es wird einen guten Grund geben, warum Sie diese Stärken haben und warum Sie im Fundraising arbeiten. Also nutzen Sie Ihr Potenzial.

Ein guter Fundraiser kennt die Theorie und liebt die Praxis. Die beste Ausbildung nutzt nur etwas, wenn sie auch in der Praxis eingesetzt wird, denn wenn Sie trotz aller Aus- und Fortbildungen keinen Spender ansprechen, werden Sie auch keine Spende erhalten. Doch auch ohne theoretische Kenntnisse können Sie eine Spende erhalten, indem Sie einen potenziellen Geber einfach darum bitten. Viele der ehrenamtlichen Akteure machen uns das jeden Tag in unzähligen Organisationen vor. Das Geheimnis liegt also im Machen.

Deshalb wünsche ich mir von Ihnen, dass Sie während der Lektüre zum Telefonhörer greifen und einen neuen Spender anrufen, um einen Termin zu vereinbaren. Oder rufen Sie einfach einige Vorzimmer an und testen Sie mein Zugbrückenmodell. Eröffnen Sie ab sofort die Gespräche mit dem Abschluss. All das wird Ihnen am Anfang noch recht ungewohnt vorkommen, doch schon nach wenigen Tagen werden Sie merken, wie leicht es ist, die Menschen kennen zu lernen und sie um Geld zu bitten. Machen Sie es einfach!

Literatur

Bär, Borcherding, Keller. 2010. *Fundraising im Non-Profit-Sektor*. Gabler Verlag.
Birkenbihl, Vera F.. 2002. *Kommunikationstraining, Zwischenmenschliche Beziehungen erfolgreich gestalten*. mvg Verlag.
Birkenbihl, Vera F. 2013. *Stroh im Kopf? Vom Gehirnbesitzer zum Gehirnbenutzer*. mvg Verlag.
Carnegie, Dale. 2011. *Wie man Freunde gewinnt: Die Kunst, beliebt und einflussreich zu werden*. Fischer Taschenbuch.
Carnegie, Dale. 2011. *Sorge dich nicht lebe*. Fischer Verlag.
Conta Gromberg, Ehrenfried. 2007. *Die neuen Sachspenden wie eine unbemerkte Revolution das Fundraising verändert*. Spendwerk.
Fabisch, Nicole. 2013. *Fundraising: Spenden, Sponsoring und mehr*. dtv.
Fink, Klaus-J. 2014. *Empfehlungsmarketing*. Springer Gabler Verlag.
Fischer, Kai, André Neumann. 2003. *Multi-Channel-Fundraising: clever kommunizieren, mehr Spenden gewinnen*. Springer Gabler Verlag.
Fundraising, Akademie. 2008. *Fundraising: Handbuch für Grundlagen, Strategien und Methoden*. Gabler Verlag.
Gahrmann, Christian. 2011. *Strategisches Fundraising*. Springer Gabler Verlag.
Gay, Friedberg. 2012. *DISG-Persönlichkeitsprofil. Verstehen Sie sich selbst besser*. Gabal Verlag.
Haibach, Marita. 2012. *Handbuch Fundraising: Spenden, Sponsoring, Stiftungen in der Praxis*. Campus Verlag.
Harris, Thomas A. 1975. *Ich bin o.k. Du bist o.k*. rororo.
Kröselberg, Mathias. 2005. *Mehr Mittel für den guten Zweck: so generieren Sie erfolgreich Spenden*. Verlag Deutsche Wirtschaft.
Limbeck, Martin. 2013. *Nicht gekauft hat er schon: So denken Top-Verkäufer*. Redline Verlag.
Limbeck, Martin. 2009. *Das neue Hardselling: Verkaufen heißt verkaufen - So kommen Sie zum Abschluss*. Gabler Verlag.
Lüth, Wiebke. 2012. *Kunden lesen: Wie Sie in drei Sekunden wissen, wie Ihr gegenüber tickt*. Redline Verlag.
Morgenstern, Martin Christian. 2012. *Furchtlos verkaufen: Hemmungen aus und Überzeugungspower an*. Business Village.
Ripken, Alexandra. 2011. *Der regionale Fundraiser: Eine Systematik zum strategischen Netzwerken*. Ziel und Plan.
Schulz, von Thun. 2014. *Friedemann: Miteinander reden*. Bd. 1–4. Rororo.
Urselmann, Michael. 2014. *Fundraising: Professionelle Mittelbeschaffung für steuerbegünstigte Organisationen*. Springer Gabler Verlag.
Ziglar, Zig. 2006. *Der totale Verkaufserfolg*. Redline Verlag.

Sachverzeichnis

Symbols
6-Wochen-Regel, 229
72-Stunden-Regel, 229

A
ABC-Analyse, 58
Abgabenordnung, 9
Abschlussfrage, 31
Abschlussquote, 38
Achtundsechziger Bewegung, 50
Adresse, 57
Affinität, regionale, 68
Akquise, 68,
Akquiseanrufe, 224
Akquisegespräch, 73
Akquiseinstrument, 19
Akquiseliste, 68, 69, 72, 73, 74
Akquisetätigkeit, 38
Aktiengesellschaften, 66, 68
A-Kunden, 58
Alter, 51, 62
Altersgruppen, 20, 49
Altersklasse, 13, 49
Analyse, 59
　der Spendendaten, 59
Anerkennung, 224
Angebot, 28
Angebotspräsentation, 31
Anker, symbolischer, 11
Anschreiben, 56, 59
Ansprache, 60, 73
von Geber, 69
Anspracheweg, 19
Anteil der Spenden, 55
Antrieb, 227
Arbeiterkinder, 7
Arbeitsalltag, 21
Arbeitskern, 21
Argumente, 49
Aufgabengebietes, 22
Auftragshöhe, 37

B
Bandler, Richard, 32
Bankhäuser, 57
Bankverbindung, 57, 60
Bekanntheit, 67,
Benefizveranstaltung, 3
Berechnung einer realen Gegenleistung, 3
Berichterstattung, 13
Bestandskunden, 38
Bestandsspenderbetreuung, 19
Betrag, prognostizierter, 73
Betriebsvermögen, 61
Bevölkerung, 43
Beyer, Katharina, 4
Beziehung
　emotionale, 8
Beziehungsmanagement, 31
Beziehungsmanagements, 30
Bilanz des Helfens, 13, 14, 44, 45, 55, 56
Bilder, 11

© Springer Fachmedien Wiesbaden 2015
A. Schiemenz, *Das persönliche Gespräch: Fundraising durch Überzeugung,*
DOI 10.1007/978-3-658-01426-1

Bildmarken, 12
Bildsprache, 12
Bildung, 51, 52
Bildungsniveau, 51
Bildungsprofil, 57
Birkenbihl, Vera F., 29
Bitten, 22
B-Kunden, 58
Böhm, Karl-Heinz, 6
Boomers, 50
Botschaften, relevante, 28
Brandzeichen, 6
Brief, persönlich adressierter, 55
Briefumschlag, 58
Brückenbauer, 17
Bundeshaushalt, 63
Bundesverband Deutscher Stiftungen, 25
Bußgelder, 44

C
Carnegie, Dale, 29
CharityScope, 43, 45, 47, 53, 55, 56, 59
CharityScore, 44
Chefsache, 67, 68
C-Kunden, 58
Corporate Design, 12
Corporate Social Responsibility, 68

D
Daimler, Gottfried, 15
Datenauswertung, 45
Dauerauftrag, 56
Dauerspendern, 56
Deckungsbeitrag, 31, 37
Deckungsbeiträgen, 58
Deutschen Fundraising Verband, 24
Deutscher Fundraisingkongress, 3
Deutscher Fundraisingverband, 43
Deutscher Fundraising Verband, 44, 58
Deutscher Spendenmonitor, 13, 43
Deutscher Spendenrat, 13
Deutscher Spendenrat e.V, 44
Deutsches Zentralinstitut für Soziale Fragen (DZI), 43, 44
Dialog, 58
Dienstleister, 44
DISG-Modell, 35
Drei-Säulen-Modell, 230

Dreißig-Minuten-Begrenzung, 73
Drucksachen, 11
Dunant, Henry, 7
Durchschnittsspende, 20, 46

E
Effektivität, 36
Egoismus, 31
Eigenlob, 227, 228, 233
Einflussnahme, 53
Einkommen, 49, 51
    wirtschaftliches, 51
Einkommensmillionäre, 61
Einkommensprofil, 57
Einkommenssteuergesetz (EStG), 2, 44
Einkünfte, 60
Einstein, Albert, 228
Einwandbehandlung, 28
Einzelspenden, 66
Elevator Pitch, 9
Emotional Selling, 30
Emotionen, 3, 8, 15, 16, 17, 20, 52
    des Gebers, 3
Engagement, 52, 62, 64
    bürgerschaftliches, 66
    der Top-Geber, 64
    der Unternehmen, 66
    ehrenamtliches, 2
    philanthropisches, 63
    unternehmerisches, 66
Engagementbericht der Bundesregierung, 66
Entwicklungspotenzial, 37
Erben, 49
Erbgut, 11
Erbschaften, 43, 44, 45
Erbschaftsfundraising, 60
Erfahrungen, 16
Erfolg, 227
    einer Organisation, 4
    Voraussetzungen, 224
Erlösen, 58
Erstansprache, 20

F
Fachberatung, 30
Fachbibliotheken, 44
Fakten, 36
Fat Lady, 234

Sachverzeichnis

FAZ, 61
Filmfestival, 63
Finanzbehörden, 44
Finanz- und Wirtschaftskrise, 61
Fleißparameter, 73
Freude an der Arbeit, 225
Führungskraft, 223
Fundraiserherz, 232
Fundraiser-Magazin, 60
Fundraising, 1
    Akademie, 20, 25
    Alltag, 10, 48
    Beratung, 3
    drei Säulen, 3, 4
    effektives, 51
    Faktoren, 4, 69
    individualisiertes, 73
    Marke, 10, 11
    Perspektive, 14
    Praxis, 53
    Software, 58
    Strategie, 19
    strategisches, 52
Fundraisingtage, 4

G

Gahrmann, Christian, 45, 52
Geber, potenzieller, 72
Geberseite, 16
Gefühlsdruck, 16
Gefühlslage, 52
Gefühlswelt, 17
Gegenüber, 15
Gegenwert, 3
Gehirn, 229
Gehirnforschung, 29
Geldauflagen, 44
Geldbeschaffung, 1
Geldgeber, 17
Geldtransfer, 11
Geldverwendung, 231
Gemeinützigkeit, 9
Generation, 49
    Achtundsechziger, 50
    Facebook, 51
    Golf, 50
    Trümmerfrauen, 50
    X, 50
    Y, 50, 51
    Z, 50

Gesamtumsatz, 38
Geschäftsbeziehung, 38
Geschlecht, 51, 62
Gesellschaft für Konsumgüterforschung (GfK), 13, 43, 45, 49, 53
Gesellschaft für Konsumgüterforschung (GFK), 59
Gesellschaft, humanitäre, 54
Gespräch, 38
    persönliches, 19
Gewinn, 37, 39
Gewinnanteil, 37
Gewohnheiten, 52
Glaubenssatz, 227, 233
Glücksgefühl, 53
Grand-Slam-Turniere, 63
Großspende, 58
    in Deutschland, 61
Großspender, 19, 52, 59
    Motive, 62
    potenzieller, 59
Großspenderfundrasing, 62
Großspenderstrategie, 70
Gründungsgeschichte, 6
Gruppen, 59
Gruppenbildung, 58

H

Haibach, Marita, 2, 20, 61, 62
Handeln
    menschliches, 52
    unternehmerisches, 62
    zweckrationales, 52
Handwerkszeug, 31
Hardselling, 30
Harley Davidson, 8
Haushaltsmitglieder, 51
Herausforderungen, 226
Hierarchieebenen, 24
Hilfe
    humanitäre, 53
    zur Selbsthilfe, 16
Hochvermögende, 61
Höflichkeit, 22

I

Identität, 8
Illies, Florian, 50
Image, 64, 66, 67

der Marke, 6
der Organisation, 230
des Verkäufers, 30
Inhaber, 68
Inklusion, 54
Institut der deutschen Wirtschaft, 61
Instrumente, 55
Intensität der Betreuung, 66
Internationales Komitee vom Roten Kreuz, 7
Investition, 65

J
Jahreseinkünfte, 61
Jahresumsatz, 39
Jobs, Steve, 15
Johannes der Täufer, 6
Johanniterorden, 6
Jugendzentrum, 7, 9

K
Kaltakquise, 68, 74
Katastrophen, 46
Katastrophenspenden, 45
Kauffrequenz, 37
Kaufkraft, 49
Kennzahlen, 36
Key-Account-Maßnahme, 39
Kirche, 54, 58
Kleinspender, 19, 57, 58, 59
Kollekte, 57
Kommunikation, 19, 29, 58, 231
Kommunikationskanäle, 18
Kommunikationsstrategie, 8, 17
Kommunikationstechniken, 32
Kommunikationswege, 12
Kontaktaufnahme, 73
Kontaktdaten, 73
Kontakte, 37
Kontaktintensität, 38
Kontaktzahl, 38
Konto, 56
Kosten, 58
Kostendeckungsgrad, 37
Kraft von Bildern, 11
Kreuzfahrer, 6
Kreuzritter, 6
Kunden, 28
betreute, 37

Kundenbestand, 38
Kundenbindung, 67
Kundendeckungsbeitragsrechnung, 58
Kundeninteressen, 28
Kundenkontakte, 37
Kundenwunsch, 35
Kundenzufriedenheit, 232

L
Lastschrifteinzug, 56
Lebensarbeitszeit, 49
Lebenssituation, 54
Leistungsfähigkeit, 36
Leistungsgesellschaft, 228
Leitbild, 8
Leitungsposition, 24
Liebe zum Beruf, 225
Lieblingsverkäufer, 36
Limbeck, Martin, 30, 31
Literaturdatenbank, 44
Lob, 227, 228, 233
Lobwiderstand, 228
Logo, 12
Lohn- und Einkommensteuerstatistik, 45, 60, 61

M
Marke, 4, 5, 8, 10, 12, 17
der Spendenorganisation, 230
gemeinnützige, 8, 10
Inhalte, 12
Markenattribut, 11
Markenaufbau, 67
Markengeschichte, 6, 8
Markenkern, 5, 12
Markenzeichen, 5
Marketing, 16, 68
Marketingleiter, 7
Marketingmittel, 16
Marketing-Mix, 5
Marktforscher, 44, 45, 59
Marktforschung, 20
Marktvolumen, 45
Matures, 50
Medien, 11
Mehrfachmillionäre, 63
Mehrwert, 8
gesellschaftlicher, 8, 10

Mehrwert, gesellschaftlicher, 10
Meid, Maik, 41
Menschenverstand, 72
Mentorin, 7
Merkmale
  soziodemografische, 51
  sozioökonomische, 51
Mikrofinanzierung, 16
Mikrokredite, 15
Milliardäre, 63, 64, 65
Millionäre, 61, 64, 65
Mission Statement, 8
Mitarbeiterbindung, 67
Mitarbeiterentwicklung, 67
Mitarbeiternachwuchs, 52
Mitgliedsbeitrag, 56
Mitgliedsbeiträge, 45
Mittelstand, 68
Motivatationslehre, 225
Motivation, 15, 29
  des Gebers, 3
Motivationsfaktor, 232
Motivationsquelle, 231
Motivationsseminar, 229
Motivationstechniken, 223
Motivatorin, 7
Motive, 67,
  affektuelle, 52
  altruistische, 53
  egoistische, 53
  gesellschaftsbezogen, 67
  traditionelle, 52
  unternehmensbezogene, 67
  wertrationale, 52
  zweckrationale, 52

N
Nachfrage, 28
Nachhaltigkeit, 67
Nächstenliebe, 53
Neandertaler, 224
Nehmerseite, 16
Neuakquise, 48
Neukontakt, 224
Neukunden, 38, 39, 59
Neukundengewinnung, 38
Neukundenquote, 39
Neuro-Linguistische Programmierung, 32
Neurolinguistischer Programmierung, 29

Neuspender, 224
NLP, 29
Norddeutscher Fundraisingtag, 3
Normalspender, 19, 52, 57, 58, 59
  potenzieller, 59
Normen, soziale, 53
Nutzen, 10
  gesellschaftlicher, 9

O
Öffentlichkeit, 8, 10, 46
Onlinekampagne, 19
Onlinespenden, 19
Online-Überweisungen, 56
Optimum an Leistung, 224

P
Pareto-Prinzip, 58, 226
Pareto, Vilfredo F., 58
Parteien, 44
Partner Selling, 30
Personen, hochvermögende, 64
Persönlichkeit, 24
Persönlichkeitsprofile, 35
Perspektive vom Spender, 56
Pflichten, 53
Phasen eines Verkaufsgespräches, 28
Philanthropie, 61, 62
Potenzial für Großspender, 61
Präsenz, mediale, 46
Preisnachlässe, 39
Prestigegewinn, 53
Private Banker, 65
Private Banking, 57, 61
Privathaushalte, 61
Privatkunden, 57
Privatperson, vermögende, 71
Privatspenden, 66
Privatspender, 3
Privatvermögen, 61
Probleme, 226
  gesellschaftliche, 67
Produkt, 28
Produkte, 15
Produkteigenschaften, 35
Produkten, 37
Produktidee, 15
Professionalisierung, 61

Projekte, 4, 15, 16, 17, 20, 73, 231
　gemeinnützige, 9
　regionale, 74
Projektschwerpunkte, 72
Pro-Kopf-Spende, 59
Psychologie, 29
Psychologie des Verkaufens, 28

R
Rahmenbedingungen, 225
Religion, 51
Religionsgemeinschaft, 14
Rendite
　emotionale, 65
　finanzielle, 65
Respekt, 22
Response, 19
Retail Banking, 65
Retail Fundraising, 65
Return of Invest, 19
RFM-Analyse, 57, 58
Riemann-Thomann-Modell, 35
Rotes Kreuz, 7, 9, 12

S
Saathof, Anita, 228
Sachspende, 2
Schlagkraft, 38
Schuldgefühle, 53
Schulz von Thun, Friedemann, 29
Selbstbewusstsein, 10, 35, 224
Selbsteinschätzung, 35
Selbstmotivation, 228
Selbstverständnis, 8
　bürgerschaftliches, 52
Selbstwertgefühl, 53
Senfmade-Vermögende, 63
Sinngebung, 53
Situation, wirtschaftliche, 60
SMART, 228
Soft Selling, 30, 31
Software, 58
Sozialmarketing, V, 1, 25
Soziodemografie, 19
Spende, 2, 10
　durchschnittliche, 46
Spendenakt, 46, 59
Spendenalltag, 48
Spenden-Almanach, 43, 44

Spendenaufrufe, 58
Spendenauslöser, 9
Spendenbeispielen, 59
Spendenbereitschaft, 43, 46, 49
Spendenbetrag, 72
　optimaler, 69
Spendenbetreuung, 70
Spendenbilanz, 44
Spendenbox, 58
Spendenbrief, 55
Spendenbudget, 67, 70, 72, 73, 74
Spendenbutton, 11
Spendendaten, 44, 58, 59, 60
Spendeneinladung, 56
Spendeneinnahmen, 44
Spendenempfänger, 67
Spendenergebnisse, 45
Spendenfreude, 51
Spendenfreudigkeit, 51, 52, 60
Spendenhäufigkeit, 46
Spendenhöhe, 20, 43, 57, 59, 60
Spendenkonto, 10
Spendenmailing, 56
Spendenmarkt, 44, 53, 66
Spendenmonitor, 43, 45
Spendenmotive, 52, 54, 67
　der Unternehmen, 67
Spendenorganisationen, 44, 49, 56
Spendenportal, 19
Spendenprojekt, 19, 64, 71, 72, 73, 74
Spendenquote, 13, 46, 49, 74
Spendenrelevanz, 46
Spendensammler, 44
Spenden-Siegel, 44
Spendensummen, 58
Spendenvergabe, 67
Spendenverhalten, 46, 47, 57, 62, 67
Spendenvolumen, 45, 49, 51, 58
Spendenvorgänge, 45
Spendenzahlen, 45, 46
Spendenziel, 6, 54
Spendenzweck, 43, 53
Spenderbestand, 48, 60
Spenderdaten, 19, 20
Spenderdatenbank, 20
Spender-Gen, 51
Spendergespräche, 227
Spendergruppen, 4, 55, 57, 58, 64
Spender, potenzieller, 74
Spenderquote, 13
Sponsor, 3

Sponsoring, 2, 45
Stakeholdern, 67
Stammkunden, 59
Standortattraktivität, 67
Stärken, 224
Statistisches Bundesamt, 43, 44, 45, 54, 60
Steinzeit, 11, 15, 224
Stellenbörse, 24
Steuerersparnis, 9
Steuerjahr, 60
Steuerpflichtiger, 60
Stiftungsneugründungen, 61
Stiftungsvermögen, 60
Straßenwerbung, 18
Struktur, neuronale, 229
Suchermaschinenrecherche, 73
Suchmaschinen, 73
Superreiche, 62, 63
Sympathie, 53

T
Tageszeitungen, 70
Tausender-Kontakt-Preis, 3
Telefon, 19
TNS Infratest, 13, 43, 45, 46, 49, 54, 59
Top-100-Liste, 70
Top down, 68
Top-Geber, 64
Top-Spender, 19, 59, 63
    potenzieller, 59
Top-Spenderfundraising, 64
TOP-Spenderfundraising, 64
Trümmerfrauen, 50
Tsunami-Katastrophe, 13

U
Überschriften, 11
Überweisungsträger, 11, 56
Ultrareiche, 63
Ultra Wealth Report, 62
Umsatz, 37, 39, 58
Umsatzbetrachtung, 58
UNICEF, 12
Unternehmen, 66
    als Spender, 66
    klein- und mittelständische, 68
    mittelständisches, 68
Unternehmenskultur, 66

Unternehmensspenden, 45, 46, 68
Unternehmensspendenfundraising, 68
Unternehmensumfeld, 67
Unternehmer als Spender, 68
Unterstützung, finanzielle, 11, 66
Upgradingpotenzial, 60
Urselmann, Michael, 2, 20, 43, 44, 45, 60

V
Veranstaltung, 57, 63
Verantwortung, gesellschaftliche, 66
Verhalten, respektloses, 22
Verhaltensmuster, 229
Verkaufen, 27
Verkäufer, 33, 34, 35, 37
Verkäuferalltags, 28
Verkäuferberuf, 21
Verkaufsabschluss, 38
Verkaufsabteilung, 36
Verkaufsberater, 30, 31
Verkaufsberatung, 31
Verkaufsergebnisse, 33
Verkaufsförderung, 67
Verkaufsgespräch, 38
Verkaufsphilosophien, 31
Verkaufsprozess, 28
Verkaufstrainer, 28
Vermögen, 61, 62, 63
    in Deutschland, 62
Vermögensverteilung, 61
Vision, 8
Vorbildfunktion, 51
Vorstandsebene, 67
Vorstandsmitglied, 74
Vorteil
    persönlicher, 9
    steuerlicher, 9

W
Wachstumspotenzial, 59
Wachstumszielgruppe, 62
Wahrnehmung, 64
Wayne, John, 5
Wealth Management, 57, 65
Weber, Max, 52
Webseiten, 11
Weltgerechtigkeit, 53
Weltwirtschaftsgipfel, 63

Werbeeffekt, 3
Wertschätzung, 71
Wettbewerb, 31
Wettbewerbsfähigkeit, 67
Wetten, dass, 6
Wirtschaft, 58
Wirtschaftskraft, 68
Wohnadresse, 57, 60
Wohnort, 51
Wortmarken, 12

Z
Zahlschein, 11, 12
Zahlungsträger, 56
Zahlungsverkehr, 57
Zeitpunkt der Spende, 57
Zeitspende, 2
Zielgruppe, 8, 17, 18, 19, 20, 60
Zielgruppenbetrachtung, 50
Zielpersonen, 19, 20
Ziglar, Zig, 29, 36
Zugang zu dem potenziellen Spender, 74
Zugehörigkeitsgefühl, 53
Zustiftung, 60
Zuwendungsbescheinigung, 9, 57
Zweck, 52
zwischenmenschliche Beziehung, 28

Printed by Books on Demand, Germany